U0935361

珍藏本
纪念版

汉译世界学术名著丛书

伦理学

〔德〕朋霍费尔 著

胡其鼎 译

魏育青 徐卫翔 校

商务印书馆
SINCE 1897 The Commercial Press

2017年·北京

朋霍费尔(Dietrich Bonhoeffer)

(1906—1945)

汉译世界学术名著丛书
（120年纪念版·珍藏本）
出版说明

2017年2月11日，商务印书馆迎来120岁的生日。120年前，商务印书馆前贤怀揣文化救国的理想，抱持"昌明教育，开启民智"的使命，立足本土，放眼寰宇，以出版为津梁，沟通中西，为中国、为世界提供最富智慧的思想文化成果。无论世事白云苍狗，潮流左右激荡，甚至战火硝烟弥漫，始终践行学术报国之志，无改初心。

迻译世界各国学术名著，即其一端。早在20世纪初年便出版《原富》《天演论》等影响至今的代表性著作，1950年代后更致力于外国哲学和社会科学经典的译介，及至1980年代，辑为"汉译世界学术名著丛书"，汇涓为流，蔚为大观。丛书自1981年开始出版，历时三十余年，迄今已推出七百种，是我国现代出版史上规模最大、最为重要的学术翻译工程。

丛书所选之书，立场观点不囿于一派，学科领域不限于一门，皆为文明开启以来，各时代、各国家、各民族的思想与文化精粹，代表着人类已经到达过的精神境界。丛书系统译介世界学术经典，引领时代思想，为本土原创学术的发展提供丰富的文化滋养，为推动中国现代学术和现代化进程做出了突出的贡献。

为纪念商务印书馆成立120周年，我们整体推出“汉译世界学术名著丛书”120年纪念版的珍藏本，寄望既利于文化积累，又便于研读查考，同时向长期支持丛书出版的译者、编者和读者致以敬意。

两甲子后的今天，商务印书馆又站在了一个新的历史时间节点上。我们不仅要铭记先辈的身影和足迹，更须让我们的步伐充满新的时代精神。这是商务人代代相传的事业，更是与国家和民族的命运始终紧密相连的事业。我们责无旁贷，必须做好我们这代人的传承与创造，让我们的努力和成果不仅凝聚成民族文化的记忆，还能成为后来人可以接续的事业。唯此，才能不负前贤，无愧来者。

商务印书馆编辑部

2017年10月

中译本说明

刘小枫

朋霍费尔是20世纪最卓越的基督教思想家之一，其生前发表的主要著作和著名的《狱中书简》，20世纪70年代就已经有了中译本。本书是朋霍费尔的遗著手稿的编辑本，其在现代神学思想史上的重要性，直至60年代才开始受到关注，引发了神学思想界激进和保守的不同反应。在"伦理学"的论题下，朋霍费尔从神学家的立场深入思考了现代的政治哲学、社会哲学和历史哲学问题，其论题涵盖面和思想尖锐性使得该书的重要性超过了朋霍费尔生前出版的主要论著，坚实地奠定了朋霍费尔作为20世纪神学大思想家的历史地位。

本书的原材料是朋霍费尔计划写作的《伦理学》一书的断章残篇，贝特格(Eberhard Bethge)在1949年初步将手稿整理出版。随手稿的识读和整理的进展，至1963年已经有了重新编排的第六版。贝特格致力按朋霍费尔的写作时间顺序来编排手稿，因过于困难而最终主要以写作大纲来编排手稿。对朋霍费尔的这部"未完成交响曲"满怀深情和敬意的整理者们没有放弃按写作时间顺序来编排手稿的愿望，终于1992年出版了新的考订本。

作为朋霍费尔友人和传记家的贝特格的1963年编本已经流

传数十年，广为学界引用。以写作纲要的论题来编排手稿当然是一种拼接的做法，并不能算作朋霍费尔自己的思想逻辑。但1992年考订版编年的编者承认，按写作时间顺序来编排手稿最终仍然是一种推想，因为朋霍费尔在写作此书的过程中，思想处于极度动荡的状态，加上后来的狱中处境，使得要复原写作的时间顺序根本没有指望。按考订的写作时间顺序来编排手稿更多具有文献学意义，按拼接的论题编排手稿更多具有思想性的意义。因此，1992年的考订本问世后，贝特格的1963年编本依然流行。就像尼采遗著有至少四种不同的编本（包括按论题编排本和按写作年序编排本），三个不同的书名，我们希望以后也能有《伦理学》的编年本中译问世。

本译本的正文依据贝特格的1963年编本（1988年第十二版）迻译，以便读者专注朋霍费尔的思考论题，同时将1992年考订编年版的编者前言（编辑说明）、论朋霍费尔的《伦理学》（“编者后记”）朋霍费尔思想发展概述和朋霍费尔研究述评以及其他文献性附录、《伦理学》写作年表，1949年后各编本手稿排序对照表连同参考文献原文一并作为增补本附录，供有兴趣深入研究《伦理学》的读者参考。

中译本由资深文学翻译家胡其鼎先生执译，魏育青博士校订，为使译文尽可能牢靠，又委托徐卫翔博士据英译本再作校订，增补附录部分特请谷裕博士迻译。为朋霍费尔在人类的极端外境中思考的这部未竟之作付出如此人力和财力后，讹误和不当之处恐仍然难免，盼方家不吝指正，在此我衷心感谢译者和校订者的合作和辛劳。

于香港道风山

1999年12月

中译本导言

曹伟彤

朋霍费尔的学术生平　朋霍费尔生于1906年2月4日。他有七兄弟姊妹，自幼在一个富有文化气息的家庭中长大。他的家庭在1912年从布雷斯劳（Breslau）迁到柏林。自那时起，他的爸爸在柏林大学担任精神科教授和系主任。

朋霍费尔在1923年秋天进入图宾根大学（Tübingen University）修读神学。翌年他转往柏林，在那里跟从哈纳克（Adolf Harnack）、霍尔（Karl Holl）和希伯格（Reinhold Seeberg）等人修读神学。他在希伯格的指导下完成了《圣徒相通》（*Sanctorum Communio*）这篇有关教会之教义的论文，获得博士学位。那时他年仅二十一岁（1927年）。朋霍费尔接着在1920年出版《行动与存有》（*Akt und Sein/Action and Bejing*）这一讲师资格论文而获得柏林大学教席。

从他的教授处，朋霍费尔汲取了有关自由神学的重要精神，但最教他兴奋的就是能够跟霍尔修读路德的神学思想和在课余空闲时间阅读巴特的神学。虽然朋霍费尔从来没有直接受教于巴特，但巴特神学对他的影响从他的博士和讲师资格论文中清晰可见。

1924年朋霍费尔与哥哥裘思（Klaus）往罗马一带旅行，在那里他对天主教会孕育了相当浓厚的兴趣。1928 年至 1929 年间，他在巴式农拿（Barcelona）担任一间德语教会的助理牧师。1930 至 1931 年间，他有机会往纽约协和神学院修读神学，受教与尼布尔（Reinhold Niebuhr）和贝利（John Baillie）等重要神学家。此外，他亦参观哈林区内的黑人教会。这一切的见闻和体验开阔了他对教会的观感，使他成为一个满具普世教会精神的神学家。

1931 年夏天，他从美国返回德国，曾有机会往波恩探访巴特，从此与巴特建立了深刻长远的友情。同年秋天他开始在柏林大学讲授神学，并且同时在一间科技大学中担任院牧。此外，他亦担任世界联盟组织的青年部干事。

1933 年 1 月 30 日，希特勒掌握了德国政权，这事件成为朋霍费尔生命的重要转折点。自此之后，朋霍费尔与当时的认主教会（Confessing Church）* 合作，批判希特勒纳粹主义之邪恶和国家教会对纳粹主义所表现的妥协态度。1935 年的春天，认主教会委任他组建一所特别的神学院。在这神学院中朋霍费尔倡议糅合严格的举术训练和属灵操练两方面。可惜的是，该神学院在 1937 年被德国的秘密警察关闭。1939 年 6 月，当战云密布之时，朋霍费尔在尼布尔的协助下抵达纽约协和神学院担任教职。然而当他抵达后不久，便觉得这是一个错误的抉择，深感在德国危难时逃难于美国，是不负责任的做法：他感到沉重的歉疚，深恐将来没有权利参加国家的重建。因此在 7 月初返回德国。

* 参赵中辉，《英语神学名词辞典》，台北：基督教改革宗教翻译社，1990。另可译作“认信教会”，今以上书作准。——编注

从1941年至1942年，朋霍费尔曾多次往瑞士、挪威及瑞典等地，其间他秘密地运用其教会关系网络，将有关重要的情报传达到联军那里。在这两年中，朋霍费尔着手撰写《伦理学》一书。1943年1月，他与玛利亚·冯·威德迈尔小姐（Maria Von Wedeneyer）订婚。然而，在这些好事将要临近的时候，他却在1943年的4月5日，被德国秘密警察以曾协助犹太人逃往瑞士的罪名拘控，关在牢里。

1944年7月20日，朋霍费尔的同党暗杀希特勒失败。这件事揭发了计划行动中的参与者，而朋霍费尔便是其中一位。10月8日朋霍费尔被转到其他监狱，继后又数次被转到不同的监狱，最后被迁到浮罗生堡（Flossenburg）集中营里面。1945年4月9日被德国秘密警察行刑处决。

朋霍费尔学术思想概要　朋霍费尔的学术思想概要从其著作中清晰可见。

《圣徒相通》　《圣徒相通》是朋霍费尔21岁时在柏林洪堡大学（Humboldt University）所完成的博士论文。《圣徒相通》是一本讨论教会性质的书。在这书中，朋霍费尔结合神学与社会哲学两种不同进路去探讨教会的独特结构。

朋霍费尔从社会哲学的角度去了解教会的性质，他主要采取特洛尔奇（Ernst Troeltsch）的见解。他指出，教会既是一个社群（Gemeinschaft），同时也是一个会社（Gesellschaft）。作为一个社群，教会是一个由圣灵所生的信仰群体，这是其存在的目标。作为一个会社，教会要达现一些理性的目标；例如：要宣讲上帝的话、施行圣礼等，以达现上帝的旨意。

另一方面，朋霍费尔从神学的角度去看教会的性质，他主要采取巴特、布特曼（Rudolf Bultmann）等以启示为主的进路。他认为教会是上帝启示的形体，是基督以群体方式所临在的形体（Christus als Gemeinde cxistierend）。他的意思是：基督透过圣灵而道成肉身在人类中，并且去唤召、引导人组成一个能连结于基督身体的新群体。在这群体里，三种关系是明显的：(1)个人与基督的关系；(2)人与人的关系；(3)整个群体与基督的关系。

《行动与存有》 除了《圣徒相通》这博士论文外，朋霍费尔24岁时又在柏林大学完成讲师资格论文：《行动与存有》。这本书与《圣徒相通》成为朋霍费尔日后神学思想很重要的基础。

在《行动与存有》一书中，朋霍费尔指出"行动"与"存有"的观念所涉及的问题是一个有关"人如何得到上帝的启示？"的问题。根据朋霍费尔的阐释，这个问题可以细分成两个主要的问题：(1)启示是否指上帝在人类历史中主动触及人类和与人相遇的一连串行动？(2)抑或启示早已含存和保留于亚当和夏娃的人性，并且延展流传至现代人的存有？

朋霍费尔指出，巴特对于第一个问题的回答是相当肯定的。他认为，上帝有绝对的自由去采取特定的形式启示人类。在人类历史中，上帝已决定以道成肉身的"行动"去展示他的旨意、去与人相遇。因此，巴特强调上帝的启示是上帝在历史中与人的相遇行动。从这个角度来看，巴特声称有限的人当然不能干预上帝的自由，不能去操纵、摆弄上帝的启示。这种立场所表达的是一种“以上帝行动为主”的神学（act theology）。然而，有另一类的神学家则认为启示早已含存于人的存有中；不仅含存在亚当和夏娃的存有中，并且继续延展、流传至现代人的存有。这些神学家认为启示已成为一个人类可以触及的实体；并且这启示的实体以《圣经》、教义、宗教经验及教会的方式存在人类历史中。换句话说，启示已蕴涵在《圣经》、教义、宗教经验及教会里。这种立场所表达的是一种“以存有为主”的神学（being theology）。

在这两种立场中，朋霍费尔相当接受巴特的看法，尤其是他那对上帝的绝对自由的坚持。然而，朋霍费尔亦指出巴特看法有其偏颇的地方。他指出这种“以上帝行动为主”的神学，虽然能强调上帝之甘愿道成肉身来到世上，与人同在一起的历史事实，但却忽略了上帝道成肉身来到世上后甘愿让人摆弄、被人钉在十字架的重要一面。再者，朋霍费尔指出巴特忽略了《圣经》中有关人的存有与亚当、基督的存有间互相连续的看法。

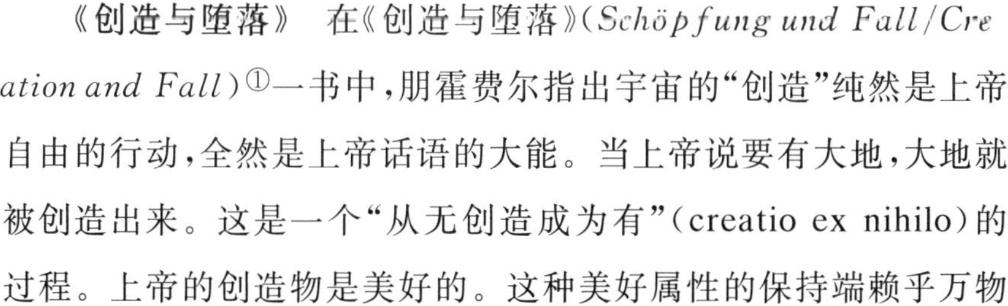

《创造与堕落》 在《创造与堕落》（*Schöpfung und Fall*/*Creation and Fall*）①一书中，朋霍费尔指出宇宙的“创造”纯然是上帝自由的行动，全然是上帝话语的大能。当上帝说要有大地，大地就被创造出来。这是一个“从无创造成为有”（creatio ex nihilo）的过程。上帝的创造物是美好的。这种美好属性的保持端赖乎万物

① 《创造与堕落》是由朋霍费尔在柏林大学教学的讲义结集而成，于1933年出版。此书主要是有关《创世记》一章至三章的神学注解。

是否还对上帝存有倚赖的态度。在万物中，人类是独特的，因为人类有上帝的形象（the Image of God）。上帝的形象不是指人的理性或灵魂，而是指人有一种要与上帝、与人相交的倾向。这种倾向从上帝创造男女这个基本的群体中可见。从另一个角度来说，朋霍费尔指出这种倾向是一种"自由"，是一种迈向上帝、为上帝而活，和迈向人、为人而活的"自由"。

朋霍费尔解释亚当和夏娃堕落的故事，是人类堕落历史的诗体表达，而非神话。堕落故事所表达的意义是：在亚当的堕落中，人类也在堕落中；而且人类堕落的事件，曾经"前所未有"地发生，并且会继续发生下去。堕落的结果是：人类要面对羞辱、孤独、疏离、死亡等痛苦；然而这不是人类堕落历史的终结。因为慈爱的上帝会怜悯人类，引导人迈向基督而获取新的生命。

《基督论》 在《基督论》（*Christologie/Christology*）② 一书中，朋霍费尔指出基督论的起始点是"现今的基督"。"现今的基督"是活在教会里的基督，他为着人类的缘故继续活着。现今的基督也是"历史的基督"；他是历史中的拿撒勒人耶稣基督。他的道成肉身和被钉死是真确的事迹，在历史中有着举足轻重的地位。然而朋霍费尔也清楚说明，耶稣基督的历史重要性并不能由历史学的研究和考据去证明或否定，因为这是涉及信心的范畴，而非科

② 《基督论》是朋霍费尔1933年夏天在柏林大学讲学时的讲义。这讲义由朋霍费尔的学生笔记结集而成。《基督论》这一讲义集共分三部分："现今的基督"、"历史的基督"和"永恒的基督"。可惜的是，"永恒的基督"这一部分因为学期结束的缘故，没有完成。

学验证的范畴。同理,耶稣基督在历史中的"复活"也不能被历史学所证明,因为人类只能以信心接受并经历耶稣的复活——无论这复活是在历史里或是在我们现今的生命里。

朋霍费尔基督论的重点问题,并不是关乎"耶稣基督如何具有神人两性?"等传统的基督论问题,而是关乎两个主要问题:(1)耶稣基督是谁?(2)基督在哪里?我们可在哪处觅得、遇到耶稣基督?要解答"耶稣基督是谁"的问题,朋霍费尔提出一个三重的答案。他说:耶稣基督是上帝的话语、圣礼和教会。至于第二个问题,朋霍费尔的答案是:耶稣基督临在人类的存有、历史的中心、自然界的中心;我们可从这些地方觅得耶稣基督。

总括而言,朋霍费尔的基督论是关乎耶稣基督的"存有"(being),而非他的救赎行动。因为耶稣基督的本体先于耶稣基督的救赎行动;耶稣基督的本体决定耶稣基督的救赎行动的性质。因此,朋霍费尔否定那些将救赎论置于《基督论》之先,或将《基督论》等同于救赎论的做法。

《追随基督》 朋霍费尔的《追随基督》(*Nachfolge/The Cost of Discipleship*)③主要是关于耶稣基督的登山宝训的诠释,其主旨在于描绘作为基督门徒的真正面貌。朋霍费尔指出基督徒的生命是独特的,因为主耶稣基督亲自召唤他们跟随他。这召唤是恩

③ 《追随基督》于 1937 年出版。這是朋霍费尔在組建和任教一特别的神学院时所写的书。Dietrich Bonhoeffer, *The Cost of Discipleship*(《追随基督》), New York, Macmillan, 1963. 比较《追随基督》(*Nachfolge*),第二版,Martin Kuske 及 Ilse Tödt 编,收 *Dietrich Bonhoeffer Werke*, Band 4, München, Chr. Kaiser Verlag, 1994。

典，不是廉价的恩典，乃是贵重的恩典。

朋霍费尔之所以说耶稣基督的召唤不是廉价的恩典，主要是因为他要抨击当时教会对“因信称义”的错误理解。他指出，这些教会以为称义的恩典，是人对一系列教义和原则的认同；以为基督徒只要能在“理智”上“相信”这些义理和原则，就可以获赦罪得救。其结果是：不少基督徒以为恩典是白白施给的，以为人不需悔改就能获得赦罪。因此，他们在生活上与非基督徒没有多大分别。为要矫正这种偏差的看法，朋霍费尔清楚指出真正的信心必须具有顺服：唯有那些真正顺服的人才会相信，唯有那些真正相信的人才会顺服。信心与顺服不能分割：没有顺服的“信心”只是“理智”上的认同，它根本不是信心。针对这以信心为名目的廉价恩典，他又指出恩典是贵重的，因为上帝的恩典唤召基督徒撇下一切来顺服和跟随耶稣基督，甚至要求信徒舍弃生命。因此，基督徒要作为基督的真正门徒，不仅要相信基督，并且要甘心顺服他的意愿，顺服地踏上十字架的道路。然而，十字架的道路不是全然的苦痛，它的终点是喜乐和平安；人在舍弃中必得到真正的生命。

《团契生活》 《团契生活》(*Gemeinsames Leben/Life Together*)[④]主要论述基督群体的灵修生活。朋霍费尔指出基督徒的生活是一种活在基督里的生活；是一种个体和群体的生活。因此，基督徒在读经、祷告等生活中，必须具有个体和群体的两个向度。在

④ 《团契生活》出版于1939年，是朋霍费尔在世时最畅销的书。这也是他任教一特别的神学院时所写的另一本书。

读经方面,朋霍费尔特别强调基督徒最大的需要,并不是一种学究式、客观性的研究《圣经》方法,而是一种能够接纳《圣经》为"上帝的话语"、为"上帝对信仰群体的直接言训"的信心。除此之外,朋霍费尔指出,基督徒在信仰群体的生活中,亦需操练舌头,学习温柔、聆听,实践助人,背负他人重担,在恰当的时候宣讲上帝的话,在爱里施行权责等等。

《狱中书简》 《狱中书简》(*Widerstand und Evgebung/Briefe und Aufzeichnungen aus der Haft/Letters and Papers from Prison*)⑤包罗不少既脍炙人口又富争论性的意念。其中最引人关注的观念有:"人类不需要宗教"、"足够成熟的世界"、"基督徒的今世性"等等。

朋霍费尔声称"人类不需要宗教"。因为世界自13世纪后已不断在世俗化(Secularization)的过程中,人不再需要宗教的凭借,不再需要活在满有"上帝的假设"的世界里;不再需要在人的知识无法解释某些事物时,而去拿上帝作为填补知识罅隙(尤其是科学知识的罅隙)的解释;不再需要一味讨求上帝的助益,希望有一位满有"权能"的上帝,会替他们消灾解难。

朋霍费尔这有关"人类不需要宗教"的观点,主要是去辩斥

⑤ 《狱中书简》出版于1951年,是他被处死六年后所出版的书 。此书是从朋霍费尔在泰格尔(Tegel)监房中写给他父母亲及朋友们的书信所集印而成。这些信流露出他心坎里最深处的思想和最亲密的感情。朋霍费尔从没有想到这一些思想和感受会见刊成书,成为他在过世后一本举足轻重的要书。

并瓦解一种自我、内向及形而上的宗教观。他指出这种宗教观，只关注个体的存在状况、个人内里的灵性和未来的世界。这都是不符合《圣经》的观点。从《圣经》记述中可见，上帝是非常关注人的群体存有、人的整全性以及今世的更新。耶稣基督的来世，是要召唤人进入生命里以得到生命，而非进入宗教框架里。因此，上帝不是一位伫立在人类生命边缘、高高在上、徒有强势的上帝，而是一位活在人类的生命里，甘愿代人类受苦的上帝。这受苦的上帝是人类真正的盼望；他在人类中间成为软弱者，要使人成为刚强者。

朋霍费尔指出这受苦的上帝不断在呼唤信仰他的人，进入现今的世界，去承担人类在世界中应有的责任，去进入人群中与他人共苦乐。这就是他有关“基督徒的今世性”的主要意义。

《伦理学》的基本观点 《伦理学》是朋霍费尔未被囚禁前所经营的毕生代表著作。因为战乱以及他从事政治活动而被捕的缘故，他未能完成有关的写作。现有的《伦理学》是朋瞿费尔的朋友贝特格在 1949 年替他出版的。这书主要是贝特格把朋霍费尔于 1940 至 1943 年间在柏林所写下的手稿结集而成。

朋霍费尔对《伦理学》的撰写非常重视。这可从他被囚后还抱有怀念与惋惜的说话中看见。在 1943 年 11 月 18 日的一封信中，他对贝特格这样说：“我抱憾未能完成《伦理学》的写作（部分或许已被政府充公没收）。然而，我仍感到安慰，因为我已将有关的主要意念向你陈述。纵使你会忘记，我相信它们会以另一种间接的形式,在你脑海中出现。"⑥他在12月15日所写下的另一封信中说:"我有时感到我生命的年日快要消逝;我希望可以在现在完成《伦理学》的写作。"⑦由此可见,他非常重视《伦理学》这一本书。如果此书能在他生前写完的话,或许会成为他最重要的系统性著作。

从《基督论》的角度看伦理学的问题 《伦理学》⑧中,朋霍费尔从《基督论》的角度看伦理的问题。他指出基督教的伦理起始点是上帝在耶稣基督里的启示:这启示是终极的实体。⑨ 朋霍费尔所倡议的伦理学起始点,与"一般的伦理"的进路截然不同。"一般的伦理"是要探求有关善恶的知识。其起始点是一个人的自我个

⑥ Bonnhoeffer, *Letters and Papers from Prison*(《狱中书简》), the enlarged edition, Eberhard Bethge ed., New York, Macmillan Publishing Co., Inl., 1972, P. 129.

⑦ 朋霍费尔,《狱中书简》,同前,页193。

⑧ 《伦理学》德文版在1949年出版,而英文版在1955年面世。1963年,《伦理学》第六个德文版面世。贝特格在第六版中重新编排文稿的次序。见Dietrich Bonhoeffer, *Ethik*, 6th edition, Münich, Chr. Kaiser Verlag, 1963。因为汉语基督教文化研究所出版的《伦理学》中译本是翻译贝特格所编排的第六版,在这导言中我会采取同一个德文版,而简称该版为*Ethik*。

⑨ *Ethik*,同前,页202。对朋霍费尔来说,实体(die Wirklichkeit)指已实现或正在实现中的本体。在《圣徒相通》中,朋霍费尔指出实体并不是人的理智,并不是从人的思维所产生的实体。实体是从上帝本身的实体而来,是上帝所给予的。他更指出上帝的实体已具体地临现在教会里面。在《行动与存有》中,朋霍费尔进一步指出实体是从一已与"他者"(others)的互动中呈现出来。当人接纳别人为邻舍并甘心"为别人而存活"时,实体就呈现出来。因此实体的呈现与"为别人而存活"的经验是息息相关。在《基督论》中,朋霍费尔用另一词描绘实体。他指出实体是基督临在(the Christus praesensi)人类的存有和历史的流传中。朋霍费尔把《基督论》中有关实体的基督性(就是基督临在的观念)更进一步在《伦理学》中扩展开来。他指出实体是因基督所接纳进来的本体。

体(Ich),或是世界(Welt)的实体。“一般的伦理”的目的是在于要从人的自我(Ich)与世界(Welt)的实体的分析中获得善恶的知识,尤其有关道德规范和价值的知识。[10] “一般的伦理”相信有关善恶的知识,可指导人类走向成善、成恶的路径。对朋霍费尔来说,这种探求有关善恶的知识的努力,却具体地表现出人类的骄傲:人务求拥戴知识,要成为终极的智者,甚至把自己当作万物的起源;而忘记上帝是终极的智者,忘记上帝是知识的最终来源,忘记上帝是万物的起源。[11] 朋霍费尔指出亚当与夏娃之吃禁果、欲期盼能明悉善恶,正是妄想成为终极的智者、万物起源的表现。这种探求善恶知识的努力,清楚地敞露了人要远离上帝的抉择取向。[12] 朋霍费尔的伦理学正是要矫正“一般的伦理”的错失。他强调基督教伦理不应以人的个体或世界的实体作始点。[13] 相对来说,伦理应专注在耶稣基督所启示的实体。[14] 因为上帝借着耶稣基督的降生、死亡和复活已与世界的实体复和起来。换句话说,上帝与世界在基督里已成为一个实体。根据这合一的实体观,朋霍费尔完全扬弃了西方的二分实体观。他指出,实体不是二分的,不是分为上帝与世界、自然与超自然两个截然不同的范畴:一切强行将世界万有从上帝在基督里所启示的实体分别开来,并以它们作为两独立的终极实体的做法,均是错谬的二分法。[15] 因此,朋霍费尔强调:基

[10] *Ethik*,同前,页 200—202。
[11] 同上,页 20—21。
[12] 同上。
[13] 同上,页 202。
[14] 同上。
[15] 同上,页 210—211。

督徒不应视世界和人类为两个独立的终极实体，不应以它们作为基督教伦理学的起始点。基督教伦理的起始点必须系于上帝在基督耶稣里所启示的实体。基督伦理所要关心和考察的对象是：上帝在基督里所要启示的实体，而非世界和人类的实体。

基督教伦理学的对象是上帝的诫命 基于他的合一实体观，朋霍费尔清楚指出，伦理学的问题不是："我如何可以成为善？""我如何能够行善？""我们可如何改造世界？"而是："什么是上帝的旨意？"⑯上帝的旨意的形式是诫命（das Gebot Gottes）。诫命是上帝向人说话，是恩慈和圣洁的上帝在基督里对人所发出既全面又具体的要求。⑰ 它是全面的，因为它涵盖人的整体生命。它是具体的，因为它是上帝在特定的时间和地点向具体的人所发出具体的说话；就如上帝曾对亚伯拉罕、雅各、摩西所发出的说话般清楚、具体和明确。⑱ 朋霍费尔说："上帝对我们讲的话也是那样地明确，否则上帝根本不讲话"。⑲ 因此，上帝的诫命绝不是抽象原则的综合，也不是没有时限、不变的真理。

究竟上帝的旨意怎样可以透过上帝的诫命具体展现出来？朋霍费尔说，上帝的诫命以"命任"（Göttlichen Mandaten）的具体形式展现出来。"命任"是上帝的委任；是上帝所授予的神圣权威；是

⑯ *Ethik*，页200。

⑰ 同上，页294。

⑱ 同上，页294—295。

⑲ 同上，页294。

上帝诫命的适法化和理据。[20] 换句话说，上帝的诫命透过“命任”的形式去指出人际关系的基础和范围。

上帝的命任有四方面：工作、婚姻、政府和教会。[21] 这些命任是上帝在基督里所创造和保存的。然而他们不是静态的声明，不是世俗的权能，也不是从上帝所创造的世界秩序（göttlichen Ortnungen）[22]或人类的历史中获得的。他们是从天上、从基督的实体而来，是上帝所颁下的神圣声明。他们被设立的目的，是要将上帝和世界联系起来。因此，人必须透过这些命任以投进上帝的实体。朋霍费尔指出：自耶稣基督来到世上，伦理学只有一个目标，就是要投入上帝所要成就的旨意之实体里，而这已成就的旨意，是指人与上帝的复和之实体。[23]

伦理学所关注的主要命题是生命的“塑造”

假若伦理学的目标是要呼唤人去投入上帝的旨意里，或说是要叫人投进耶稣基督所启示的实体的话，那么，人如何能够投进这启示的实体中？朋霍费尔的回答是：上帝“塑造”（Gleichgestaltung）我们、引领我们进入耶稣基督的实体里。因此，他说，伦理学

---

⑳ *Ethik*，页 304。

㉑ 同上，页 220—226。

㉒ 同上，页 220。朋霍费尔不用路德教会所常用的“创造秩序”的观念，是由于“秩序”这观念意味着诫命受到世界存有所决定。对他来说，命任的本质不是基于上帝过往的创造，而是基于上帝在基督里没有息止的创造和保存工作。另一方面，莫特曼（Jürgen Moltmann）亦指出，朋霍费尔之使用“命任”这观念是要强调“命任”不是死寂、不变的秩序；而是蕴涵相当浓厚的人格性；它是关乎人与上帝的和好关系。（Jürgen Moltmann，*Two Studies in the Theology of Bonhoeffer*（《朋霍费尔神学两项研究》），New York，Scribner，1967，页 19—94.）

㉓ *Ethik*，同前，页 225—226。

所要关注的，是人之“被塑造”的过程。而耶稣基督的道成肉身、受死、复活正是人被“塑造”的基本形式。

然而“塑造”并不是指人要竭力去学像耶稣基督，去靠“己力”学效和达现耶稣基督的样式；或是要设计一些程序和计划以达现耶稣基督的言训、以得到敬虔的外貌。[24] 朋霍费尔指出《圣经》所提及的“塑造”，是指上帝按具基督的样式和形体去塑造（Gestaltung）人，以致人能被转化“同有”（gleich）耶稣基督的样式。（加4:19；林后3:18；腓3:10；罗8:29和2:12）[25]例如：他引用《加拉太书》四章19节“我小子啊，我为你们再受生产之苦，直等到基督成形在你们心里。”除此之外，他亦引用《哥林多后书》三章18节：“我们众人既敞着脸得以看见主的荣光，好像从镜子里返照，就变成主的形状，荣上加荣，如同从主的灵变成的。”

朋霍费尔强调“塑造”是指人“被上帝所塑造”的过程——是指人被上帝引进耶稣基督的实体里面，被上帝“塑造”以致满有耶稣基督道成肉身、受死、和复活升高的样式的过程。[26] 具有耶稣基督“道成肉身的样式”是指人成为一个真正的人，成为一个没有伪善和假冒的人。这真正的人并不是人“自我上帝化”的结果，而是上帝爱的结果。具有耶稣基督“被钉死的样式”是指人以罪人的身份伫立在上帝面前，承认自己的不足，甘愿接受上帝对一己的裁判和刑罚（甚至是死亡的刑罚），并且全然仰赖基督，与基督一同承受苦难。具有耶稣基督“复活的样式”是指人在上帝面前成为新造的

[24] *Ethik*，页85－86。
[25] 同上，页85－86。
[26] 同上，页86－87。

人;这新造的生命纵然还活在旧事物中,它仍是簇新的。

大略来说,人之可以进入耶稣基督的实体里是因为上帝对人的"塑造";上帝"塑造"人,使人"同有"耶稣基督道成肉身、受死、和复活的样式,以致能成为真正的人。然而,这是否意味着上帝只专注于"塑造"个别的人成为真正的人?

朋霍费尔指出基督的"塑造"不单是在个人身上所发生,并且已发生在人类的群体里,而"塑造"在人类社会中最清楚的表达形式,就是教会。教会不是一群敬仰基督的人所组成的群体,而是"基督的身子"、"基督的本身"。[27] 教会是那位已道成肉身、已被钉死、已复活的耶稣基督。[28] 换句话说,耶稣基督已成形临在教会这群体,而且不断按照他道成肉身、被钉死、复活的样式"塑造"教会。因此,朋霍费尔的"塑造"观是有其浓厚的群体性格。"塑造"不仅是一个发生在个人身上的过程,也是一个群众性的过程,并且着实地发生在教会身上。

总括来说,"塑造"是一个重要的过程:个人与教会在其中被上帝所"塑造",以致满有耶稣基督道成肉身、受死和复活的样式。

从朋霍费尔的"塑造"观可见,上帝是整个"塑造"过程的原动者。那么,这是否意味着"塑造"只是一个全然被动的过程?假若"塑造"只是一个人被上帝所"塑造"的过程,人如何能够主动地投进这启示的实体中?究竟在《伦理学》中,朋霍费尔怎样处理被动与主动两者间的关系?

㉗ *Ethik*,页 88—89。

㉘ 同上,页 89。

朋霍费尔论责任

1.责任乃塑造过程中的完满 “塑造”不是单指人被上帝所塑造的全然被动过程:它也是指人须主动地参与这塑造过程。人的“责任”便是人之主动参与“塑造”过程。

“责任”(Verantwortung)意指人对上帝在耶稣基督里的启示所作出最全面、纯全和认真的“回应”(Antwort)。[29] 朋霍费尔指出上帝不断地呼召、引领人进入耶稣基督的生命、死亡和复活里面。上帝要人“回应”这神圣的召唤。因此,责任就是人对上帝召唤的“回应”。

责任(作为人对上帝召唤的“回应”)所展现出的具体形式是责任性的行为(das verantwortliche Handeln)。责任性的行为是“塑造”过程中重要的生命原则;它是与基督的实体相符合的行动。[30] 因为一方面上帝是整个塑造过程的原动者,另一方面人的责任性行动却是整个过程的完满者。换句话说,耶稣基督之成形于人的中间、塑造人的生命,乃必须透过人的责任性行动方能成就。

从朋霍费尔的责任观可见,他一方面坚持上帝启示的主导地位,指出上帝在基督里向人宣示他的实体:另方面他又非常清楚地说明人要参与“塑造”过程的重要性。简单来说,责任性行动是人对上帝的回应;它是人投进耶稣基督所启示的实体之重要行动。

---

[29] *Ethik*,页 236。

[30] 同上,页 244—245。

2. **责任是代理** 朋霍费尔指出责任性行动的特点是代理(Stellvertretung)。[31] 代理是一具体的爱的行为,包括为他人的全然摆上和自我牺牲。[32] 耶稣基督的生命是一种代理人的生命。耶稣基督作为人的代表,最主要意义是:他代表我们,替代我们背负沉重的苦难,替代我们达成既定的责任,甚至为我们"完全地把自己生命交付出来"。[33] 因此,人的罪责就成为了他的罪责,人的悔过,成为了他的悔过;就好比他的死亡成为人的死亡,他的复活成为了人的复活一般。耶稣基督甘愿作为人类的代理人;他是那超凡至高的负责者(der Verantwortlche schlechthin/The Responsible Person par excellence)。[34] 他不希冀获得个人道德的完美;而只期盼能帮助他人在上帝面前成为有责任的人。[35] 朋霍费尔更指出:耶稣基督(作为超凡的代理人或是责任者)透过他的道成肉身、受死和复活不断召唤我们去在上帝面前成为有责任的人,去担任代理人的权责,去活在群体中,活在邻舍中(尤其是活在那些有需要的邻舍中)。[36] 当我们能够为邻舍负上具体的责任时,我们便成为有责任的人,在上帝面前成为真正的人。这是上帝对我们的旨意;这是上帝要求我们成为代理人的重要意义。

---

[31] *Ethik*,页 238。
[32] 同上,页 240。
[33] 同上,页 239
[34] 同上。
[35] 同上。
[36] 同上,页 240。

3.代理形式 代理有两种表达形式:(一)平时的责任;(二)特殊处境的责任。

(一)平时的责任 平时的负责任行动是要遵循上帝的诫命。如前所提及,上帝诫命的伦理实体以婚姻、工作、教会和政府等“命任”的形式存在世界。这些命任都是从上帝而来,是上帝所订定。换句话说,人在这些存于世界的命任中可寻觅上帝的启示。

“工作”[37]的命任是指人在上帝的创世后可分享上帝的创造权能;并且还须投身于创造的工程,在其中荣耀和服侍基督。然而人的创造行为不是指一种“从无有而创造为有”的行动;因为唯有上帝才可以有这种“从无有而创造为有”的能力。因此人只能够在上帝已创造的基础上去创造新的事物。

“婚姻”[38]的命任如工作的命任一样,是要将人纳入上帝创造的领域中;因此,人要生养儿女,并且要教养儿女成为耶稣基督的门徒。父母亲除了要参与生产的“创造”过程外,他们更是儿女们的代理人,要秉承教养孩童的责任。父母要为自己的儿女去工作,要照顾他们,要为他们辩护,为他们争取,为他们受苦。这都是代理人的责任。因此,儿女们透过父母的代理,能够在这世界中成长,在将来能够服事人和上帝。这都是创造主的旨意。

“政府”[39]的命任,与工作和婚姻的命任有所不同。“工作”和“婚姻”的命任是上帝的创造权能的延伸;而“政府”的命任就没有

---

[37] *Ethik*,页 222。

[38] 同上,页 223。

[39] 同上,页 223—224。

这种性质，因为它本身不能够创造生命。政府的存在目的，是要服侍和维护“工作”和“婚姻”的命任，并且要“保存”所有已被创造的事物。政府透过“法例的订立”和“法律的执行”两种形式，去保存上帝所创造的事物。因此，立法者成为市民的代理人，其职责是要建立新的法律；警察成为一个社群的代理人，其职责是要执行法律。

朋霍费尔很清楚地将“教会”的命任[40]，从上述三种命任区分出来。教会承担了上帝所颁发的独特命任：要在其宣讲、体制、信徒生活的见证中实现基督的本体；其最终目的是整个世界的救赎。因此每一个信徒都有责任去帮助教会完成上述使命；竭力见证上帝在耶稣基督里所要彰显的实体。

然而“教会”独特的使命并不是与其他三个命任完全分割。因为这些命任是彼此重叠、彼此支持和彼此限制。没有一个命任是最好的；没有一个命任可以取代其他的命任。朋霍费尔指出，“教会”的命任延伸并渗透进其他的命任里。因此，我们不应将人分割在这四个不同的命任范围中。一个基督徒理应是一个负责任的工作者，同时也是一个负责任的家庭成员和一个负责任的市民。[41]当人能够活出这四个命任的真义时，人就能达现上帝的旨意，就能在上帝和其他人面前成为完整的、负责任的人。

（二）特殊处境的责任　朋霍费尔指出，人除了在日常生活中负责任外，他亦会在特殊的环境中承担一些与日常四个命任有所

---

[40] *Ethik*，页 224—225。

[41] 同上，页 224。

冲突的责任，甚至是非常危险的责任。举例来说，朋霍费尔在1939年突然决定从美国返回德国，而在他返回德国后，便积极从事暗杀希特勒的计划，这种做法便是一种在特殊环境中要去承担非常责任的行径。他本可以实行家庭性的命任，去与热恋中的女友结婚生子，以达成家庭上神圣的任务。然而他甘愿冒生命的危险，从事暗杀希特勒的计划，来维护更多人的生命。他将这种特殊时间中的责任，看得高于平常的责任。他这种在特殊环境中的做法，不是基于任何公认的法律、原则、习俗和规范。

朋霍费尔参与暗杀希特勒的行动，不单牵涉到生命安危问题，同时亦带来了道德抉择的难题：究竟暗杀在道德上是对或是错的行动？在这里朋霍费尔要面对暗杀行动所带来的罪疚感问题。然而他认为一个负责任的人要承担“负责任”行动所带来的罪疚感。这种愿意去承担罪孽的行为是受感于上帝对罪人的大爱：上帝已在十字架上甘愿将人的罪孽承担过来。这种无私地承担他人罪孽的爱是责任行动的重要部分。因此“无辜”不是指人要努力去脱离罪孽；“真正的无辜”却是处处为他人着想，甚至甘愿为他人的缘故去投进一个罪孽的处境里。因为一个满有责任感的人不会逃离罪孽，反而会勇敢地承担他人的罪孽。[42] 在《伦理学》中，朋霍费尔引用了一个重要的例子来说明他那要“承担他人的罪孽”(Schuldübernahme)的看法。他说，有一个人的朋友因逃避追杀而躲藏在他家里。假如那追杀者跑到他的家要追杀这个朋友，而查问朋友的下落时，他应怎样回答？假若他要遵从康德的指引说

㊷ *Ethik*，页255—256。

出实话,他就应和盘托出他朋友躲在家里的事实。因为维护真理是首要原则;维护事实真相远远较维护生命重要。对朋霍费尔来说,这样的处理方法,正是一种脱离现实的做法。因为上帝所启示的现实,是要我们成为负责任的代理人——是要我们爱护邻居。因此,一个负责任的代理人理应竭力保护他的朋友,甚至不惜作出"说谎言"的代价。在这独特的处境中,他须放弃"维护事实真相"、"在任何处境要说实话"等等的普世原则,甘愿承担说谎所带来的罪疚。这种做法就是真正的无辜。真正的无辜不是要洁身自爱,而是甘于将他人的罪孽放在一己身上。这正是代理人理应承担的责任。[43]

朋霍费尔伦理学的处境性质 总结来说,基督、诫命、塑造、责任等观念在《伦理学》中占有举足轻重的位置。[44] 笔者认为"塑造"和"责任"等观念在朋霍费尔的伦理思想中尤为重要,它们都占有非常中枢的地位;而责任的观念更是进入朋霍费尔伦理思想的重要关口。因此不少学者认为朋霍费尔的伦理学是责任伦理学。[45]

---

[43] *Ethik*,页 260—261。

[44] 读者在这里必须要明白笔者写作导言的目的,不是要穷尽《伦理学》中所有的观念,而是尝试把《伦理学》中最核心的思想陈述出来。因此笔者没有讨论《伦理学》中其他重要的概念,例如:"自然"(das Natürliche)和"仅次于终极者"(das Vorletzte)等观念。笔者写作此导言的最大用意是:将朋霍费尔的伦理学性质的重要轮廓勾画出来;让读者能掌握朋霍费尔伦理学的性质,以此作为开启朋霍费尔伦理思想的入门钥匙。

[45] 伯特内斯(James Burtness)和洛万(Robin Lovin)均认为"责任"的观念在朋霍费尔的伦理学中占有非常重要的位置。见 James Burtness, *Shaping the Future*: *The Ethics of Dietrich Bonhoeffer*(《塑造未来》),Philadelphia,Fortress Press,1985;Robin Lovin,*Christian Faith and Public Choices*,Philadelphia,Fortress Press,1984。伯特内斯在《塑造未来》中指出"责任"是朋霍费尔的伦理学统合点,并且提议"责任"可作为实用性道德思维方法的主要的工具性观念。

要明白朋霍费尔责任伦理学的性质，我们就必须要明白“处境”(Context)在“责任”观中的重要性和多元含义。在此笔者会简单讨论朋霍费尔责任伦理与“义务伦理”(deontological ethics)和“后果伦理”(consequentialist/ teleological ethics)的关系。

在前面有关《伦理学》的基本要点讨论中可见，朋霍费尔高举上帝的旨意（尤其是诫命）的重要性。这种强调是否意味着上帝的旨意是一套规则，是在历史中被提出来的一些普遍性的原则？这是否意味着朋霍费尔的伦理思想是一种类似康德那只着重个人动机的纯全和普遍性的原则、而不顾行动后果的“义务伦理”？

朋霍费尔指出上帝的旨意不是一套规则，甚至亦不是一套从“爱”所建立的原则。上帝的旨意在不同的“处境”中以不同的形式出现。人要在不同处境中重新查问、探求上帝的旨意，然后才可作出负责任的行动。

朋霍费尔在讨论有关伦理论说根据的问题时指出，伦理之作为一个命题是局限于一个特定的时空中。意思是，伦理必须与日常生活中发生的事件相关。因此，一般性的道德原则是不适切的。他引用《传道书》第三章去举例说明：在人类历史的存有中，万事都有它的定时，吃、喝、睡觉等日常生活和其他个别的生活抉择，都有它们特别的时限和目标。[46] 他做了一个很有趣的比喻；他说：若果我们使用一般性的原则在任何的处境中，那就好比用巨枪去轰击细小的麻雀；巨枪是不合宜的武器。[47] 因此，朋霍费尔认为责任

---

[46] *Ethik*，页 281。

[47] 同上，页 282。

的实践不能只局限地建基于一个普遍性的原则上;我们不能够以单一的原则去作为伦理判断的根据。

在《伦理学》里〈何谓说真话?〉的短文中,朋霍费尔在处理伦理抉择的问题时,强调“处境”的考虑远较普遍性原则的探求更重要。伦理反省的处境,是“人际关系”的处境,伦理反省是在不同的人际关系处境中,去探求什么是回应基督的实体之最恰当的负责任行动。因此,当人要做出有关“说明真理”的“原则性”的行动时,人必须先对整体的关系处境有相当的了解和评估。因为“要说出真理”的行动是受到“关系”的实体所制约。举一个先前已提及的熟悉例子来说,当一个凶徒跑到一个人家里要追杀其朋友,而查问其朋友下落时,一个负责任的代理人理应竭力保护他的朋友,甚至不惜作出“说谎言”的代价。这样的处理方法,按朋霍费尔的看法,查实蕴涵重要的“真理”。因为这行径更能“对应”上帝所启示的关系实体;上帝所启示的现实是要人成为负责任的代理人,去守护邻居。[48] 在〈何谓说真话?〉中,朋霍费尔又引用了一个相当有趣的例子去指出“处境”中所牵涉的“关系”的考虑,远较普遍性原则的探求重要的观点。他说,有一个老师在学生面前向一位学生查问其父亲是否常常醉酒家中的真相。假若这小孩如实地说出真相的话,就造成了对父亲的不忠,破裂了与父亲的关系。因此,该学生只好隐瞒事实。朋霍费尔指出这小孩的回应,一般来说,会被视为“谎言”,是不可接受的行为。然而朋霍费尔指出这学生所说的“谎言”却包容更多的真理。因为他的回答具体地表达出对父子关系

㊽ *Ethik*,页 260—261。

的重视和“要对守卫父亲”的责任之坚持。除此之外，朋霍费尔指出该老师是应被指责的，因为他在不恰当的关系性处境（就是在整个班房的“众目睽睽”处境里）发问不恰当的问题，造成了不合理的骚扰。[49] 朋霍费尔透过这例子说明了“说出真理”的行动不是全然受到一些抽象的规范或准则所牵制，例如“要在所有的处境中说实话”、“维护事实真相”等普世性的原则所拘禁，而是受到“关系处境”所决定。

总括而言，“处境”（尤其是人际关系的“处境”）在伦理反省和抉择的过程中非常重要。负责任的行动不是将一些原则加诸所有不同的人生处境的做法，而是在不同的“关系处境”中作出能符合基督实体（神的旨意）之最恰当的行动。因此，朋霍费尔的伦理思想是有异于康德那只着重个人动机的纯全和普遍性的原则之义务伦理。

透过上述的讨论，我们可见朋霍费尔之高举上帝“诫命”的重要性，并不表示他是一个“义务论”的支持者，[50]那么，他对“负责任的行动”的关注是否意味着他是一个以“后果”为依归的“目的论”者？伯特内斯（James Burtness）在《塑造未来》（*Shaping the Fu*

[49] *Ethik*，页 388－391。

[50] 有一些学者坚持研究朋霍费尔的伦理思想是一种义务论。洛万便是其中一位。然而，他指出朋霍费尔的义务伦理，是一种着重行动的义务伦理论。因为朋霍费尔除了排斥所有高举一般性原则的做法外，他亦强调责任的观念。这观念容让他加强行动的重要性。

ture)中,就把朋霍费尔纳入“目的论”的行列。[51] 他指出朋霍费尔是非常重视人要塑造将来的责任,并强调人要对其行动的“后果”负上责任。这种诠释是否正确?朋霍费尔的伦理学与韦伯(Max Weber)的“后果”的伦理学有什么异同相通的地方?

在《作为天职的政治》(*Politics as a Vocation*)中,韦伯抗衡那以动机为依归的义务伦理学。他指出没有人能够在一个模糊和混乱的世界中解脱出来,而能时常保持动机的纯全。因此,他强调行动结果的重要性;指出人要考虑行为的结果而作出适当的负责任的行动。其目的是希望人能在每个抉择中尽量去恶存善,以最好的方法达至有意义的目标。这种看法着实与朋霍费尔有关“责任”的看法有相通之处;尤其是从他们都讲求有意义的目标的层面来看。对朋霍费尔来说,要爱护我们的邻居便是其中一个有意义的目标。

然而,朋霍费尔认为韦伯只讲求目的和后果的伦理,都是折中和短暂的。他指出基督教伦理强调人对耶稣基督的启示实体作出全然回应,因此它不能接受那片面地着重“原则性”的义务伦理。同理,它也不能附和那片面地讲求目的和后果的“后果性”伦理。[52] 他批评“后果性”的伦理学与“义务性”的伦理同样错谬地将良善的问题约化成为“后果”和“目的”的问题。

从上述分析可见,朋霍费尔不是纯然的义务论者,或是纯然的

---

[51] 在《塑造未来》中,伯特内斯认为朋霍费尔的伦理思想基本上是目的论的一种。因为他极注重行动的结果。“创造未来”是朋霍费尔伦理思想中的最主要解释钥匙:是一个常重复的要点。见《塑造未来》,同前,页 17。

[52] *Ethik*,同前,页 203—205 。

后果或目的论者。朋霍费尔明白到道德过程的复杂性。他指出，我们不应将复杂的伦理抉择过程约化成为动机与后果的考虑，不应将两者分割开来处理，更不应将动机和后果提升为抉择过程中最终极的因素。虽然动机和后果都是重要的；然而它们只是考虑过程中的一些要素。因此，朋霍费尔把动机、后果两者和其他的要素（例如：价值观念、人的实况、准则和律例等）纳入伦理抉择的"关系处境"中去考虑，以探求上帝的旨意。[53] 因此，责任伦理是人对不同"关系处境"作出全面的"回应"，而非一片面的"回应"。任何片面地将某种"回应"抬举成为划一性的绝对原则的做法，只会叫人陷入道德上的无能状况。[54]

三点评议 （1）笔者认为朋霍费尔的伦理学是一种神学性的现实主义（realism）。这从其实体观可见。朋霍费尔指出，上帝借着耶稣基督的降生、死亡和复活已与世界的实体复和起来。因为上帝与世界在基督里已成为一个实体；世俗与基督徒、自然与超自然、凡俗与神圣、理性与启示等，不再是两个对立的终极实体。事实上，神圣已在现世中，超自然已存在自然中，圣洁已存在凡俗中，启示已存在理性中。因此，负责任的行动必须从上帝和世界合一的基础上引发。真正的基督徒责任，就是人迈进世界的实体的行动。

从朋霍费尔这种现实主义色彩的伦理思想，我们可以见到他

[53] *Ethik*，页 248，264。

[54] 同上，页 266。

采取一种“以存有为主”的本体进路(being theology)。本体的进路是指神圣的实体已在世界的实体和人的存有里。因此伦理学不是要探讨“实然”和“应然”的问题,而是讨论关乎上帝的实体和世界如何共同存在的问题。换句话说,伦理学是关乎上帝之在世界和世界(与人)之如何为上帝的缘故而存在的问题。

然而朋霍费尔的现实主义思想的进路,并不是全然“以存有为主”的本体进路,它同时也代表一种“以上帝行动为主”的神学取向(act theology)。“以上帝行动为主”的进路是指上帝有绝对的自由采取特定的形式启示人类。在人类历史中,上帝主动与人相遇,并不断以“诫命”去展示他的旨意。“诫命”不是一大堆的规条,不是由这个被创造的世界秩序所衍生出来的;不是从人的存有(being)所提取出来的:而是从上而来,是慈爱的上帝在不同处境中,对人类发出整体和具体的说话。因此,朋霍费尔强调“诫命”是上帝的启示形式,是上帝在历史中与人相遇的行动。

从上述可见,朋霍费尔神学性的现实主义尝试融合“存有”与“行动”两个重要的进路。这种做法可以超越当代神学中有关“启示是纯然上帝的存有”或“启示是纯然上帝的行动”两个偏侧的观点;尤其能够超越巴特的“辩证式”神学所强调“启示是上帝的行动”的论点。虽然朋霍费尔和巴特都强调基督教伦理必须基于上帝在耶稣基督所启示的实体,然而他们在处理基督教伦理的进路问题上就有不少差异。大致来说,巴特的伦理学就是侧重“行动”的进路。巴特认为朋霍费尔所强调“人要投进上帝在耶稣基督所启示的实体”的本体进路大有问题。巴特指出,在上帝和人、在上帝和世界中间着实存有极大的分歧和鸿沟:人是不能超越这巨大

鸿沟的。因此，当上帝施行诫命时，人的回应只有顺服和不顺服两种。[55] 朋霍费尔认为巴特“辩证式”的神学，过分夸大了上帝和人、上帝和世界间的距离，以致将教会与文化分割开来，并将道德性的责任感缩窄到有关对上帝诫命的顺服。这都是太过简单化和片面化的看法。因此，朋霍费尔指出，常人面对上帝的诫命时，人的反应不只是顺服或不顺服，而应该是“具体地投进上帝在耶稣基督所启示的实体”。总括而言，朋霍费尔尝试兼合“行动”和“存有”两种进路：一方面，他肯定“上帝有绝对的自由去启示人类”的“行动”进路，另方面又竭力保卫“人要投进上帝在耶稣基督所启示的实体”的“本体”进路。

对笔者来说，朋霍费尔神学性的现实主义之尝试融合“存有”与“行动”两个重要的进路，着实是一重要的贡献。

(2)朋霍费尔在实体观的基础上讨论“诫命”和“负责任的行动”的重要性。他指出“诫命”的性质是关乎上帝、人和世界在基督里的相关性和合一性。“诫命”能指引人的生命方向，指引人活出符合基督实体的生命，又透过其命任去规划出人际关系的范围和基础。同样地，“负责任的行动”是要表现出基督的实体，去实现人、与世界、与上帝的合一关系。因此，负责任的行动不是按照一些普遍性的原则徘徊于“应然”和“实然”的对立关系中；而是人在基督实体的照明下，对每一个独特的“关系处境”作出最恰当的“回应”。这样，一个负责任者在关系处境中，处处替代他人，成为他人

---

[55] 有关巴特的“诫命观”，见 Barth, *Church Dogmatics*(《教会教义学》)，Ⅱ/2, Edinburgh。

的代理者 。然而，朋霍费尔亦指出，当人要对每一个独特的“关系处境”作出最恰当的“响应”时，有关的道德抉择过程是非常复杂的。他反对将伦理抉择约化成为“动机”与“后果”的二分做法，主张把“动机”、“后果”和其他要素（例如：价值观念、人的实况、准则和律例等）纳入伦理抉择的“关系处境”中去考虑。

从上述小结中可见，朋霍费尔之主张“诫命”和“负责任的行动”是关乎人与世界、与上帝的合一关系的观点，着实提供了一个独特和重要的基督教伦理方向。其主张把“动机”、“后果”和其他要素纳入伦理抉择的“关系处境”中去一同考虑的有关观点，亦展示了一个更全面的基督教伦理方法。这方法的主要优点是：它能兼合伦理学中有关“义务论”和“目的论”两种不同的伦理抉择取向，指出了“关系性处境”在道德抉择过程的重要性和复杂性，并且更能指引人全面地处理实际的伦理问题。

然而朋霍费尔之主张“诫命”和“负责任的行动”是关乎人与世界、与上帝的合一关系的观点会产生一定的问题：究竟教义学和伦理学两者间的关系是一个怎样的关系？从一方面来看，朋霍费尔的“诫命”观、“责任”观与其神学性的现实主义，都在说明其伦理思想是以神学角度去讨论基督教伦理。因此，朋霍费尔似乎说，教义学先于伦理学；我们应先研究教义学以获得上帝在耶稣基督里所启示的真理，然后才踏进伦理的领域。可是，另方面，他曾经说过，人先须投进上帝的实体，然后才可讨论“什么是真理”的问题。他似乎在这里意指，伦理学是先于教义学。事实上，朋霍费尔在《伦理学》中没有对上述问题作出清楚的交待。或许，我们可从这现象作出以下揣度：朋霍费尔在《伦理学》中之所以没有对教义学和伦

理学两者间的关系作出清楚交待，是因为他希望能消弭教义学和伦理学的界限，希望教义学和伦理学能携手合作，以致启示的真理能包容人的参与，以致人的参与能包容启示的真理。

除了上述问题外，朋霍费尔之主张人须在伦理抉择的“关系处境”中去分辨“与实体相符的行动”的有关观点，亦产生了另一些问题：我们可在什么基础上分辨“与实体相符的行动”和“远离实体”的行径？当我们要分辨这两种不同行为时，我们的分辨是否已包容着一些可供评估和测试的重要概念和准则？如果没有这种概念、准则的话，那么我们怎样可以评估哪些行动是与基督的实体相符合？当朋霍费尔讨论有关实体的观念时，他是否已使用一些准则观念？这些都是有待澄清的问题。

(3)朋霍费尔的伦理观具有非常浓厚的《基督论》色彩。在《伦理学》中，朋霍费尔是从《基督论》的角度看伦理的问题。他指出基督教的伦理的起始点是上帝在耶稣基督里所启示的终极实体。伦理学所要关注的，是人之“被塑造”的过程；而耶稣基督的道成肉身、受死、复活正是人被“塑造”的基本形式。

朋霍费尔之把伦理探索问题由善恶知识的讨论扭转到《基督论》的讨论、将伦理学的起始点放置在基督的启示上这做法，可说是他忠信于基督教信仰的传统、并对基督教传统有充足信心的表现。从一个文化—语言(cultural－linguistic)[56]的角度看，我们可说朋霍费尔这种将“基督”语言(Christ－language)放回伦理讨论

[56] 参林德贝克(George Lindbeck)，《教义的本质》(*The Nature of Doctrine*)，中译本，香港：汉语基督教文化研究所，1997。

的中心、并凸显其重要性的做法，是一种敢于保卫基督教伦理学的基督性格的做法。这种“以基督为中心”（Christocentric）的做法可避免把基督教伦理学稀释为“一般性”伦理学的危险。这都是笔者所能认同的。

然而，我们要知道，这种将伦理学的起始点扣回到基督的启示的做法，产生了另一组问题：朋霍费尔“以基督为中心”的伦理观是否会演变成为一种“以基督为至上”（christocratic）的思想？假如我们采取这种“以基督为中心”的看法，我们能否与其他非基督徒（尤其是其他宗教人士）对谈和合作？我们能否从《基督论》发展出一些基督徒与非基督徒（尤其是其他宗教）所能共用的伦理论说（discourse）和公共性的伦理政策？除此之外，“以基督为中心”的思想取向是否意味着基督徒要把其他宗教“收入”（include）在基督教的传统里？或是意味着基督徒要把其他宗教排拒于外？或是意味着基督徒要“自己照顾自己的后园”，专心致志建造一己的“后园神学”（backyard theology），只求保卫一己宗教语言的完整（integrity）和纯净便足够？这都是我们细读朋霍费尔《伦理学》时所要面对和处理的问题。

虽然朋霍费尔伦理学的浓厚《基督论》性格会产生上述不易解答的问题，笔者认为他的“责任”观（尤其是“责任”观中有关“代理”的观念）可提供另一个出口，让基督徒更能与基督教以外人士对话，让基督徒与其他宗教人士、其他社会人士共同努力建立可共用的伦理论说（ethical discourse）。事实上，“代理”的观念是一个共用性很高的意念，我们可在其他宗教（例如犹太教、回教）找出有关意念。当然，这样说法并不是要以“责任”作为一种普遍性的

原则，加诸不同的处境中。我们需要牢记，“代理”是一种关系，而非一个普遍性的原则；这关系是受到“处境”的变动而改变。然而，笔者相信“责任”的观念（尤其是其背后所包容的“代理”的观念）是在不同文化处境中的一个共同关怀点（a common concern）；它是值得我们发掘的园地。因此，笔者心里泛起了以下问题：“究竟在中国文化中，有关责任的观念是以何种形式出现？它在中国文化中占有什么角色和地位？朋霍费尔伦理的责任观念（尤其是代理观念）可与哪些中国文化思想中的有关观念进行会通？”这或许是汉语神学所要开垦的一片重要课的处女地！

于美国瓦尔帕莱索大学（Valparaiso University）

1999 年 6 月

目　　录

自由之路上的驿站

节制

你离家寻找自由，必须首先学习
管束感官和自己的灵魂，免得你任性的欲念
和散漫的肢体把你引得东奔西窜。
愿你的心灵和身躯纯洁，完全臣服于你
顺从地去寻找为既定的目标，
非经节制，无人能体验自由之奥秘。

行动

自由不是纵心随意，而是正富之事敢承当，
自由并非沉湎于可能性，而是把握现实，
自由不在思想的逃遁中，而唯独在行动之中。
摆脱胆怯的犹豫，进入生活的风暴，
只凭上帝的诫命和你那信仰的支撑，
自由终会欢呼着迎接你的心灵。

受苦

奇妙的转变！如此灵活有力的双手
现被捆绑，孤苦无助，你见到自己作为的结局
可你信心依旧，恬然放下正当之事，把它
交托给一只更有力的手，欣然无憾。
把臂自由的时刻，令你狂喜，随之你将自由
交到上帝手中，他会在荣耀中使之完满。

死亡

来吧，永恒自由路上最盛大的节日，
死亡，使我们易朽的肉身和迷惘的灵魂。
受累和禁锢的锁链和围墙顿时解脱、崩溃，
让我们终于瞥见此地不许我们观看的景象。
自由，我们早在节制、行动和受苦之中寻求你，
临死此刻我们在上帝的容颜里认识了你。

第一版至第五版前言 11

这部书并非朋霍费尔本想发表的伦理学专著，而是幸存下来的篇章的汇编。这些篇章有的已经写完，有的尚未写完，有的因后来重起炉灶而弃之不用，有的则录下作为拟写专著的素材。这部书在警察有可能攫取之前，可能已经被藏在某个安全的地方，这些就是部分书稿。人们后来在花园里的藏匿处找到了这些手稿，与当初藏起来时一样，秩序凌乱。有些则于1943年4月5日朋霍费尔被捕前已经落入秘密警察手中。

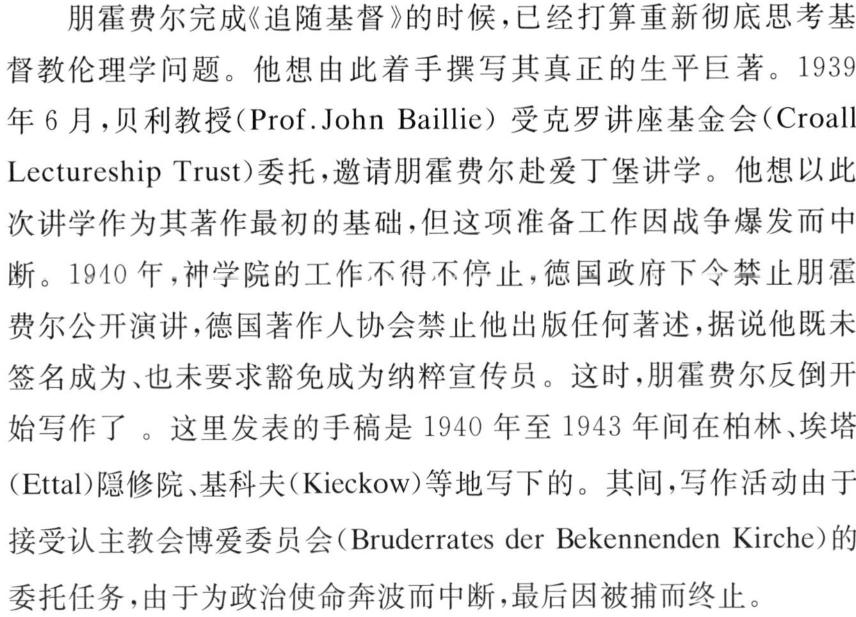

朋霍费尔完成《追随基督》的时候，已经打算重新彻底思考基督教伦理学问题。他想由此着手撰写其真正的生平巨著。1939年6月，贝利教授(Prof.John Baillie)受克罗讲座基金会(Croall Lectureship Trust)委托，邀请朋霍费尔赴爱丁堡讲学。他想以此次讲学作为其著作最初的基础，但这项准备工作因战争爆发而中断。1940年，神学院的工作不得不停止，德国政府下令禁止朋霍费尔公开演讲，德国著作人协会禁止他出版任何著述，据说他既未签名成为、也未要求豁免成为纳粹宣传员。这时，朋霍费尔反倒开始写作了 。这里发表的手稿是1940年至1943年间在柏林、埃塔(Ettal)隐修院、基科夫(Kieckow)等地写下的。其间，写作活动由于接受认主教会博爱委员会(Bruderrates der Bekennenden Kirche)的委托任务，由于为政治使命奔波而中断，最后因被捕而终止。

朋霍费尔的几部书都不是按照某项确定的、不可更改的计划一章
12 接一章依次撰写的，而是由许多对课题的论述结合而成。标题和章节
(5) 安排也几经改动。写于1940年秋的一份伦理学分章提纲如次：

一　基础

作为塑造的伦理学

遗产和衰败

罪、称义

教会和世界、基督和诫命

仅次于终极者和终极者

新人

二　结构

个人生活的结构

等级与公职的结构

团体的结构

教会的结构

世界中基督徒生活的结构

他曾记下以下这些独特的措辞作为标题："与上帝和解的世界的基础与结构"、"未来世界的基础与结构"、"统一的西方的基础与结构"；或者作为副标题："试论一种基督教的伦理学"。此后不久，他在一封信中写道："今天我突然为我的书想出了一个可行的标题：'铺路和进入'，它和书的第二部分（仅次于终极者和终极者）相符。"

就现有的材料而论，不可能按内容明确归类分章。读者将会
看到，第一部分是按照上述分章提纲编排的。此后各节经常从另
外一个方面重新探讨已经论述过的内容，这些章节则是按照其产 13
生的时间编排的。归在罗马数字*下的各节，显然在写作时就是相 (6)
互关联的，在所涉及的问题范围内也清楚地表明了一种连贯性。若
干分段的小标题系编者依据内容所加(用细体字印刷表示)**。|

附录所包括的文章，有些是朋霍费尔受德国博爱委员会的委托作为意见书写下的(一和三)，有些是在泰格尔(Tegel)监狱中草拟的(四和五)。他以何种方式直到最后仍在为这些事情操劳，但愿日后将发表的《狱中书简》的神学部分能够昭示。

林德纳女士(Anni Lindner)为艰辛的识读工作和归类整理未标数码的字条作出了特殊贡献。

1943年11月18日，朋霍费尔在泰格尔狱中写道："就个人而言，我自责未能完成《伦理学》(有一部分自然已被没收)，但使我稍觉宽慰的是，我已经把要旨告诉过你，即使你不再记得住，它也会以某种方式间接地再现。此外，我头脑里的想法尚未全部成形。"1943年12月15日他又写道："有时候我想：我的一生差不多已经过去，剩下的事只是写完我的这本《伦理学》，要是这样该多好……"

贝特格

(Eberhard Bethge)

1948年4月9日

* 中译本改为中文数字，参见本书目录。——校注

** 中译本以细宋体表示。——编注

14 重新编排的第六版前言

人们就朋霍费尔由开始直至《狱中书简》的神学思想的发展过程展开了讨论，看来有必要复核一下他几度动笔撰写《伦理学》的先后顺序。为同朋霍费尔著作的统一体例相一致，《伦理学》的这个新版本试图按时间顺序展现朋霍费尔的四次动笔写作。某些部分的写作日期是确切可靠的，另一些部分的日期则只能是大致的推测。

第一次动笔写的部分由以前的第四、五章组成。“上帝的爱和世界的瓦解”如同“教会和世界”接近《追随基督》的思想和语言。自然没有确凿证据表明，《伦理学》的写作是从这两章开始的。在“上帝的爱和世界的瓦解”所用的纸张里，有一种是朋霍费尔在1940年春夏用来写信的。“教会和世界”的笔记和提示短语写在1939年5月的日历纸上，如《马可福音》九章40节和《马太福音》十二章30节这两段重要的《圣经》引文。“教会和世界”前几页所用的纸，和“上帝的爱和世界的瓦解”最后几页所用的纸属同一类。这两章的时间或可确定为1939年或1940年。它们有可能是在1940年8月之前中断的。

第二次动笔可以较确切地勘定日期。以前的第一章“作为塑造的伦理学”的最初几页无疑是1940年9月在克兰—克罗辛

(Klein－Krössin)(基科夫)写的。就是说,这一章主题的形成,是 15
在朋霍费尔同反间局的奥斯特上校(Oberst Oster)最初几次后果严重的会面之后。在这段时间里——直到 1940 年 10 月——他也写下了第一版里提到的分章提纲(另见 *GS*《全集》,卷 II,页 376)。据此,"罪"之写作,是在希特勒取得最惊人的成功之时。

以前的第三章"终极者和仅次于终极者"构成第三次动笔写的部分。它是 1940 年 11 月底至 1941 年 2 月中旬在埃塔产生的,在他首次瑞士之行时中断,未再继续。但它是《伦理学》中最完整的段落。"终极者和仅次于终极者"这一提示短语,在克兰—克罗辛时的字条上就已有了。朋霍费尔此后再也没有那样长的写作时间了。

以前的第二章"基督、实在与善",其日期难以断定。把它放在这里,是由于在 1940 年克兰—克罗辛分章提纲里有相应之处。所用的纸张,是克兰—克罗辛的冯·克莱斯特太太(Frau von Kleist)替朋霍费尔搜集和备下的(当时很难弄到草稿纸)。所以,这一章可能是 1940 年夏季,也可能 1941 年夏季再次在波莫恩(Pommern)逗留时产生的。我倾向于断定是 1941 年。这部分的手稿最后一页有朋霍费尔手书的页码 14,"历史与善"从页 15 开始,用的是完全不同的草稿纸。下一章在 1941 年才开始。

如果上述编排正确的话,那么,神学上的第一个出发点是"成为门徒"、第二个出发点是"效法"、第三个出发点是"称义",随后是第四个出发点"道成肉身"。以前的第六章"历史与善"是 1941 年
夏季动笔的,证明这一点的,是纸张类型系 1941 年 8 月在克兰— 16
克罗辛用过的。接着是 9 月第二次瑞士之行和 11 月患肺炎。此后,写作时断时续,直至 1942 年 4 月朋霍费尔开始较长时间频繁

旅行。朋霍费尔在密谋活动达到高潮的时候，写下政治性最强的这一章。朋霍费尔写下了第一份、已有相当进展的草稿（参见《全集》，卷 III，页 455 以下）并且再次动手详尽发挥。从所提示的问题布局看，第一次写作时间较短，但写得很长。第二稿引用了 1941 年发表的布尔特曼（Bultmann）的《约翰福音诠释》。

在 1942 年和 1943 年之交的冬季，产生了以前的第七章"'伦理的'和'基督的'作为课题"。朋霍费尔被捕时，书桌上铺满了这个论题的手稿纸。上面有提示语"为世界生存"。

藉《伦理学》的这种编排，可以较清楚地看到从《追随某督》到开始写《狱中书简》前朋霍费尔的内心发展。因此，改变原来的编排顺序看来不无道理。

在附录里，"关于律法首要用途的教义"是受教会代表会议委托撰写说明"十诫"第五诫的准备稿。这次会议由哈尔德（G. Harder）主持，于 1942 年 8 月 10 日和 1943 年 3 月 15 日在马格德堡（Magdeburg）举行。朋霍费尔可能在第二次会议上递交了此文；就是说，在他被捕前不久。文章结尾包含拒绝过于启示录式的宣道，并且定下立场，以真正的世俗性反对把世俗秩序基督化或者教
17 会化（见页 338），要求基督徒和非基督徒在特定的实际问题和具体使命方面有必要的合作，"'个人'和'实在'伦理"作为对狄尔施奈德（Dilschneider）伦理学的批评，是在该书出版后不久写的；该书出版于 1940 年。遗憾的是，"国家和教会"的写作动因和产生时间直到现在还无迹可寻，只有两张稿纸表明是在克兰—克罗辛时所用的纸。"关于教会对世界发言的可能性"有一张后来用的、质量极差的草稿纸，只能用铅笔书写；因此，我猜测它产生于泰格尔，

但不敢肯定。可是,"何谓'说真话'"显然属于泰格尔时期。

可以算作朋霍费尔那些年的伦理学作品的还有:1941 年 9 月的"论帕顿的《教会和新秩序》"(Gedanken zu William Paton's *The Church and the New Order*,见《全集》,卷 I,页 356—371);另有泰格尔时期著作残稿,见《全集》,卷三,页 478 以下。

除手稿外,尚有一百多页笔记,部分只是提示词,部分是完整的句子和提纲。

每页上面页码栏内侧用斜体字标出的,是第一至五版的页码,与新版页码对照。在这个文本里用垂直线(|)标明第一次印刷时每一页的结束处。*

贝特格

1962 年 7 月

* 在本书里,第一至五版的页码将放在括弧内并置于边码下面,而第一版印刷时每一页结束处原有的"|"符号均保留。——编注

一 上帝的爱和世界的瓦解

冲突的世界 19

知善恶看来是每一种伦理学思考的目标。* 基督教伦理学的首要任务就是扬弃这种知。唯独基督教伦理学抨击所有其他伦理学的这一前提,故而谈论基督教伦理学本身是否有意义就成问题了。倘若当真要谈论基督教伦理学的话,那么,就只能意味着,基督教伦理学要求讨论所有伦理学课题的本源,并且通过批评所有伦理学而要求确立自己在伦理学界的主导地位。

由基督教伦理学知道,知善恶之可能性即脱离本源。在本源中,人只知道上帝。人仅仅在只知道上帝这种知的统一(Einheit)中知道他人、万物以及自己,他只知上帝中的万物和万物中的上帝。知善恶则表明,事先已经发生了同本源的不和(Entzweiung)。

知善恶的人认为,他并非处在自身由本源所决定的这样一种 20
实在之中,而是处在他自己的可能性之中,亦即他可能是善的,也 (130)
可能是恶的。于是他知道了在上帝旁边、在上帝之外的自身,即是

---

* 如果说现代伦理学用有道德和无道德的概念,或者用有价值和无价值的概念,或者——在存在主义哲学(Existentialphilosophie)中——用现实或本真的存在以及非现实或非本真的存在的概念来代替善与恶的概念,那么,对于在这里所要考虑的问题而言,是没有分别的。

说，他只知自身而不再知上帝；因为唯有在他只知上帝的情况下，他才能知上帝。因此，知善恶即与上帝不和。人唯有在反对上帝的情况下方能知善恶。

但是，人摆脱不了他的本源。人只不过以知自身为本源取代知在上帝的本源中的自身。人按照自身的可能性，亦即他可能是善的、也可能是恶的来理解自身，这样，他也就把自身理解成善恶之本源。Eritis sicut deus（你们将如上帝一般）。“那人已经与我们相似，能知道善恶。”——上帝说。（创 3:22）|

起初具有的上帝的形象（Gottebenbildlichkeit）变成了抢夺来的与上帝相似（Gottgleichheit）。人作为上帝的形象，其生命全然得自其在上帝中的本源，与此相反，变成如上帝的人已经忘记了自己的本源，使自己成为自己的创造者与法官。人此时想要通过自身成为以前上帝给予人的东西。但是上帝的赏赐本质上是上帝的赏赐。本源就是这种赏赐。赏赐随本源变化。的确，赏赐恰恰在于其本源。作为上帝的形象的人依上帝的本源而生，变成与上帝相同的人则依自己的本源而生。人靠抢夺本源而接纳了上帝的一个秘密——《圣经》通过食禁果描述了这个过程，人由于这个秘密而毁灭。人于是知道了善与恶。人并没有在他迄今为止的知以外增添一种新知。人迄今为止的知，就是知道作为其本源的上帝，而知善恶意味着他的这种知完全颠倒了。由于知害恶，人也就知道
21 了唯独本源本身——上帝——能够和可以知道的事。甚至《圣经》
(131) 也极为保留地向我们暗示，上帝才是知善恶者。这是首次指出预
定（Prädestination）这个秘密，指出以永恒统一为其本源的永恒的

不和的秘密，指出由上帝——在他之中没有黑暗而只有光明——作一次永恒的挑选和选定（Wahl und Erwählung）这个秘密。知善恶即知自身乃善与恶的本源，知自身乃一次永恒的挑选和选定的本源。此事如何可能，一直是上帝的秘密，在他之中没有不和，因为他是唯一和永恒的本源本身，是任何不和的消除。由于人自己要成为本源，人就抢夺了上帝的这个秘密。人不再知道只有上帝才是善的，只有在上帝才能认识万物，而只知自身乃善与恶的本源，他不容上帝去挑选和选定，他要自己去挑选，作为选定之本源，这便意味着他在某种程度上拥有预定这个秘密。人现在不再知道唯独处在被上帝选定并为上帝所爱这个现实中的自身，他必须知道处在进行挑选和成为善恶本源之可能性中的自身。人变得与上帝相似了，但却是反对上帝的。蛇的欺骗就是反对上帝的。人知道什么是善与恶，但由于他不是本源，只是以疏离本源|为代价换来了这种知，故而他所知道的善与恶并非上帝的善与恶，而是反对上帝的善与恶。这是人反对上帝作出的永恒选定而自己挑选的善与恶。在变得与上帝相似的过程中，人成为一个反上帝的神祇。

这一点的表现是，知善恶的人最终摆脱了生命，亦即摆脱了源 22
自上帝的挑选的永恒生命。“现在恐怕他伸手又摘生命树的果子 (131)
吃，就永远活着……于是把他赶出去了。又在伊甸园的东边安设基路伯和四面转动发火焰的剑，要把守生命树的道路。”（创3:22、24）反对上帝、反对其本源、没有上帝而根据他自己的挑选、欲知善恶、在自相矛盾的可能性中理解自身的人，与统一的、和解的、在上帝之中的生命分离了，并被交付给了死亡。人由于抢夺来的上帝的秘密而毁灭。

现在人的生命是与上帝的不和，是与人、与万物、与自身的不和。

羞耻

人看到的不是上帝，而是自己。“他们二人的眼睛就明亮了。”（创 3:7）人在与上帝、与人的不和中感知到自己。人认识到，自己是赤身裸体的。没有保护，没有遮蔽（上帝和他人对于他本人意味着遮蔽），他发现自己是裸露的。羞耻（Scham）产生了 。羞耻是不可消除的、人对其同本源不和的回忆，羞耻是因这种不和以及欲消除不和却又无能为力而痛苦。人感到羞耻，因为他有所失，他所失去的东西属于其本源的本质，属于其整体；人因裸露而羞耻。就像童话里的树，由于没有首饰而羞耻，人也由于其自我失去了同上帝和他人的统一而羞耻。羞耻和悔恨（Reue）多半被混淆。人犯了过失才悔恨，人感到羞耻，是由于人缺少了什么。羞耻比悔恨更
23 为本源。我们的目光遇上陌生的眼睛时，我们会垂下眼睑，这个古
(132) 怪的事实并不表示因犯过失而悔恨，而是表示羞耻，因为人被注视时回忆起了缺少的东西，回忆起失去了的生命的完整性，回忆起了自身的裸露。|直面他人的目光，例如在个人宣誓忠诚时所要求的，这具有某种粗暴的性质；在寻找他人目光的爱中，含有某种渴望的性质；不论在何种情况下，通过自觉而坚决地或者热情而忘我地在内心消除作为不和标志的羞耻，重新获得失去了的统一，乃是

痛苦的尝试。*

“他们……为自己编做裙子。”（创 3：7）羞耻寻找遮蔽（Verhüllung）作为对不和的克服。但是，遮蔽同时又意味着确认已经发生的不和并且不可能由此而医治创伤。人遮蔽自身，在人和上帝面前隐藏自身。遮蔽是必要的，因为遮蔽保持羞耻心，从而也保持对于同本源不和的回忆，此外还由于人此时是不和者，只得自我抽退，生活在隐蔽之中。要不然的话，他就会暴露自己。“任何深刻的心灵都需要一副面具。”（尼采语）但这副面具不是伪
装，不是蒙骗他人，而是已成事实的不和处境的必要标志，故而应 24
予尊重。这副面具背后乃是恢复已经失去的统一这个渴望。在这 (133)
一要求强行实现之处，在人和人成为一块肉（创 2：24）的两性共同体中，在人寻找他同上帝合一的宗教里，亦即在遮蔽被突破的地方，羞耻恰恰隐藏得最深。康德在祷告时因被人所惊而感到羞耻，他在这一事实中看到了反对祷告的论据。康德忽略了祷告按其本质恰好应是最体己之事，他也忽略了羞耻对于人的存在的基本意义。|

由于羞耻包含着对不和的肯定与否定，故而人生活在遮蔽与揭露、隐藏自我与披露自我、孤独与共同体（Gemeinschaft）之间。

---

* A. Huxley，*Point-Counter Point*《逐点反驳》，页 154：“羞耻不是自发的……它是人为的，它是习得的。你可以使人因任何事情而感到羞耻。你可以使人因穿棕色靴子配黑色外套或者因说话时重音错误而羞得无地自容……基督徒发明了羞耻：就像塞维尔路的裁缝因发明了穿棕色靴子配黑色外套而羞耻……”对此议必须说：a. 窘迫、心中无底，不该同羞耻混淆；b. 羞耻也可以在完全是外在的事物中表现出来——这会各按人身上的性格前提而各不相同。凡是人的不和被体验到的地方，都会产生羞耻，在服饰（Kleidung）方面为什么就不会产生羞耻呢？

所以，人恰恰在孤独中——即在肯定不和的情况下——比在共同体本身中更强烈地体验到共同体，当然是已经分离的共同体。但是，两者必定始终都存在着。最紧密的共同体也不得破坏不和的人的这个秘密。因此，用话语讲出人际关系，从而向自己披露自己，出自己的丑，这可以被认为是否认羞耻。最深的、最属个人的欢乐和最深的、最属个人的痛苦都不容诉诸言语。羞耻同样防止揭示同上帝的关系。最后，人在自己面前也保持着一种最后的遮蔽，例如他拒绝自己意识到他心中萌生的一切，从而对自己保守秘密。

25 产生于人欲重获已失去的统一这种要求的、正在形成的一切，
(134) 也都在羞耻的遮蔽之下。* 人在自己试图使不和者结合的时候获得的创造力，始终处在羞耻的秘密覆盖之下；这是对同造物主不和的回忆，对抢夺造物主的回忆，而创造力正由此而被证实。这既适用于人的生命的形式，也适用于艺术作品、科学发现以及源自人同物的世界相结合的任何创造性作品的产生。借助孕生的生命，借助完成的作品，欢呼着的、公开的欢乐才突破羞耻的|秘密。但关乎它产生的秘密，它永远在自身中承担着。

遮蔽和揭露（Enthüllung）的辩证法只是羞耻的标志。羞耻非

* 在1943年11月26日发自狱中的一封信中，经历了一次空袭之后的朋霍费尔问道："在这里，人们完全公开地谈论他们感受到的恐惧（Angst）。我真不知该如何看待此事，因为人本来是会由于自己感到恐惧而害羞的。我有这种感觉，本来大家只会在忏悔时谈到恐惧。在其他情况下谈论恐惧就会有某些无耻的成分。这根本不是说人们需要硬充好汉。另一方面，一种天真的坦率也会具有某些解除武装的性质，但是同样也有一种犬儒主义的、不信上帝的坦率，这同样是在酗酒和通奸的地方喧闹，造成一种混乱的印象。恐惧难道不属于该予隐藏的 pudenda（阴部）吗？"——原编者注

但没有因此被克服，反倒越加被确认。唯有在本源的统一被恢复，在人由于在另一个人身上的上帝，由于‘那从天上来的房屋’即上帝的殿而重新穿上衣服之时（林后 5:2 以下），羞耻才会被克服。唯有在忍受中羞耻才会被克服，即忍受最后的、使人害羞的行为，亦即忍受在上帝的面前公开知识。“好使你在我赦免你的时候，
心里追念，自觉抱愧，又因你的羞辱就不再开口。这是主耶和华说 26
的。”（结 16:63）“……我这样行……以色列家啊，当为自己的行为 (134)
抱愧蒙羞。”（结 36:32）唯独在罪得赦免的蒙羞中羞耻才会被克服，即在其他人的面前恢复和上帝的共同体而罪得赦免。给人穿上衣服，这衣服就是上帝的赦免、上帝给穿衣的“新人”、上帝的教会、“天上的房屋”，概括这一点的是下面的诗行：“基督的宝血基督的义，正是我的首饰、荣美裳衣。”（莱比锡，1638）

羞耻与良知

在羞耻中，会使人联想起他同上帝以及其他人的不和关系，而良知，则是人同自身不和的标志。良知（Gewissen）比羞耻离本源更远；良知的前提是同上帝及人的不和，并且表示已经同本源不和的人同自身的不和。良知是至少仍想要同自身合一的那发生不和后的生命发出的声音。良知是要人同自身统一的呼声。表明这一点的是，良知的呼声只具有禁令的性质：“你不该……你本不该……”禁令若未遭践踏，良知便得满足。未加禁止之事，是可行的。在良知面前，生命分裂成被允许的和被禁止的。没有肯定性的诫命。对于良知而言，被允许之事与善事是同一的。即使在做被允许之事时，人仍旧同他的本源不和，但是，良|知不再注意这一

点。由此而产生的结果是，良知不像羞耻那样包容着整个生命，而
27 只对某些特定的行为作出反应。诚然，良知在这方面是无情的，即
(135) 它在做被禁止之事的行为中看到对整个生命的危害，也就是同自身不和，由于良知回忆久已成为过去之事，它一直把不和看作不可挽救的已成之事，但是最后的尺度始终是同自身统一，这种统一只在禁令被践踏之时才受到危害。这种统一本身却已经以同上帝及人的不和为前提，故而在被践踏的禁令的彼岸，禁令本身作为良知的呼声产生于同本源的不和，这一情况存在于良知的经验界的彼岸。所以，良知和人同上帝以及他人的关系无关，而同人与自身的关系有关。由于人在不和之中变成与上帝相似，这才有了摆脱了同上帝及他人的关系的人与自身的关系。

良知本身颠倒了这种关系，它让人同上帝及他人的关系产生于人同自身的关系。良知冒充上帝的声音，冒充同其他人的关系的标准。所以，人应当从同自身的正当关系中复得同上帝及人的正当关系。这种颠倒是知善恶而变得和上帝相似的人的要求。人变成了善与恶的本源。人不否认他的恶，但在良知中，人自身呼唤变成恶的人返回他原本的、较好的自身，返回善。这种在于人同自
28 身统一的善，现在应当是一切善的本源。这是上帝的善，这是对邻
(136) 人的善。自身怀有善恶之知的人，不仅是他自身的审判者，同样也成了上帝和他人的审判者。

为知善恶而同本源不和的人，开始反思自身。而今他的生命是理解自身，一如过去他的生命在本源中乃是他对上帝的知。自我认识是生命的尺度和目标。当人越出他自身的界限时，这一点依然如此。自我认识是人永远达不到目的的努力，即|通过不断地

区别自身，思考着克服同自身的不和，以期达到同自身的统一。

于是，所有的认识都以自我认识为基础。由原本对上帝及人与物包容，变成了对上帝、对人、对物的轻慢。于是，一切都被拽入不和的过程。所请认识，即建立与自身的关联，即在万物中认识自身和认识万物中的自身。一切也就同已经与上帝不和的人不和：是与应是、生命与律法、知与行、观念与实在、理性与本能、义务与爱好、中意善感与机心利用、必然的与自由的、努力获得的与天才创造的、普遍的与具体的、个体的与集体的，甚至真、正义、美、爱也都相互对立，乐趣与乏味、幸运与不幸亦然，诸如此类不胜枚举，而且人的历史进程还会不断提供新的例证。所有这些不和都是知善
恶中的不和的各种变体。“特殊伦理体验的决断点始终是冲 29
突。”* 但是在冲突中仍有求于审判者。审判者是善恶之知，是人。(137)

重新寻获统一的世界

任何粗略地读过《新约》的人必定会注意到，在此，这个不和的、冲突的、伦理学上疑难的世界就像沉没了似的。不是人同上帝、同人、同物、同自身的不和，而是重新寻获的统一、和解成为谈论的基础，成为“特殊伦理体验的决断点”。人的生活和行为不具有任何成问题的、被折磨的、黑暗的性质，而具有某种自明的、欢乐的、确定的、清晰的性质 。

---

* *Spranger*, *Lebensformen*《生命形式》，第七版，页 283。不过，Spranger 所理解的“冲突”比我们所理解的狭窄。

法利赛人

在耶稣和法利赛人（Pharisäer）的交锋中，新与旧彰明昭著。正确理解这次交锋对于理解福音具有极大的意义。法利赛人所涉及的并非历史上一个偶然的时代现象，而是涉及在其一生中以知善恶为唯一要务的人即直接涉及不和的人。任何一种法利赛人的
30 漫画都使耶稣同他们的辩论丧失其严肃性和重要性。法利赛人是
(137) 最值得赞赏的人，他一生服从于善恶之知，无论对待自己还是对待其邻人，他同样都是严峻的审判者——为了尊敬上帝，他谦卑地把这种知归功于上帝。对于法利赛人来说，生命的每一瞬间都变成了冲突的环境，在这种环境中，他必须在善恶之间作出选择。为了不犯过错，他的全部思想日夜紧张地专注于事先彻底考虑难以悉数的可能发生的冲突，作出决断，确定自己的选择。这样做的时候，有无数的事情需要遵守、防止和区分。区分得越细，正确的决断就越牢靠。他所守的规章扩展到生活的方方面面，不做用脑袋撞穿墙壁之类不切实际的事情，特殊情景和危急状况得到特殊的考虑，不因善恶之知的严肃认真而排除宽大和温厚，相反这些恰恰体现了严肃认真。在此也丝毫没有幼稚的自高自大、忘乎所以和未经检验的自身估价。在此他意识到自己的过错，意识到在上帝面前谦卑和感激的义务。当然，这里也有为了上帝的缘故不得轻视的区别，罪人和努力行善的人之间的区别，处在渎神环境的和在万不得已情况下的律法践踏者之间的区别。谁轻视这些区别，谁在无数冲突中不是每次都将一切考虑周全，谁就违犯了善恶之知。

这些人的目光贿赂难移、公正无私和多疑，他们对待任何人都

取同一做法，那就是检验他在生活冲突中的各种决断。他们必须
如此，别无他择，即使面对耶稣，他们也试图把他推进冲突、推进
决断中去，看看他如何经受考验。他们之试探耶稣即在于此。只 31
要读一读《马太福音》二十二章关于上税的钱、死人复活和最大诫 (138)
命的盘问，以及有同情心的撒玛利亚人的故事（路 10:25）和关于
安息日治病的谈话（太 12:11），就能得到最深刻的印象。所有这
些辩论的关键之处在于，耶稣不让人逼自己对这些冲突中的任何
一件作出决断。他每一次答复都把这些冲突抛在身后。他每次答
复都超越了冲突的环境。面对来自法利赛人的恶意刁难，耶稣回
答时总是高明地避开巧设的陷阱，法利赛人总被取笑一番。但是，
重要的不在于此。正如法利赛人除了将耶稣置于冲突环境之前，
不可能做别的，耶稣同样地除了不接受这些环境，也不可能做别
的。如果说法利赛人的提问和试探源自关于善恶之知的不和状
况，那么，耶稣的答复则源自同上帝的统一，同本源的统一，源自人
和上帝的不和已被克服的状态。法利赛人和耶稣谈论的是层面迥
异的事情。故而他们古怪地各说各话，故而耶稣的答复看来不像
是答复，反倒像是他对法利赛人的攻击，实际上确也为此。

耶稣和法利赛人之间所发生之事，仅仅是对耶稣的第一次试
探的重复（太 4:1－11）。在第一次试探时，魔鬼企图将他置于与
上帝的话相悖的境地，而耶稣则由于同上帝的话本质上的统一而
挫败了这次试探。对耶稣的这首次试探也是有先例的，那就是蛇 32
借以在乐园里将亚当和夏娃诱入陷阱的提问：“上帝岂是真说 (139)
（过）……吗？”这句提问里隐藏着所有的不和，人没有力量反对这
个提问，因为这个提问构成人的本性，唯独从不和的彼岸出发才能

挫败——而不是答复——这个提问。但最后所有这些试探都在我们向耶稣的提问中重复,在这些提问中我们呼唤在冲突环境中的他作出决断,在这些提问中我们把耶稣拉进我们的提问、冲突与不和中去并要求他解决。《新约》中众人向耶稣提出的问题就无一是耶稣通过着手探讨所有提问中都涉及的人的非此即彼而给予答复的。对他的敌人和他的|朋友的提问的任何答复,都以使提问者羞愧的方式把这个非此即彼的难题远远地甩在了后面。耶稣不让自己被人召去当生活问题上的仲裁法官,他拒绝对人的两可抉择表态:“你这个人,谁立我作你们断事的官,给你们分家业呢?”(路12:14)

众人问耶稣的事,他似乎经常全未听懂,似乎答非所问。他说话时似乎回避了问题,没有回答问题,而是使自己直面提问者。他从一种充分的自由出发在说话,这种自由也不受逻辑上的两可抉择的法则约束。耶稣借以超越一切律法的这种自由,在法利赛人的眼里,必定被视为对秩序、虔诚和信仰的全面破坏。由于法利赛人认真努力地作出的一切区分都被耶稣推翻了;由于耶稣让他的门徒在安息日食田里的麦穗,虽说他们不食也不至于饿死;由于耶
33 稣在安息日医治了一个病人,她染疾十八年之久,再拖上一天也肯
(140) 定不至于死去(因为法利赛人体系里给真正的危急情况留有余
地);由于耶稣避开了所有明确的试图让他一劳永逸地明确表态的问题,故而在法利赛人的眼里,他是个虚无主义者,是个只知道和尊重自己的律法的人,是个自大狂,是个渎神者。另一方面,没人能在耶稣身上觉察到一个任意妄为者的没有把握和提心吊胆,而是他的自由使他及其门人做起事来真正胸有成竹,不存疑问,喜气

洋洋；有的事已经做成，有的事正在做着。耶稣的自由不是任意选择无数可能性中的一种，他的自由恰恰在于他的行为十分单纯，对这种单纯而言，从来不存在什么多种可能性、冲突、两可选择，而只有“一”。这个“一”，耶稣称之为上帝的意志。* 他称实现这种意志为他的粮食。这种上帝的意志是他的生命，他的生活和行动不是出于善恶之知，而是出于上帝的意志。只有一个上帝的意志。人在它之中得以重获本源。一切行为的自由与单纯，原因即在于此。

在解释耶稣的几句话时，我们要具体回想一下在他之中所带来的新意。

“你们不要论断**人，免得你们被论断。”（太 7:1）这不是在告诫对别人进行判决时应谨慎与温和，这一点法利赛人也是知道的，这句话打在了知善恶者的心上。这是与上帝统一者的话，他到来非为判决，而是为了拯救（约 3:17）。对于处在不和状态中的人而言，善在于判断，判断的最后尺度是人自己。知善恶者本质上是位审判者。作为审判者，他与上帝相似，却有一个区别，那就是他论断时所作的每次判决都要回落到自己身上。耶稣一面抨击作为审 34
判者的人，一面要求把人的整个本性颠倒过来，耶稣恰恰把最大限 (140)
度地实现其善的人叫作不信上帝的人，叫作罪人。耶稣要求排除善恶之知，要求与上帝合而为一。对他人的判断总是以与上帝不和为前提，判断阻碍行为。耶稣所说的善，完全在于行为，而不在

* “意志”(der Wille)，和合本作“旨意”。——译注

** “论断”(richten)，在现代汉语里即“审判”、“判决”、“判断”。作为及物动词，richten 意为：“处死”、“处决”。——译注

于论断。论断他人始终意味着自身行为的中断。论断者从不有所作为,要不然就是,哪怕他用以表明是其行为的那些事情——这种事情举不胜举——也始终只是对他人的判决、审判、谴责、控告。法利赛人的行为显然就是论断他人,因此它寻找判断的公开——即使只对自我公开,它要被人看到,被人评判,被人——即使在自我面前——承认是善的。“他们一切所作的事都是要叫人看见。”(太 23:5)法利赛人的行为仅仅是他善恶之知的一种特定的表述,因此也是他同其他人以及同他自身不和的一种特定表述。故而这是达到实际行为的最大障碍。实际行为则产生于人同他人以及同自身的重获的统一。因此,在这种以不和的存在为根据的意义上——不是在心怀恶意的意义上——法利赛人的行为,亦即把善恶之知贯彻至极者的行为,乃是假的行为,乃是虚伪。

在此范围内,法利赛人的言论和行为之间确实产生了很深的矛盾。“他们能说不能行。”(太 23:3)并不是说法利赛人无所作
35 为,似乎他们懒于去做好事。正好相反。但是他们的行为不是真
(141) 正的行为:因为要克服人的不和即善恶之分的这种行为达不到目标,而只会加深这种不和。法利赛人的善行,本欲医治内在的不和以及同他人的不和,|却更加导致不和,导致坚持同本源脱离。审判他人的人的这种不和,最后也在心理学上可以确定的形式中显露出来,例如严肃者在审判时会在他暗中嫉妒的轻浮者身上发泄自己报复的本能;又如在他人身上观察到的自己的弱点,恰恰会导致从重判决;面对自己的弱点,暗自说谎否认,绝望地大发雷霆,无可奈何地放任,在这样的土壤上执法精神尤其会开出有毒的花朵来。但是,不该让以上事实阻碍我们认识事情的本来面目。不是

说论断起源于人心的邪恶或人性的软弱，它们绝没有这么大的能耐。恰恰相反，论断才是所有这些可在心理学上加以认识之现象的本源。论断之所以该受谴责，并非——如尼采之见——是由于论断源自阴暗的动机，而是由于论断本身即脱离，因此，论断是恶的，因此，论断在人的心中结出恶的果实。从心理学角度看，也能够揭示决定着论断者的极高尚的动机，这是无可否认的。但是这丝毫不能改变事情本身。“论断”并非不和的人的一种特别的道德缺陷和邪恶，而是在他的言论、他的行为、他的感情中显露出来的东西的本质。法利赛人自然只有从已经重新获得的统一出发，即
从耶稣出发，才会被认识到。法利赛人本身只能认识到在他的德 36
行和道德缺陷中的自身，但不能认识到在他本质中的、在他与本源 (142)
脱离之状态中的自身。唯有排除法利赛人的善恶之知，方能把法利赛人的整个存在颠倒过来，唯有耶稣能推翻法利赛人的以知善恶为基础的权威。耶稣所说的“你们不要论断”乃是主张和解的人对不和的人的呼吁，乃是呼吁和解。

因为有一种人的——假的——行为，它本身就是一种“论断”，所以——令人十分惊讶地——也有一种论断，它是人的一种——真的——行为，亦即源自已经实现了同本源、同耶稣基督合一的一种“论断”。有一种“知”，它源自调解人耶稣基督的认识。“属灵的人能看透万事，却没有一人能看透了他。”(林前 2:15)以及“你们从那圣者受了恩膏，并且知道这一切的事。”(约壹 2:20) 这种论断和|这种知来自统一而非来自不和。因此这也不会造成进一步的不和，而是造成和解。耶稣基督的审判恰恰在于他不是为审判而

是为拯救而来——“这是审判，即光来到世间”（约 3:19，参阅诗 17-18*）——，同样，在基督中与上帝及人和解者，恰恰作为不论断者而论断一切，作为不知善恶者而知道一切。他们的审判将是兄弟般地帮助改正、使人振作、引上正道、劝诫以及安慰（加 6；太 18:15 以下），若有必要，还将是暂时地扬弃共同体，但这是为了使灵在主耶稣之日得永福（林前 5:5）。这将是一种和解的论断，不
37 是不和的论断，通过不论断而论断，作为和解的行为的论断。不再
(143) 知善恶，而知基督乃本源与和解，人便将知道一切。知基督的人认识并承认针对他的上帝的选定，自己不再作为挑选者位于善恶之间，即不再处于不和状态中，而是作为被选定者，他自己根本不可能再挑选，由于他在上帝的意志的行为自由和统一之中已经被选定，故而他已经挑选过了。他因此获得一种新知，在这种新知里面，善恶之知已被排除。他处在上帝的知之中，可是不再作为变得像上帝，而是作为上帝形象的载体。他只知道“耶稣基督并他钉十字架”（林前 2:2）并且在耶稣基督之中他知道一切。作为不知者，他成为唯独知道上帝并在上帝之中知道万物者。谁于上帝在耶稣基督身上的启示中知道上帝，谁知道被钉上十字架并复活的上帝，谁便知道在天、在地以及在地下的一切，他知道上帝乃是对所有的不和、对所有的论断和审判的扬弃，乃是爱者和有生命者。法利赛人的知是死的和不结果实的，耶稣以及与耶稣相结合者的知是活的和结果实的；法利赛人的知是瓦解性的，新的知是解救性的与和

* 这句话很重要，是解释何谓“审判”的。拉丁文本（Vulgata）和德文本均为：“这是审判，即光来到人世，而世人爱黑暗不爱光，因为他们的行为是恶的。”和合本作：“光来到人间，世人因自己的行为是恶的，不爱光倒爱黑暗，定他们的罪就是在此。”——译注

解性的；法利赛人的知是对所有真正的行为的破坏，耶稣和他的人的知只在于行为。

“你施舍的时候，不要叫左手知道右手所做的；要叫你施舍的事行在暗中。”（太 6:3 以下）法利赛人也知道，不得因他施舍（Almosen）了而自夸，他所做的一切善事，都应感谢上帝。倘若耶稣
只想说这些，那么他的话便是多余的。但恰恰这种合乎理性的和 38
虔诚的想法耶稣不想讲出来，他想讲出完全不同的甚至是截然相 (143)
反的想法来。为自己的善行而感谢上帝的法利赛人（路 18），始终还是生活在善恶之知中的人，他对自己下判断，随后感谢上帝，自然由于他能够这样做。法利赛人知道自己行的善事。耶稣用他的话不是去抨击法利赛人和做善事者的自鸣得意，而是再次刺中了生活在不和状态中的人的心。他禁止做善事者知此为善。关于在耶稣身上完成的和解，关于扬弃不和的新知，完全扬弃了关于自己的善事的自知。关于耶稣的知完全化成行为而无任何对自身的反思。这时，人自己的善于人而言一直是隐蔽着的。人不再必须是判断他的善的法官，不，他根本不再想要知道他的善，不仅如此，他还根本不允许知他的善，他的确也不再知道他的善。他的行为变得如此不成问题，通过他的行为他是如此地完全投入和充实，他的行为如此地不再是众多可能性里的一种，而是唯一的，重要的，是上帝的意志。故而知根本不再能插手阻挠，确实不再会丢失任何时间，亦即阻留作为、质疑、判断的时间。判断一直隐蔽着，不仅对其他人而言，也对自己的知的法庭而言。这一点是非常清楚的：知耶稣，人便不再能够知道他自己的善；知道自己的善，人便不再能够知耶稣。人不可能同时生活在和解和不和之中，生活在自由和

律法之下，生活在单纯和矛盾之中。在这里，没有过渡或者阶段，
39 而只能非此即彼。因为人不可能靠自己扬弃、克服他关于他自己
(144) 的善的知——除非他欺骗自己，将刻意压抑这种知同实际上扬弃它相混淆——，因此，耶稣所说的关于右手不该知道左手所做之事[*]，亦即关于自身之善的隐蔽的这番话又是在呼吁跳出不和状态，跳出脱离状态，跳出善恶之知，走向和解，走向合一，走向本源，走向唯独存在于耶稣之中的新生命。这是在呼吁解放，呼吁|单纯，呼吁皈依，这呼吁本身扬弃脱离本源的旧知，赋予关于耶稣的新知，即完全化作上帝的意志的行为的知。在使徒的劝诫中，谈到施舍时，我们一再遇到这样的添加语，即施舍应是"单纯地"[**]施舍(罗 12:8；林后 8:2，9:11、13 等)，这清楚地表明，耶稣的这番话在他门徒身上是何等深入人心。在这里决不可忽略对登山宝训的回忆。甚至连上帝也"单纯地"赐给(雅 1:5)"没有矛盾的想法"(μηδενδιακρινόμενοζ)来求神的人。"有两个灵魂的人"('ανηρδίψυχοS)，单纯者的反面，当然不能指望接受上帝的赏赐(雅 1:7)。谁单纯地接受，也将单纯地给予。

上述之言在末日审判的譬喻里(太 25:31 以下)得到补充和总结。耶稣开庭审判时，他的信徒们并不知道自己曾经给过他吃、喝，给过他衣服穿，以及探望过他，他们不知道自己的善行，而由耶稣向他们揭示。随后时间到了，尘世间没有时间与之相当，此乃揭开隐蔽事物并收受他的公开报偿的时间，此乃判断(Urteil)与审

* 原文如此。似应为"左手不该知道右手所做之事。"——译注

** 原文：in der Einfalt《新约》拉丁文本作：in simplicitate；德文本作：mit lauterem Sinn，都作"单纯地"，"思想单纯地"解。和合本作："诚实地"。——译注

判(Gericht)的时间。即使到了那时,判断、知和论断(Richten) 40
也全在上帝和耶稣基督一边,我们将成为赞叹者、接受者。法利赛 (145)
人以为能够在他自己公平诚实的审判中为最后的审判(das letzte Gericht)做先行的准备,故而这个信息,即他应当唯独从知、判断和耶稣的手中接受善,他必然是不理解的并认为是应受谴责的。

在耶稣身上完成的善恶之知的扬弃以及关于自由和单纯所说的一切,在以下情况下自然会被完全误解,即有人把它们理解为心理学上可观察的事例,即有人开始反思它们在自己或他人身上的存在。的确从心理学角度来看,左手不可能不知道右手所做之事,单纯不可能始终不知其他可能性而只做这一件事。其原因是,心理学观察本身总是服从不和的律法。所以,心理学绝不可能揭示耶稣所说的单纯、自由和行为,心理学总会在似是而非的所谓单纯、自由和无反思背后揭示出一种最后的反思(Reflexion)、最后的|不自由以及最后的不和来。但是,这同耶稣所说的毫不相干。从心理学上看,效法耶稣,做一个单纯和自由的人,依然可能有非常复杂的反思,倒过来讲,有一种心理上的单纯同与上帝和解的生命的单纯根本不是一回事。就这样,《圣经》谈到完全合理的和必要的对上帝的意志的探问,还谈到同样合理和必要自身的检验,但并未由此而陷入与事实的矛盾。这事实即对于生活在善恶之知被
扬弃状态中的人而言,不再存在多种可能性之间的挑选,而只有被 41
选定状态,即被选定去实施上帝的唯一意志的行为,对于耶稣的 (145)
门徒来说,也不可能再有关于自己的善的知。

检验*

“只要心意更新而变化，叫你们察验何为上帝的……旨意。”(罗 12:2)“我所祷告的，就是要你们的爱心在知识和各样见识上多而又多，使你们能分别是非(或作：“喜爱那美好的事”)。”腓 1:9、10；参阅罗 2:18)“行事为人就当像光明的子女……总要察验何为主所喜悦的事。”(弗 5:8 以下)取得对上帝意志的单纯认识似乎必得以直觉这种形式，排除任何反思，天真地攫住最先闯入的念头或感觉，这样的观念，亦即把在耶稣身上开始的新生命的单纯当作心理学事项的那种误解，在此得到了彻底的修正。这根本不是说，上帝的意志加上唯一性的重音轻而易举地强加给人心，不是说，上帝的意志是显而易见的，是和心之所思同一的。上帝的意志可以深深隐藏在呈现出来的众多可能性之下。因为上帝的意志也并非从一开始就确定下来的规则体系，而是在各种不同的生活状况下，每一回都是全新和不同的，故而必须一再地察验什么是上帝的意志。心、理智、观察、经验必须在做这种检验时一同发挥作用。正因为在这里事情不再同自己的善恶之知有关，而是同活生生的上
42 帝的意志有关，正因为我们认识上帝的意志，不取决于人的作为，
(146) 而完全在于上帝的恩典，正因为这种恩典每日清晨都是新的，它本身愿是新的，故而对上帝的意志的这种检验是如此地严肃。心的声音、某种灵感、某种普遍有效的原则，都不会再同上帝的意志相混淆，上帝的意志向当时当地察验者的每一次显露都是新

* 检验(das Prüfen)，和合本译作“察验”、“试验”。——译注

的。

察验“何为上帝的意志”，这又是如何进行的呢？在这里，关键是明白无误的前提，即有这种检验仅以“变形”（Metamorphose）为基础，以某人早先的形式发生的内在彻底变化为基础，是一种心灵的“更新”（罗 12:2），是作为“光的果实”（弗 5:9）。人的这种变形只涉及脱离本源的人、即亚当的形象的克服，涉及与新人、即耶稣的形象同形。《圣经》中使用这个概念的其他几处清楚地表明了这一点。对上帝的意志的检验全赖这新的形象才有可能，这种新的形象把在与上帝脱离状态中获得善恶之知的人留在自身之后和之下。这是上帝的儿女的形象，生活在与上帝的意志的统一之中的上帝的儿女与上帝真正的儿子同形（Gleichgestaltung）。这同上述《腓立比书》引文中所描述的是一回事，在该处，保罗将生活在爱中和爱的增进称为检验的先决条件，因为生活在爱中及爱的增进亦即生活在与上帝及人的和解与合一中，亦即过耶稣基督的生活，故而检验何为上帝的意志，不能简单地从自身出发，从自己的善恶之知出发，而是完全相反，只有这样的人方能够检验，他自己的善恶之知已经完全排除，因此他完全放弃从自身出发去知上帝的意
志，他已经生活在上帝的意志的统一中，因为上帝的意志已经由他 43
而实现。唯独以知道耶稣基督身上的上帝的意志为基础，才有可 (147)
能去检验何为上帝的意志。唯独以耶稣基督为依据，唯独在由耶稣基督规定的空间里，唯独在耶稣基督“中”才能检验何为上帝的意志。

那么，检验还有什么意义呢？检验为什么是必要的呢？这个问题尽管在逻辑上似乎是必要的，然而就其本身而言，实际上是被

错误地提出的。因为知耶稣基督，因为变形、更新、爱，不管叫什么，都是活生生的，不是一劳|永逸地给予的、固定的、已被占有的，因此，每天都会产生这个问题，今天，在这里，在这样的环境之下，我如何留在和被保存在与上帝、与耶稣基督同在的这种新生命里。而这个问题恰恰是对何谓上帝意志的检验的含义。换言之：知耶稣基督，也就意味着不知自己的善恶；知耶稣基督指点，也就意味着将自己完全交托给耶稣基督，因此，在这里产生了每日更新的真正的检验，它恰恰在于排除了关于上帝意志之知的所有其他的源泉。这种检验产生于这种知，即知道被上帝的意志所保存、维持和引领；即知道已被赠予与上帝意志的仁慈统一，并且设法在具体的生活中每天重新巩固这种知。故而这既不是固执的也不是犹豫的检验，而是谦卑的和有信心的检验，在上帝之言不断更新这样一种自由中的检验，在始终只是同一上帝之言这样一种单纯中的检验。

44 这样的检验不再对在耶稣身上重新获得的本源的统一产生疑问，
(148) 而是以此统一为前提，但却又必须一再重新获得这种统一。

在这种前提下必须真正着手察验何为上帝的意志，在既定环境中什么是正确的，如何真正合上帝的心意，因为，毕竟我们都必须有具体的生活和行动。在此，理智、认识能力、对给定事物专心致志的观察，所有这一切都进入了活生生的运作。同时，祈祷将涵括和渗透这一切。所获的经验将会发言，或指正，或告诫。绝不允许去注意和期待直接的灵感，否则极易受自我欺骗的摆布。面对相关之事，必须有一种高级的冷静务实的精神起主宰作用。各种可能性和结果都必须得到周密考虑。只要事关察验何为上帝的意志，就必须启动人的全部力量机制。但在作任何此类察验之时，面

对不可解决的冲突而生的痛苦,能够驾驭任何冲突而生的高傲,对直接灵感的狂热期待和坚持,都不会有活动空间。这里会有信念,即上帝肯定会让谦卑地询问上帝的人认识到上帝的意志,在所有认真的检验之后,也会有作出真正决断的自由,从而在这自由中有信心,即不是人,|而是上帝自己通过这样的察验贯彻他的意志。担心自己是否做了正确之事,但这种担心不会使人紧紧抓牢自己的善事,也不会使人突然转而确信自己的善恶之知,但这种担心会
在对耶稣基督的知之中被扬弃,即只有耶稣基督将进行慈悲的审 45
判,这种担心会把自己的善隐藏在法官的知和恩典中直到审判之 (148)
日。

同上帝意志的统一并不排除,而是恰恰要求对何为当时当地上帝意志的检验,同样,保罗关于要省察自己的信仰和事业的告诫,同耶稣关于不让左手知道右手所做之事的那句话是并行不悖的。“你们总要自己省察有信心没有,也要自己试验。岂不知你们若不是可弃绝的,就有耶稣基督在你们心里吗?”(林后 13:5;参见加 6:4)。由于完全被行为所吸引而唯独注目于耶稣基督,人便不知自己的善,这种单纯并不意味着涉及自己时可以轻率,可以疏忽大意。不仅有一种法利赛人的对自身的检验,而且也有一种基督徒的对自身的检验,亦即这样一种检验,它并不针对自己的善恶之知以及这种知在实际生活中的实现,它每日更新“耶稣基督在我们里面”这种认识。基督徒若不以于他至关重要的可能性为基础,便不再能自我检验,这种可能性即耶稣基督进入他的生命,甚至不止这些,耶稣基督为了他并在他身上活着,耶稣基督完全占据了他身上在此之前由他自己的善恶之知占据的空间。唯独在这个前提的

基础上才有基督徒的自我检验，即耶稣基督——由于这个名字是
完整地被称呼的，故而非常清楚，在此涉及的并非某个中性的概
念，而是历史上的耶稣本人——在我们里面。所以，基督徒在自
我检验时，他的目光不会离开耶稣基督而被引向自身，它始终完全
依附着耶稣基督，因为耶稣基督已经在我们里面并且在活动，即他
属于我们，当然也可能且必定会产生这样一个疑问：我们是否以及
46 如何在日常生活中属于他，信仰他和听从他。但这答案不能由我
(149) 们自己给出，根据事情的本质只能由耶稣基督自己给予我们答复。
我们的坚定和忠诚的这种或那种标记都不能就我们的自我|检验
这个问题给予我们答复；因为我们不再掌握能凭此裁判自己的尺
度，换言之，我们唯一的尺度即活生生的耶稣基督本身。就这样，
自我检验始终恰恰在于把自己完完全全地交给耶稣基督去审判，
就是说，不是自己去下结论，而是由他——我们知道他并且认识到
他在我们里面——去下结论。但是，自我检验的这个过程并不因
此而是多余的，因为耶稣基督确实在并且愿意在我们里面，因为耶
稣基督在我们里面的这种存在并非只是机械的运作，而正是在这
种自我检验中一再发生并验证的。“连我自己也不论断自己。我
虽不觉得自己有错，却也不能因此得以称义，但判断我的乃是主。”
(林前 4:3、4)上帝的意志，恰恰因为它是活生生的上帝的意志，要
求一再重新被检验并在这种检验中贯彻自身；同样，耶稣基督在我
们里面，也恰恰由于我们自己一再重新检验在他里面的我们。所
以，基督徒对上帝的意志所作的检验，同样地也是上帝意志的一
部分，正如基督徒的自我检验是我们里面耶稣基督意志的一部
分。

同上帝意志的新的统一，行为的单纯，在任何情况下也不会由此而受到破坏甚至干扰。为理解这一点，我们必须清楚地回忆“行为”(Tun)在《福音书》中的本意。 47

(150)

行为

显然，人在上帝面前唯一相宜的态度是照上帝的意志去做。登山宝训的目的，是要人照那些话去做(太 7:22 以下)。只有在行为中才有对上帝的意志的服从。在依照上帝的意志去做的时候，人放弃一切自己的权利，放弃一切自己的称义，人把自己谦卑地交付给仁慈的法官。《圣经》如此急切地强调行为，是因为《圣经》要人不再以自己的善恶之知为根据在上帝面前自我称义。《圣经》之意，并非要把人自己的行为(Tat)同上帝的行为并列——即使作为感谢、奉献也不该如此——而是要把人完全置于上帝的行为之中，并且同时使人的行为服从上帝的行为。所以，法利赛人的迷误并不在于他们一丝不苟地指出行为的必要性，而在于他们自己不致力于行为。“他们能说不能行。”

如果说《圣经》要求行为，那么，它以此指点人不要依靠自己的能力，而要依靠耶稣基督。“因为离了我，你们就下能做什么。”(约 15:5)这句话应严格按其意思去理解。确实，没有耶稣基督就没有行为。看上去像是行为的许许多多事情，无数做成的事情，依照耶稣的判断，就好像什么也没有做。《圣经》上任何一句话都不如耶稣的这句话更绝对地证明行为有赖于耶稣基督。再没有别的能够更清楚地区分真正的行为和各种虚假的行为。

我们划定这种界限，以免《圣经》上所说的行为被人误解，并让人按其特性去认识它。

48 论断同行为的对立是无法消除的。“人若批评弟兄，论断弟
(151) 兄，就是批评律法，论断律法。你若论断律法，就不是遵行律法，乃是判断人的。”(雅 4:11)对律法有两种做法：论断和遵行，两者互相排斥。论断者把律法理解为他应用来对付他人的尺度，他自认是负责执行律法的人，他因此站到了律法之上。他忘了“设立律法和判断人的，只有一位，就是那能救人也能灭人的。”(雅 4:12)谁根据他对律法的知识控告或论断他的兄弟，谁实际上是在控告和论断律法本身；因为他不相信律法具有上帝活的话语的力量，能自行实施和生效。由于他使自己成为立法者和法官，他就使上帝的律法失去效力。就这样产生了知和行之间不可弥补的裂缝。他根据自己关于律法的知识成为论断他的兄弟的法官，最后成为论断律法的法官，他不会再去遵行律法，尽管表面上他可能会改过。“律法的遵行者”——与论断者不同——服从律法，从不把律法当作尺度，用以对付他的兄弟；律法除了号召他遵行以外，再不会同他有什么关系。面对犯过错的兄弟，“律法的遵行者”也只有一种可能性，即通过他遵行律法本身而使律法生效。只有这样|律法才受到尊重，才会生效，才被承认是上帝的活的话语，它靠自身之
49 力来实施，不需要人的帮助。这并不意味着律法的遵行者满足于
(151) 他自己的遵行，他斜眼看上帝，恳求上帝来当他负罪兄弟的法官，因为他感到遗憾，他本人不可以论断他的兄弟。事情应是这样的：在此无需以目示意，只要对上帝的律法持相宜的态度，即遵行律法，唯有别无他想，一心一意遵行律法，律法就会行使它的权力，发挥它的效力，这效力也会在兄弟身上得到证实。因此，并不存在遵

行之外附加的，或通过遵行而获得的论断的终极可能性，遵行现在是，也必须始终是唯一的、排他的对上帝的律法的态度；其余的态度都会使遵行彻底瓦解，使遵行变成虚假的遵行，变成伪善。

遵行当然以听律法为前提。但即便是这种说法也是可疑的，因为这种说法把“听”作为前提，把遵行作为后果，加以区分并使之相互脱离。“听”若与遵行分开而独立并得到某种自己的权利，遵行已经又被取消了。诚然，律法的遵行者必须是一个听者，但听者必须始终同时也是遵行者（雅 1:22）。“听”若不在同一时刻变成遵行，这种“听”又已经变成了那种“知”，由此导致论断并取消任何一种遵行。如果听到的话语不变成遵行而变成那种“知”，那么——尽管这似乎不合情理——听到的话语已经被“遗忘”（雅 1:25）；即使听到的话语长久地保存在“知”中，被思考、被加工，但是，它的要旨即话语应变成对遵行的指示，仍然已被忘记。聆听者，若不同时是话语的遵行者，就必然陷入自我欺骗的境地（雅 1:22）*。
当一个人自以为通过“知”而占有了上帝的话语时，他事实上已经 50
失去了上帝的话语，因为他以为可以不是在遵行中而是在别的情 (152)
况下——哪怕只是片刻——占有上帝的话语。圣雅各对聆听者的辩驳完全符合耶稣对法利赛人的辩驳。这并不是说，圣雅各所说的热心的聆听者就与各种行为了无干涉，正如法利赛人在行动中也并不畏缩；但是，这种行是次于听的，它通过知才与之相联系；这种听已然是一独立的实体，这样行就是附加在它之上的一个他者|，

* “只是你们要行道，不要单单听道，自己欺哄自己。”这里的“道”，即“话语”（das Wort）；“行道”即“遵行话语”、“照听到的话去做”。——译注

所以说这是伪行，是自欺，或者用耶稣的话说，就是伪善。此乃自欺，因为处在伪行中的人事实上把自己当成处在真正的行为中的人并且必定拒绝这种指摘，即他的行为乃是虚伪。若把话语的聆听者同遵行者的对立描述成思想和意志、理论和实践之间的对立，那么，他就犯了把它加以心理学化的错误。甚至法利赛人也知道，上帝的话语不仅要求思想，而且要求意志；不仅要求理论，而且要求实践。与此相符，法利赛人在听从话语这件事上不仅运用理智，而且也运用意志。在法利赛人身上，分离的不是思想和意志，而是听与行。下面这句话是针对让"听"独立的那种聆听者的："就在他所行的事上必然得福。"（雅 1:25）遵行者是那种人，对于他所听到的上帝的话语，除了去做以外，不知道还有任何其他的态度；他始终专注话语本身，不从话语中设法得到一种知并根据这种知成为论断他兄弟、他自己的法官，最后也成为论断上帝的话语的法官。

51 把这里所说的意思表述得十分明白的，是耶稣对马利亚和马
(153) 太所说的话，表面上讲的是正好相反的事（路 10:38 以下）。马利亚坐在耶稣的脚边听着，但马太"伺候的事多"。马太请耶稣提醒她的妹妹，做也属于听："请吩咐她来帮助我。"耶稣回答她说："马太！马太！你为许多的事思虑烦扰，但是不可少的只有一件，马利亚已经选择那上好的福分，是不能夺去的。"耶稣在这里十分清楚地认为，同做事的人相比，听话语的人是对的。圣雅各说，遵行者在他的行为中得福；耶稣说，听和保存上帝的话语的人是有福的；他们讲的是同一件事。正如"听"不得对"行"闹独立，同样，"行"也不得对"听"闹独立。对遵行者的祝福包含着听，对听话语的人的

祝福也包含着行。有一件事是必不可少的——不是听或者行，而是两者合一，就是说，现在和今后都同耶稣基督联合，对准他，从他那裹接受话语与行为，既不根据听也不根据行而成为控告他兄弟的人和审判他兄弟的法官，甚至——像马太那样——成为控告耶稣基督的人，而是|在“听”和“行”中将一切交给耶稣基督的决断，通过他，靠他的恩典，靠他将在他的日子进行的仁慈的审判而生活。无论在对遵行者的祝福中，还是在对听话语的人的祝福中，被祝福的人是摆脱自己因知善恶而造成的不和状态而同耶稣基督统一的人。耶稣认可的既不是行本身，如马太的忙碌，也不是听本身。有一种伪行，也有一种伪听。我们的听和行是真的还是假的，我们没有能力检验，这将完全取决于我们是否将这种检验全然交托给耶稣的知和审判。

两个进一步的界定会使《圣经》对行为的理解得到更清楚的阐 52
明。“凡称呼我‘主啊，主啊’的人，不能都进天国，唯独遵行我天父 (153)
旨意的人，才能进去。”(太 7:21) 这意味着基督拒绝了某种对他的宣信，尽管在这个时候这种宣信根本不合时尚，事实上也很有可能带来苦难与迫害。它被耶稣所拒绝，因为这种宣信同遵行上帝的意志相违背。你不必推出结论，说这是故意的虚伪，即用虔诚的话语掩饰所做坏事的虚伪。相反，这种宣信是发自个人诚实的内心的。同这种勇敢的宣信相结合的可能是同样勇敢和奉献的行为。有人认识到某事是善的，于是下决心拥护此事，这种宣信和这种行为可能是由此得出的充满个性的结论。但耶稣仍然拒绝这种宣信和行为，正因为它们源自人自己的善恶之知；因为这里所出现的，是人自己的意志，尽管在表面上与上帝的意志惊人地相似，此人如

今正处在与上帝不和的状态中。即是说，恰恰没有遵照上帝的意
志去做。故而声称有行为也无补于事作——“我们不是……奉你
的名行许多异能吗？”（太 7:22）即使这是指以基督的名义实施的
行为，也同样无补于事。我们也不能错误地假设：在这种行为中还
有各种人类的恶存在，故而这种行为遭谴责。不是的，恰恰由于这
种行为出自最纯的动机，恰恰由于做出了最虔诚与最无私的事，反
倒有特别大的危险，即所做之事是出于自己的善恶之知，出于同上
帝的不和，虽同上帝的意志相似到了难以辨认的地步，但却邪恶地
53 同上帝的意志背道而驰。|可能有一种对基督的信仰的真诚宣信，
(154) 可能有这样一些的人，他们追随基督的全部结果却被基督本人用
这样的话加以拒绝：“我从来不认识你们，你们这些作恶的人，离开
我去吧！”（太 7:23）——这虽然是一个难解之谜，其根由在于抢夺
来的人和上帝的相似性，但这又是耶稣和保罗估计到的一个事实。

爱

“我若有先知讲道之能，也明白各样的奥秘、各样的知识，而且有全备的信，叫我能够移山，却没有爱，我就算不得什么。我若将所有的赒济穷人，又舍己身叫人焚烧，却没有爱，仍然与我无益。”（林前 13:2、3）这里出现了一个关键性的词，它区分不和状态中的人和本源中的人：爱（Liebe）。有一种对基督的承认，有一种对基督的坚定信仰，甚至有一种志向和一种直至献出生命的爱的奉献——却没有爱。这就是关键所在，没有这种“爱”，一切会瓦解，一切该受谴责，在这种爱之中，一切联合，一切在上帝眼中甚美好。这种爱是什么？

根据我们迄今所看到的，把爱的本质理解成人的态度、志向、
奉献、牺牲、团体意志、感情、兄弟情谊、侍奉与行为的全部定义都
不在考虑之列。上述种种无一例外都可以脱离“爱”而存在。我们
习惯于称作爱的一切，在心灵深处的和在可见作为中的，甚至在兄
弟般侍奉别人的虔心中显露出来的——都可以没有“爱”，这并非 54
由于在任何一种人性的行为态度中总还有自私的“残余”，使爱黯 (155)
然失色，而是由于爱完全不同于这里所理解的。爱也不是直接的
个人关系，不是关心个人，关心个体，同客观的律法、同非个人的规
定相对立。这里的“个人的”和“客观的”完全是以非《圣经》的和抽
象的方式被拆开的。抛弃这一点，在这里，爱成为人的——而且只
是部分的——行为。“爱”于是|成了纯粹客观和符合规定的这种
低级伦理之外的、使其完善和完成而出现的“个人的”高级伦理。
与此相应的情况是：例如当爱同真理（Wahrheit）相互冲突时，就
把作为“个人的”爱置于“非个人的”真理之上，这样一来，就同圣保
罗的话，即爱喜欢真理（林前13:6）直接发生矛盾。想借冲突给爱
下定义，而爱偏偏不知道什么冲突，爱存在于任何不和的彼岸，这
反倒是爱的本质。有一种触犯真理或者仅仅使真理中立化的爱，
路德以清醒的、《圣经》的目光称之为“该诅咒的爱”，即使它披着最
虔诚的外衣出现。爱若只包括个人的人际关系的区域，但在客观
者、实在者面前却步，就绝不会是《新约》的爱。

如果没有一种可以想见的人的行为，它本身可以意义明确地
被称作“爱”；如果爱存在于任何不和的彼岸，而人则生活在不和 55
中；如果为人所理解和实践为爱的一切事情以及作为爱而去做的 (156)
一切事情|，始终只是作为在现存不和中的人的行为才是可以想象

的，那么，对于《圣经》而言，“爱”还能是什么呢？这就始终是一个谜，一个没有答案的疑问。《圣经》并非没有给我们解答。这个解答尽人皆知，只不过我们一再地对它做了错误的解释。这个答复是：上帝就是爱(约壹 4:16)。首先，为明确起见，这句话读时应强调上帝这个词，而我们则一直习惯于强调爱这个词。上帝就是爱，亦即不是一种人类的态度，不是一种觉悟，不是一种行为，而是上帝本身就是爱。唯独知道上帝的人，才知道什么是爱，而不是倒过来，人先知道而且天生就知道什么是爱，由此才知道什么是上帝。没有人知道上帝，除非上帝向他显明。所以没有人知道什么是爱，除非在上帝的显明中。所以爱是上帝的显明。上帝的显明就是耶稣基督。“上帝差他独生子到世间来，使我们借着他得生，上帝爱我们的心在此就显明了。”(约壹 4:9)上帝在耶稣基督身上显明，上帝显明他的爱，先于我们对上帝的所有的爱。爱的本源不在于我们，而在于上帝，爱不是人的态度而是上帝的态度。“不是我们爱上帝，乃是上帝爱(过)我们，(曾)差他的儿子为我们的罪做了挽回祭，这就是爱了。”(约壹 4:10)我们唯独在耶稣基督身上，而且是在他为我们所做的事情上，认识到什么是爱。“主(曾)为我们舍命，我们从此就知道何为爱。”(约壹 3:16)即便在这里也没有给爱下一个普遍的定义，譬如说，爱就是为他人而舍命。不是这种普
56 遍性，而是耶稣基督为我们舍命这种一次性，在此被称作爱。爱同
(156) 作为上帝的显明的耶稣基督之名密不可分地结合在一起。什么是爱？《新约》对这个问题做了非常明确的回答：爱就是耶稣基督。他是爱的唯一定义。然而，如果着眼于耶稣基督以及他所做之事和所受之苦而给爱下一个普遍的定义，那么，事情又被完全误解

了。爱不是他所做之事和所受之难，而是他所做之事和所受之难。爱始终是他本人。爱始终是上帝本身。爱始终是上帝在耶稣基督中的显明。

若我们把关于爱的全部观念和原则最严格地集中于耶稣基督之名，则首先不得把这个名简化为一个抽象概念，而是这个名必须在一个活生生的人具体丰富的历史现实中被理解。所以——在维护上述一切的情况下——耶稣基督这个人的具体行为和受难才会使什么是爱成为可以理解的。上帝在其中显明自身的耶稣基督之名，在耶稣基督的生平和言论中得到解释。《新约》毕竟不是在没完没了地重复耶稣基督之名，而是这个名的内涵由我们易懂的事件、概念和原则而得到解释。所以，“爱”（α'γ'απη），这个概念的力量也不是任意的；这个概念反倒通过《新约》的福音得到了全新的规定，然而它同我们从语言角度对“爱”这个词的理解并非毫不相干。事情自然不是这样的，即《圣经》上的爱的概念是我们对这个概念之一般理解的一个特定形象；鉴于《圣经》中爱的概念，事
情正好相反：这个概念，唯独这个概念是基础，是爱的真理和实 57
在，而且所有天生的关于爱的想法只有在以下情况才有真实性和 (157)
现实性，即这一概念在其本源中分享有爱，这爱就是在耶稣基督里的上帝本身。|

爱在何处？我们依然以《圣经》来回答这个问题：在于人同在耶稣基督里的上帝和解（Versöhnung）。人同上帝、同其他人、同世界、同自身的不和状态结束了。本源又赠予人了。

爱标志着上帝对人所行的事，这件事克服了人生活在其中的不和。上帝行的这件事叫作耶稣基督，叫作和解。所以爱是人身

上发生的事情，被动的事情，人靠自己不可能有的事情，因为这些事情超越了人在不和状态中的存在。爱意味着经受上帝使整个存在发生的转变，意味着被拉进唯独在上帝面前和在上帝里面方能生存的世界中。故而爱不是人的挑选，而是上帝选定(Erwählung)了人。

那么，在何种意义上可以谈论作为人的一种行为的爱，可以谈论人对上帝以及对邻人的爱，就像《新约》非常明确地所做的那样呢？鉴于上帝就是爱这个事实，当我们说人也能够以及应该爱，这又是什么意思呢？“我们爱上帝，因为上帝先爱(过)我们。”(约壹4:19)这意味着，我们对上帝的爱的唯一基础是我们被上帝所爱，换言之，我们的爱只能是喜欢、或曰接受在耶稣基督中的上帝的爱。“若有人爱上帝，这人乃是上帝所知道的。”(林前8:3)在《圣经》的语言里，“知道”意即“被选定”、“被生育”。“爱上帝”意即喜欢上帝的选定，喜欢上帝在基督里的生育。上帝的爱同人的爱的

58 关系，不该被这样理解，即上帝的爱虽说先于人的爱，但其目的完
(158) 全是为了激发人的爱，作为与上帝的爱相对的、独立的、自由的、自主的行为。上帝就是爱，这反倒适用于关于人的爱的一切说法的原则。爱上帝和爱邻人的爱，就是爱上帝的爱，因为没别的爱，因为没有脱离于、独立于上帝之爱的爱。在这方面，人的爱始终是纯粹被动的。爱上帝，仅仅是被上帝所爱的另一面。被上帝所爱包含着爱上帝，爱上帝和被上帝所爱不可分离。

为明了起见，“被动”这个概念在这个环节上还需要一句话来说明。在此涉及的——神学谈到人的被动时，总是如此！——不是一个心理学概念，而是一个有关在上帝面前的人的存在的概念，

即一个神学概念。鉴于上帝的爱,被动并不意味着排除思想和言行的、安于只在这样的“寂静时间”内属于我的一种上帝的爱。上帝的爱不仅仅是我海上遇险时藏身的避难港。被上帝所爱绝不禁止人有强有力的思想和生气勃勃的行为。作为完整的人,作为思想和行动着的人,我们在基督里被上帝所爱,与上帝和解。作为完整的人,我们思想着和行动着,爱上帝爱众弟兄。*

* 本章未完。——原编者注

二　教会和世界

我们在这一章开始时先让大家注意，我们在整个基督教受逼 59
迫的年代里最令人惊讶的经验之一：面对人身上的非理性、鲜血、(159)
直觉和食肉兽的被神化，可以诉诸理性（Vernunft）；面对专横可
以诉诸成文法；面对野蛮，可以诉诸教养（Bildung）和人文
（Humanität）；面对暴行，可以诉诸自由（Freiheit）、宽容（Toler-
anz）和人权（Menschenrechte）；面对科学（Wissenschaft）、艺术等
等的政治化，可以指出不同生活领域的自决（Eigengesetzlich-
keit），以便立即唤醒这些处于被告地位的价值的辩护人同基督徒
之间的一种同盟意识。理性、教养、人文、宽容、自决——所有这些
概念，直到不久前还被用作反教会、反基督教、反耶稣基督的斗争
口号，突然出人意外地与基督教的领域近在咫尺。此事发生在这
样的时刻，即基督教的一切前所未有地被逼入困境，基督教的核心
信仰原则以最强硬的，最不妥协的，最令理性、教养、人文和宽容厌
恶的形式被强调。而与这种活动的压迫和限制恰好成反比，基督
教获得了与上述概念的同盟，借由这同盟，它获得了始料未及的全 60
新宽广领域。显而易见，寻找保护和同盟的不是教会，反倒是这些 (160)
概念，这些概念不知怎么地变成了无家可归，便在基督教的领域
内、在基督教会的阴影下寻找避难所。若是说这种经验纯粹是一

种战斗同盟，一种目的明确的、斗争结束就要解散的团体，乃是不符合实际的。关键性的事情反倒是，发生了一种向本源的回归。教会已经自立的、走失的浪子|在危险的时候又回到他们的母亲身边。尽管在疏远的时间里，他们的面貌以及他们的语言有了很大的改变，但在关键时刻，母亲和孩子们又重新相认。理性、正义、教养、人文以及凡此种种的概念，在它们的本源中寻觅并找到了新的意义和新的力量。

这个本源就是耶稣基督。在索洛维耶夫[*]关于敌基督（Antichrist）的小说里，被迫害的各教会领袖人物在基督复临前的最后几天内讨论这个问题：对于他们每个人而言，基督教中最珍贵的是什么。最重要的回答是：基督教中最珍贵的是耶稣基督自己。这就是说，面对敌基督，只有一样有威力且能持久：基督自己。谁分有他，谁就能持久并得胜。他是《圣经》、教会、神学的中心和力量，但也是人文、理性、正义、教养的中心和力量。一切均需回归于他，一切只能在他的保护下存活。这可能是一种很大程度上无意识的知，由它出发，在终极威胁的时刻，不愿落入敌基督手中的一切，都到基督这里来避难。

61 **基督的整体性和排他性诉求**

(161) “不抵挡我们的，就是帮助我们的。”（可 9:40）基督对其教会成员所划定的界限宽于他的门徒所愿和所划定的。基督这句话具

---

* 索洛维耶夫（Solowjeff，1853—1900），俄罗斯哲学家和著作家。另原书“索引·人名”亦拼作 Solofjew。——译注

体指的是一个人，这个人既非门徒也非追随者，却借耶稣之名驱除魔鬼。耶稣不许门徒禁止此人这样做：因为“没有人奉我名行异能，反倒轻易毁谤我。”(可 9:39)只要有人称耶稣之名——不论是无知地，或是由于认识到耶稣的客观威力，自己却不跟从他，或是结结巴巴而又腼腆地——这个名本身就在那里开辟一个空间，不容对耶稣的毁谤入内，那里就还是耶稣的一个势力范围，那里的人就不应插手妨碍，而应让耶稣基督之名生效。这是我们当前的一种经验，即唯独被人说出来的耶稣之名发挥预料不到的威力，而把这个名送出唇间的努力，会与同时寓于这个名之中的威力的预感有联系。哪里有人称耶稣基督之名，哪里就有保护和要求。|这适用于所有那些人，他们在争取正义、真理、人性和自由的斗争中，尽管几经犹豫，确实内心羞怯恐惧，仍重新学会称耶稣基督之名。这名向他们以及他们所付出的高额价值提供保护，这个名同时是对这些人以及对这些价值的要求。

“不与我相合的，就是敌我的。”(太 12:30)说这句话的，是同一个耶稣。抽象而言，这里出现了不可解决的矛盾，而实际上，耶 62
稣的这两句话必然是相辅相成的。在这里，我们又获得了活生生 (161)
的经验：当明认信仰的徒众在反基督的暴力压迫下聚集在一起，他们在教义和生活上都受到了最严格的管束，他们必须明确地作出赞成或反对基督的决定；当这些被置于斗争中的宣信的会众不得不认识到，许多基督徒的中立，恰恰是从内部分化瓦解教会的最大危险，甚至是真正的基督之敌；当要求宣告对基督的信仰造成的排他性使宣信的基督徒之人数越来越少时：当“不与我相合的，就是敌我的”这句话变成基督徒众的具体经验时——基督徒众恰恰通过这种朝本质方面的集中而得到一种内在的自由和广阔，这防止基督徒众谨小慎微地去划定种种界限；这时，远道而来的人们聚集在他们的周围，他们不能拒绝同这些人共处并给予保护；这时，被践踏的正义、受压迫的真理、被贬低的人性、遭强暴的自由都来找她，或者不如说都来找她的主耶稣基督，这时，耶稣的另一句话成为他们的生动的经验："不抵挡我的，就是帮助我们的。"

这两句话必然相辅相成，这一句作为耶稣基督的排他性要求，另一句作为耶稣基督的整体性要求。愈是排他，愈是自由。但孤立的排他性要求导致狂热和奴役，孤立的整体性要求导致教会的世俗化和自我放弃。我们愈是排他地承认并宣明基督是我们的主，基督的统治区域的广阔就愈多地向我们显露。

63 这不是形而上学的玄思，不是"道种"(Logos spermatikos)引
(162) 发的神学意见，这是具体地遭受|不义、有组织的谎言、敌视人类和暴行之苦，这是正义、真理、人性和自由遭迫害，这迫害把珍视这些财富的人驱赶到耶稣基督的保护和要求之下，这迫害使耶稣基督的徒众体验到他们的责任范围的广阔。如今教会与世界的关系，并不是如中世纪向我们展示的那种以基督之名平稳地、不断地扩展权势，但也不是像基督教头几个世纪里护教者(Apologeten)所做的那样，试图与人类之名和人类价值相联系，在世人面前替耶稣基督之名辩解，让人听到此名，修饰此名；而是在受苦中被唤醒并被赠予的对本源的重新认识，是从迫害中逃向基督。不是基督必须通过承认正义、真理、自由等价值而在世人面前替自己辩解，而是这些价值变得亟须称义(Rechtfertigung)，而它们称义的理由只能是耶稣基督。不是一种"基督教文化"(christliche Kultur)

必须在世人面前使耶稣基督之名成为可以接受的，而是被钉上十字架的基督对于那些陷于苦难的更高的价值及其捍卫者而言成了避难所、称义、保卫和要求。正是与在他的教会中受迫害和受苦难的基督一道，现在正义、真理、人性和自由都来寻找避难所；这正是与在人世间找不到栖身之地、被逐出人世间的马槽中和十字架(Kreuz)上的基督一道，现在人们逃亡来受他的保护，而他也就以此显现了他的权势的茫无涯际。基督的十字架使这两句话成为真实的："不与我相合的，就是敌我的"；"不抵挡我们的，就是帮助我们的"。

基督和善人 64

"为义受逼迫的人有福了，因为天国是他们的。"(太 5:10)这 (163)
里讲的，不是上帝的公义，不是为耶稣基督的缘故而遭迫害，而是为了一件正义的——我们可以补充说：一件真正善的、合乎人文的——事而受迫害的人受祝福(比较彼前 3:14，2:20)。那些行正义之事是出于错误恐惧(他们逃避为正义的、善的、真诚的事而受苦，因为据称他们只能带着清晰的良知为宣明对基督之信仰而受难)的基督徒，那种心胸狭窄(怀疑并避开为某件正义的事所受的苦)的基督徒，由于耶稣的这番祝福而被痛斥为不义。耶稣照料为一件正义的事而受苦的人，尽管这并非宣明耶稣之名；耶稣把他们纳入他的保护、他的责任、他的要求之中。为一件正义的事而受迫害的人就这样地被引向基督，就这样地发生了下面的事：这样一个人，在受苦和承担起责任的时刻——也许在他的一生中是第一次，他对自己都感到陌生和惊讶，但出于内心深处的必需——举出基督来并宣明自己是基督徒，因为就在这一瞬间他才明白他归属基督。这也并不是抽象的演绎，而是我们所获的经验，在这经验中，耶稣基督对生活诸领域的主宰才显明，而以往无人知晓这种主宰。

在有序的时代，律法在统治，践踏律法的人注定要被摈斥和驱
65 逐，耶稣基督借税吏和娼妓的形象使人们明了他的福音。“税吏和
(164) 娼妓倒比你们先进上帝的国。”（太21:31）在无视律法者和恶人横行的混乱时代，福音则借少数犹存的正直者、诚实者、有人文者的形象来得到证实。其他时代的经历的是，恶人投奔基督，善人远离基督。我们现在经历的则是，善人回到基督，恶人冥顽不化地反对基督。其他时代可以这样宣传：在你还没有变成像这些税吏和这些娼妓那样的罪人之前，你不可能认识并找到基督。我们则反倒要说：在你还没有变成像这些为了正义、真理、人文而斗争而受苦者那样的正直人之前，你不可能认识和找到基督。这两种说法同样是吊诡的、原本不可能的。但是它们都说明了局面。基督属于恶人和善人，他属于仅仅作为罪人的他们，亦即脱离本源而处在他们的恶以及他们的善中的人。基督呼唤他们返回本源，使他们不再是恶的和善的，而是经称义和圣化的罪人。在这最后一句话里，善人和恶人在基督面前是一回事，所有的时代的区别在基督面前都被扬弃。在我们讲这最后一句话之前，我们不得避开这个问题，它是我们自己的经验和时代向我们提出的，那就是：善人找到基督，这意味着什么？换言之，耶稣基督同善人以及同善行的关系是怎样的？

教会，在它以经文为根据的情况下，一再思考耶稣基督同恶人和恶行的关系。这个问题曾经在改革教会中占统治地位，在此说

出具有《新约》的深度和丰富性的福音话语,乃是宗教改革(Refor- 66
mation)的关键性认识之一。与此相反,善人同基督的关系这个 (164)
问题却令人奇怪地从未触及过。在此,善人要么是对其恶行深信不疑的法利赛人和伪善者,要么是弃恶皈依基督者和基督使之能行善者。善行相应地要求是异教徒的 splendidum vitium(辉煌的错误),要么是圣灵之果实。耶稣基督同善人的关系这个问题自然尚未穷尽,确切地说,由于疏忽了这个问题,福音仅仅成为对酗酒者、通奸者和各类罪恶之徒的皈依呼声和罪孽安慰,福音失去了它对善人的力量。关于善人皈依耶稣,大家说不出什么来。*

假如我们不得不重新提出这个问题并给出有新意的思考,那么,我们必须事先说明,在这里我们首先要在其最广的范围内理解善的概念,即同罪恶之徒、无视律法者、丑恶者相对立的善,同公开践踏道德律法相对立的善,同税吏和娼妓相对立的善,在这种情况下,善的领域包括各种不同的层次,从纯外部的对秩序的维护,直到内心深处的自我检验和性格形成,直到为最高人类价值而作出的个人的自我牺牲。完全有必要反对那种市民的心满意足,即简 67
单地认为善是基督教信仰的初级阶段,从善上升到基督教信仰或 (165)
多或少是可以不间断地完成的。然而,这种反抗——对|舒舒服服地歪曲福音书的抗议,在19世纪个别地,随后尤其在最近的20年里,以很大的热情,向我们宣讲了一种同样危险的、在相反的意义上的对福音书的曲解。为恶辩护取代为善辩护;热衷于将非市民

* A. Schlatter 的最大功绩之一就是一再提出这一问题,而不是他所提供的各种解答;但他在这一点上始终未被理解,而且只能如此。

性（das Unbürgerliche）的、违反秩序的、混乱的、无政府主义的和灾难性的东西理想化，以此取代对市民性（das Bürgerliche）理想化；耶稣对那罪孽深重的女子、对那行淫的妇人、对税吏的宽宥性的爱，被歪曲成一种——出于心理学上或政治上的动机的——基督对非市民的“边缘存在”（Randexistenzen）、卖淫者以及叛国者的认可。罪人的福音书（在此事关它的威力）已经变成了（这并非人之所愿）罪孽推荐书。而善——在其市民的意义上——却遭嘲笑。* |

* 在一张做准备的字条上的记录：“凭感觉大致如此，善的市民也对上帝谦卑，但罪恶之徒活着确实只由于恩典。”本章没有继续写下去。

三　作为塑造的伦理学

理论伦理学家和实在 68

也许很少有一代人像我们这代人似的对任何理论伦理学和系统伦理学如此漠不关心。一种伦理体系的学术问题似乎是所有的问题中纯属多余的问题。其原因并不在于我们这个时代伦理的冷漠(ethische Indifferenz)。恰恰相反,在于一种困境。由于大量具体的伦理学问题这个现实,造成了迄今为止西方历史上从未有过的困境。以前现存生活秩序稳固时,至多只允许人的软弱所犯的微不足道的、多半是未被揭发的罪孽,罪犯被当成不正当者,在社会上惊愕或同情的目光前移走,在这样的时代,伦理学就会是一个有趣的理论问题。

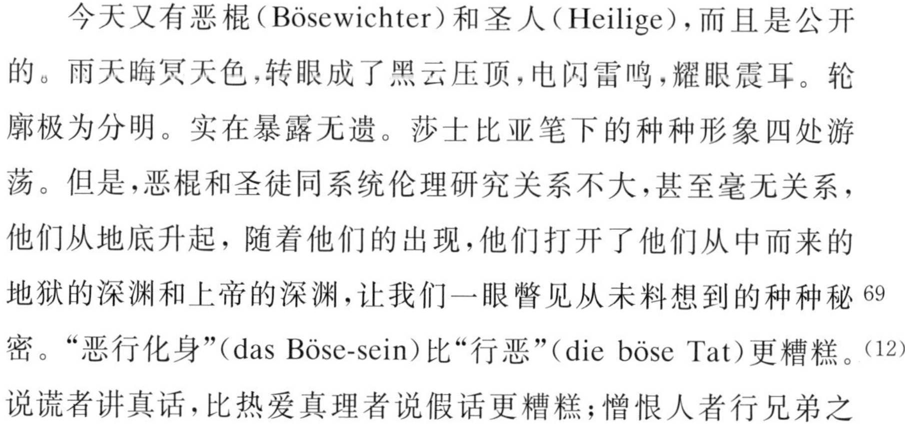

今天又有恶棍(Bösewichter)和圣人(Heilige),而且是公开的。雨天晦冥天色,转眼成了黑云压顶,电闪雷鸣,耀眼震耳。轮廓极为分明。实在暴露无遗。莎士比亚笔下的种种形象四处游荡。但是,恶棍和圣徒同系统伦理研究关系不大,甚至毫无关系,他们从地底升起,随着他们的出现,他们打开了他们从中而来的地狱的深渊和上帝的深渊,让我们一眼瞥见从未料想到的种种秘 69
密。“恶行化身”(das Böse-sein)比“行恶”(die böse Tat)更糟糕。[12]
说谎者讲真话,比热爱真理者说假话更糟糕;憎恨人者行兄弟之爱，比热爱人者暂时被憎恨所控制更糟糕。谎言总比说谎者嘴里的真话要好，憎恨总比敌视人类者所行的兄弟之爱要好。所以，并非这一种罪如同另一种罪。各种罪有不同分量。有较重的和较轻的罪。背离比堕落重不知多少。与忠诚者最暗淡的弱点相比，背离者最光辉的德行也漆黑如夜。

恶以光、善行、忠诚、革新的形象出现，恶以历史必然、社会正义的形象出现，那么，直截了当地说，这就是证明其深不可测之邪恶的明确旁证。但是，道德理论家却因此而变得盲目。靠先前所掌握的概念，他没有能力抓住实在，更谈不上认真对待其本质和力量是他根本不认识的实在了。致力于一份伦理纲领的人必定毫无意义地耗费他的精力，甚至殉道于他的事业也不是力量的源泉，于恶人也不是一种威胁。十分奇怪的是，不仅伦理学理论家和纲领设计者认不准对手是谁，就连恶人自己也几乎不认识他的对手。每一方都落入了对方的圈套。不是狡诈，也不是识破诡计，而唯有老老实实地站在上帝的真理中，唯有注视上帝的真理而变得单纯而聪明的眼睛，才会有对伦理实在的体验和知识。

令人震惊的是有理性的人(die Vernünftigen)的无能为力，他们既没有能力看到邪恶的深渊，也没有能力看到神圣的深渊。他
70 们怀着最善良的意愿，自以为能够借助一点儿理性，把解体的木骨
(13) 架重新接合。他们视力不济，却还想公道地对待双方，结果在猛烈相接的两股暴力之间被碾碎，落得一事无成。他们心酸失望，怨世界没有理性，自认注定一无所获，悲观绝望地退到一边，或者意志薄弱地受强者摆布。

更令人震惊的是伦理狂热(Fanatismus)的一切作为的失败。

狂热者以为凭借他们的意愿和原则的纯洁可以同恶势力对抗。但由于狂热的本质,就在于它看不到恶的整体,像公牛似的朝红布而不是朝手执红布的人撞去,结果必定精疲力竭而倒毙。狂热者认错了目标。就算他的狂热服务于真理或正义的崇高使命,他也迟早会被非本质的、微不足道的事情所纠缠,跌进更狡猾的对手的网里。

有良知的人独自抵抗着要求他作出抉择的困境的压倒性力量。他必须在冲突中作出抉择,除了他独有的良知,再没有别的忠告与支撑,但是,冲突的规模把他撕成碎片。无数合礼仪和诱骗性的伪装和面具,|逼近他的恶披戴的这些伪装和面具,使他的良知胆怯害怕,不知所措,直到最后他不是以问心无愧而是以心安理得为满足,直到为了不致绝望而用谎言欺骗自己的良知;因为与被欺骗的良知相比,内疚可能是较有益和较有力的,这一点,以他的良知为唯一支撑的人是无法理解的。

可能作出的抉择有一大堆,要走出这种杂乱状况却似乎有一 71
条可靠的道路,即义务的道路(Weg der Pflicht)。选定受命去做 (13)
的事,把它当作最有把握的事。对命令所负的责任,是由下命令的人,而不是由执行命令的人来承担的。局限于尽义务的人,永远不会有胆量自由地做出自行负责的行为来,而唯独这种行为才能击中恶的要害并克服之。恪守义务的人最后必将面对魔鬼却还在尽义务。

若是有人以自己的本己自由(eigenster Freiheit)在人世勇敢地战斗,若是他把必要的行为看得比他自己的良知和名声的不被玷污更重,若是他准备为有成果的妥协牺牲没有成果的原则或者为有成果的激进主义牺牲无成果的中庸之道(via media)的,那他就该明白,他自以为的自由最终只能证明他的彻底失败。为了避免更坏的事,他会轻易地同意一件坏事,而且明明知道这是一件坏事。这时,他再也认识不到,他想要避免的更坏的事,恰恰会是更好的事。悲剧的潜在主题就在于此。

在逃避公众的争论的途中,一些人逃到某种私人品德(private Tugendhaftigkeit)的避难所。他不偷窃,不杀人,不通奸,尽力行善。但在他自愿放弃公众时,他懂得严格遵守允许的、使他不接触冲突的界限。所以,面对周围的不义,他必须闭目塞听。他只能以自我欺骗为代价,维持他个人的无可指摘,避免由于在人世
72 负责任的行为而被玷污。不论他做了什么事,他没有做的事会让
(14) 他过不安稳。他或者由于这种不安而毁灭,或者成为所有的法利赛人中最虚伪的一个。

有谁可以指摘这样的失败和挫折呢?谁知道自己不会正好也是这样呢?理性、道德狂热、良知、义务、自由地负责|任、私人品德,都是高贵人性的财富与品行。这是最优秀的人,他们就这样带着他们所能的和所属的一切而毁灭。这使人想起堂吉诃德(Don Quijote)的不朽形象,这个骑士神形悲哀,把剃须盆当头盔,把驽马当战骑,为他那心仪爱慕却子虚乌有的贵妇而奋战不息。旧世界反对新世界、既往的世界反对强大的日常事物,这类冒险行动便是如此。这部伟大小说的第二部比第一部晚许多年。在第二部里,小说家站在嘲笑着的鄙俗世界一边反对他的英雄,这两部分之间很深的断裂在这种情况下是极为典型的。我们的父辈用他们的武器完成过大事业,这些武器由我们所继承,但已经不再适用于当

前的斗争，辱骂这些武器未免也太廉价了。只有庸常之人才会读到堂吉诃德的命运时既不激动也不同情。

然而，现在该把锈蚀的兵器换成利刃。只有能把单纯与机智互相结合的人才能坚持。但是，什么是单纯？什么是机智？两者又如何合而为一？在所有的概念被颠倒、混淆和歪曲的情况下，谁唯独注视着上帝纯朴的真理，谁不是一个散播之言（α'νήρ δiψνχoS)，一个心怀二意的人（雅 1：8），而是一心一意的人，谁就是单纯的。他知道上帝并且上帝是他的上帝，因此他依赖诫命、审判以及每日更新地从上帝的口中传来的怜悯。不是被规则所束缚，而是受对上帝的爱所约束，他成为自由的，摆脱了伦理决断的难题 73
和冲突，这些难题和冲突不再困扰他。他只属于上帝和上帝的意 (15)
志。正因为他只凝视上帝，绝不斜觑世界，故而他能够自由而不带偏见地正视世界的实在。这样成为机智。谁看到实在自身，谁看到事物的深层，谁就是机智的。因此，唯有看到上帝中之实在的人才是机智的。对实在的认识同关于外部事件的知识不是一回事，而是看到事物的本质。博闻广识的人并不等于是最富机智的人，他反倒有只见杂多而无视本质的危险。但另一方面，关于某一表面上微不足道之细节的知识经常使人看到事物的深处。所以，机智的人试图|获得关于事件的尽可能多的知识，却不依赖于它。所谓机智就是认识事实当中的意义。机智的人知道实在对原则的有限的易感性；因为他知道，实在不是建筑在原则之上，而是寓于活生生的、创造着的上帝之中。所以他也知道，最纯的原则以及最好的意愿对现实也是无助的，而只有活的上帝有助于现实。原则只是上帝手中的工具，而且马上会被认为无用而抛掉。自由地凝视

着上帝,以及那只依赖上帝的实在,这就是将单纯和机智相结合。不存在没有机智的真正单纯,也不存在没有单纯的机智。

这听起来可能是非常理论性的;除非我们明了在哪一点上这
74 一态度在实在中有其根据并因此其自身能够成为真实的态度,否
(16) 则它也只能是理论性的。"灵巧*像蛇,驯良像鸽子。"(太 10:16)
是耶稣的一句话,因此同他的每一句话一样,只能由他本人来解释,在上帝和世界被割裂的情况下,没有一个人能够用未分离的目光专注上帝实在。不论作多少努力,他的目光总是烦乱地从一方游离至另一方。然而,有一个地点,在那里上帝和实在世界彼此和解,在那里上帝与人合一,因此,唯独因此,才有可能用同一目光凝视上帝和世界。这个地点不是在实在以外的观念世界里的某处,而是在历史中作为上帝的奇迹,它在与世界和解者耶稣基督里面。作为理想,单纯和机智的统一,同以自身的力量去反对实在的所有其他尝试一样,是注定要失败的。这是一种不可能的、极度矛盾的理想。但假如它基于某一世界的实在,这一世界在耶稣基督里面与上帝合一,则耶稣基督的诫命就获得了实在性和意义。谁注视耶稣基督,事实上谁就看到了合一的上帝和世界,谁也就不再能看到没有世界的上帝,不再能看到没有上帝的世界。

瞧这个人**

Ecce homo——瞧这个人!在他身上世界与上帝和好了。不

---

* "灵巧",原文 Klug,这里译作"机智"。——译注

** 和合本作:"你们看这个人"(约 19:5)。——译注

是通过瓦解，而是通过和好，世界被克服。不是理想、纲领，不是良知、义务、责任、德行，而唯独是上帝美轮美奂的爱有能力对待并克服实在。完成此事的，也不是一种普遍的爱的理念，而是曾实在地活在耶稣基督身上的上帝的爱。上帝对世界的这种爱并没有从 75
实在中撤回到远离世界的高贵灵魂中去，而是最严酷地体验和 (16)
承受着世界的实在。世界在耶稣基督的肉身上肆虐。但是，这位受酷刑者饶恕了世界的罪孽。和好就这样产生了。瞧这个人！

和好者、神人耶稣基督的形象来到上帝和世界之间，充实着全部历史的中心。在这一形象中，世界的秘密揭开了；在这一形象中，上帝的秘密显明了。由于它，世界跟上帝和解，任何恶的深渊都不可能再隐藏自身。但是，上帝之爱的深渊也涵容了世界对上帝的最深的不信。以一种超出一切理解之方式，上帝逆转了正义和虔敬的判断，宣告自己对世界负有罪责并从而消除了世界的罪；上帝自己走上受凌辱的和好之路并由此宣告世界无罪；上帝愿意为我们的过犯承担责任，上帝也就承受了过犯带给我们的惩罚和痛苦。上帝以他自己回答了不信，以爱回答了恨，以圣徒回答了罪人。这样就不再有不信、不再有恨，也不再有上帝自己不承担、不为之受苦、不赎回的罪。这样就不再有没有同上帝和好、没有平安的实在、世界。上帝在他的爱子耶稣基督中行了此事。瞧这个人！

鄙视人类者

Ecce homo！——瞧这个变成了人*的上帝，瞧上帝对世界之
76 爱的深不可测的秘密。上帝爱人。上帝爱世界。爱的不是理想的
(17) 人，而是真实的人；不是理想世界，而是真实的世界。人因其悖神使我们感到厌恶，我们怀着痛苦和敌意遁离世界，而这真实的人，真实的世界，这对于上帝来说却是他的深不可测的爱的原因，上帝与之最密切地结合。上帝变成人，真|实的人。当我们致力于超越我们的人性，把人甩在身后时，上帝则变成了人；而我们必须认识到，上帝则愿意我们也是人，也是真实的人。当我们在区分虔诚的人和不信上帝的人、善人和恶人、高贵的人和庸常的人的时候，毫无分别地爱着真实的人。上帝不容忍我们按照我们的尺度区分人并且以审判人的法官自居。上帝自己变成真实的人，变成罪人的知己，上帝以此迫使我们成为审判上帝的法官，这样上帝就证明了我们的荒谬(ad absurdum)。上帝站在真实的人和真实世界的一边反对所有控告他们的人。上帝让自己同人、同世界一起被控告，从而使审判上帝的法官成为被告。

但是，说上帝接受人是不够的。这句话基于一句要深刻不知几何，其意义更难以参透的话，即：上帝在耶稣基督的受胎和诞生中亲身接纳了人类。上帝作为人进入人的生命，上帝亲身接受和怀有人的天性、性格、过错和痛苦；这样上帝被使他对人的爱免受

---

* 变成人(Menshgewordenen)，“索引·主题”改写成 Inkarnation(道成肉身)。——译注

任何"不真实"、"可疑"、"不确定"之类的指摘。出于对人的爱，上
帝成为人。上帝不替自己寻找最完善的人，从而同他结合，上帝接
受真实的人的性格。耶稣基督不是高等人类的神化，而是上帝对 77
真实的人的肯定；不是审判者无情的肯定，而是同情者有怜悯心的 (18)
肯定。在这个肯定中，整个生命和世界的全部希望被决定。在耶
稣基督这个人里面，关于整个人类的判决被作出，仍旧不是审判者
作出的无情的判决，而是自始至终遭受并承担整个人类本身的命
运者所作出的有怜悯心的判决。耶稣不是一个人，而是人。在他
身上发生的事，发生在人身上，发生在所有的人身上，因此也发生
在我们身上。耶稣之名包容整个人类和整个上帝。

上帝变成人的消息击中了一个时代的要害，在这个时代里，无论在恶人中间还是在善人中间，蔑视人或者把人偶像化乃是智慧的最高结论。人性的弱点在暴风雨中比在宁静时代的静止河流中暴露得更加清|晰。在绝大多数人身上，面对始料不及的威胁和机会，惧怕、贪欲、依赖、残忍证明了自己乃是他们的行为的动机。暴君式的鄙视人类者在这样的时刻会轻易地利用人心的卑劣鄙俗，他培育它，给它另一种名称：他把惧怕称作负责，把贪欲称作上进，把依赖称作团结，把残忍称作主人翁精神。由于他向人的弱点调情，人心的卑劣鄙俗就不断产生并且增多。在保证人类之爱的最神圣的誓言下，最低劣的对人类的蔑视干着它的见不得人的勾当。鄙俗之人越是卑劣，他就越加心甘情愿、越加俯首帖耳地成为暴君们(Tyrannen)手中的工具。为数甚少的正直的人遭诽谤。他们
的勇敢行为被叫作暴乱，他们的自制被叫作伪善，他们的自立被叫 78
作专横，他们的主人翁感被叫作傲慢。在暴君式的蔑视人类者的 (19)

心目中，流行乃是最高人类之爱的标志。他对所有人都心怀疑虑，却将这种深深的不信任感隐藏在剽窃来的真正團体的言词背后。他在群众面前宣称自己是他们中间的一员，同时，他怀着令人倒足胃口的虚荣心自吹自擂，蔑视任何个人的权利。他把人看成都是愚蠢的，于是他们就变得愚蠢了，他把他们看成都是弱者，于是他们就变成弱者了。他把他们看成罪犯，他们就变成罪犯了。他的最神圣的严肃态度乃是无耻的赌博，他像老实人似的明确保证的关怀乃是最厚颜无耻的犬儒主义（Zynismus）。他越是怀着对人类的极大蔑视，寻求被他蔑视者的恩宠，就越有把握唤起群众对他个人的神化。蔑视人和把人偶像化是互相依傍的。但是善人，看透了这一切、感到厌恶而退出人群、自顾自宁愿离群索居也不愿在公众生活中同流合污的善人，却也像恶人一样经不起蔑视人类这种相同的诱惑。善人对人类的蔑视虽说是比较高尚的，比较真诚的，但也是没有结果的，无所作为的。在变成人的上帝的脸上，既没有暴君式的蔑视，也没有善人式的蔑视。蔑视人类者蔑视上帝之所爱，是的，他蔑视变成为人的上帝本身的形象。

但也有一种用心真诚的人类之爱不亚于对人类的蔑视。它的依据是人|按照沉睡在他心中的价值，按照他内心深处的健康、明智和善所作的判断。这种人类之爱多半产生于安定的时代。但在
79 大危机中，这些价值有时也会突然发出光亮，成为用意真诚却只能
(19) 勉强做到的人类之爱的原因。借助强迫产生的纵容，恶行被解成善举、鄙俗被忽略，该受谴责之事得到原谅。出于某些原因，大家不敢明白无误地说出个“不”字，末了，大家就什么都赞成。大家喜爱自己制造的人的形象，它同实在的形象几乎没有相似之处。这

样一来，大家最后又蔑视真实的人，即上帝喜爱并接受了其本性的人。

认识这个真实的人并且不蔑视他，这一点唯有通过上帝变成人才有可能做到。这个真实的人，可以活在上帝的面前，我们也可以让我们身边的这个真实的人活在上帝的面前，不蔑视他，也不把他神化。并不是说这本身就是一种价值，而仅仅是由于上帝喜爱并接受了这个真实的人。上帝对人之爱，其原因不在于人，而唯独在于上帝本身。我们可以作为真实的人而活着，可以爱我们身边的这个真实的人，其原因也唯独在于上帝变成人，在于上帝对人的深不可测的爱。

有成就者

瞧这个人！——看这个被上帝判决的人！这个悲惨和痛苦的
形象。同世界和好者看上去就是这样的。人类的过犯落到他身
上，人类把他推向上帝审判下的耻辱和死亡。对上帝来说，同世界
和好的代价是如此昂贵。唯有上帝开庭审判自己，上帝与世界之
间、人与人之间才能有和平。但是，这种审判的秘密，这种受苦和
死亡的秘密，乃是上帝对世界之爱，上帝对人之爱。基督所遭遇 80
的，是所有的人在基督之中遭遇的。人唯独作为被上帝判决的人
才能生活在上帝的面前，唯独被钉上十字架的人与上帝共处于和
平之中。人在被钉上十字架的人的形象中认识到并找到自身。被
上帝接受、在十字架上被处死并得到和好，这是人类的实在。|

被处死并被钉上十字架的人的形象，对于这样一个世界而言，始终是陌生的，充其量是值得同情的，在这个世界里，成就是衡量一切事物的尺度，又是一切事物的合理性的证明。这个世界愿意、也必定被成就制服。决定性的不是思想或者意向，而是作为。唯独成就(Erfolg)证明已经发生的不合理的事情为合理。过错在成就中像创伤一般愈合。指摘有成就的人犯下有背道义的过失，是没有意义的。指摘他的人始终停留在既往之事上，而在此期间，有成就的人则不断前进，做成了一件又一件的事，赢得了未来，使既往之事永远成为往事。有成就的人造成永远不可挽回的既成事实。他所破坏的东西，永远不能恢复。他所建设的东西，到了下一代至少就有可传承的权利了。任何控告都不能弥补有成就的人一路上所犯的过错。在时间的流程中，控告之声沉寂，而成就犹存并且决定着历史的进程。与历史的主角相比，历史的审判者扮演着一个悲哀的角色。历史粗暴地对待他们。任何尘世势力都不可能像历史似的如此坦诚，如此不言而喻地使这一论点为己所用，即目的(Zweck)使手段(Mittel)神圣化。

以上所述，只涉及事实，尚未涉及评价。人和时代对待这些事实的方式有三种。

81 在一个有成就的人的形象赫然凸现的地方，大多数人陷入对
(21) 成就的偶像崇拜。他们变成盲目，分不清正确与错误，分不清真话与谎言，分不清体面与下流。他们只看到作为和成就。面对有成就的人的光辉，面对分得一份成功的要求，他们伦理上和智力上的判断能力变迟钝了。他们甚至认为成就能愈合过犯的伤口，这是因为他们已认识不到过犯。成就干脆就等于善。这种态度唯独当他们处在中毒麻痹的状态中时才是真实的和可以原谅的。他们一旦清醒过来，就只能借内心深处的谎言、借有意识的自我欺骗来维

持这种态度。其结果便是内心的堕落,而且是难以救药的。

另一种人是这样对待成就即善这一论点的:他注意到持久的成就的条件,即只有善事是有成就的。这种人面对成就还保持着判断能力,在这种人的心目中,合理的就是合理的,错误的就是|错误的。这种人在紧要关头并没有闭上一只眼睛,等到事情发生以后再睁开。这种人有意识或者无意识地认识到一条世界规律,即从长远的目光看来,正义、真理和秩序比暴行、谎言和专横更能持久。尽管如此,这种乐观主义的论点还是导向谬误:要么为了证明恶事是没有成就可言的,便不得不伪造历史事实,由此很快又回到相反的论点,即成就便是善事;要么这种人连同他的乐观主义一起在事实面前失败,末了,对历史上所有的成就一概加以诋毁。

于是乎,所有的成就都是恶的,这就成了历史的起诉人的永恒
悲叹。对已经发生的事情进行无结果的、伪善的批评的人,永远不 82
会面对现实,不会行动,不会取得成就,反倒并且认为这正说明了 (22)
有成就者恶劣卑鄙。这种人无意之中也把成就当成了衡量一切事物的尺度——尽管是负面的尺度,而假如成就是衡量一切事物的尺度,那它到底是正面的还是负面的,就没有本质上的区别了。

被钉上十字架的人的形象,使各种各样以成就为尺度的想法失效;因为这些想法乃是否认永恒正义。无论是有成就者的胜利,还是失败者对有成就者的怨恨,归根到底都不能战胜世界。耶稣肯定不是历史上有成就者的辩护律师,但他也不会领导失败者起而反抗有成就者。就他而言,关键并不在于有无成就,而在于自愿接受上帝的审判。唯独在审判中方有与上帝的和解以及人之间的和解。为反对所有围绕着成就和失败的想法,基督举出了被上帝

判决的人，包括有成就的人和失败的人。正是出于纯粹的爱，上帝才愿意人站立在他面前，正因为如此，上帝才判决人。这是赐恩的判决，上帝在基督中把恩典带给人。上帝在基督的十字架中向有成就者证实了痛苦、卑贱、失败、贫困、孤独、绝望的神圣化。并不是说，这一切似乎本身具有某种价值。但是，这一切通过上帝的爱受领其祝圣，上帝的爱作为判决接纳这一切。上帝对十字架的肯定就是对有成就者的审判。但是，没有成就的人也必须认识到，让他存在于上帝之前，不是由于他一事无成，也不是由于他的
83 贱民地位|，而仅仅由于他接受上帝之爱的判决。恰恰是基督的十
(22) 字架，也就是他在此世的失败，又造成他在历史中的成就，此乃神圣宇宙秩序的一个奥秘，从这个奥秘中推导不出任何规律来，虽然在其教会的苦难中一再地重复着。

人类唯独在基督的十字架中，即是说，作为被处决者，才能获得其真实的形象。

死亡的偶像化

瞧这个人！——看这被上帝接受、被上帝判决，又被上帝唤醒新生命的人，看这个复活的人！上帝对人的肯定经过审判和死亡，又超越了审判和死，找到了它的目标。上帝对人的爱比死亡更强烈。一个新人，一个新生命，一个新的造物，由上帝的奇迹所创造。“生命包含着胜利，生命战胜了死亡。”上帝的爱成为死亡之死和人之生。在耶稣基督身上，在变成人者、被钉上十字架者和复活者身上，人类更新了。基督身上发生的事，也发生在所有的人身上，因为他是人。新人被创造了。

基督复活的神迹彻底否定了在我们中间盛行的死亡之偶像化。何处死亡就是终了，何处对死亡的畏惧便同抗拒联手。何处死亡就是终了，何处尘世生活等于保有一切或一切化为乌有。为尘世的永恒而进行反抗同轻率地拿生活进行赌博是一回事，竭尽全力肯定生命同无所谓地蔑视生命是一回事。再没有别的比以下情况更清楚地透露死亡之偶像化了，有一个时代要求被建成永恒的，而在这个时代里，生活却毫无价值；有人侈谈什么新人、新世界
以及应该开创的新社会，而这新的一切仅仅在于毁灭现在的生活。84
对尘世生活的这种极端的肯定与否定表明，只有死亡才是有价值 (23)
的。贪婪地攫取一切或者抛弃一切，便是狂热地信仰死亡者的态度。

只要人们认识到死亡的权力被粉碎，只要复活与新生命的奇迹之光射入|死亡的世界之中，人们就不向生命要求永恒，而是接受生命所给予的，不是要求保有一切或者归于乌有，而是接受善的与恶的，重要的和不重要的，欢乐与痛苦；人们就不再拼命挣扎着紧攥住生命，但也不轻率地抛弃生命；人们就满足于有限的时间并且不认定尘世事物是永恒的，就让死亡拥有它所拥有的有限的权利。人们所期待的新人和新世界，唯独来自死亡的彼岸，来自克服死亡的权力。

复活的基督自身中怀有新的人性，怀有上帝对新人的最辉煌的肯定。人类虽然还生活在旧生命中，但已经超越了旧生命。人类虽然还生活在死亡的世界中，但已经超越了死亡。人类虽然还生活在罪孽的世界中，但已经超越了罪孽。黑夜还没有过去，但是天色已经破晓。

被上帝接受、判决、唤醒新生命的人，就是耶稣基督。在耶稣基督中的是整个人类。这是我们自己。唯独耶稣基督的形象是直面世界并战胜世界的形象。对一个与上帝和好的新世界的任何一种塑造，都来自这一形象。

同形塑造

85 “塑造”(Gestaltung)这个词引起我们的猜疑。我们厌倦了基
(24) 督教的纲领，也厌倦了取代所谓教义基督教的所谓实践基督教的毫无思想内容的、肤浅的口号。我们业已看到，世界上的塑造力根本不是来自基督教，而所谓的实践基督教至少同所谓的教义基督教一样，在世界上已经失效了。故而对“塑造”一词的理解必须完全不同于我们对这个词的习惯的理解。事实上，《圣经》是在一种我们完全陌生的意义上谈到塑造的。不是首先指通过计划和纲领来塑造世界。在《圣经》谈到塑造时，它所关注的是一个改变克服了世界的形象，即耶稣基督的形象。只有从耶稣基督的形象出发的塑造。然而这种塑造也并不意味着把基督的教训或者所谓基督教的|原则直接运用于世界，并且按照这些原则来塑造世界。相反，塑造仅仅意味着被拉进耶稣基督的形象中，是塑造与道成肉身、被钉上十字架又复活的人的唯一形象相同的形象。

要做到这种同形塑造，并不是如我们通常所解释的那样，应当努力“变成与耶稣相似”。而是耶稣基督的形象从自身出发对我们施加影响，按其自身铸成我们的形象(加 4:19)。基督始终是唯一的塑造者。不是基督徒凭借他们的观念塑造世界，而是基督把人塑造成与他相同的形象。如果把基督基本上理解成虔诚与善良生

活的教师，那也就没有认清基督的形象，同样，如果把对人的塑造
仅仅看成指点人去过虔诚和善良的生活，那也就错误地理解了对 86
人的塑造。基督是道成肉身、被钉上十字架又复活的人，这已为基 (25)
督徒所宣信。转变成他的形象（林后 3:18；腓 3:10；罗 8:29，
12:2），就是《圣经》所说的塑造的含义。

被塑造成与道成肉身者相同的形象——亦即真实的人，应该成为人，这是人的权利与义务。任何超人精神，任何拔高人的努力，任何英雄主义，任何半神本质，所有这些都不是人所应当关注的，因为这些都不真实。这个真实的人既不是蔑视的对象，也不是神化的对象，而是上帝之爱的对象。虚假的千篇一律，强制人服从一种理想、一种类型、一种特定的人的图像，都不会损害上帝造物的丰富的多样性。这个现实的人可以自由地作为他的造物主的造物而存在。被塑造成与道成肉身者相同的形象意味着，这个人可以同现实中的一般人一样；假象、伪善、痉挛、强迫，与一般不同之处、比一般人更好之处，比一般人更合乎理想之处，均被抛弃。上帝爱这真实的人。上帝曾经变成真实的人。

被塑造成与被钉上十字架的人相同的形象——亦即被上帝判
决的人，这个人必须每日随时携带上帝的死亡判决书，他为了罪孽
的缘故必须死在上帝的面前。他用他的生命证实，任何东西都不
可能在上帝的面前持久存在，除非在判决及恩典中。这个人每天
死于|罪人之死。他忍辱负重，肉体和灵魂上带着罪孽给他留下的
伤疤和创痕。他不能拔高自己而超过任何其他人，他也不能使自
己成为他人的楷模。因为他认识到自己是所有罪人之中最大的罪 87
人。他可以赦免他人的罪，却永远不能赦免自己的罪。他承受着 (25)

加在他身上的所有的苦难，并且认识到，这有助于他凭着他自己的意志去死，并承认上帝对自己的审判是合理的。唯独由于他把审判和反对自身的权利给予上帝，故而在上帝的眼中他是义人。哈尔特曼(K. F. Harttmann)说："大师在受苦中把他的普遍适用的肖像铸入人心，铸入精神。"

被塑造成与复活的人相同的形象——亦即在上帝的面前的一个新人。在死亡中他是有生命的，在罪孽中他是正义的，在陈旧之中他是新的。他的秘密始终隐藏着不让世界知道。他活着，因为基督活着，而且唯独活在基督之中。"因我活着就是基督"(腓1:21)。只要基督的荣耀隐藏着，他的新生命的荣耀"与基督一同藏在上帝里面"(西3:3)。但是，求知者已经隐约见到了未来的人的闪光。新人同任何其他的人一样活在世界上；他往往同其他的人只是略有差异。他的目标不是突出自身，而是为了他的兄弟们的缘故而突出基督。虽然他已转变成复活者的形象，但他只带着十字架和审判的标志。由于他心甘情愿带着这个标志，故而他表明自己是已经接纳圣灵并且在无可比拟的爱与团契中同耶稣基督合一的人。

耶稣基督的形象获得了在人里面的形象。人获得的不是自己的、独立的形象，给予他形象的和在新形象中得到的，始终只是耶稣基督的形象本身。所以，这不是模仿也不是重复耶稣基督的形象，而是耶稣基督自己的形象在人身上获得形象。同样，人也不是
88 被重新塑造成一种他异己于生的形象、上帝的形象，而是被重新塑
(26) 造成他自己的、从属于他的、本质上适合于他的形象。这个人变成人，因为上帝曾经变成人。但是人没有变成上帝。所以，不是人过

去和现在能够完成他的形象的转变，而是上帝把他的形象转变成人的形象，从而人虽然没有变成上帝，但是变成了上帝面前的人。

在基督里面人的形象在上帝面前重新被创造。人类认识到自己的图像和希望，这并非事关地点、时间、气候、种族、个人、社会、宗教或者趣味，而是事关人类的生命。在基督身上发生过的事情，在人类身上也发生了，人类中只有一部分人认识到他们的救主的形象，这是一种秘密，对这个秘密是没有任何说明的。道成肉身者要求在所有的人身上获得形象，他的要求至今仍未得到满足。在他身上承负着全部人类的形象，但至今他只能在一小群人身上获得形象：此乃他的教会。

因此，“塑造”之谓，首先是耶稣基督在他的教会中获得形象。在这里获得形象的，乃是耶稣基督的形象本身。《新约》深刻和明确地描述了此事，把教会称作基督的肉身。肉身即形象。所以，教会不是崇敬基督者的一个宗教团体（Religionsgemeinschaft），而是在众人中间变成形象的基督。但是，基督的肉身可以叫做教会，因为这个人以及所有的人确实被接纳在耶稣基督的肉身里。教会因而具有事实上适合于全人类的形象。塑造这个形象时所按照的图像，是人类的图像。在这个形象中所发生的事，对于所有的人是示范性和替代性的。有一点说得再多也不会过分，那就是即使教会 89
也不是同耶稣基督的形象并列的一个独特的、自立的形象，也不是 (27)
同耶稣基督并列的一个独特的、自主的性格，不可以拥有本身的称号、权威和尊严。教会无非是人类的一部分，基督在这一部分人中确实获得了形象。这完全关系到耶稣基督的形象而不是除它之外的任何形象。教会就是在道成肉身、被判决、被唤醒获得新生命的在基督里面的人。教会首先同所谓人的宗教功能毫不相涉，而是同生存在世界中的整个人连同他的所有的关系有关。在教会中，事关基督的形象以及它在一群人中变成形象，而不是宗教。只要我们稍稍背离这种见解，我们就会不可避免地跌回到我们由之出发的那种伦理学的和宗教的世界塑造的纲领(Programmatik)上去。

我们已经认识到：在基督教的和伦理学的思考中，始终只能着眼于形象来谈塑造。塑造不是以某种方式脱离这个形象而独立的过程或者状态。只有从耶稣基督这个形象到耶稣基督这个形象的这一种塑|造。基督教伦理学的出发点是基督的肉身，是在教会的形象中的基督的形象，是按照基督的形象塑造教会。仅仅由于在教会中所发生之事实际上适用于全人类，塑造这个概念才——间接地——获得了它对全人类的意义。但仍旧不是把教会视为世界的所谓典范，而只能这样谈到塑造和世界，即谈到人类时指的是人类真正的形象，指应属于它、它已经接纳却不理解也不接受的
90 形象，也就是指应属于人类的耶稣基督的形象，人类就这样地——
(28) 在某种程度上是先行一步地——被纳入教会。于是，这意味着即便在谈到塑造世界的地方，也仅仅意指耶稣基督的形象。

基督的形象在任何时代和任何地方都是同一的。基督的教会也是世世代代同一的。然而基督不是据以塑造世界的原则。基督不是一种制度的宣告者，似乎这种制度今天、在这里、在任何时代都是好的。基督不教给人无论如何都得贯彻的抽象的伦理学。基督本质上不是教师、立法者，而是人，同我们一样的真实的人。因此基督也不要求我们是我们时代里的某一特定学说的门徒、代表和捍卫者，而只要求我们是上帝面前的人、真实的人。基督并不像

伦理学家那样爱某一关于善的学说,他爱的乃是真实的人。他从不像哲学家那样对“普遍有效者”感兴趣,而只对服务于具体而真实的人的事物感兴趣。他不关心“行为准则”能否成为“普遍立法的原则”(康德),他关心的是他的行为现在能否帮助邻人成为上帝面前的人。这并不是说:上帝变成了一种理念、一种原则、一份纲领、一种普遍有效性、一条律法,而是上帝变成了人。这意味着,基督的形象(现在和今后肯定是同一的)要在真实的人身上、即是说以完全不同的方式获得形象。基督并不扬弃人的真实性以利于一种理念,这种理念的实现要求反对一切真实事物,基督恰恰使真实
性生效,他肯定真实性,甚至他本人就是真实的人并因而是任何人 91
的真实性的缘由。|所以,按照基督的形象来塑造包括两方面:基 (28)
督的形象始终是同一的,不是作为一个普遍理念,而是作为独一无二的形象,是道成肉身、被钉上十字架又复活的上帝,恰恰为了基督的形象的缘故,真实的人的形象始终被保持着,真实的人就这样地接纳基督的形象。

具体地点

因此,这要求我们离开任何一种抽象的伦理学,转而注意一种全然具体的伦理学。并非一劳永逸地是好的,才可讲和该讲,而应是在我们中间的耶稣基督此时此地获得形象。一劳永逸地说出什么是好的,这种尝试历来都由于它本身的原因而失败。这种陈述会变得一般化和形式化,以至于在内容上没有任何意义;要不就是,试图接受和加工所有可以想象的内容,从而预先说出任何可以想象的情况下什么是好的;这就陷入一种如此明显的决疑论(Kasuistik)，结果普遍有效性和具体性都得不到满足。具体的基督教伦理学同形式主义(Formalismus)和决疑论不相干。形式主义和决疑论从好的事物同真实事物的矛盾出发；与此相反，基督教伦理学的出发点乃是已经发生的世界同上帝以及耶稣基督这个人的和好，是上帝对真实的人的接纳。

我们中间的基督此时此地如何获得形象？换言之，我们如何被塑造成与基督的形象相同？这个问题本身还隐藏着更加困难的问题：何谓“我们中间”？何谓“此时”？何谓“此地”？如果不可能确定，什么对于任何时代(Zeit)和任何区域而言都是好的，那么，
92 对于哪些时代和哪些区域而言可以给予我们的疑问一个答复，这
(29) 本身还是个问题。一刻也不容怀疑，我们现在截取的每一段落，必须被理解为人类整体中的段落。在历史的任何一部分中的人，都是被接纳在基督之中的人。所以，关于这一段落所要说的一切，总是超出这一段落而指向整体。然而，我们还是必须回答这个问题：当我们要谈论通过基督的形象的塑造时，我们想到的是哪些时代和哪些区域。这首先|完全一般地涉及这样的时代与区域，我们与之有关系，我们有关于它们的经验，它们于我们而言乃是实在。这涉及这样的时代和区域，它们向我们提出具体问题，向我们提出任务，要我们承担责任。所以，“我们中间”、“此时”、“此地”都涉及我们的各种决断和遭遇的范围。毫无疑问，这个范围就个体而言是大小悬殊不一的，因此，可以认为，这些规定最后也可作宽泛而模糊的解释，以适应无拘无束的个体主义。与这种个体主义相反我们的历史客观地把我们置入一种特定的经验、责任和决断的关联之中，我们不靠抽象就不再能够从中脱身。不论我们各人知道

与否，我们实际上生活在这种关联之中。除此而外，这种关联的特
性是以完全特殊的方式加以说明的，亦即通过这一点，即直到我们
的时代，基督的形象是这种关联的被自觉地肯定和承认的基石。
所以，我们作为历史的人，在基督成为形象的过程中间已经处在由 93
基督所挑选的人类历史的一个段落中。在这个意义上，我们把西 (30)
方(Abendland)、把由基督的形象所统一的欧美各国人民的世界
理解为我们想要和必须说明的地区。把范围划得比较窄，例如局
限在德国，那就会使这个事实失败，即基督的形象是西方各国人民
的统一性，这些国家的人民中间没有一个能够单独存在或者仅仅
设想其单独存在。把范围划得太宽，就会忽略西方世界的独立这
一个充满奥秘的事实。

下文虽然不会阐述塑造西方世界形象的纲领，但会谈到基督的形象如何在这个西方世界里获得形象。既不是抽象地说，也不是按照决疑论去谈，而是必须具体地谈。必须坚持的是，不得有另一种形象跟耶稣基督的形象并列，因为只有耶稣基督是世界的克服者与和好者。唯独这个形象能够救助。所以，此时此地，在我们中间，关于这个形象获得形象所需具体地讲的一切，必须严格地限定在耶稣基督这个形象中。另一方面，就基督道成肉身而言，必须保证基督此时此地要在我们中间获得形象。|

因此，作为形象塑造的伦理学是冒风险的行为，既不是抽象地也不是按决疑论地，既不是纲领性地也不是纯思辨地来谈论在我们的世界里耶稣基督的形象变成形象。在此必须敢于作出具体的判断和决断。在此，决断和行为不再能被推给个人自己的良知，在此，有要求服从的具体的诫命和指示。

作为形象塑造的伦理学唯独以耶稣基督在他的教会中临在的
94 形象为基础才是可能的。教会是耶稣基督变成形象的宣告和发生
(30) 地点。基督教伦理学为这种宣告与发生服务。

遗产和衰败

只能在基督教的西方区域内谈论历史遗产。诚然，亚洲区域也有传统，而且比我们的传统古老得多。但是，这些传统都有着亚细亚生存的无时间性；即使在接受西方生存方式最为彻底的日本，历史也保持着神话性质。今日*日本宪法第一条规定了对天皇(Tenno)是日神后裔的信仰义务。同时间性意识相结合的、反对任何神话化的历史遗产概念，唯独在上帝在某一特定时间和地点进入历史，亦即在耶稣基督身上上帝道成肉身这件事——有意识或无意识地——决定思想的地方才有可能。在这里，历史未被神圣化而变得严肃。如在耶稣基督道成肉身和被钉十字架这件事上可察觉的那样，上帝对历史的肯定与否定把不可扬弃的无限紧张带入每一个歷史时刻。历史没有成为易逝的载体，由于耶稣基督的生与死，历史才成为有时间性的，恰恰在其时间性中历史是上帝
95 所肯定的历史。所以，什么是历史遗产这个问题，并非什么是过去
(31) 时代的永远有效的价值这个无时间性的问题。在这里，反倒是被
置入历史的人自己询问现在，于现在被上帝接纳进基督之时。|

对我们而言，列祖列宗并非应顶礼膜拜的祖先。对家谱学的兴趣极易转为神话化，《新约》(提前1:4)已经知道这一点。列祖

* 此文写于1940年。——原编者注

列宗是上帝进入历史的见证。一千九百年前耶稣基督出现这个无需再找根据的事实，引我们的目光回顾列祖列宗并唤醒什么是历史遗产这个问题。

历史上的耶稣基督是我们历史的连续性。耶稣基督曾是预告的以色列—犹太民族的弥赛亚，因此我们的列祖列宗的谱系应回溯到耶稣基督出现前的以色列民族。西方的历史按照上帝的意志同以色列民族密不可分，不仅在遗传学上，而且体现在真正的不间断的接触中。犹太人使基督问题保留着。犹太人是自由的上帝仁慈选择和上帝的愤怒拒绝的标志。“……可见上帝的恩慈和严厉”（罗 11:22）。把犹太人逐出西方必定导致驱逐基督，因为耶稣基督是犹太人（Jude）。

希腊—罗马时期以完全不同的和极为间接的方式属于我们的历史遗产。我们同我们自己的、基督以前的、民族的过去，又有着一种不同的关系。

古典时期同耶稣基督的出现有着双重的关系。它是这样的时
代，在其中，上帝的时代实现了，在其中，上帝变成人。它是这样的 96
世界，上帝在变成人的过程中接纳它，上帝利用它传播基督的消 (32)
息。使徒保罗援引他的罗马公民权（Bürgerrecht）并诉诸皇帝，这清楚地表明，罗马被利用来为基督服务。但同时，古典时期又是这样的时期，对它来说，十字架——上帝在场的最神圣的标志，是最大的耻辱和上帝远离的象征。古典时期带着它同基督的这种双重关系，带着它既接近基督又同基督发生冲突的特点，成为我们的历史遗产。

古典时期同基督教信仰的结合与同化的代表是罗马的遗产，

反对和敌视基督的代表是希腊的遗产。西欧各国人民，法兰西、荷兰、英格兰、意大利，在古典时期中主要寻找罗马的遗产，与此相反，德意志人同古典时期的关系主要由希腊|风（Griechentum）所决定。罗马天主教会把传统未被削弱的罗马的遗产带进我们的时代，随后的宗教改革则回溯希腊的源头。西欧各国人民同古典时期的关系是积极的和基础性的。古典文化成为坚实的生活形式，尤其在教育与政治方面，基督教元素则是其内容。法兰西、荷兰和英格兰的人文主义者致力于调和古典文化同基督教的关系。在德意志，那种对希腊文化的偏爱几乎使西欧的人文主义者（Humanisten）恼怒，在这种偏爱中可以强烈地感受到古典文化同基督教之间的紧张关系或曰决裂。在这里，从温克尔曼（Winkelmann）* 到尼采，回顾希腊的遗产时都有意识地反对基督教。同古典遗产的关系在德意志跟在西欧各国人民那里如此不同，其原因无疑在
97 于《福音书》通过德意志的宗教改革所找到的形象。只有在德意志
(33) 宗教改革的土壤上才能生长出尼采来。在这里，自然反对恩典的矛盾跟在罗马的遗产中可以找到的自然同恩典的和解形成尖锐对立。正是出于这一原因，尼采有望获得德国某种改教神学的赞许——于西欧各国而言，这一点殊难理解。

在西方，真正的古典的遗产唯独与基督有关。脱离了这种关系，古典文化就是博物馆里无时间性的东西。古典文化唯独通过基督才成为真正意义上的历史遗产。凡是在基督道成肉身在基督教的意识中占较为突出地位的地方，都在寻找古典文化同基督教

* 温克尔曼（1717—1768），德国艺术史家。——译注

的和解。凡是在基督的十字架主宰着基督教信息的地方，都在有力地强调基督同古典时期的决裂。基督既是道成肉身，又是被钉上十字架的，他希望人能认识到他两者兼是，因此，真正地接受古典时期的历史遗产仍旧是有待西方来完成的任务，在共同解决这一任务时，西欧各国人民和德意志人也会相互靠近。

与古典文化迥然不同，我们自己日耳曼的、前基督教的民族历史于我们不是一种历史遗产，而是一种持续的自我生长过程。其原因在于（但不应看得过分重），即自从同基督相遇之时起，才有德意志的——以及英格兰的、法兰西的——历史，而且是在罗马基督教世界之中。无论在英格兰还是在德意志，脱离作为教皇驻地的罗马，均未导致回归基督以前的自己的历史。在英格兰，罗马的遗 98
产甚至基本上完整无恙一直延续到今日。宗教改革的新教义未使 (33)
罗马的遗产有何变动。在德意志，同罗马决裂则损坏了历史上的罗马遗产的基础。即便如此，想用自己民族接受基督教之前的历史来取代罗马的遗产，也是匪夷所思的。其原因并不在于德意志人不负责任地遗忘自己的民族遗产，而是由于一个简单的事实，即并无真正的历史遗产存在。近来试图与贫乏的基督纪元之前的历史恢复接触，尝试是与历史的神话化携手并进的，但在西方的区域内这种历史再也无望持久了。所以，我们自己接受基督教之前的民族历史|对于我们来说尽管依旧是一种自然事实，一种民族性格，如果愿意的话，也可以说是种族，但它不是历史遗产，也不再有可能成为历史遗产。

我们自己的基督教往昔，其情况就大不相同。它是历史遗产，而且是西方的共同遗产。耶稣基督使西方成为一个历史的统一体。

重大的历史事件影响了整个西方。西方的统一(abendländische Einheit)不是一个理念,而是历史实在,其唯一基础就是基督。从此,重大的思想运动都属于整个西方。甚至西方的战争也以西方的统一为目标。它们不再是前基督教时代灭族和荡平的战争,而这类战争今天在亚洲地区依然是可能的。因此,在它们还是西方的战争的情况下,它们永远不会是全面战争。全面战争采用一切可以想到的、能为民族自保目标服务的手段。凡是为自己的事业服务的,都是正当的和可以允许的。西方的战争历来把战争手段区分
99 为允许的(erlaubte)和正当的,以及禁止的和犯罪的。根据对上帝
(34) 的公正的世界统治的信仰,有可能放弃诸如残杀无辜、折磨、勒索
等也许有效但违背基督教的手段。战争|始终像是祈求上帝的审判(Gottesgericht),而上帝的审判则是双方都自愿服从的。只是在基督教信仰丧失后,人才会不惜采用一切——包括犯罪的——手段,以暴力保证自己事业的成功。于是,在信奉基督教的各国人民间,以上帝的历史裁决下的统一为目标的骑士战争变成了全面毁灭战,在这样的战争中,凡是有助于自己事业的——包括犯罪——都被认为是正当的。在自己的事业中,敌人,不论全副武装的还是手无寸铁的统统成了罪犯。随着全面战争的出现,西方的统一才受到威胁。

由耶稣基督的形象而形成的西方的统一,是我们从我们的早期历史接受来的遗产。教皇和皇帝为塑造这种统一而争斗。耶稣基督无可争辩地是高居双方之上的最后的统一。在教皇职权(Papsttum)这方面,最高的基督教权威,基督在尘世的代表,也要求拥有最高的政治实力,旨在建立尘世的基督国度(Reich)。皇帝

的职权也从他的最高的政治权威中同时派生出对最高的基督教全权的要求。西方统一的形象，对于教皇来说是罗马教会，对于皇帝来说是帝国。皇帝和教皇都不打算推翻另一方，他们相互争斗又共同努力，争取教会与帝国的统一，争取西方在信仰中以及在政治形象中的统一。就他们的最深的要求而言，他们只可能一起胜 100
利或者一起失败。西方的信仰分裂(Glaubensspaltung)也瓦解了 (35)
帝权。Corpus christianum(基督教世界)，由皇帝和教皇受耶稣基督委托所治理维系的基督教的西方历史秩序，随着宗教改革而瓦解。中世纪的遗产以罗马教会的形象一直延伸到我们的时代。但是罗马教会是教皇制，恰恰在德意志内部颓败的时期，它[教会]以一种高贵的抗议形式，庄严地宣告了这一真理。它以不容你充耳不闻的声调宣告道：只有一个教会，只有一种信仰，基督教世界需要一位有形的首脑，需要一位最高的牧人，引领基督教世界，以慈父般的关怀照料信徒。只要还有教皇制，也就不会停止思念失去了的西方帝国即基督教世界，在其中皇帝和教皇同为基督教的西方统一的守护人。

由于宗教改革，信仰的统一瓦解。并不是路德有意如此，他反倒是为了教会的真正的统一。但是，他基于他对《圣经》之言的理解，认识到教会的统一只能在于活在他的言和圣体中的耶稣基督，而不在于某种政治权力。故而他粉碎了以罗马的传统为基础的教会结构。只有一位无保留地服从《圣经》之言的教皇，可以作为统一的基督教世界的牧人。但由于教皇被传统所约束，不能真正做到服从《圣经》之言，因此，基督教界的统一就瓦解了。基督徒的身体分解为它的真正的组成部分：corpus Christi(基督身体)和世

界。基督在他的教会里不是用剑,而仅仅用言(das Wort)统治着。
101 唯独在耶稣基督的真言之下有信仰的统一。剑则属于世俗政权,
(36) 它以它的方式在真正履行其职责的情况下为同一位主耶稣基督服务。有两个国度(zwei Reiche),只要地球存在,它们永远不应相混,但也永远不应被拆开:上帝所传之言的国度和剑的国度,教会的国度和世俗的国度,灵性事务的国度和世俗政权的国度。剑永远不可能创造教会和信仰的统一,布道永远也不可能治理各个民族。但是,两个国度的主是在耶稣基督身上显现的上帝。上帝通过言的职司和剑的职司统治世界。这两种职司的承担者都有责任向上帝说明其行为。只有一个教会,这是唯独由耶稣基督之言统治着的信仰的教会。它是从未没落的、还隐藏在罗马教会中的真正的大公教会。它是基督的身体——corpus Christi——它是西方世界真正的统一。西方的政治统一问题,对于路德来说,并非当务之急。他相信皇帝依然会保障西方的政治统一。他的朋友们艰难地强使他承认诸侯拥有武装反抗皇帝的权利,这一权利才使政治分裂昭明较著。若把路德的路线描绘清楚,那就可以这样说,政治统一在于在每一个职位上正当履行当局的职责,称职的当局应在对真正的信仰统一的承认中找到政治|统一的最牢固的基础。三十年战争*终于暴露了信仰分裂所引起的西方政治上的四分五裂。《威斯特法伦和约》(Westfälischer Friede)确认了作为西方的

* 三十年战争(30 Jährige Krieg ,1618—1648),因新教教会同天主教会的分裂加剧而引发,以德意志民族的神圣罗马帝国的皇帝(哈布斯堡王室)和信奉天主教的诸侯为一方,以得到瑞典、丹麦和(天主教的)法国支持的、信奉新教的诸侯为另一方,最后两败俱伤,签订"威斯特法伦和约"。——译注

命运和遗产的教派分裂。在承认人力不再能消除的、西方基督教
界共同的过错和困境的同时，又产生了新的意识，即尽管存在这种 102
分裂，西方的统一却正在于这种分裂。西方基督教世界对耶稣基 (36)
督所犯的过错，作为共同的过错，不该破坏西方的统一，这种统一在于两边都在呼唤的耶稣基督之名。

然而，大规模的世俗化过程(Säkularisierungsprozeβ)很快全面展开，今天我们就处在这个过程的末尾。在新教方面，在被误解的路德关于两个国度(Lehre von den zwei Reichen)的教训中，人们找到了世界和自然事物的解放和神圣化。政府、理性、经济、文化都要求自律的权利，但绝不是将自律理解为使它们都与基督教相对立。恰恰在这方面，人们反倒按照经过宗教改革之后的基督教的要求在本来的意义上为上帝服务。既不在圣事中、也不在原本的俗事中，而唯独由于上帝的慈悲的赦罪之言，才有人的圣洁，这才是宗教改革最初的消息。但在这里，这一消息已被忘到九霄云外。人们称颂宗教改革是人在其良知、理性、文化方面的解放，是为真正的世俗之事辩明理由。宗教改革派的《圣经》上的上帝的信仰曾彻底地将上帝赶出世界，从而为理性和经验科学的繁荣准备了土壤。17 和 18 世纪的自然科学家还是写信的基督徒；当对上帝的信仰消失，留下的只是一个理性化的、机械化的世界。

在天主教方面，世俗化过程很快地成为革命的、反教会的，甚 103
至是反基督的。于是，在天主教的法兰西首先爆发了革命。法国 (37)
大革命迄今一直是现代西方的信号。连续许多世代的思想、要求和运动，极其惊人地聚集在一起，一下子重重地被抛到历史的天光之下。崇拜理性、神化自然、进步信念、文化批评、市民

(Bürgertum)起义、群众暴动、民族主义、敌视教会、人权、独裁恐怖——凡此种种，作为西方历史上的新东西，混乱不堪地一齐爆发出来。法国大革命是在其巨大的暴力及其可怕的扭曲中的、解放了的人的大暴露。解放了的人，在这里指的是解放了的理性、解放了的阶级、解放了的人民。法国大革命在整个西方留下的是在这幅新人画像前的战栗，在迷误的深渊前的惊恐。人们感觉到了真正的新东西连同其所有希望，却首先担心重复恐怖行为。但是不论情愿与否，人们还必须为新事物让出地方。

解放了的理性上升到始料不及的高度。对它的自由运用创造了一种真实、明亮和清晰的氛围。理智之光的清风有医治功效地吹透了偏见、社会的狂妄、骗人的形式和阴郁感伤：在所有的事情上，包括在信仰问题上的知识的诚实乃是解放了的理性的伟大成就，从此以后属于西方人的不得放弃的道义要求。封理性主义时
104 代的鄙视，是缺乏对真实性的需要的可疑标志。知识的诚实并非
(38) 关于事物的最后之言，理智的明亮经常牺牲洞察实在的深度，这些议论永远不再能取消诚实而规矩地应用理性的内心义务感。我们不再能回到莱辛(Lessing)* 和利希滕贝格(Lichtenberg)** 以前去。

解放了的理性主要不是在信仰和生命问题上，而是在发现思想的法则和自然的法则之间神秘的一致性方面，证实了它的巨大的力量。理性成为工作假设，成为启迪学(Heuristik)的原则，并

---

* 莱辛(1729—1781)，德国剧作家、评论家——译注

** 利希滕贝格(1742—1799)，德国物理学家和著作家。——译注

由此导致技术(Technik)的无与伦比的发展。这是世界历史上全新的东西。从埃及的金字塔经由希腊神庙、中世纪的大教堂直至18世纪，技术是属于手工业的。它为宗教、国王、艺术和人的日常需求服务。近代西方的技术彻底摆脱了服务的地位，它在本质上恰恰|不是服务，而是统治，而且是对自然的统治。产生技术的是一种全新的精神，这种精神一旦消失，技术也将告终，这是强制自然服从进行思考和实验的人的精神。技术成为目的本身，技术有它自己的灵魂，它的象征是机器，是对自然的强暴和剥削的化身。因此，不难理解，只有这种近代技术才引起了朴素的信仰者的抗议。这种天真的信仰感觉到人太高傲，竟然要创造一个世界同上帝所创造的世界相对立。这种天真的信仰在克服时间和空间的技术科学里看到了一种违背上帝的大胆冒险行为。在技术的魔鬼特性背后，技术的好处失色。 105

不可忽略的是，技术唯独生长在西方的土地上，即是说，唯独 87 (39)
生长在由基督教，尤其是由宗教改革所决定的世界里。技术进入东方各国后便获得了完全不同的意义，因为它不复以自身为目的。例如在伊斯兰教的世界里，技术发展一直完全服务于对上帝的信仰和伊斯兰教历史的建设。沙乌德(Ibn Saud)* 在一次交谈中据说讲了以下的意思：“我不同欧洲文明隔绝，但我要像阿拉伯那样地利用它，符合阿拉伯人的灵魂和真主的意志。我让人从欧洲运来机器，但我不要其宗教信仰。穆斯林各国人民必须从他们漫长的梦中觉醒。他们需要武器，但是最强大的武器是对真主的信仰，

* 沙乌德(1880—1953)，沙特阿拉伯国王。——译注

是谦卑地服从真主的律法。仇恨并非来源于真主;充满仇恨的欧洲会用它自己的武器毁灭自己。”

解放理性进而统治上帝创造的万物,这导致技术科学的胜利。技术时代是我们西方历史的一份真正的遗产,我们必须对之进行探讨,我们不可能返回到它之前去。

从解放了的理性中产生了对永恒的人权的发现。人权是人人有天生的自由权利,是在法律面前的人人平等,凡是人均有兄弟般的亲密关系。从人的天性的永恒权利出发,人摆脱了压抑的强制、
106 国家和教会的监|护、社会和经济的暴力压制。人要求拥有维护
(39) 人的尊严、自由受教育和业绩获得承认的权利。人在另一个人身上看到的不是人权之友便是人权之敌。中央集权的和专制的暴力统治、思想和社会的独裁、等级的偏见和特权、教会的权势要求,都在这种冲击下陷于崩溃。德意志的人文主义、唯心主义产生了。受歧视的阶级在骚动。“法兰西人的普遍权利对于民族的某一部分和某一个人而言既无特权、也无例外。”“法律是公意的体现。”(《人权宣言》,Erklärung der Menschenrechte)市民首先作为业绩贵族争取到与世袭贵族权利平等的地位。于是理性获得了反对血统的权利。由此起,市民跟理性同属一体,不可分离。但在市民背后,群众、第四等级,以群众(Masse)和群众贫困的名义,起来反抗,其势汹汹。数以百万计由非个人原因而造成贫困的人,对世袭贵族和业绩贵族提出抗议和要求。群众鄙视血统的法律以及理性的法律,定下他们自己贫困的法律、苦难的法律。这是暴力和短命的法律。我们当代人处在这种反抗的高潮和危机中。

跟迄今为止考虑全人类的思想形成奇特的对照,法国大革命

成为近代民族主义（Nationalismus）的诞生日。虽说以前也有一种民族意识，但它基本上是由王朝决定的。而大革命则是把人民从 I’état c’est moi（联即国家）的绝对主义下解放出来。革命的民族概念产生于同夸张的王朝绝对主义的对立。人民已经成熟，要把向内向外的历史掌握在自己手中，它要求国民自由和发展的权 107
利，建立以民族为载体的政府的权利。“主权的起源在民族。” (40)
（《人权宣言》）民族是一个革命的概念，它袒护人民反对政府，袒护演变反对存在，袒护有机体反对机构。这是自下而上的思想反对自上而下的思想。因此，偏偏将普鲁士视为民族主义的诞生地和代表，这是荒诞的历史|谬误之一。没有一个国家结构比普鲁士更疏远、更敌视民族主义。普鲁士是国家，但不是民族。普鲁士是代表政府、存在、机构的。普鲁士代表这种事业自然不同于路易十四（LudwigXIV），* 而是在腓特烈大帝（Friedrich der Groβe）** 的名言的意义上：“朕乃国家之第一公仆。”普鲁士对德意志的民族事业持极深的怀疑态度，直到帝国建立和以后的时代，在各种地道的普鲁士人的圈子里一再表示这种怀疑。普鲁士凭着健全的直觉感觉出民族这个概念里的革命因素并拒绝之。普鲁士之反对民族主义，主要是反对 grande nation（大民族）的革命及其向德意志的蔓延。民族主义使国际主义作为相反的运动而产生，这两者同样地都是革命的。普鲁士把这两种运动都视为国家的对立面。普鲁士既不愿是民族主义的也不愿是国际主义的。因此，普鲁士的考虑

* 路易十四（1638—1715），法兰西国王。——译注

** 腓特烈大帝（1712—1786），腓特烈二世，普鲁士国王。——译注

比革命的考虑更具西方性质。

108 但是，革命实行了。技术、群众运动和民族主义都是西方革命
(41) 的遗产。这三者相互间有紧密关联又尖锐对立。技术推出了群众，群众又要求提高了的技术；可是，技术本身是具有精神优势的强者的事业。工程师和企业家不属于群众。问题在于，与日俱增的群众化久而久之是否会使精神业绩平均化，致使技术因此而停滞并且崩溃。技术和群众产生于民族的人民团体中并受其约束，但是，技术和群众都有着克服民族主义界限的不可抗拒的倾向。群众和民族主义是敌视理性的，技术和群众是反民族主义的，民族主义和技术又是敌视群众的。

法兰西革命曾创建了西方新的精神统一。这种统一基于作为理性、作为群众、作为人民的人的解放。在争取解放的斗争中，这三者曾携手合作，在获得自由之后，这三者又成为死敌。于是，新的统一已然含有衰败的萌芽。继续表明这一点的是——历史的一条基本法则在其中清楚显现——对绝对自|由的要求使人陷入最深的奴役。机器的主人成为机器的奴隶，机器成为人的敌人。造物反对造物主——获罪被逐的奇特的重演！群众的解放结束于断头台的恐怖统治。民族主义不可逆转地导致战争。作为绝对理想的人的解放导致人的自毁。在法国大革命所首先踏上的这条道路的终点，是虚无主义(Nihilismus)。

109 因此，法国大革命给欧洲带来的、我们当代人仍在经历其危机
(41) 的新的统一，是西方的不信神(Gottlosigkeit)。这种不信上帝完全不同于希腊、印度、中国以及西方的个别思想家的无神论(Atheismus)。与其说它是在理论上否定神的存在，毋宁说它本

身就是宗教,是敌视上帝的宗教。正是在这一点上它是西方的。它不能脱离既往，本质上必定是宗教性质的。所以在人们看来，没有神是多么缺乏希望。西方的不信神从多数主义(Bolschewismus) * 的宗教延伸到基督教会中间。尤其是在德意志,但也在盎格鲁-撒克逊诸国中,它主要是基督徒的不信神。它采取一切可能的基督教的形象,不论这形象是民族主义的、社会主义的、理性主义的或者神秘的,都是反对《圣经》上活生生的上帝、反对基督的。它的神是新人(der neue Mensch),不论其标签是布尔什维克的还是基督教的。它同所有异教的基本差别是,异教导致在人的形象下崇拜众神,而它则是在上帝的、耶稣基督的形象下崇拜人。

路德关于信基督者(Christenmensch)的自由的伟大发现以及天主教关于人性善的错误教义共同缔造了对人的神化。但是,确切地说,对人的神化乃是宣告虚无主义。随着《圣经》上的对上帝的信仰以及所有的上帝的诫命和秩序的瓦解,人毁坏自身。一种不受阻碍的活力论产生了,它本身包含着一切价值的取消,并在最后的自毁中,在虚无中才归于平静。

西方自从法国大革命以来变成基本上是敌视教会(Kirchen-
feindschaft)的。对教会的诽谤以现|代的蛊惑煽动最为有效。反 110
教会的强烈敌意席卷全欧。然而退出教会(Kirchenaustritte)的人 (42)
数屈指可数,这表明一个重要的事实,即对教会的敌视是模棱两可的。切不可把西方的不信神简单地同对教会的敌视混为一谈。准确地说,除了打着宗教和基督教信仰幌子的不信神——我们称之

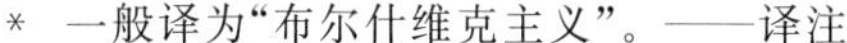

* 一般译为“布尔什维克主义”。——译注

为不抱希望的不信神——之外，还有一种申明反对宗教和反对教会的、充满希望的不信神。它是在敬神者的不信神败坏教会的情况下，对这种敬神者的不信神的抗议，因此，在某种意义上，尽管是在负面的意义上，它维护着一种对上帝的真正的信仰以及一种真正的教会的遗产。属于这一种的有路德的名言：较之敬神者的哈利路亚，上帝可能更喜欢听不信神者的诅咒。这一种充满希望的不信神，同不抱希望的不信神一样，都是西方特有的现象。必须从这一背景出发去理解尽管从根本上敌视教会、但相对而言较少实施的对教会的完全拒绝。一些人在敬神的不信神中寻找最后的支撑，以免跌入虚无，但他们很少得以幸免。另一些人则是对他们的充满希望的不信神加以克制，防止跟可能的、对上帝的真正信仰中心决裂。退出教会这个事实同样不是含义明确的。返出教会同样既可能由于不抱希望地不信神，也可能由于充满希望地不信神，更不必谈这样的问题，退出教会是否可能由于真正的对上帝的信仰，甚至在特定的情况下是必要的。

111 在这里，必须考虑到在盎格鲁-撒克逊诸国的发展，尤其是在
(43) 美国的特殊发展情况。美利坚革命同法兰西革命虽说是几乎同时的，又不无政治关联，性质上却大不相同。不是解放了的人，完全相反，是上帝的国度以及由上帝的主权对所有尘世权力的限定，建立了美利坚的民主。如果美利坚的历史学家可以说，合众国宪法是由那些懂得原罪和人心险恶的人们起草的，那么，这真正标志着与法国 déclaration des droits de l’homme（人权宣言）的区别。为了人天生就有的主宰欲的缘故，为了上帝的唯一|主宰的缘故，尘世的掌权者以及人民都必须受到限制。跟这些产生于加尔文主义

(Calvinismus) 的思想相结合的,是——同它们基本对立的——源自逃亡美洲的不信奉国教者(Dissenters)的属灵派思想,即尘世的上帝的国度不能由国家(Staat)的权力,而只能由信徒的团体所建。教会宣告社会和政治秩序诸原则,国家掌握贯彻诸原则的技术手段。两种完全不同的论证汇合在对民主制的要求中,而对于美利坚思想具有决定性意义的,则是热忱的属灵派。由此出发便可以解释这种奇特的现象,即在欧洲大陆从未成功建立基督教性质的民主制,相反,在盎格鲁-撒克逊诸国,民主制恰恰被视作基督教的国家形式。迫害属灵派并把他们逐出欧洲大陆,在这里收到了最大的政治效果。如果说盎格鲁-撒克逊诸国尽管如此仍然受严重的世俗化现象之苦,那么,世俗化现象的起源恰恰不是被人误
解了的两种职司即两个国度的区别,反倒是由于热忱而对两种职 112
司和两个国度、对国家和教会区分不够的缘故。看一看纽约的教 (44)
会登记册(New Yorker Kirchenzettel)就足以了解,依据基督教的原则来建设俗世这种信徒团体的要求,如何以教会完全衰败并融入俗世而告终。在这个过程中,没有导致激进的对教会的敌视,其原因也在于对两种职司从未进行区分。不信神始终是被遮掩得更为严实的。不信神但因此也取消了教会对受苦以及由于受苦而可能发生的再生的祝福。

西方由于失去了由耶稣基督的形象建立的统一而面临虚无。获释后的各种势力竞相喧闹。现存的一切都面临毁灭的威胁。这并非从多危机中的某一种危机,而是最后开头的一场冲突。西方世界感觉到它所处的时刻是独一无二的,它一头扎入虚无的怀抱,基督徒之间谈论着世界末日的临近。西方进入的虚无,不是繁荣

的各国人民的历史的自然结束、消亡和沉没，它只是西方特|有的虚无，就是说，一种骚乱的、施暴行的、敌视神和人的虚无。它脱离现存的一切，是所有反神力量的极度施展。它是造神的虚无，没有人知道它的目标和规模，它绝对地统治着。这是一种创造性的虚无，它把其反神的气息吹入现存的一切，唤起现存的一切虚假的新
113 生命，同时吸走现存的一切的原本的本质，直至现存的一切很快成
(44) 为死的躯壳而解体并被抛弃。生活、历史、家庭、人民、信仰——可以无穷尽地列举下去，因为虚无什么都不怜惜——都成为虚无的牺牲品。

面对虚无的灾难，关于历史遗产的问题也就不复存在，而对历史遗产的继承同时意味着在当前对遗产的消化以及把它传给未来。既没有未来，也没有过去。现在只有从虚无中被抢救出来的瞬间以及想要抓住下一瞬间的意愿。昨日的已被遗忘，明日的过于遥远，今日也就不必承担义务。由于灰暗的远古被颂扬，昨日的重负便从肩上抖落；由于人们在谈论行将到来的千年纪，于是就逃避了明日的任务。无一物附着，也无一物固定。刚放映完已从回忆中消失的电影，正是这个时代健忘的标志。具有世界历史意义的事件和前所未闻的犯罪行为一样未在健忘的灵魂中留下痕迹。未来已变成偶然性的游戏。彩票和赌赛吞噬了数目大得难以想象的金钱，以及工人们每日赖以充饥的面包，这类游戏只是在未来寻找未必靠得住的机遇。丧失了过去与未来，使生活摇摆在最野蛮地享受瞬间和冒险的赌博之间。在个人和职业范围内的任何内心的建设、任何渐进的成熟过程，都被突然打断。没有个人的命运，因此也没有个人的尊严。认真地聚精会神，内心必要的等待时间，

都变得不堪忍受。这表现在工作方面，也表现在性爱方面。慢性痛苦变得比死亡更让人惧怕。痛苦的价值，作为死亡威胁对生命 114
的塑造，被误认，遭鄙视。健康或者死亡被称作两可选择。真正的 (45)
聚精会神变得不可忍受。静默、恒定、始终|如一者，被认定是无价值的而遭忽视。轻率地见风使舵取代“伟大的信念”和对自己道路的寻找。在政治领域里，毫无顾忌的对瞬间的享受得到了马基雅弗利主义这一化名。一不做二不休的冒险(das Vanbanquespiel)被称作英雄主义和自由行动。既非马基雅弗利主义的、也非英雄主义的行为只能被人理解为“伪善”，因为大家已经不再理解对正确做法的认识和时机的必然性之间缓慢而费力的争斗，亦即那种充满着弃权和自由而现实地承担责任的真正的西方政治。就这样，大家后果严重地混淆了强与弱、历史延续性与颓废。由于不再有稳定持久之事物，因此，历史生活的基础，任何形式的信仰都瓦解了。由于不再相信真理，因此，诡辩的宣传就取而代之。由于不再相信正义，因此，宣称有用即正当。心照不宣、以持久与恒常的确定性为基础的对他人的信任，变成了人与人之间疑心越来越重的观察。那么，还留下什么呢？对这个问题只有一个答案：对虚无的惧怕。这是我们今天所做的最令人吃惊的观察，即面对虚无，人们放弃一切：自己的判断、人性的特征和邻人。在这种惧怕被肆无忌惮地利用的地方，可以做到的事情就不再有界限。

能使人免予最终堕入深渊的只有两样：一是唤醒新的信仰的神迹，二是《圣经》称之为“拦阻者”(κατέχων，帖后 2:7)的实力，也 115
就是配备强大物质力量的秩序实力，它成功地拦阻堕入深渊者。(46)
神迹是上帝在所有历史可行性和可能性的彼岸从天上插手拯救的

行为，从虚无中创造新的生命。这就是死者复活。“拦阻者”(das Aufhaltende)是在历史内部由于上帝对世界的统治而发挥作用的、对恶加以限制的强力。“拦阻者”本身不是上帝，也并非没有过错，但是上帝差遣它使世界免于衰败。上帝的神迹宣示的地点是教会。“拦阻者”是国家建立并维持秩序的力量。这两者的本质如此不同，但面对威胁性的混乱，这两者却相互靠得如此之近，破坏|性的暴力像憎恶死敌那样地憎恨这两者。

西方正在拒绝接受其历史遗产本身。西方现在正变得越来越敌视基督。这是我们这个时代的特殊处境，这是真正的衰败。基督教会屹立在一切现存事物瓦解的环境中，作为中世纪和宗教改革的遗产的保护者，尤其是作为“昨日、今日、一直到永远”的(来13:8)耶稣基督里的上帝的神迹的见证人。同各教会站在一起的是“拦阻者”，亦即还在有效地反抗衰败维护秩序的力量。教会的任务是独一无二的。Das corpus christianum(基督教世界)瓦解了。Das corpus Christi(基督的身体)面对着一个充满敌意的世界。教会必须向认识基督之后又背离基督的世界证明耶稣基督是活着的主。作为历史遗产承担者的教会，即便在等待最后审判日的过程中，也对历史的未来负有责任。就算看到了万物终结的前
116 景，教会也必须履行其历史责任。历史终结或者历史继续下去的
(46) 可能性，教会必须听凭上帝来做主。这两种情况教会都要考虑到。只要教会坚持它的事业，就是说，坚持宣讲复活的耶稣基督，就能给予毁坏之灵以致命打击。“拦阻者”、秩序的力量、视教会为盟友、一切还保持着秩序要素的事物，都来靠拢教会。正义、真理、艺术、文化、人性、自由、对祖国的爱，在长期迷途之后又复归其源泉。

同时，越是以教会的消息为中心，它也就越有效。对于毁坏之灵来说，教会的苦难比还残存的政治力量要危险不知多少倍。教会借着关于活着的主耶稣基督的消息表明，教会要做的不仅仅是保存过去的东西。教会恰恰也强迫各种秩序力量聆听、悔改。然而，凡是来靠拢它的，接近它的，教会都不拒诸门外。教会听凭上帝对世界的统治来决定，上帝是否让各种秩序力量成功，教会——既保持同各种秩序力量的区别，又正直地坚持同它们的结盟——是否可以把父辈的福祉与过失所系的历史遗产继续传给未来。|

罪、称义、更新

认罪 117

我们所关心的是基督的形象在我们中间成为形象。即是说， 97
事关真实的人、被判决的人、更新的人。真实的人、被判决和更新的人，只能在耶稣基督的形象中，也就是只能在同耶稣基督同形塑造中。唯独被接纳在基督里的人是真实的人，唯独被基督的十字架触及的人是被判决的人，唯独共享基督复活的人是更新的人。自从在基督里的上帝成为人，所有关于人的思考若无基督便是无结果的抽象。跟被接纳进耶稣基督的形象里的人截然相反者，是作为他自己的创造者、他自己的法官、他自己的更新者的人，这是错过他真正意义上的人的存在而活着的、因而或迟或早要毁掉自己的人。人脱离了基督也就脱离自己的本质。

唯有认识到对基督犯下的罪才能悔改。应当认识的罪，不是在这里或那里所犯的过失和迷误，也不是触犯了哪条抽象的律法，而是脱离基督，脱离在我们之中变成形象并要把我们引向我们原本的形象的形象。真正的认罪并非源自对瓦解和衰败的经验，对于基督的形象遇到的我们而言，唯独靠基督本身的形象。真正认罪的前提是同这种形象有某种程度的共融关系。正因为如此，它
118 是一个奇迹，脱离了基督的人怎么还会跟基督有共融关系呢？除
(48) 非由于恩典，基督本身留住脱离者并给他保留着共融关系。只有基于基督的恩典的认罪，基于基督抓住脱离者的认罪。人和基督的同形塑造始于这种认罪。这种认罪跟任何其他自发的无结果的认罪之间的区别即在于此。

这种认罪是在教会这一地点成为现实的。但不应这样理解，仿佛教会除了其他性质和作用之外还附加了真正认罪的作用。教会乃是|受基督的恩典的引导去认识对基督犯下的罪的人的那种团体。教会是认罪的地点，这是一种同义反复。倘若不是这样，教会就不是教会了。今天，教会是这样一些人的团体，他们被基督恩典的力量攫住，他们认识到自己个人的罪以及西方世界脱离耶稣基督是对耶稣基督所犯的罪，并且承认和承担这种罪。耶稣靠教会在世界中间实现他的形象。正因为如此，唯独教会才能够是个人和团体再生和更新的地点。

有些人不仅觉察到其他人脱离耶稣基督，并在这种意义上牢记对于脱离耶稣基督的认识，而且他们承认自己犯有脱离耶稣基督之罪，这就是基督活生生地临在的标记。在不斜眼偷看一起犯
119 有过错的人的情况下，才会认罪。承担全部罪的时候，是严格地排
(49) 他的，即把全部罪责都担在自己肩上。只要还在盘算和权衡，没有

结果的自我称义的道德就取代面对基督的形象对罪的承认。正因为认罪的起源不是个别的过失，而是基督的形象，所以，认罪是无条件的，完完全全的；因为基督无条件地和完完全全地承担我们的罪，声明他对我们的罪负责并且开释我们，基督正是这样而不是以任何其他途径有力地征服我们。注视基督的这种恩典，让人完全不再去注视他人的罪，让人跪倒在基督面前并且承认：mea culpa, mea maxima culpa（我的罪，我极大的罪）。

这样一承认，世界的全部罪就落到了教会身上，落到了基督徒身上，由于在这里，没有否认、而是承认了全部罪，于是就有了饶恕的可能。道德学家完全不能理解，在这里，不追究真正犯罪的人，不要求正当的赔偿作为对恶人的惩罚和对善人的报答，恶人不受他的恶行的牵累（在《启示录》的意义上："不义的，叫他仍旧不义。"——启 22:11），而是人承担所有的、确实是所有的罪，不是英雄般地下定决心牺牲，而是他们自己对基督所犯下的罪使他们动了心，他们在这一|瞬间不再能想到对"主犯"进行报复的正义，而只能想到饶恕他们自己的大罪。

首先，个别人的纯属个人的罪在此被认为于团体是污染之源。个别人最隐蔽的罪也是对基督奥体的玷污和毁坏（林前 6:15）。由我们躯体中的贪欲，产生了杀害、嫉妒、斗殴和战争（雅 4:1 以 120
下）。我不能以自己分担的罪责微不足道而心安理得；这里并不计 (49)
算多少，而是我必须认识到，任何罪都有我的一份。无度的贪欲有我一份；该说话时胆怯地沉默，有我一份；面对暴力虚伪又作假，有我一份；对我的兄弟中最贫困者无怜悯之心还视而不见，有我一份；对基督不忠诚并脱离基督，也有我一份。别人是否也负一份罪责，同你们又有什么关系？别人的任何罪我都可以饶恕，只有我自己的罪是我永远不能原谅的。这不是病态地把一切都拉到自己身上而歪曲实在；不再计算和争执，而是认识自己的亚当之罪，这才是真正认罪的本质。指出有无数个别的人都以这样的方式意识到自己对整体犯有过错，从而想把这样的认识引向 ad absurdum（归谬），这样做也是没有意义的。这许多个别的人在教会全体的“大我”（Gesamt-Ich）中结合在一起。在他们之中并通过他们，教会认识并承认它的罪。

教会承认，它没有经常公开而足够明确地宣告唯一的上帝，他曾在耶稣基督中为所有的时代显现，他不容忍身边还有其他的神。教会承认它的胆怯、它的偏离、它的危险的让步。教会多次否认过其守卫的职司和安慰的职司。教会因此经常拒绝给予被逐出教会者和受鄙视者应有的同情。无辜者的血为不公而对天呐喊，教会
121 却在这必须呐喊时缄默不语。教会找不到正确的话在正确的时候
(50) 以正确的方式讲出来。教会没有坚决抵制对信仰的背离，并对群众的不信神负有责任。

教会承认曾滥用耶稣基督之名，|教会由于耶稣基督之名而羞于面对世界，教会也未曾足够有力地抵制为恶的目的滥用耶稣基督之名，教会曾坐视以基督之名为幌子所施的暴行和所行的不义。不仅如此，教会还听凭他人公开嘲讽这个最神圣的名字，不提出异议，故而也就怂恿了他人的嘲讽。教会认识到，上帝不会不惩罚像它一样滥用他的名的人。

教会承认它对丧失节庆、荒废节庆里对上帝的礼拜、轻视星期日的安息这些现象负有责任。教会造成了没有间歇和没有安息以

及在工作日以外对劳动力的剥削，因为教会对耶稣基督之道的传布软弱无力，对上帝的礼拜同样有气无力。

教会承认它对父母权威的崩溃负有责任。教会没有抵制对老年人的鄙视和对青年的偶像化，因为教会惧怕会失去青年从而失去未来，仿佛教会的未来是青年！教会不敢宣告上帝的权威和父母的尊严以反对革命青年，却作出了非常尘世化的努力，“与青年同步”。所以，教会对无数家庭遭到破坏、对儿女背叛父辈、对青年的自我神化以及对放任青年背离基督负有责任。

教会承认，它眼看肆无忌惮地使用血腥暴力，无数无辜的人身心受苦，压迫、仇恨以及谋杀，却没有为无辜的人说话，也找不到途 122
径，赶紧去救助他们。教会因此对耶稣基督的最软弱和最无自卫 (51)
能力的兄弟之死负有罪责。

教会承认，对两性关系中一切秩序的瓦解没有说过指引道路和给予帮助的话。教会也没有说出有效的和有力的话，来抵制对贞操的嘲讽以及性放纵的主张。教会充其量只是偶尔表示了道德上的愤慨而已。教会因此对青年丧失纯洁和健康也负有罪责。教会并未有力地宣告我们的肉身从属于耶稣基督的肉身。

教会承认，它曾目睹穷人受掠夺与剥削，强者致富与腐化，却未吐一言。

教会承认，诽谤、告密、破坏名誉毁了无数人的生命，对此，它也有一份罪责。教会没有证明诽谤者的不义，从而听凭被诽谤者横遭厄运。

教会承认它曾贪图本不该的安全、安宁、和平、产业和名誉，因此，它未曾约束而是怂恿了人们的贪欲。

教会承认触犯了十诫，它承认由此背离了基督。教会未曾如此地证明上帝的真理，以至于所有的真理探求、所有的科学都认识到它们的起源在于这一真理；它没有这样宣告上帝的公义，以至于所有真正的正义必须在上帝的公义中看到自己的本质的起源；教
123 会未能如此使人相信上帝的神意，致使人类的得救都是由上帝
(52) 的关怀出发受领其任务的。教会自己保持沉默，故而对不采取负责任的行为、对丧失赞同公认正义的事业并甘愿为之受苦的勇气也负有责任。教会在背离基督的主治一事上也有一份罪责。

讲得太多了吗？难道有哪位全然无可责难的人试图证明犯罪的不是教会而恰恰是他人吗？难道会有某些教会人士想把上述种种当作粗暴的咒骂而加以否定，并且非分地要求作为合格的世界法官到处量罪和定罪吗？难道教会不是各方面都受阻和受束缚吗？整个世俗的势力不都在反对教会吗？难道教会可以中止同反基督的势力进行斗争，从而危及教会的根本——对上帝的礼拜和教区生活吗？这样讲的人不相信认罪可以重新获得承担世界之罪的耶稣基督的形象，而认为这样只会危险地使道德水平下降。自由地认罪并不是可做可不做的事情，而是耶稣基督的形象在教会中的显现。教会必须甘愿忍受这一转变，否则它就不再是基督的教会。谁若扼杀或破坏教会的认罪，他对基督所犯下的罪就永无可赦。

教会认罪的同时，并不免除众人对他们自己的罪责的承认，而是呼吁他们加入认罪的团体。背离基督的人类只能作为被基督|审判的人类而存在于基督之前。教会呼唤所有听到其福音的人接

受这种审判。

称义和创伤愈合 124

耶稣基督，承担并赦免(vergeben)人所有的罪，使被判决犯有 (52)
罪的教会和个人称义。教会和个人的称义在于，教会和个人分有基督的形象。这是被上帝判决、置于罪人的死亡中又被上帝唤醒而开始新生命的人的形象。这是真正存在于上帝之前的人的形象。唯独被拽入十字架的亦即罪人当众处死的耻辱，教会和个人才能在其中接受被唤醒新的公正和新的生命者的荣耀的团体。

教会的称义导致教会彻底认罪，将其引入十字架的形象。唯独由于上帝使教会称义，才会有背离基督的西方的称义。上帝更新教会，从而把教会引入复生的、活着的耶稣基督的团体中，正由于如此，才会有西方的更新。

就因为对耶稣基督的信仰绝不能使整个西方称义，也不能使之更新，那么，“西方的称义和更新”这样的话因此就是非法的夸张吗？我们必须在另一种意义上谈论教会的称义和更新，不同于谈论西方的称义和更新，这一点诚然要注意。教会对基督的信仰亦即对基督形象的服从使教会称义并使之更新。作为历史—政治形式的西方只能间接地通过教会的信仰得到“称义和更新”。教会在
信仰中体验到对它的所有的罪的赦免以及恩典带来的新开端。对 125
于各国人民来说，唯独在对秩序、正义、和平、允许教会宣告耶稣基 (53)
督的回归中才能使罪责造成的创伤得以愈合。各国人民就这样地承担着其罪的后果，可是，由于上帝的恩典的统治，在历史上可能发生这样的事：始于诅咒的最终变成对各国人民的祝福，从滥施的

暴力中产生正义，从骚乱中会产生秩|序，从流血中会产生和平。在夺取王权的事件中，屡次表明，开始时是专横与暴力，随后，王权本身的内在力量，权柄的神圣机制（die göttliche Institution der Obrigkeit）的力量，渐渐地发挥医治和使创伤愈合的作用。一种帝国主义的征服政策鄙视正义，对弱者施暴，在其实行过程中，一再出现那种缓慢的转变，转变成正义、和平以及曾遭施暴者的幸福，这种转变意味着罪造成的创伤的愈合。诚然，这并不是替罪辩解，不是扬弃罪，不是饶恕罪；罪依旧是罪，但是罪造成的创伤则愈合了。对于教会和个别信徒而言，只能是同罪彻底决裂，只能有一个由赦罪所赐的新开端；与此相反，在各国人民的历史生活中总是只有一个缓慢的救治过程（Heilungsprozeβ）。王冠的承担者，他曾经非法地夺取王权，但随着时间的推移，他创立了正义、秩序与和平，不能强迫他干脆放弃王权。征服者，他把被征服的国家引向和平、繁荣与幸福，不能强迫他干脆放弃这一切。这时放弃王位，
126 放弃他所征服的土地，恰恰会造成更大的混乱，犯下更大的罪。过
(54) 去的罪的连续性（Kontinuität），在教会和教徒的生活中，通过赎罪和赦免而中断，但在各国人民的社会生活中则依然保持着。重要的仅仅是，过去的罪所造成的创伤是否事实上已经愈合，在这儿，在各国人民外交和内政的冲突史中，也就会有饶恕的精神，即使这只是耶稣基督赠予信仰的饶恕的淡淡的影子。在这儿，将会放弃让犯罪者为过去的不义之事作出全面赔偿，还会认识到，人力无法挽回过去的事情，历史的车轮不能倒转。不是所有的创伤都会被治愈，关键在于，不再造成新的创伤。“以眼还眼，以牙还牙”（出 21:24）这条报复律一直是保留给万民的法官——上帝的。

若是掌握在人的手中，那只会产生新的灾难。历史内部饶恕的前提一直是，| 当暴力变成正义、专横变成秩序、战争变成和平的时候，罪造成的创伤得以愈合。倘若不是这样的情况，倘若一直在行不义，一直在造成新的创伤，自然也就谈不上这样的饶恕，首先要做的事情反倒是抵制不义，向犯罪的人证明他们的罪责。

所以，唯独在以下的情况下才会有西方的“称义与更新”，那就是正义、秩序与和平如此这般地得以恢复，随后“饶恕”过去的罪，放弃关于用惩罚行为（Strafaktionen）可以使已经发生之事不发生的任何幻想，在万民中间容纳作为所有的饶恕、称义和更新之本
源的耶稣基督的教会。正如脱离基督的罪乃是西方共同的罪，尽 127
管其罪责的程度是多么千差万别，同样也只有一种共同的西方的 (54)
称义和更新。在排斥西方各族人民中的任一民族的条件下挽救西方的任何尝试，都是注定要失败的。|

四 终极者和仅次于终极者*

作为终极之言的称义 128

全体基督徒的生命之本源与本质，在于这过程或事件，宗教改革称之为罪人唯因恩典而称义。向我们说明基督徒的生命的，并非人原本是什么，而是人在这一件事件中是什么。在这里，人生命的长度与宽度被压缩成一瞬间，被压缩成一个点，生命的整体性被包容在这一事件中。在这里发生了什么事件呢？一件最后的事件，人的存在、行为或苦难都抓不住的事件。黑暗的、里外都封死的、越来越深地通向深渊和无出路状的人的生命之井，被有力地掘开，上帝的话语传入；人第一次在拯救之光中认识到上帝和邻人。人迄今为止的生命迷宫倒塌了。人同上帝和他的兄弟之间没有障碍了。人领悟到，有一位上帝，爱他并接纳他，在他身边还有一位兄弟，上帝爱他如爱己，伴随着三一上帝和他的教会，他有一个未来。他有信有爱有望。整个生命的过去与未来，在上帝的临在中
汇流成一。整个过去被赦免之言包容，整个未来被保存在上帝的 129
忠义里。过去的罪沉入耶稣基督身上的上帝之爱的深渊里并被克 (76)

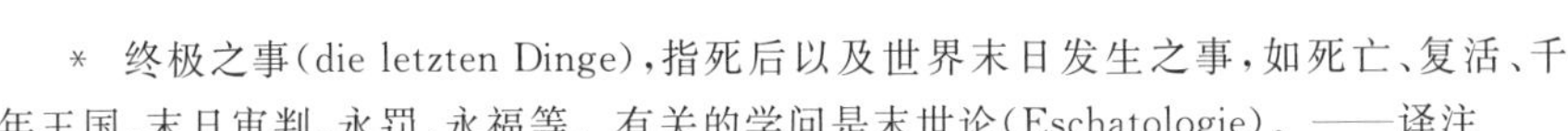

* 终极之事(die letzten Dinge)，指死后以及世界末日发生之事，如死亡、复活、千年王国、末日审判、永罚、永福等。有关的学问是末世论(Eschatologie)。——译注

服，未来——将是没有罪的、源自上帝的生命（约壹 3:9）。生命认识到自身处在两个永恒极点的张力之中，从此世时间产生之前的选择，扩展至永恒的得救。它认识到自己是教会的一位成员，也是赞颂三一上帝的一个受造物。当基督走向众人之时，这一切发生了。在基督中这一切是真理和实在，正由于这不是梦，因此，体验到基督临在的人的生命从此刻起不再是失落的生命，而变成了得到称义的、唯因恩典而得到称义的生命。

但是，不仅唯独出于恩典，而且还唯独出于信仰。圣经和宗教改革就是这样教导的。不是爱或者希望，而是只有信仰使生命称义。的确，唯独信仰把生命置于新的基础之上，唯独这种新的基础使我称义，使我能够活在上帝的面前。而这种基础就是主耶稣的生、死与复活。没有这种基础，在上帝面前生命就被判为不义，就注定要死亡，要被罚入地狱。按照耶稣基督的生、死与复活而活着，就是一个生命在上帝面前的称义。而信仰就意味着找到并维持这种基础；把锚抛在这一基础中并被这一基础所固持。信仰就是把生命建筑在我自身之外的基础上，建筑在永恒和神圣的基础上，建筑在基督之上。信仰就是被耶稣基督的目光攫住，除了耶稣基督之外什么都看不见，原来被囚禁在自我中，这时被耶稣基督拽将出来，解放出来。信仰就是让其发生（ein Geschehenlassen）以及在让其发生中的行为（ein Tun），但是，这两个词都不足以说出在此包含的奥秘。唯独信仰是确定的，信仰以外的一切都该怀疑。
130 唯独耶稣基督是信仰的确定性。确信我已被称义的信仰，就是对
(77) 主耶稣基督的信仰。所以，除了信仰以外再无别的使我的生命得到称义的途径。

但是，信仰从来不是单独的，确然信仰是基督的真实的临在，同样确定的是，信仰也要靠爱和希望加以完成。倘若没有爱与希望和信仰同在，那么，这就是错误的信仰、虚假的信仰，伪善的、虚构的信仰，永远不会称义。倘若有信仰却没有忏悔和爱的善功(Werk)，那就是对信条鹦鹉学舌，就是死的信仰。信仰一刻也不可与恶的意图并存。在称义的过程中，一切被赠送给人，但只有信仰才能带来称义；在人同基督的遭遇中，基督所是和所有的一切被赠送给人，但使我的生命称义的，唯独是基督之所有，永远不会是我之所有。于是，人头顶上的天裂开了，关于耶稣基督中的上帝的拯救的福音像欢乐的呼声从天上传到地上，人信了，由于人信了，他也就接纳了基督，他便有了一切。他活在上帝的面前。|

在此之前，他根本不懂得什么是生命。他也不理解自己。他只能从他的可能性或者从他的成就出发试图理解自己并替他的生命辩明理由。他就这样地在他自己面前以及在他自己所虚构的上帝面前使他自己称义。但是，他既不能接近活生生的上帝的可能性与作为，也不能理解源自活生生的上帝的可能性与作为的那种生命，借异己的帮助、借异己的力量、建筑在陌生的基础上的生命，他必定总觉得是陌生的。当基督以他的方式使他称义的时候，他 131
找到了这种生命。他把他自己的生命给了基督，基督成为他的生 (77)
命。“现在活着的不再是我，乃是基督在我里面活着。”(加 2:20)基督徒的生命乃是基督的生命。

我们起初说，一个罪人的称义是一件终极之事。这是在严格的意义上讲的。上帝对一个罪人的怜悯只想要、也只能够作为上帝的终极之言(das letzte Wort)被听取，否则就根本不被听取。此言的终极性质包含着双重的意义：此乃按其质亦即按其内容是终极之言。越出其恩典的上帝之言是没有的。没有任何东西能超过在上帝面前称义的生命。因为这终极之言包含着迄今为止的一切、仅次于终极者的一切的完全中断，而且是这样的，即它从来不是已经走过的道路的自然或必然目的，反倒是对这已经走过的道路的彻底批判与贬低。因为它是上帝自己的自由，而非被迫的话语，因此它是不可颠倒的终极之言、终极实在。所以它排斥人在自己的道路上达到它的任何方法。并没有达到终极之言的路德道路，也没有达到终极之言的保罗道路。保罗的道路，即以律法荣誉及由此而生的对基督的敌视，路德的道路，即修道院以及在绝望中由于律法而失败，都不会通过最后之言得到称义；恰恰相反，这两条道路都受到最后的审判：出于上帝的恩典，为了基督的缘故，被称称的是罪人保罗和罪人路德，但不是他们的罪。终极之言同时也是对仅次于终极者的事物和道路（die vorletzten Wege und Dinge）的批判。按其质的终极之言从一开始就禁止我们注视路德的道路，注视保罗的道路，仿佛我们必须再次走此道路不可。这是
132 被批判的道路。严格地说，我们不该再次走路德的道路，正如我们
(78) 同样不该再次走通奸女子、被钉上十字架的罪犯、不认主的彼得|和激烈反对基督的保罗的道路。按其质的终极之言一劳永逸地排斥任何方法。这是赦免之言和唯独由赦免而得称义之言。因此，今日基督徒的团体布道中所说的，——这是如今常常可以听到的——，每一个人必须先变成像抹大拉的马利亚（Maria Magdalena），像可怜的拉撒路（Lazarus），像被钉上十字架的盗贼，他必须先变成这些苍白的“边缘形象”（Randgestalten），他才能够听到上

帝的终极之言，乃是毫无意义和极端错误的。人们越是以这种方式强调上帝之言的终极性质，实际上越是减弱这种性质。基督信息的内容，不是变成《圣经》里那些人物中的一个，而是像基督本身那样生活。没有任何方法而只有信仰能导致此种状况。不然的话，《福音书》就会失去它的价值。珍贵的恩典就会变得廉价。

上帝的称义之言在时间上也是终极之言。总有仅次于终极者之事(das Vorletzte)在它之前，一种行为、苦痛、活动、意愿、失败、反抗、请求、希望，就是说，实实在在地是一段时间，在这段时间的末尾是终极之言。能够得到称义的，只有在这段时间里已经受控告的。前提是造物有了罪。并非时时刻刻都是赐恩典的时间，而是现在，恰恰是现在和终极性的现在是“拯救的日子”(林后 6:2)。赐恩典的时间在这个意义上是终极性的时间，即永远不可能在上帝现在针对我所说的话以外还估计会有未来的其他的话。有一段上帝允许、等待和准备的时间，有判决并中断仅次于终极者的最后
的时间。路德必须经过修道院，保罗必须经过对律法的笃信，罪犯 133
必须经过犯罪被钉上十字架，才去听取终极之言。必须走过一条 (79)
道路，必须经过仅次于终极者的道路的全程，任何人都必须在这些事的重压下双膝跪下——可是，接下来的终极之言不是仅次于终极者的圆满完成，而是完全中断。面对终极之言，路德和保罗同被钉上十字架的罪犯下分轩轾。必须走过一条道路，尽管没有一条道路通向这个目标，还必须把这条道路走到底，即是说，走到上帝给这条道路所设的尽头。仅次于终极者一直存在，虽说终极之事(das Letzte)完全取消了它并使之失效。|

上帝使人称义的恩典之言从不越出它作为终极之言的地位，

它从不表现为可以置于开端、也可以置于末尾的通过努力得到的结果,从仅次于终极者直到终极之事的道路永远不会被取消。圣言始终不可颠倒地是终极的,否则的话,它就会被贬低为可以计算的,被贬低为商品,从而被剥夺了它的神圣本质。恩典也会变得廉价。恩典不再是赏赐。

仅次于终极者

唯独源自恩典和信仰的称义在任何方面始终是终极之言,因此现在也必须谈一谈仅次于终极者。之所以要谈并非似乎它们有某种自身的价值,而是为了使它们同终极之事的关系变得清晰。为了终极之事的缘故,必须谈论仅次于终极者,必须使人明白什么是仅次于终极者。

134 这个问题可以在此提出来而不予回答:人是否可以仅凭终极
(80) 者而活着,信仰是否能够在所谓时间意义上被延长,或者说,信仰是否并非始终只作为生命中的一段时间或许多时间的终极之事而成为现实的。在这里,我们不谈论对过去信仰的回忆或者信条的重复,而是谈论使一个生命称义的活生生的信仰。我们问,是否这种信仰每日每时都是可以实现和应该可以实现的,或者说,是否为了终极之事的缘故在这里必须一再从头至尾经历仅次于终极者。所以我们问及基督生命中的仅次于终极者,否认它,是否是虔诚的自欺,以其自身方式认真对待它,是否是一种罪。我们由此还问,圣言,福音,能否被延长到时间里去,即可否任何时候以同样的方式被说出来,或者说,在此终极之事是否也有别于仅次于终极之事。直言不讳地说:恰恰在严肃的环境中,譬如面对一个垂死的

人，我往往决定采取“仅次于终极者”态度，譬如对那面对正如此严酷地在发生的事情以沉默表示束手无策的人们，不说我所熟悉和可以引用的《圣经》上的安慰的话，那是为什么呢？面对基督，我也是如此，那是为什么呢？为什么我往往紧闭理应说出终极之事的嘴并且决心同|完完全全是仅次于终极者的人的行为保持一致呢？这是不信任终极之言的力量吗？是惧怕人吗？难道采取这样的态度的具体理由在于，知道并掌握这种话，亦即所请灵性对这种环境的左右，仅仅具有终极之事的假象，实际上却本身就是仅次于终极者之事呢？有意识地留在仅次于终极者之事中，有时不正是比较真实地提示上帝在他的时间里（自然也只是通过人的嘴）所说的终 135
极之言吗？恰恰为了终极之事难道不是一再地需要有仅次于终极 (80)
之事并且不是昧着良心而是问心无愧地去做吗？当然不仅是个别情况，而且从根本上说连基督徒的共同生活的整个范围，尤其是基督徒的牧灵*的整个范围都被包含在这问题里了。关于每一种个别情况所说的话无数次地适用于基督徒每日的共同生活，适用于教区基督徒福音领报的范围。

在基督徒的生命中仅次于终极之事和终极之事的关系，有两种极端的解决办法，“激进的”（radikal）和妥协的（Kompromiβ）。必须指出，即使妥协的解释办法也是极端的解决办法。

激进的解决办法只看到终极之事，而且在终极之事中只看到仅次于终极之事的完全中断。终极之事同仅次于终极之事是绝对对立的。基督是一切仅次于终极之事的破坏者和敌人，一切仅次

* 牧灵（Seelsorge），指教区牧师对教徒的访谈。——译注

于终极之事是对基督的敌对。基督,此乃世界已经成熟到可以交
给烈火的标志。这时没有任何区分,一切都得送交法庭审判;只有
两个范畴:赞成或者反对基督。“不与我相合的,就是敌我的”(太
12:30)。人的行为态度中仅次于终极者的一切是罪孽和否认。面
对行将到来的结局,对于基督徒来说, 只有终极之言和终极的行
为态度。世界由此将变成什么,不再起决定作用,基督徒不再对此
承担责任,世界必须荒废。基督之言一出,世界的一切秩序会瓦
136 解,在这里事关全有或者全无。上帝的终极之言是恩典之言,由此
(81) 产生粉碎与鄙视任何抗拒的律法的铁一般的严厉(可比较易卜生
[Ibsen]* 笔下的人物勃兰德[Brand]**)。

另一种是妥协的解决办法,原则上,终极之言跟仅次于终极者的一切是被分开的。仅次于终极之事保持 | 其权利,终极之事不会威胁或者危及它。世界还存在着, 结局未临,必须对上帝所创造的这个世界负责地做仅次于终极之事。还必须考虑到现实的人。(陀思妥耶夫斯基(Dostojewski)*** 笔下的宗教大法官[Groβinquisitor]****)最后之事始终完全在日常生活的彼岸,终极作为对现存一切的永恒辩解,形而上地涤除了对现存一切的指控。从自由的恩典之言产生恩典的律法,支配仅次于终极者的一切,使之称义,为之验证。

---

* 易卜生(1828—1906),挪威戏剧作家。——译注

** 勃兰德,易卜生同名诗剧中的主角,坚持“全有或者全无”原则的教区教师。——译注

*** 原书“索引·人名”作 Dostojewskij。——编注

**** 宗教大法官,陀思妥耶夫斯基的长篇小说《卡拉马佐夫兄弟》第二部第二卷第五节中人物。——译注

两种解决办法同样都是极端的，同样都含有真的和假的成分。它们都是极端的，因为它们把仅次于终极之事同终极之事绝对地对立起来，在这一种情况下，由于终极之事破坏了仅次于终极之事，在另一种情况下，由于终极之事被排除在仅次于终极之事以外；这一种情况容忍终极之事但不容忍仅次于终极之事，另一种情况容忍仅次于终极之事而不容忍终极之事。两者都是不可允许地把原本同样是正确和必要的想法绝对化。激进的解决办法对万物之终结，是从作为审判者和救主的上帝出发考虑，妥协的解决办法则从创世主和眷顾保守者的角度出发去考虑；前者将“终结”绝对化，后者则将“现存”绝对化。就这样，创世与救赎、时间与永恒陷入不可解决的矛盾之中。对上帝的信仰崩溃了。必须对激进的解决办法的代表们说，基督并非如他们所想的那样地激进；同样也必须对妥协的解决办法的拥护者们说，基督不妥协；与之相应的，基 137
督徒的生命既不是激进主义之事，也不是妥协之事。在耶稣基督 (82)
独一无二的严肃面前，争论究竟是这一种观点还是那一种观点较为严肃，是没有意义的，耶稣基督揭示了这两种解决办法都不严肃。原本的纯粹的基督教的观念，原本的人的观念，都不是严肃的，唯独在耶稣基督身上合一的上帝的实在和人的实在是严肃的。严肃的不是某一种基督教，而是耶稣基督本身；在耶稣基督里，上帝和人的实在取代了激进主义和妥协。没有必须摧毁世界的原本的基督教；也没有必须排斥上帝的原本的人。两者都只是观念；只有上帝一人(Gott-Mensch)耶稣基督是实在的|，并且如此长久地维持世界，直至世界具备抵达末日的条件。

激进主义总是产生于自觉或不自觉的对现存事物的憎恨。基

督徒的激进主义，逃避世界的或者改善世界的激进主义，源自对创世的憎恨。激进的人不能原谅上帝创造了世界。他厌恶被创造的世界，伊凡·卡拉马佐夫（Iwan Karamasow）同时创造了宗教裁判官传奇里的激进耶稣的形象。世界上的恶变得强大时，恶同时也给基督徒灌输激进主义的毒素。基督赐给基督徒的乃是，要与世界和解，可现在，这一点却被认为是背叛与否认基督。取代和解的，是对人和世界的愤恨、猜疑和鄙视。由凡事相信、凡事忍耐、凡
138 事盼望的爱，由怀着上帝的爱去爱处在恶之中的世界的爱（约 3：
(83) 16），变成了法利赛人式的拒绝去爱恶人并且局限于去爱有限的圈子里的虔敬的人。由为世界服务到底的耶稣基督的公开的教会，变成了某一种所谓原始基督徒的团体理想，这种理想又把活生生的耶稣基督的实在同基督徒的一种观念的实现混淆了。变成恶的世界就这样成功地让基督徒也变恶了。这是使世界解体又使基督徒变激进的同一病菌。这是对世界的憎恨，无论是不信神的人的憎恨还是虔信的人的憎恨，两者都是对世界的憎恨。这是从两个方面拒绝创世信仰。召来鬼王（Beelzebub）是驱不了鬼的。

妥协总是产生于对终极之事的憎恨。基督徒的妥协源自对罪人唯因恩典称义的憎恨。必须保护世界和世界上的生命防止对它的领域的这种侵入。必须只用世界的手段来对付世界。终极之事对世上生命的形式没有发言权。对终极之事的探问，让上帝之言以其权威对世界上的生命起作用的尝试，现在被认为是激进主义，是对现存世界秩序以及受此秩序制约的人冷酷无情。基督赐给基督徒的脱离世界的自由和对世界的拒绝（约壹 2：17）被指摘为不自然的、违背创世的对世界和人的疏远甚至敌对。取而代之的是，

用适应乃至顺从或者仅为世俗智慧的谨小慎微冒充基督徒真正的对世界的坦率和爱。

激进主义憎恨时间，妥协憎恨永恒；激进主义憎恨忍耐，妥协 139
憎恨决断；激进主义憎恨智慧，妥协憎恨单纯；激进主义憎恨尺度，(83)
妥协憎恨无法衡量之物；激进主义憎恨真实之物，妥协憎恨圣言。

由上述比较可以清楚地看到，这两种态度以相同的方式违背基督；因为在这里相互敌对的，在耶稣基督里是一致的。对基督徒的生命的探问既不是靠激进主义，也不是靠妥协，而是靠耶稣基督本身来裁决并回答。终极之事与仅次于终极者之事的关系只有在耶稣基督中得以解决。在耶稣基督里我们相信道成肉身、被钉十字架和复活的上帝。由道成肉身我们认识到上帝对造物的爱，由钉上十字架认识到上帝对所有的肉身的审判，由复活认识到上帝要有一个新世界的意志。再没有比把这三部分拆开更荒唐的事了；因为它们中间的任何一部分都包含着整体。通过错误地把这三部分中的任一部分绝对化而创立相互对立的一种道成肉身神学(Theologie der Menschwerdung)、一种十字架神学(Theologie des Kreuzes)或一种复活神学(Theologie der Auferstehung)是不正确的，同样，在对有关基督徒的生命问题进行思考时，采取这种做法也是错误的。一种唯独建筑在道成肉身之上的基督教伦理学容易导致妥协的解决办法，一种唯独建筑在十字架或耶稣的复活之上的伦理学会陷入激进主义和狂热。只有在统一中矛盾才会解决。

耶稣基督，人，这意味着，上帝进入受造的实在，我们可以并应该存在于上帝之前。破坏人的存在是罪，因此，对于上帝来说，

成为解救人的障碍。然而，耶稣基督的人的存在并非意味着对现
140 存的世界和人的本质的确认。耶稣是“无罪”的人（来 4:15）；这是
(84) 关键。但是耶稣生活在众人当中，一贫如洗，没有成亲，作为罪犯
而死。所以，耶稣的人的存在已经包含着对人的双重的批判，对罪的绝对批判以及对现存的人的秩序的相对批判。尽管包含|这种批判，耶稣仍是真实的人并且愿意我们作为人而存在。耶稣不让人的实在独立，也不破坏它，而让它作为仅次于终极之事而存在，作为以其方式被认真对待又不被认真对待的仅次于终极之事，作为成为终极之事的外壳的仅次于终极之事。

耶稣基督，被钉上十字架的人，这意味着上帝对堕落的*造物下了最后的判决。对耶稣基督的十字架上的上帝的拒绝，包含着对人类的毫无例外的拒绝。耶稣的十字架是对世界的死刑判决。在这里，人不能炫耀他的人的存在，世界也不能炫耀它的神圣秩序。在这里，人的荣耀在被钉上十字架的人被划破、流血、被啐上唾沫的脸的图像中走向其终点。然而把耶稣钉上十字架并不简单地意味着造物的毁灭；人们将在十字架这一死亡标志下继续生活，如果鄙视它，将受审判；如果承认它，将获拯救。终极之事在十字架里成为真实的，作为对仅次于终极的一切的审判，又作为对服从终极之事的法庭的仅次于终极者之事的恩典。

耶稣基督，复活的人，这意味着上帝出于爱和全能结束死亡并
141 让新的造物诞生，赐给新的生命。“旧事已过”（林后 5:17）。“看
(85) 哪，我将一切都更新了”（启 21:5）。复活已经在旧世界中发生，作

* 堕落的(gefallen)，指人类始祖获罪被逐出伊甸园。——译注

为它的结束和它的未来的最后的标志，同时作为活生生的实在。耶稣作为人而复活，他就这样把复活赐给人。人仍旧是人，虽说他是一个新的、复活的、与旧人截然不同的人。但是，已经同基督一起复活的人，自然直到他死亡为止，一直留在耶稣曾经进入、十字架竖立在那里的、仅次于终极之事的世界中。只要大地仍存在，复活也就不会取消仅次于终极之事后，但是，永恒的生命，新的生命越来越强有力地突入尘世生命并在其中开辟它的空间。

道成肉身、十字架和复活可能是在三者的统一中、也可能是在三者的区别中凸现出来的。基督徒的生命是同道成肉身的、被钉十字架的和复活的耶稣基督在一起的生命，耶稣基督之言作为完整之言在关于罪人唯因恩典而称义的信|息中传给我们。基督徒的生命正是在成为人的大能中作为人的存在，在十字架的大能中受审判并蒙恩，在复活的大能中获得一种新生命。三者缺一不可。

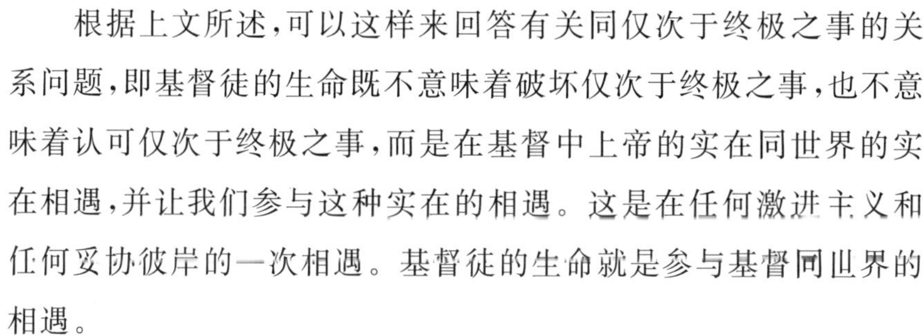

根据上文所述，可以这样来回答有关同仅次于终极之事的关系问题，即基督徒的生命既不意味着破坏仅次于终极之事，也不意味着认可仅次于终极之事，而是在基督中上帝的实在同世界的实在相遇，并让我们参与这种实在的相遇。这是在任何激进主义和任何妥协彼岸的一次相遇。基督徒的生命就是参与基督同世界的相遇。

业已说明，从终极之事那方面替仅次于终极之事保留了一定的空间，所以，我们必须更仔细地考察仅次于终极之事。

预备道路 142

这仅次于终极之事是什么？它是终极之事——罪人唯因恩典 (86)

而称义——前面的一切以及当认识了终极之事后，所有被视为能导向终极之事的一切。它同时是跟在终极之事后面以便重新出现在终极之事前面的一切。所以没有原本的仅次于终极之事，致使原本的某事可为自身作为仅次于终极之事辩明理由，而是某事通过终极之事才成为仅次于终极之事，即是说，在某事已经失效的那个瞬间。所以，仅次于终极之事并非终极之事的条件，反倒是终极之事制约仅次于终极之事。所以，仅次于终极之事并非一个原本的状态，而是终极之事对它前面之事的判决。具体地说，涉及罪人唯因恩典而称义，有两件事被称为仅次于终极之事，即人的存在和善良。例如把人的存在称作因恩典而称义的条件，乃是错误的，而且是对终极之事的滥用。人的存在是什么，反倒只有从终极之事出发才能认识到，人的存在因此受称义的制约，以称义为根基。然而，情况是这样的，人的存在先于称义，从终极之事出发看，人的存在必须先于称义。不是仅次于终极之事取消终极之事的自由，而是终极之事的自由使仅次于终极者之事生效。所以，现在——在作出所有必要的保|留的情况下——可以把人的存在称作为因信称义的仅次于终极者之事。只有人能得到称义，这正是因为只有得到称义的人将成为“人”。

143 由此可以得出关键性的重要结论：为了终极之事的缘故，仅次
(86) 于终极之事必须被保持。对仅次于终极之事的任意破坏会严重损害终极之事。例如一个人的生命被剥夺了属于人的存在的诸条件的地方，即使没有使恩典和信仰对这样一个生命的称义成为不可能，那也使之受到严重的阻碍。具体地说：奴隶自己的时间被剥夺到这样的程度，他不再能听取上帝之言的宣告，上帝之言同样不能

把他引向称义的信仰。这个事实说明，对上帝的终极之言的宣告，对罪人唯因恩典而称义的宣告，也必须关心仅次于终极之事，在这个意义上，即不能通过破坏仅次于终极之事来阻碍终极之事。圣言的宣告者若不能同时竭尽全力使圣言被听到，他便不能胜任圣言的要求，即在自由的道路上，在平坦的道路上传布。必须为圣言预备道路。这是圣言本身的要求。

为圣言预备道路，关于仅次于终极者的事物所说的一切都与此有关。“预备主的道，修直他的路。一切山洼都要填满，大小山岗都要削平！弯弯曲曲的地方要改为正直，高高低低的道路要改为平坦。凡有血气的，都要见上帝的救恩！”（路 3:4 以下）虽说基督到来时，他自己开道，他是“开路的”（弥 2:13）。“他打破了铜门，砍断了铁闩”（诗 107:16），“他叫有权柄的失位，叫卑贱的升高”（路 1:52）。他的到来是战胜敌人的凯旋之行。但为了使他的来临的威力不是愤怒地击倒众人，而是触及作为谦卑的期盼者的众人，因此，在他到来之前，先传来预备道路的呼唤。

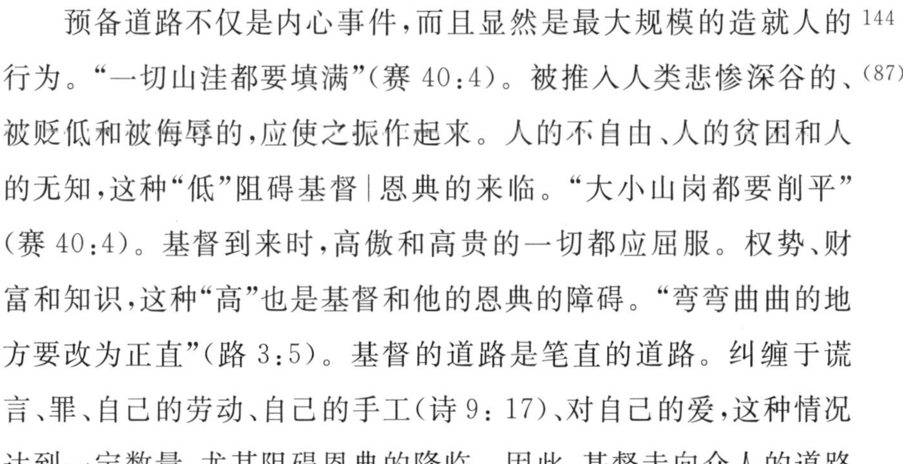

预备道路不仅是内心事件，而且显然是最大规模的造就人的 144
行为。“一切山洼都要填满”（赛 40:4）。被推入人类悲惨深谷的、(87)
被贬低和被侮辱的，应使之振作起来。人的不自由、人的贫困和人的无知，这种“低”阻碍基督|恩典的来临。“大小山岗都要削平”（赛 40:4）。基督到来时，高傲和高贵的一切都应屈服。权势、财富和知识，这种“高”也是基督和他的恩典的障碍。“弯弯曲曲的地方要改为正直”（路 3:5）。基督的道路是笔直的道路。纠缠于谎言、罪、自己的劳动、自己的手工（诗 9:17）、对自己的爱，这种情况达到一定数量，尤其阻碍恩典的降临。因此，基督走向众人的道路

必须修直。“高高低低的道路要改为平坦”(路 3:5)。违抗、不顺从以及拒绝使人变得冷酷,致使基督只能愤怒地毁灭反抗者,不再开恩地进入他里面,因为他插上门闩挡住基督恩典的来临,不开门让敲门者进入。

不论人有准备还是没有准备,基督仍然到来并开辟他的道路。没有人能够阻止基督的到来,但是我们可以阻挡他在恩典中的来临。有种种心灵、生命和世界的状态以特殊的方式阻碍接受恩典,就是说,这些状态最终给信仰的能力(Glaubenkönnen)造成无限的困难。我们说:造成困难、阻碍,但我们不是说:使之不可能;我
145 们自然也知道,即使铺平道路,扫除障碍,也不能迫使恩典到来;相
(88) 反,基督恩典的来临总要“打破了铜门,砍断了铁闩”(诗 107:16),恩典最终必定自己开辟并铺平它的道路,单独并且一再地让不可能的事情变成可能。但是,凡此种种并没有免除我们的义务,似乎我们不必为恩典的来临铺路并清除制造障碍和困难的事物。尽管朝我们而来的反正不是别的而是恩典,但是,恩典遇上我们时,我们处于什么样的状态,这并非无所谓的。处在另一些状态中,我们会使自己难以去相信。陷入极端的耻辱、孤独、贫困与无助状态的人,很难相信上帝的公正与善良;生活在无秩序和无纪律状态中的人,很难相信并听从上帝的戒律;饱足的人和有权势的人难以领悟上帝的审判和上帝的恩典;因错误的信仰而失望的人和内心变得放纵的人很难达到把心灵托付给耶稣基督的单纯境界。说这些并不是替上述这些人开脱或者使他们沮丧。他们反倒必须明白,上帝在耶稣基督里面恰恰朝堕落、罪和贫困的深处弯下身去;上帝的正义和上帝的恩典恰恰接近被剥夺权利的人、被贬低的人、被剥削

的人；耶稣基督愿意给予放纵的人以救助与力量；真理愿意把迷途的人和绝望的人重新置于坚实的根基之上。

但是，所有这些并不排除预备道路的任务。这任务反倒是对所有知道耶稣基督要来临的人所负有的无可估量的责任的承当。忍饥挨饿的人需要面包，无家可归的人需要住房，被剥夺权利的人需要正义，孤独的人需要团体，放纵的人需要秩序，奴隶需要自由。让挨饿的人挨饿，是亵渎上帝和邻人，因为上帝离邻人的困苦最 146
近。基督的爱属于忍饥挨饿的人如同属于我，为了这种爱的缘故，(89)
我们同忍饥挨饿的人分食面包，分居住宅。如果忍饥挨饿的人不去信仰，那么，罪过在于不分给他面包的人们。使忍饥挨饿的人得到面包，是为恩典的来临铺路。

这里发生的是仅次于终极之事。把面包给予忍饥挨饿的人，还不是向他宣告上帝的恩典和使他称义，接受面包还不是有了信仰。但是，对于懂得终极之事并且为了终极之事而这样做的人来说。这件仅次于终极之事同终极之事就有了一种关系。这是终极之事前面的一件事（ein Vor-*Letztes*）。恩典的来临是终极之事。但是，我们必须谈论预备道路，谈论这件仅次于终极之事，是为了这些人的缘故，他们连同否认仅次于终极者的事物的激进主义一齐失败了，现在正遇上被推回到仅次于终极者的事物后面去的危险；也为了这些人的缘故，他们留在仅次于终极者的事物中并且心满意足，而现在必须要求他们赞成终极之事；我们谈论仅次于终极者的事物，最后或者说首先是为了这些人的缘故，他们甚至尚未到达仅次于终极者的事物，没有人帮他们这个忙，没有人为他们铺平道路，他们现在必须得到帮助，使上帝之言、终极之事、恩典能够

传给他们。

奴隶必须得到自由，没有权利的人必须得到他的权利，忍饥挨饿的人必须得到面包，在他们能够成为基督徒之前，必须先把各种价值（Werte）整理得井井有条，如果有人这样说的话，那么，这一切就全被误解了。

147 《新约》和教会史|提供了相反的证据，也许恰恰在世界看来相
(89) 对有秩序的时期内，同信仰的距离特别地远，远得惊人。所以，为基督铺路并非简单地事关创建特定的、所希冀的和合乎目的的诸状况，亦即事关实现一份社会改革纲领（sozialen Reformprogramm）。预备道路反倒事关具体于预有形的世界，就像饥饿与饱足那样具体和有形，其因在于，这种行为是灵性的实在，正因为事关基督的来临而非事关世俗状况的改革。只有在灵性的铺路之后才是主的恩典来临。这意味着，必须发生为使众人有身心准备去接受耶稣基督的有形的行为，在行将到来的主面前的谦卑的行为，必须是悔改的行为。预备道路就是悔改（太 3:1 以下）。但悔改就是具体的转向；悔改要求行为。铺路当然是以必须建立的、完全特定的状况为目标的。为试图具体说明作为铺路的目标的这种状况，我们先要谈谈人的存在（Menschsein）和善（Gutsein）这两种规定。

只有主的进入才使作为人的状况以及善的状况得以完成。但是从行将到来的主那边已经朝作为人的状况以及善的状况投来一束光，正如这是为了及时地作好准备和期待所要求的那样。作为人的状况以及善的状况是什么，只能从行将到来和已经到来的主那方面得知。因为基督正在到来，因此我们应该是人，我们应该是

善的。基督不是来到地狱里，而是来到“自己的地方”(约 1:11)，他来到他所创造的世界，这个世界尽管堕落却仍然是他所创造的。基督不是到魔鬼这里来，而是到人这里来，当然是到有罪的、失落 148
的、被罚的人这里来，但毕竟是到人这里来。由于上帝所创造的堕 (90)
落的世界仍然是上帝的造物，有罪的人仍然是人，故而基督到他们这里来，故而基督从罪孽和魔鬼的暴力下解救他们。从基督这方面看，堕落的世界被理解为由上帝为了基督的到来而保留、维持的世界，在这个世界里，我们作为人在现存的秩序中可以而且应该生活得“好”(gut)。但是，在人成为物，成为商品，| 成为机器的地方，在秩序被任意破坏的地方，在不再区分“善”与“恶”的地方，那里就有超出一般的世界的罪孽和失落的特殊障碍在挡道，阻碍众人接受基督。在那里，世界自己破坏自己，致使它大有变成魔鬼性质的危险。在堕落的、失落的世界中间，在上帝面前，人是维护抑或破坏婚姻的秩序，人的行为是正义的抑或专横的，这两者之间是大有区别的。维持婚姻的人，维护正义的人，诚然还是罪人，但仅次于终极之事是受重视并且被认真对待抑或相反，这两者之间依然是有区别的。为了临近的终极之事的缘故重视仅次于终极之事并且使之生效，这也是铺路的内涵。

上帝通过圣言启示的性质决定了，如果我愿意听取这种圣言，我就必须去听讲道(Predigt)；因为“信道是从听道来的”(罗 10:17)。倘若这圣言能够传给我，那么，我到上帝喜欢传他的圣言的地方去，乃是预备道路的最后行动，仅次于终极之事的最后行为。在维护现存秩序这件事情里，上教堂(Gang zur Kirche)是在仅次于终极之事范围内必行之事的极限。前辈先贤也会这样讲。前提

是，人人有外部的可能条件、体能以及一定的聚精会神和思考的能
149 力，来满足这种要求。但如果这种前提有朝一日不再切合实际，让
(91) 人去听道的召唤完全由于外部的原因不再被听从，那么，对仅次于终极之事的操心就会移到另一处去。首先要操心的是外部的可能条件，即让人去听道的召唤能够被人听到并被依从。可以这样说，在可以以这种方式对人说话之前，人首先必须重新成为人。不着手完成这一任务的地方，将会不认真对待替行将到来的主预备道路这件事。对人的怜悯以及对要来到所有的人身边的主的责任，强迫人这样去做。

不管怎么说，可能还讲得不够清楚，即只有行将到来的主本人能够铺平道路，他将引导人达到全新的人性和善。为基督预备道路所做的一切事情的收尾，恰恰在于认识到，我们自己恰恰永远不会铺|路，恰恰是预备道路的要求把我们引向全面悔改。“主耶稣呀，求你出于善与怜悯使我这个可怜人也准备好进入这个神圣时代吧！”（蒂洛[Valentin Thilo]）。为基督预备道路同所有的自己走向基督的道路的区别正在于此。正如我们一开始所说的，事实上没有“方法”，没有道路走向终极之事。有别于所有的方法，预备道路恰恰是从这种明确的认识出发的，即基督必须自己走路；应该准备的，不是我们的通向他的道路，而是他的通向我们的道路，而
150 且只能在明确知道基督必须自己铺路的情况下去准备。方法是从
(91) 仅次于终极之事到终极之事的道路。铺路是从终极之事到仅次于终极之事的道路。基督来临，凭着自己的意志、自己的力量、自己的爱，他要而且能够克服所有的障碍，包括最大的障碍，他是他自己的铺路人，这种认识，确实只有这种认识，才使我们成为他的铺

路人。我们怎么会不愿和必须成为这样一位主的铺路人，我们怎么会不让他，行将到来的主，使我们成为他的铺路人，成为认真期待他的人？因为我们期待基督，因为我们知道基督正在到来，我们因此而且仅仅因此而替他铺平他的道路。

唯独基督树立信仰，然而有种种环境，在其中，“信仰的能力”变得比较困难或者比较容易。* 存在着不同程度的冷酷与顽固。唯独基督带给我们终极之事，即使我们在上帝面前称义，然而，或者反倒正因为如此，没有夺走和使我们免除仅次于终极之事。仅次于终极之事被终极之事吞没，可是，只要大地存在，仅次于终极之事仍保留它的必要性和它的正当理由。

基督徒的生命是在我之中的终极之事的开端，是在我之中的耶稣基督的生命。但这始终是在期待终极之事的仅次于终极之事中的生命。基督徒生命的严肃性，其原因唯独在于终极之事。但是，仅次于终极之事也有它的严肃性，这种严肃性自然恰恰在于，永远不把仅次于终极之事同终极之事混淆，面对终极之事，把仅次于终极之事视作玩笑。于是，终极之事和仅次于终极之事都保留其严肃性和有效性。在这里，再次清楚地表明，面对耶稣基督和他来到世上的实在，任何激进的基督教信仰以及任何妥协的基督教信仰都是不可能的。|

与我们的问题有关，以下情况标志着西方基督教世界（Chris- 151
tenheit）的灵性状况：由于终极之事成为问题，而且二百年来越来 (92)
越成问题，同终极之事有密切关系的仅次于终极之事的存在同样

* 参见 *Nachfolge*《追随基督》，第一章。

地受到威胁，并且被引向瓦解。仅次于终极之事的瓦解，其结果便是变本加厉地鄙视与贬低终极之事。终极之事与仅次于终极之事具有密切联系。所以，在这里需要更加突出地宣告终极之事来加强仅次于终极之事，如同要维护仅次于终极之事来保护终极之事。另一方面，在当今的西方基督教世界，有这样的人组成的广大阶层，他们虽然坚持着仅次于终极诸事，并且下决心继续坚持下去，可是他们却没明确地认识到同终极之事的关联，或者肯定这样关联是关键性的，尽管他们对于终极之事并不怀有任何敌意。在这里，终极之事倘若丧失，或迟或早必将导致仅次于终极之事的崩溃，如果不能成功地从终极之事这方面来利用这种仅次于终极之事的话。在堕落的世界里可以找到的人性、善，都属于耶稣基督这方面。如果只向破碎的和恶的宣告耶稣基督的临近，如果由于天父对浪子的爱而贬低对留在家里的儿子的爱，那完完全全就是在删减福音。诚然，我们所说的人性与善，并不是耶稣基督的人性与善；这在审判中是站不住脚的，可是耶稣基督爱那个遵守诫命的青
152 年（可 10:17 以下）。人性和善不该单独得到一种价值，它应该而
(93) 且可以为耶稣基督所用，尤其在它作为先前同终极之事的联系的无意识的残余的地方。把处在这种状况下的人简单地称作非基督徒，逼迫他承认他没有信仰，表面看来这往往是更为严厉的。但是，恰恰把这种一个不再敢自称基督徒的人当作基督徒来要求他，非常耐心地帮助他皈依基督，这更加合乎基督徒的精神。下面两章需要从这个角度去理解。|

自然的

自然的(das Natürliche)这个概念在新教伦理学里丧失了信誉。对于某些人,这个概念完全消失在普遍罪恶的黑暗里,对于另一些人,这个概念反倒得到了绝对历史性的光辉。两者都是恶意滥用,其结果是,自然的这个概念完全被排除出新教的思考并把它转让给了天主教伦理学。但是,对于新教的思考来说,这意味着一种严重的实际损失,因为面对自然生命的实践问题就或多或少地失去了导向。自然的对于福音的意义变得捉摸不透,新教教会失去了明确指点道路的话语去答复亟待解决的自然生命的种种疑问。就这样,新教让无数的人在进行生命攸关的抉择时得不到回答和帮助,新教日益陷入对上帝的恩典的(正统的静止不变的)辩
解。因为在恩典之光面前,人的—自然的一切沉入罪孽的黑夜,人 153
们由于惧怕恩典作为恩典可能遭受损害,就不敢再去注意人的— (94)
自然的相对区别。借助自然的这个概念,最清楚不过地表明,这种新教的思考不再懂得终极之事同仅次于终极者之事的真正的关系。这种损失的后果是严重和影响深远的。如果在堕落的受造物内部不再有相对的区别,那么,任何任意专横和无秩序就可以畅行无阻,那么,自然生命在其具体抉择和秩序方面就不再对上帝负责。自然的之唯一对立面是上帝的圣言。自然的与非自然的(das Unnatürliche)之间就不再形成反差。自然的和非自然的在上帝的圣言面前同样被罚入地狱。这意味着在自然生命的领域内的完全瓦解。

因此,自然的这一概念必须重新以福音为基础。我们讲与造

物的(das Geschöpfliche)相区别的自然的,为的是把堕落这个事实包括在内;我们讲与罪恶的相区别的自然的,为的是把造物的包括在内。自然的是被逐后对准耶稣基督来临的。非自然的是在被逐后拒绝耶稣基督来临的。对准基督的和拒绝基督的之间|的区别虽说是一种相对的区别;自然的不能强迫基督到来,非自然的也不能使基督的到来变成不可能;在两种情况下,真实的来临都是恩典的发生,基督的到来才证实自然的就其性质而言是仅次于终极之事,才明确地揭示出非自然的是对仅次于终极之事的破坏。所
154 以,在基督面前也还存在着自然的和非自然的之间的一种区别,这
(94) 种区别不会没有严重损害就被消除。

自然的这个概念,来源于 nasci-natura(出生—自然[自然一词的字根源于出生]),它有别于源自 creare-creatura (创造—创造物)的受造物的(das Kreatürliche),它含有独立性即自身发展的因素,这种因素完全与事实相合。由于堕落,"造物"(Kreatur)变为"自然"(Natur)。从造物对上帝的直接依赖性变为自然生命的相对自由。在这种自由内部,有真正地使用自由与错误地使用自由的区别,因此也有自然的与非自然的之间的区别,因此有着对基督的相对的开放与相对的封闭。重要的是,这种相对的自由不得跟适合于上帝和邻人的绝对自由相混淆,唯独已到来的上帝之言本身创造并赐予这种绝对的自由;然而,这种相对的自由对于这种人也是重要的,即基督曾经把适合于上帝和邻人的自由赠与他。

自然生命不可简单地理解为同基督一起的生命的预备阶段,而是自然生命通过基督本身才能生效。基督本身进入了自然生命,并且通过基督道成肉身,自然生命才变成指向终极之事的仅次

于终极之事。通过基督道成肉身,我们才有权利产生自然生命并去度过自然生命本身。

如何认识自然的?自然的是上帝替堕落的世界保存的生命形象,这个形象对准基督带来的称义、解救与更新。所以,自然的有一种形式上的规定和一种内容上的规定。在形式上,自然的由上 155
帝的保存意志和对准基督所规定。在它的形式方面,自然的因此 (95)
只能从耶稣基督本身出发被认识到。对自然的所作的内容上的规定就是|被保存的生命本身的形象,这形象包容整个人类。根据这个内容方面,人的"理性"(Vernunft)是自然的之认识器官。理性不是人身上的一种在自然的之上的、神性的认识原则与秩序原则,它本身是这种被保存的形象的一部分,而且这一部分适合于使人意识到、"知觉到"(vernehmen)作为实在中完整和普遍的统一性。于是,理性完全被嵌入自然的;理性在自然的呈现自身时对其所做的有意识的知觉。自然的和理性之间的相互关系就如同被保存的生命之存在形式与其意识形式之间的关系。理性与自然的之理解相当,其原因既不在于理性的能动性(Spontaneität),它创造了自然的;也不在于理性的神性,它能够适应自然的;而在于堕落这个事实,理性和世界的其余部分一样都被卷入了这一事实。理性当然依旧是理性,但只是堕落的理性,它只能获悉堕落世界的现况,而且只按照它的内容方面。

理性在现况中把握共相(das Allgemeine);所以,现存的自然的,正如理性所把握的那样,是一种共相。它包括全部人的自然本性(Natur)。理性把自然的作为一般假定的来认识,不依赖于经验

检验的可能性。*

156 由此得出非常重要的结论，即自然的从来就不可能是堕落的
(96) 世界内部某一部分、某一权威(Instanz)的设立(Setzung)。自然的东西，既不是被保存的世界内部的个人，也不是某个团体或者机构所设立和决定的；它是先行被设立并被决定的，确切地说，个人、团体和机构都分有它。自然的东西，不是由任意的设立所规定；由一个个人、一个团体、一个机构所为的这种任意的设立面对被先行设立的自然的时必定会粉碎并且自毁。若伤害和强暴自然的，必然会受到报应。其原因在于，自然的是对被保存的生命的真正保护。所以，自然的并不仅仅为“理性”所承认，它还要求被保存的生命的“基本意志”(Grundwille)所同意和肯定。事情又不是这样的，似乎这种“基本意志”是人身上的未因堕落而受损的神性残余，似乎它能够肯定上帝的秩序；不，这种基本意志同理性一样也被嵌入并陷于堕落和被保存的世界里；基本意志也唯独对准自然的之内容方面并肯定之，因为基本意志在这内容方面中看到、发现了对生命的保护。自然的是在非自然的面前对生命的维护。归根结
157 底，它是生命本身，生命倾向于自然的，一再反抗非自然的并使之
(97) 失败。身体和心灵健康与复元的最后原因即在于此。生命，不论事关个别生命抑或团体生命，乃是它自己的医生；生命抵御破坏生

* 以上所述，不同于天主教的理论，这是由于(1)我们把理性理解为完完全全被卷入堕落的，而在天主教教义学(katholischen Dogmatik)里，理性则保存着基本的完整性；(2)根据天主教教义，理性也能够理解自然的之形式上的规定，这又同第一条原则有关。以上所述有别于启蒙(Aufklärung)的观点，由于自然的之原因在于客观现实性，而不在于理性的主观能动性。

命的非自然的;一旦生命本身不再有能力进行这种必要的抵御,非自然的之破坏力量才会获胜。*

破坏自然的意味着破坏生命。认识和生命意志陷入无序与混乱,对准错误的目标。非自然的是生命的敌人。

被保存的生命的相对自由足以说明,非自然的如何会伤害自然的。在堕落的世界内部的一种现况在这种被滥用的相对自由中居于绝对地位,自称是自然的之源泉,从而瓦解自然的生命。在这时开始的非自然的同自然的之间的斗争中,非自然的可能在一段时间内强行占上风;|因为非自然的基本上在于组织,自然的相反则是不能组织的,而是简单地存在着的。例如削弱对父母的敬重是可以有组织的,相反,对父母的敬重是简单地履行的,按其本质
是不能被组织的。由于这个缘故,非自然的能够暂时压倒自然的。158
从长远看,任何组织都会瓦解,但自然的却存在着并靠自己的力量 (97)
获得成功;因为生命本身是在自然的这一边。之前当然可能发生生命外部形式的严重震荡和巨变。但是,只要生命维持着,自然的又会自行开辟道路。

在这种关联中,坚守在堕落的世界边缘的乐观主义(Optimismus)从人类历史着眼是有其根据和道理的。这种乐观主义当然同逐渐克服罪孽的想法无涉,这一点已经明白无误了。这里所说的,是一种完完全全内在的、以自然的为根基的乐观主义。根据《圣经》,自然的全面被破坏当然也属于正在临近的世界末日的标

* 金克尔(E. R. Kunkel)的性格学著作的道理即在于此,在这些书中"生命"一再作为心灵非自然与疾病的真正和最后的调整而出现。

志(路 21:16);内在的乐观主义至此也到了尽头,《圣经》的预言将一劳永逸地取消其历史原则和镇静剂的角色。余下的只有一种虽不无道理、但却是纯内在的、因此是永不确凿的希望。

有了这些前提,我们现在可以将自然之物描述为在堕落后被上帝保存下来的、对准基督来临的生命的形象。

自然生命

自然生命是被塑造的生命。自然的是寓于生命本身中并为之
服务的形象。但是,生命若要摆脱这种形象,想要摆脱这种形象
而肯定自身,想不让自然的这一形象来为它服务,那么,生命就会
159 连根自毁。使自己绝对化,视自己为本身目的的生命将自毁。活
(98) 力论(Vitalismus)必然以虚无主义、以粉碎自然的一切而告终。
原本的生命——在严格的意义上——乃是虚无、深渊、跌落;它是无终点、无目标的运动,进入虚无的运动。生命|在把一切拽入这种毁灭性运动之前,不会静止。在个体生命和社会生命中有这种活力论存在。它的产生,是由于把一种原本正确的观点错误地绝对化,即生命不仅是达到目的之手段,而且自身也是目的;这种观点既适用于个体生命,也适用于社会生命。上帝想要生命,他就给予生命一个形式,生命就能够活在这形式里,因为生命倘若专注于自身,就只能自毁。这种形式同时也使生命为别的生命和世界服务;它使生命在限定的意义上成为达到目的之手段。把生命绝对化为目的本身,亦即毁灭生命的活力论,这是有的;把生命绝对化为达到目的之手段并导致相同的结果,这同样也是有的;这点同样既适用于人也适用于团体。我们可以把这条迷津称作把生命机械

化(Mechanisierung)。在这里,个人只被理解为他对于整体的实用价值(Nutzwert),而团体也只被理解为它对于高于它的机构、组织或者理念的实用价值。集体(das Kollektive)是一个神,个别的生命和团体的生命在其全面机械化的过程中被奉献给他。在这里,生命熄灭了,为生命而存在、为生命服务的形式,接管了对生命的不受限制的统治。生命的任何以自身为目的的性质(Selb-
stzwecklichkeit)均被克服,生命沉入虚无;因为正像机械化杀死 160
所有的生命那样,唯有从生命中吸取其力量的机械化必定自身崩 (99)
溃。

自然的生命处在活力论和机械化这两个极端之间,它既是以自身为目的之生命,又是作为达到目的之手段的生命。在上述意义上的活力论和机械论同样都是一种——也许是无意识的——对自然生命绝望的表现形式,一种对生命的敌视、对生命的厌倦、无生活能力(Lebensuntüchtigkeit)的表现形式。对自然的之趣味让位于非自然的之刺激。从耶稣基督这方面出发,生命的以自身为目的之性质被理解为造物性质(Geschöpflichkeit),作为达到目的之手段的生命被理解为对上帝之国的参与;而在自然生命的范围内,以自身为目的之性质在赋予生命的权利(Rechte)中找到其表述,作为达到目的之手段的生命在赋予生命的义务(Pflichten)中找到其表述。为了基督及其来临的缘故,必须在规定的权利和规定的义务中体验自然的生命。一旦这些权利和义务被否认,被取|消,被破坏,就会在基督到来的道路上设置重大的障碍,被接纳的生命敬畏地怀有的感激和使这生命侍奉造物主的感激就会被连根铲除。

在一种基督教的伦理学中,先谈论权利,随后才谈论义务,这会使理想主义思想家感到诧异。但是,我们的权威并非康德,而是《圣经》;正因为如此,我们必须首先谈自然生命的权利,也就是说,首先谈给予生命的东西,随后再谈论生命的要求。上帝先给予,尔后要求。在自然生命的权利中,受尊敬的不是造物,而是造物主,
161 受承认的是上帝的所赐之丰富。在上帝面前无权利,而是被给予
(100) 的纯粹自然的在人面前成为权利。自然生命的权利是在堕落的世界中间上帝创造物世界万物之荣耀的余晖。权利并非首先是人在其自身利益方面能够为之提起主张的,而是上帝本身为之承担责任的。义务产生于权利本身,犹如使命产生于所赐。义务包含在权利之中。由于我们在自然生命的范围内先谈权利后谈义务,我们也就在自然生命中给福音提供了空间。

给每人应得的一份

对于随同自然的而给予的权利之最普通的表示,借用《罗马法》的话来说,即是:suum cuique,给每人应得的一份(jedem das Seine)。这句话以同样的方式既表达了自然的以及属于它的权利的多样性,也表达了保存在多样性中的权利的统一性。倘若这句话被人滥用,那么,随同自然的而给予的权利的多样性和统一性都会被取消。这种情况是,或者有人要把"应得的一份"理解为"等同的"(das Gleiche),从而破坏自然的之多样性而有利于某一种抽象的律法,或者有人任意而主观地规定"应得的一份",从而取消权利的统一性而有利于自由专横。在这两种情况下,自然的本身都遭强暴。属于每个人的"应得的一份",是各各不一的、非等同的

(但恰恰又非任|意的!),同时又是客观地以自然地被给予的为根
据,因此是普遍的(但恰恰不是抽象的—形式上的)。 162

有一种植根于自然地被给予的之中的权利,亦即一种“与生俱 (100)
来的权利”,所以,在自然的本身没有被驱使去进行反对非自然的权利之革命的情况下,这种权利不得被外来的权利所取消或者破坏。suum cuique(给每人应得的一份)承认在自然的之中被给予的权利优先于一切成文法规定的权利。它保护自然的,防止任意的一革命的突发,其途径是,要人注意归于他人的权利,正如我自己的权利一样,也属于自然权利。只有在尊重他人的自然权利的条件下才有自己的自然权利。这样,suum cuique 已经撞到了它的界限。它的前提是,被给予的自然权利应相互间协调一致,亦即没有相互间根本冲突的自然权利。以此为出发点,相应的事件——即以自然的为根由的各种权利之间的种种冲突——必须被理解为各种法的概念的欠缺、误解和不足。这些事件并没有被归结于世界本身的现有结构,不被认为其原因在于在自然的之中生效的罪孽。suum cuique 作为最高的法的原则并不顾及存在于自然的本身中的各种权利的冲突。但这种既存的冲突要求成文法,即在自然外部所立的法,而且作为上帝的和世俗的成文法来干预。*

suum cuique 的这种界限并没有取消其相对的正确性。在自 163
然地被给予的里面寻找权利的地方,造物主的意志和恩赐受到敬 (101)
重,在处于冲突中的世界里亦然;同时也指出,当耶稣基督通过圣

* 手稿上此处有铅笔所写的旁注:“下面必须详细说明!在关于自然权利这一章的末尾,或者在下面关于善的那一章。”——原编者注

灵给每人应得的一份的时候，所有的权利都成为事实。所以，对于在真正的意义上这句话的维护，可以被叫作从终极之事那方面规定的仅次于终极之事。

suum cuique 还包含另一个重要的前|提，这个前提不是没有争议的，有关争议曾一再动摇生命的自然基础。这里涉及的前提是，“每人”，亦即个别人，都带着一种自然权利来到世上。有些人驳斥这条定理，他们只承认团体而非个人的自然权利。他们认为，个人不过是为团体服务的达到目的之手段。团体的幸福高于个人的自然权利。这条定理，作为原则，意味着宣告社会幸福论（Sozialdämonismus）和歪曲个人的一切权利。自然生命本身因此遭到攻击，随着破坏个人的权利，又为破坏一切权利铺平了道路，从而踏上了通往混乱的道路。因此，社会福利论的后果曾一再是由暴力统治毁灭哪怕是团体的权利，这也绝非偶然；个人的权利是团体权利的承载力，反之，团体同样也承载和保护个人权利。个人自然权利的存在，是创造人并赠与他永恒生命的上帝的意志之结果。正是这一事实，不管是否被认识到，在自然生命中一再有所表
164 现并且胜利地抵抗社会幸福论的非自然。上帝曾经创造了个人并
(102) 要求个人追求永恒生命，此乃在自然生命中起作用的实在、而不尊重这一实在则会招致严重后果。因此，在自然生命内部，理性的职责是必须考虑到个人的权利，即使没有认识到这种权利的上帝的背景。因此，社会幸福论的天然反对者始终是理性，是那种器官，它“感知”堕落世界的现实并使之成为意识。社会幸福论则同一种盲目的意志论（Volutarismus）结盟，面对自然生命的实在，“非理性地”、不可理解地过高估计意志的主宰力。理性比盲目的

意志更接近实在,虽然盲目的意志宣称自己比任何东西都接近实在,这个真理是意志论永远也认识不到的。suum cuique 是理性最有可能达到的、与实在相符的认识,并且感知到在自然生命内部之由(理性并不知道的)上帝给予个人的权利。|

下文将谈到自然生命之权利的内容,因此,谁是这些权利的保证人这个疑问就会不断地、急迫地被提出来。谁有效地为自然生命的权利担保呢?在这里,我们必须重复上面已经讲过的话:替这些权利作担保的,首先是上帝本身。而为此目的,上帝一再利用生命,生命反对对自然的施加任何暴力并或迟或早会获得成功。在这里必须估计到时间可能会超过个人的生命跨度。原因在于,在
自然生命的领域内,事关个人的程度不及事关维持作为类的人类 165
生命的程度,自然生命必然一再会超越个人。个人权利若是遭到 (102)
破坏,也许得不到恢复,它就会增强自然生命的抵抗力,在下一代或者再下一代重新获得成功。在这里预告的神正论(Theodizee)问题,要在下文才能加以解答。如果说,上帝以及生命本身通过上帝有效地维护寓于生命之中的权利,那么,个人为维护他的自然权利所能做的,就其效用而言,意义微乎其微。他实际上所做的,依赖于许多的权衡,这些如今还不在我们的考虑范围之内。不管怎么说,他必须始终考虑到,他最强有力的盟友是生命本身。是否允许个人维护他的自然权利,对这个问题的答复是明确肯定的。个人是否、如何以及何时应该维护他的自然权利,是另一个问题,留待以后解决。在任何情况下,个人必须这样维护他的自然权利,致使不是个人而是上帝在此为权利作担保这一点成为值得相信的。

肉体生命权利

我们无须有所作为就收受的肉体生命，本身就有维持它的权利。这不是我们可以剥夺或者获得的权利，而是真正意义上的“与生俱来”的、被动接受的权利，它在我们的意志之前就已有了，寓于存在本身。由于按照上帝的意志在尘世只有作为肉体生命的人的
166 生命，所以肉身为了整个人的缘故有着维持的权利。由于所有的
(103) 权利随着死亡而失效，所以，维持肉体|生命是所有的自然权利的
基础并因此而具有特殊的重要性。自然生命的原始权利是保护自然本性免遭有意的伤害、施暴和杀戮。这听起来可能是非常空洞和非英雄气概的。但是，肉体首先不是为被牺牲而是为被维持而存在的。可以从其他的和更高的观点产生牺牲肉体的权利或义务，但这也是以维持肉体生命的原始权利为前提的。

肉体生命，如同整体而言的生命，既是达到目的之手段，又以自身为目的。把肉身唯独理解为达到目的之手段，这是理想主义的，但不是基督教的。目的一达到，手段就可抛。与此相应的观点是，肉体是不死的灵魂的监狱，随着死亡，灵魂就一劳永逸地离开肉体。按照基督教的教训，肉体有更高的尊严。人是肉体性的存在并且永远如此。身体性（Leiblichkeit）和人的存在不可分地同属一体。所以，以自身为目的之性质理应归于上帝所要的、作为人的存在形式的身体性。这虽然并不排除肉身同时从属于一种更高的目的。但至关重要的是，对肉体生命的保护，不仅作为达到目的之手段，而且也作为目的本身，属于肉体生命的权利。在自然生命内部，肉体的以自身为目的之性质在肉体的欢乐中表现出来。

倘若肉体仅只是达到目的之手段，那么，人也就没有肉体之欢的权利，肉体享受的合乎目的之最小限度就不得逾越。其后果就会深
刻影响基督徒所有同肉体生命有关联的问题，诸如居住、饮食、衣 167
着、休息、游戏以及性的问题的判断。如果以自身为目的之性质应 (104)
归属于肉体，那么就有肉体欢乐的权利，甚至无须让这种欢乐随便从属于某种更高的目的。目的思想败坏欢乐，其原因在于欢乐的本质。下面谈到幸福权利的时候，我们必须再回到这个题目上来。在自然生命内部，肉体的欢乐是对上帝向人应许的永恒欢乐的指示。倘若人的肉体唯独被当作达到目的之手段使用，从而夺取了人的肉体欢乐的可能性，那么，就发生了对肉体生命的原始权利的侵犯。“人莫强如吃喝，且在劳碌中享福。我看这也是出于上帝的手。”(传 2:24)“我知道世人，莫强如终身喜乐行善。”(传 3:12)“你只管去欢欢喜喜吃你的饭，心中快乐喝你的酒，因为上帝已经悦纳你的作为。你的衣服当时常洁白，你头上也不要缺少膏油。在你一生虚空的年日，就是上帝赐你在日光之下虚空的年日，当同你所爱的妻，快活度日，因为那是你生前在日光之下劳碌的事上所得的分。”(传 9:7 以下)“少年人哪，你在幼年时当快乐。在幼年的日子，使你的心欢畅，行你心所愿行的，看你眼所爱看，却要知道，为这一切的事，上帝必审问你。”(传 11:9)“论到吃用、享福，谁能胜过我呢。”(传 2:25) *

人的居所不像野兽的巢穴只具有躲避雷雨黑夜的意义或仅是

* 朋霍费尔作准备时所作笔记中有下面的话：“有一种衡量比赤裸裸的利己主义更糟的心理上毫无自我的尺度。恰恰在那些确实‘属灵的’无己者那里有表达自己愿望的美好自由。”——原编者注

提供养育幼仔的场所。人的住房是一个空间，在这里，在其家人
168 和财产的安全环境里，他可以享受个人生活的欢乐。饮食不仅仅
(105) 为维持身体健康的目的服务，而且也为享受肉体生命自然欢乐服务。衣服不仅仅是为简单地蔽体，而且同时是肉体的装饰。休息不仅以取得更大工作效能为目的，而且向肉体提供它应得的、适度的安宁和欢乐。游戏，按其本质距离所有的目的规定最远，却是对肉体生命的、自身含有的以自身为目的之性质的最清晰的表述。性不仅是繁殖的手段，相反，它在婚姻、在两个人的相互之爱中，也产生了不依赖于上述特定目的的自身的欢乐。由上所述可以看出，肉体生命的意义并不等于规定的肉体生命的目的，而只能由对寓于肉身生命中欢乐要求的实现来详加说明。|

肉体生命和欢乐之间前定的张力，可以在这一点上看得最清楚：哪怕身体以适当的方式为了实现某一必要的目的而严格地约束自己，它也能在这样的服务中感受到欢乐。可是，只有在肉体不仅为目的服务，而且也极力以自身为目的的情况下，才会如此。

肉体总是我的“肉体”；它永远不可能、即使在婚姻中也不可能
169 在相同的意义上属于像我这样的另一个人。这是我的肉体，它在
(105) 空间上把我同别的人分开，把我同作为人的别的人相对照。触犯我的肉体就是侵犯我个人的存在。我对他人负有敬重的义务，我同他的肉体生命保持明显的距离，这就是表示敬重。体罚(die körperliche Züchtigung)仅在这样的范围内有理由，即受罚的个人还没有被视为独立的存在，或者说体罚恰恰表明了这种不独立性，其目的是促进必要的独立性。谁可被视为独立的存在，对此没有固定的准则。但儿童年龄的界限在这里首先可以作为标准，而

已经意识到其自然权利的成年人则无疑必须被视为独立的人。对罪犯（Verbrecher）的肉体惩罚（Körperstrafen）有所不同。在这样的情况下，体罚成为有理的，即由于罪犯的卑鄙下流和寡廉鲜耻，旨在有意识地褫夺他的名誉，或是罪犯对他人的肉体生命的触犯要求惩罚罪犯的肉体。

在自由、独立的个人中间，有意识触犯他人的肉体意味着破坏人首要的自然权利，因此意味着人的根本无权利以及破坏自然生命。

自然生命的首要权利在于保护肉体生命不被滥杀。哪里有无辜的生命被蓄意杀死，就必须认为那里是在滥杀。在这种情况下，任何生命、只要它没有有意识地攻击别的生命，也不能证明它犯有死罪，就都是无辜的。据此，在战争中杀死敌人不是任意的。尽管
这个敌人本人并无|罪，可是，他有意识地参与了他的民族对我的 170
民族的生命之攻击，因此必须一起承担全体的罪的后果。不言而 (106)
喻，杀死触犯他人生命的罪犯，不是任意的。在战争中杀死平民个人，只要这不是直接蓄意而为，而仅仅是一次必要的军事举措的不幸后果，那也不是任意的。但杀死没有抵抗能力、不可能再犯下对我的生命进行攻击之罪行的俘虏和伤员，那就是任意的。由于狂热或者为了某种好处而杀死一个无辜的人，就是任意的。对无辜的生命的任何有意识的杀戮都是任意的。

这最后一句话不是没有矛盾的。在此提出的问题可以改用安乐死（Euthanasie）这个概念进行描述。在这里，原则性问题是：不再有生命价值的无辜生命，可以以无痛方式消灭吗？在这个问题有双重动机：替病人考虑，又替健康人考虑。但是，在进行任何内

容上的探讨以前，必须从原则上确定，绝对不能根据许多原因的总和对杀死人类生命的权利作出决定。要么这是一个如此有说服力的理由，致使它能够导致这种决定，要么它没有说服力：这样的话，随便多少其他理由都不能使这样一个决定成为正当。只能在以绝对的必要性为理由的情况下才可以杀死他人的生命；这样的话，无论有多少、多实在的其他理由反对这样做，都必须基于这绝对的必
171 要性去杀死他人的生命。但杀死他人的生命绝不可以是其他可能
(107) 性中的一种可能性，即使它是如此有理由的可能性也罢。只要存在一点儿可为之负责的保全他人生命的可能性，毁灭生命就是滥杀，就是谋杀。杀死和让人活命永远不是等值的决定。与毁灭相比，饶人性命有着无法比较的优先权。生存可以有各种各样的理由，而杀戮只能有一个理由。不考虑到这一点，就是冒犯生命的创造者和维持者本身。如果用许多不同的理由来支持安乐死的权利，那就是不承认只有唯一一个绝对无法反驳的理由，这样一来，也就从一开始起便处在非法的地位上。

所以，在讨论这个问题的时候，我们必须逐一分析各种理由，看它们是不是无法反驳的。我们不得试图用一种理由来弥补另一种理由的不足。对无法治愈的病人及其痼疾的严重性的考虑，难道就要求用一种人道的死亡形式蓄意结束其生命吗？在这个问题上，有一点是不言自明的，即必须以病人的同意或者愿望为前提。在病人没有或者不能明确地表达这种愿望的情况下，譬如病人是白痴，在病人明确无误地表示还要活下去的情况下，说这是为病人考虑就是不真诚的。谁能够测量出，甚至无法治愈的精神病人尽管有病，却是多么强烈地依恋着生命，他自己还从他可怜的生命中

获取着多少幸福感呢？甚至许多事例都说明，在这种情况下，对生命的肯定是特别强烈、毫不顾忌的。所以，在这种情况下，替病人考虑无论如何也不能（不可？）被当作毁灭其生命的理由。相反，如
果有一个患严重忧郁症的请求结束他的生命，难道我们可以忽略 172
这里涉及的是一个不能自主的病人的请求吗？倘若是一个依恋着 (108)
生命的白痴，那同样也涉及这一点，故此答应这种请求，就是无视生的权利优先于杀死的权利。现在我们假设有这样的情况，一个无法医治的病人头脑清醒地同意结束他的生命，他甚至但求一死。那么，这样的一个愿望是否包含着实施安乐死的无法反驳的要求呢？只要病人的生命还在提出它自己的要求，只要医生不仅对病人的意志、而且也对病人的生命负责，这就无疑谈不上是一种无法反驳的要求。在这里，杀死他人生命的问题又换成了允许结束自己病入膏肓的生命以及允许他人帮助结束生命的问题。这个问题我们将联系到自杀的问题来讨论，有人说，在某些情况下医生会不再竭尽全力人为地去延长一个生命，例如一个白痴，又患上肺结核，也许就不再把他送进肺结核疗养院，这种行为同蓄意结束他的生|命并无区别：这样的借口虽然涉及一个严肃的问题，但坚持让人死去和杀死之间的区别，这一点始终是重要的。在生活中并不是在任何情况下都能够采用一切可以想到的手段来推迟死亡的；然而，在这里仍然始终有着一种同蓄意杀死的重要区别。由此可见，替病人考虑不能被视为有必要杀死人的生命的充分理由。

替健康人考虑能使杀死无辜生命成为必要吗？对此问题做肯 173
定回答的前提是这种观点，即任何生命都必须对团体具有一定的 (108)
实用价值（Nutzwert），这种实用价值没有了，生命也就不再有合

理性，在一定的情况下就可以被消灭：即使这种想法没有采取如此激进的形式，那么，至少仍旧把生命分为有社会价值的和没有社会价值的，在这种情况下，问题也唯独在于无辜的生命。这种有区别的估价在生活中显然是行不通的，因为它会产生不可想象的后果。例如在战时或者在有生命危险的情况下，不言而喻地要投入有社会价值的生命，而按照这种估价，就会禁止这样做，而是投入社会价值可能较小的生命。由此可见，恰恰是有社会价值的人在生命权利方面是不作区分的，恰恰是有社会价值的人会准备为社会价值较小的人去冒生命危险，强者为弱者，健康的人为有病的人。恰恰是强者不会去问弱者对他会有何实用价值。——或许只有弱者会这样做——，而弱者的急需会导致他去完成新的任务，去发展他的社会价值。强者不会在弱者身上看到对他力量的削弱，而会看到促使他去从事更高的事业的鼓励。消灭已经丧失其社会实用价值的生命，这种想法源自软弱而不是源自强大。

首先，这种想法是从错误的前提出发的，即生命仅在于其会实用价值。上帝所创造并维持的生命具有寓于它之中的权利，这种权利完全不依赖于这个生命的社会实用价值，这一点恰恰被忽略
174 了。生的权利在于本质而不在于某种价值。在上帝面前没有无生
(109) 之价值的生命；因为生命本身受到上帝的重|视。上帝是生命的创造者、眷顾守护者和解救者，这就使最可怜的生命在上帝的面前也有生的价值。乞丐拉撒路患麻风病，躺在财主门口，狗舔他身上的疮，这个人没有任何社会实用价值，是那些按照实用价值判断生命的人的牺牲品，却受上帝的重视而被赐予永恒的生命。衡量一个生命最后价值的尺度，除了在上帝，还会在哪里？在主体对生命的

肯定中吗？在肯定生命这一点上，白痴有可能超过某些天才。这尺度在于团体的判断吗？若是这样，那么，马上就会表明，对于有社会价值的生命还是没有社会价值的生命的判断，是以瞬间的需求从而也以任意专断为前提的，时而这一群人，时而那一群人将被判定应予消灭。把生命区分为有价值的与无价值的，迟早会毁灭生命本身。做了这番原则说明之后，我们必须就表面上没有用处、没有意义的生命的纯社会实用价值再说一句。我们不回避这一事实：恰恰是无法医治的病人的所谓无生之价值的生命在健康人中，在医生、护理员、亲属中引发出了最高程度的准备作出社会牺牲的决心和最真实的英雄气概，从健康的生命对有病的生命的献身精神中又产生对团体的最高的实用价值。

无法治愈的严重的遗传病(erbliche Krankheiten)对于团体而言是个严重的问题并且是一种危害，这一点不能否认。问题仅仅在于，是否只能通过消灭这种生命的途径来对付这种危害。对
这问题必须明确地予以否定的答复。从卫生的立场出发，对这类 175
病人采取隔离手法也就够了。从经济角度看，照料这类病人根本 (110)
不会对一个民族的生计造成什么严重的损害。一个民族为照料这类病人的支出，与购买奢侈品的支出相比，简直就是小巫见大巫。恰恰是健康的人总是准备着为病人承担有限的负担，仅仅考虑到他自己将来说不定会有什么遭遇，他就会这么做，即是说，这完全出于自然的原因。

但难道不该把无法医治的遗传病看成|例如像战争中敌人的攻击那样的对团体的生存的一种攻击吗？这里必须注意到双重的区别：第一，不必用消灭生命的手段而可用别的手段来抵御这种攻

击。第二，在遗传病患者的情况下，涉及的是无辜的生命。如果在这里可以谈到罪的话，那么，无论如何过错肯定不在病人，而在团体本身。如果團体要把病人当作罪人对待并且牺牲病人来维护自身，那就是无法忍受的法利赛主义。杀死无辜的人是最高意义上的任意专横。

如果是天生的白痴，是否涉及人的生命？这个问题太幼稚，几乎不需要问答。这是人生的有病的生命，不是别的什么，而是人的生命，虽然无疑是极为不幸的，但总是人的生命。人的生命的外形会扭曲得如此可怕，恰恰值得健康的人深思。

176 如果在一艘轮船上发生了瘟疫，又没有隔离的可能，按照人的
(111) 权衡，只有让病人死掉才能拯救健康的人，那么，所有这些考虑都处在两可之间无法断定的情况。在这种情况下，会无法作出决定。

然而，从根本上讲，允许杀死无辜的有病的生命以利于健康的生命这一论点，其根源不是社会的，不是经济的，也不是卫生学的，而是世界观的。据称，需要进行超人的尝试，使人的团体摆脱看来是无意义的疾病。这将进行同命运的斗争，我们也可以说，同堕落世界的本质进行斗争。有人认为，用合理的手段能够创造一个新的健康的人类。同时，又把健康当成最高价值，为此应该牺牲所有其他的价值。唯理论和人的生命的生物学化（Biologisierung）在这种徒劳的冒险中结合在一起，这种冒险行为将破坏所有的被创造物的、从而也是所有的团体的生之权利。

所以，我们的结论是，为健康人考虑也不给人蓄意杀死无辜的、有病的生命的权利，因此，对安乐死这个问题应该作出否定的决断。《圣经》将这一判断概括为这样一句话："不可杀无辜。"（出 23:7）|

自杀

人有他的生命，但有别于动物，这生命不是人不能摆脱的强制；人有他的生命，可以自由地接受它或者消灭它。人能够自愿地 177
把自身交给死亡，动物则不能。动物和它的肉体生命是合一的，人 (111)
则能够有别于他的肉体生命。人自由地拥有他的肉体生命，这种自由让人自由地接受这种生命，同时指引他越出肉体生命，让人把他的肉体生命理解为应维护的天赋和可以献出的牺牲。仅仅因为人可以自由地去死，所以，人可以为了一件更高的善事而奉献他的肉体生命。没有在死亡中牺牲生命(Lebensopfer)的自由，也就没有为上帝的自由，也就没有人的生命。

生命的权利在人身上由自由来维护。所以，这不是绝对的权利，而是受自由制约的权利。与生的权利相对应的，是把生命作为牺牲去冒险、去奉献的自由。因此，人拥有在牺牲的意义上的死的自由和权利，但作生命冒险的目的并非消灭自己的生命，而是在牺牲中追求善。

有了死的自由，人也就有了一种无可比拟的、易被滥用的权力。的确，人借这种权力可以成为自己尘世命运的主人，他可以自由决定自己寻死以逃避失败，从而不让命运获胜。Patet exitus（自寻解脱）（塞涅卡[Seneca]*）—— 这是宣告人面对生命所拥有的自由。一个人在同命运的斗争中，失去了他的名声、他的工作，他唯一爱过的人，他的生活因此而被毁，只要他还有勇气去做他的

* 塞涅卡（约公元前4—公元65），罗马哲学家。——译注

自由与他的胜利之所系的这件事，就很难说服他别采用这种可能
178 性。不容置疑，人借这种行为再一次用他的—— 也许是被误解
(112) 的——人的本质来对抗盲目的、非人性的命运并肯定人的本质。
自杀是一种人所特有的行为，毫不奇怪，高尚的人一再赞许自杀这种行为并为之辩解。这种行为只要|是自由地完成的，就是崇高的，超越任何狭隘的、道德劝诫性的、认为自杀是胆怯和懦弱的判断。自杀是人作为人的最后一次极端地自我称义，因此——从纯人性出发看——甚至在某种意义上是自己完成的对失误的生命的补偿。这一行为多半发生在绝望中，然而，自杀的真正的发动者不是绝望，而是人的自由，甚至在绝望中还能进行最高自我称义的人的自由。倘若人在他幸福和成功时不能使自己称义，那么，他却能够在他绝望时使自己称义。倘若他在他的肉体生命中不能贯彻他生命的权利，那么，他却能够通过消灭他的肉体来贯彻这一权利。倘若他不能强迫世界承认他的权利，那么，他能够在最后的孤独中肯定这种权利。自杀是人的尝试，把最后的人的意义赋予已经失去人的意义的生命。目睹一个人自杀的事实时攫住我们的不由自主的战栗感，不该归因于这一行为应摒弃的性质，而应归因于这一行为的可怕的孤独和自由，在这一行为中，肯定生命仅在于消灭生命。

倘若现在还必须谈到自杀是应摒弃的，那么，不是在道德法庭
179 或者人的法庭面前，而是唯独在上帝的法庭面前才可以这样讲。
(113) 自杀的人唯独在上帝、造物主以及他的生命的主宰面前是有罪的。
因为上帝是活的神，故而自杀作为缺乏信仰的罪是应摒弃的。但是，缺乏信仰并非道德过失，而是既能够产生高尚的、也能够产生卑劣的动机与行为。但是，不论做好事还是坏事，缺乏信仰都不顾

及又真又活的上帝。这就是罪。正因为缺乏信仰，人才把自杀当成他自己的称义以及称义的最后可能性，因为人不相信上帝的称义。缺乏信仰以危险的方式对人隐瞒这个事实，即上帝安排了人的命运，自杀也不会使人逃出上帝的掌心。缺乏信仰不认为肉体生命是造物主和对其造物拥有独占权的主的恩赐。在此我们面对一个事实，即自然生命不是在自身中而是在上帝之中拥有它的权利。给予在自然生命中的人以死的自由，如果不是在对上帝的信仰中被人使用的话，那就是滥用。

上帝保留着结束生命的权利，因为只有上帝知道，他要把生命引向哪个目标。唯独上帝使生命称义或者摒弃之。在上帝面前自我称义乃是罪孽，因此，自杀也是罪孽。在人之上有一位上帝，这个事实使自杀成为应摒弃的，除此而外再也没有别的无法反驳的理由使自杀成为应摒弃的。自杀否认在人之上有一位上帝这个事实。

并非动机的低下使自杀成为应摒弃的。可以出于低下的动机而活着，也可以出于高尚的动机而不活。并非肉体生命本身有着
给予人的最后的权利。人对他的肉体生命而言是自由的，用席勒 180
(Schiller)的话说：“生命绝非财物”。如亚里士多德所说，人的团 (113)
体下能将终极权利建立在个人的肉体生命之上。在人的团体面前，人有着自然给予的对自身的最后支配权。团体可以把自杀列为应予惩罚的行为(比如在英格兰：参见亚里士多德的《尼各马利伦理学》第三卷第二章中的 Atimie[剥夺荣誉]*)；然而团体却无

* 这是古代雅典城邦的一种惩罚，指剥夺所有的公民权利。——译注

法使自杀者相信他具有无法反驳的生之权利。最后，在基督教会内广为流传的理由也不足以说明，自杀会使悔恨、从而使赦罪成为不可能。许多基督徒猝死而没有忏悔罪孽。这里有着对最后瞬间的高估。所有被提到的原因都停留在半途，它们含有某些正确的东西，但没有说出关键性的内容，并且都不是无法反驳的。

上帝，生命的创造者和主宰，唯有他掌握着生命的权利。人不需要以自杀来使他的生命称义。因为他不需要这样做，因此他也不可以这样做。这是值得注意的事实，即《圣经》没有一处明确地禁止自杀，而自杀又一再（并非唯独）作为最重的罪的后果而出现，例如叛徒亚希多弗和犹大。原因并不是《圣经》同意自杀，而是《圣经》对绝望者发出恩典与忏悔的呼声，以此呼声代替自杀的禁令。站在自杀边缘的人再也听不见禁令或诫命，他还能听见的只有上帝要人信仰、获救和悔改的满有恩典的召唤。向其自身力量呼吁
181 的律法救不了绝望者，律法只会使他更加陷入绝望之中；能帮助对|
(114) 生命绝望者的，只有另一个人的拯救行为，只有提供一种新的生命，不是凭自身的力量，而是凭上帝的恩典而经历的新的生命。他应该活着，这一命令也无法帮助一个不能再活着的人活下去，能帮助他的，唯有新的灵（Geist）。

上帝维护生之权利，反对厌倦生命的人。上帝给人为更伟大的事情投入其生命的自由，但是上帝不愿这种自由被任意地掉转过来反对自己的生命。人不应该自杀，尽管他必须为他人而牺牲自己的生命。人的尘世生命，即使已经成为人的痛苦，那也应该把它交到上帝的手里，而不得力图通过自助来摆脱它，因为这尘世生

命出自上帝的手。人死时也只是落回到他活着的时候已经觉得太严酷的上帝的手里。

比这一原则性问题困难得多的，是对个别情况的判断。由于自杀是孤独的行为，起决定作用的最后动机几乎总是隐蔽的。即使前提是外部的生命危机，内心最深的自杀原因仍旧是旁人看不透的。由于人的眼睛往往看不出牺牲生命的自由同滥用这种自由去自杀之间的区别，所以，对个别行为的判断也就缺乏基础。自杀诚然是这样一个事实，它有别于在必要的投入时对自己的生命的威胁。但是，把任何形式的自毙干脆和自杀等同起来，是短视的。
倘若自毙乃是为他人而有意识地牺牲自己的生命，那么，判断必定 182
是悬而未决的，因为在这里已经抵达了人类认识的极限。如果这 (115)
行为唯独是从有意识地为个人自身考虑出发的，只有这样，自毙才成为自杀。但是，谁敢把握十足地说是唯独如此和有意识如此呢？一个俘虏自尽了，他害怕一旦用刑他会背叛他的民族、他的家族、他的朋友；一位国家领导人，敌人要求把他引渡，否则就对他的人民进行报复，他只能通过自杀使他的人民免受严重的损害，在这些况下，自毙的牺牲动机是如此突出，使人不可能去谴责这种行为。当一个无法治愈的病人看到，对他的护理已经造成家属在物质和精神两方面的崩溃，于是自己下决心使他的家人摆脱这种负担，别人从某些方面考虑可以不同意这种擅自作主的行为，然而同样不可能对这种行为进行谴责。面对这样一些情况，很难说明以绝对禁止自毙来反对牺牲生命的自由是有道理的。甚至早期教父们也认为，在特定的情况下基督徒自毙是可以允许的，例如在贞洁受到暴力威胁的时候，尽管奥古斯丁（Augustin）* 已经对此持异议并且绝对禁止自毙。可是，看来几乎不可能把上面提到的实例同那种不言而喻的基督的义务作出根本的区分，例如在轮船沉没的时候，基督徒把救生艇上最后一个座位让给别人而自己眼睁睁地去死，又如在枪弹射来的时候，用自己的身体护住朋友的身体。在这
183 里，自己的决心成为自己死亡的原因，虽说直接自毙同把生命托付
(116) 给上帝的牺牲生命之间还是有区别的。倘若发生了纯属私人的事件，例如名誉被毁、性爱激情、财政崩溃、赌博负债或是个人严重的失误致自杀，或者说，不是以自毙来保护他人的生命，而唯独替自己的生命辩解，那么，显然就是另一回事了。然而在具体的事例中，肯定也不乏牺牲的想法。在这里，面对耻辱和绝望拯救个人人格这一考虑，被置于所有其他的动机之上，换言之，不信上帝成为行为的最后原因。这些人所不信的正是，上帝也能把意义和权利重新给予失败的生命，一个生命恰恰经过失败才能真正完成。正因为他们不信，所以，结束生命始终是人自己把意义和权利重新给予他的生命的最后的可能性，即使是在他毁灭的一瞬间。在这里，又可以完全清楚地看到，对自杀不可能作纯粹的道德判断，出于无神论的伦理学，自杀反倒是有理由的。唯独又真又活上帝的存在才使自杀成为毫无理由的行为。

撇开所有的外部原因不谈，有一种自杀的诱惑尤其会侵蚀信徒，即|诱惑人滥用上帝给予的反对自己生命的自由。憎恨自己生命的不完善，感受到反对由上帝来完成的尘世生命的不顺从，由此

---

* 希波的圣奥古斯丁（354—430），拉丁教父、神学家、哲学家。——译注

而生的悲哀以及对任何生命意义的怀疑，都有可能把人引入危险
的时刻。出于其自身的体验，路德对此可讲很多。既没有人的律
法也没有上帝的律法能够阻止这种行为，在受到这样的诱惑时，只 184
有恩典的安慰和兄弟的祈祷的力量能够相助。不是生的权利，而 (116)
是允许在上帝的赦免下继续活下去的恩典，能够抵制这种自杀的
诱惑。可有谁敢说，上帝的恩典就不能包含并容忍人在抵御这种
最冷酷无情的诱惑时的失败呢？

繁殖和形成中的生命

繁殖的权利，包含在维持肉身生命的权利之中。由于有别于
动物的人不仅受黑暗的、无意识的、维持共同的类这一本能所主
宰，而是由于繁殖本能反倒在人身上作为要有自己的子女的自觉
意识表现出来，对于人来说，繁殖不单是类的必要性，而且是个人
的决断，所以，作为个人的人也应得到个人择偶（Wahl des Ehe-
gatten）* 的权利。这绝非意味着，在择偶时唯独考虑个人的心愿，
但是，在缔结婚姻（Eheschließung）时，毕竟是以个人的同意、亦即
以个人的自由抉择为前提的。将成为孩子的父母的女人或男人，
他们的选择权利包含着想要有自己的子女的要求。随后，人在这
种自己的选择中实现他的类对于人类繁殖的规定。通过缔结婚
姻，最具个体性的同最具普遍性的在跨越所有的间隔距离的情况
下在人身上结合在一起。这里事关作为人的两个人以个人自由抉 185
择为基础的结合。只要人的天性还存在着，它便要求拥有这种权 (117)

* “索引·主题”中写作“Gattenwahl”。——译注

利。由于各种各样既非源自纯个人的、亦非源自一般人性的|原因而拒绝这种权利，鉴于自然生命的力量，迟早会一再地被证明是不会有结果的。无论等级的或是经济上的原因，无论世界观的—宗教信仰的或是生物学上的原因，都不能最终剥夺人要有自己的子女的权利，亦即择偶的权利。人求繁殖的意志决计不可被认为是纯等级的、纯经济的、纯宗教信仰的、纯生物学的义务。在自己进行选择的时候，当然可以而且必须考虑到所有这些观点，但是，所有这些观点都不可能取消自由抉择。个体同个体、人同人以婚姻的方式相结合。经济的、宗教信仰的、社会的、种族的责任对个人的抉择起着共同决定的作用，但是，这种责任既不能取消也不能事先决定个人的抉择。其原因在于如下事实：想有自己的孩子这种意志，亦即自由择偶，也就是人的婚姻，乃是人的所有秩序中最古老的秩序，因此不可能受那种责任的制约。

在人的团体的任何其他组合形成之前，就有了人的婚姻。婚姻随着创造第一个人而存在。婚姻的权利于人类的开端就有了。

如罗马天主教关于婚姻的教义所规定的那样，要求配偶双方同属特定的宗教信仰，或者，把所有不是因宗教信仰相同而缔结的婚姻称为非法同居(Konkubinate)，并由此来限定缔结婚姻的权利，这就剥夺了婚姻的基本的自然性质以及婚姻的自然权利，并且
186 使婚姻从自然的秩序变成一种恩典或者救恩的秩序，完全符合对
(118) 缔结婚姻的权利所作的种族的—民族的限定，这种限定宣称被剥夺其普遍的人权的婚姻乃是一种纯种族的秩序。在这两种情况下，婚姻的丰富性以及上帝所要的人类的繁殖被专断地减少了。异在的权威要求操纵和塑造后代，并使上帝的创造由丰富变成贫

乏——上帝的造物本来通过要有自己的婚姻所生的子女这一意志而不是通过强制生育特定的人的类型而发展的——进而厄运般地干涉世界的自然秩序。出于担忧而着意确保教会的或者种族的后代,又很|不信任自然约束和自然选择,就这样,人们自愿地褫夺了自身意想不到的人的力量。

婚姻不是由教会也不是由国家缔结的,婚姻也不是通过这些机构才得到其权利。婚姻乃是由配偶双方缔结的。公开地在国家和教会面前缔结婚姻,这个事实仅只意味着国家和教会公开承认婚姻以及包含在婚姻里的权利。这是路德宗的教义。

哪里存在着教会和国家对缔结婚姻权的实际限制,哪里——无损于上述意见的有效性——就会产生服从教会和国家权威的义务这个普遍的问题,在我们现在要论述的范围内,还不可能谈及这个问题。不管怎么说,国家的有关限制的存在(倘若这种限制并非
产生于任意专断),会让人注意到,自然约束和自然选择并未提供 187
充分的保证,使迷误与失误不致给团体造成厄运般的损害。在这 (119)
里,国家成文法对自然进行了有可能是必要的限制与调节。与缔结婚姻结合在一起的,是承认形成中的生命(das werdende Leben)的权利为并非婚配双方所拥有的权利,除非在原则上承认这一权利,婚姻就不称其为婚姻,而成了一种男女关系。但是,这一承认包含着对上帝的自由创造力的承认,上帝的自由创造力按照神的意志让新的生命产生于这种婚姻。杀死母体内的胎儿*就是

---

* “索引·主题”改写为“Abtreibung”(堕胎)。——译注

触犯上帝赋予形成中生命的生存权利。杀死胎儿究竟所涉及的是一个人或者不是一个人，讨论这个问题，只会弄乱这种简单的事实，即：上帝无论如何想要创造一个人，这个形成中的人被蓄意夺走了生命。这恰恰是谋杀。导致这样一种行为的动因各各不一，这种行为若是由于处在人的或者经济上的极大的孤独和贫困中绝望所致，那么，罪往往更多地归于团体而非归于个人；最后，恰恰在这一点上，金钱能够掩盖过于轻率的行为，相反，换了贫穷的人，|极为勉强地作出的行为反倒更容易暴露。这一切无疑极大地影响了个人和牧师对当事人所持的态度，但是，个人和牧师的态度丝毫改变不了谋杀这一事实。*

188 有根本上阻碍新生命产生的婚姻，有从根本上排除求子女意
(119) 志的婚姻，这也是对形成中的生命的权利的干涉。这样的基本态度违背婚姻本身的意义，违背上帝通过子女的诞生对婚姻的祝福。然而，具体的、负责任的计划生育（Geburtenregelung）** 自然有别于结婚而根本不要后代（Verweigerung der Nachkommenschaft）。正因为人的繁殖同想要有自己的子女这种意志有关，盲目的本能不应为所欲为，也不能独自要求特别得到上帝的喜欢，

* 天主教会严厉拒绝在危及母亲生命的情况下杀死母亲体内的孩子，鉴于一般的实践，这种拒绝尤其应当认真加以思考。假如孩子从上帝那里得到生的权利而且已经有生的能力，那么，蓄意杀死孩子同有可能发生的母亲的自然死亡相比，前者是非常成问题的行为。母亲的生命由上帝掌握，孩子的生命却被任意地消灭。至于究竟是母亲的生命价值大，还是孩子的生命价值大，这个问题不是人可以作出决断的。

** 有别于此的是，*Cat. Rom*（*Roman Catechism*《罗马教理》——编注），2.8.13 甚至把避孕和堕胎相提并论，都称为谋杀。

而是负责任的理性会参与这种决定。事实上会有若干重要的原因能够在具体的情况下建议限制子女的数目。节制生育(Geburtenkontrolle)这个问题在近百年间变得如此重要而迫切,来自各教派的有极大代表性的人们都赞同生育调节这一原则,这不该简单地被认为是背离信仰或者缺乏对上帝的信任,而无疑是同技术在所有的生活领域上对自然的日益增强的控制有关联,也同技术在最广泛的意义上在控制自然方面所取得的无可否认的胜利有关联, 189
例如在降低儿童死亡率、在大幅度提高平均寿命等方面。欧洲尽 (120)
管出生率一直在下降,但|近百年来其绝对人口数字却增加了好几倍。从保存族类的观点去看(请严格地从这一角度看待这一问题),儿童死亡率的下降使减少生育成为必要,以保证维持族类。如果有人指责说,技术把人娇惯了,人竟然不再愿意为一个大家庭承受牺牲,那么,他就不可视而不见,正是技术进步使欧洲人口有可能如此神速地增长。但是,这一考虑有可能导致把今天广泛实行的节制生育视为对几乎不再能控制的欧洲人口的增长的一种自然反应,即所谓人的天性的一次自然的呼吸间歇。然而这种一般的考虑并不能使我们下去追问控制生育本身是否有理。天主教道德神学以及天主教的忏悔训导从根本上反对节制生育。可是,这种做法又有以下的困难:天主教道德神学也承认这种情况是可能的,即一对夫妻应避免更多的后代,虽说天主教神学——这很有道理!——认为这样的情况是非常罕见的。指摘天主教道德神学在这些事情上对盲目的自然本能放任自流,不让人的责任心和理性在这方面参与其中发挥作用,这是不对的。天主教道德原则上只

知道一种手段可以达到这个目的：全面节制（Enthaltsamkeit）。*
190 这样一来，天主教道德就毁坏了婚姻的肉体基础，剥夺了婚姻的基
(121) 本权利，从而使婚姻本身有被取消和破坏的危险。此外，天主教道德还进而要求对于大多数人来说是做不到的事情，在告解室里忏悔这类过失的时候，还要完全|真诚地痛下决心永远戒除这种罪孽，这不啻是难以想象的。天主教道德神学以一种蓄意阻碍婚姻的自然目的即繁殖行为的违反自然的性质作为根据来说明它的严律论（Rigorismus）。天主教道德神学——如反复声称的那样——虽说没有把婚姻的目的仅限于繁殖——康德才这样做！——，但是，它不想让婚姻的次要目的即性关系同婚姻的首要目的即繁殖发生矛盾。这种论证听起来明白易懂，实际上却陷入了不可解决的困难之中。避孕的违背自然的性质虽说被排除了，但是，取而代之的却是没有肉体关系的婚姻的违反自然的性质。此外，就行为的自然性质而言，是在下决心从此放弃性关系的时候让负责任的
191 理性一起发挥作用，还是让它在性关系本身起参与作用，两者之间
(122) 没有任何原则区别。对盲目的本能不加限制地放纵、婚后节制、避孕，都不能解决在此提出的问题，这三种行为可能性中没有一种根本上优于另一种。至关重要的是，在这种事态下不要错误地造成

* 主要从告解实践的困难中产生的若干种决疑论的解救方法，允许采用某些虽不是以阻碍怀孕、但以有意识地加重怀孕的困难为目的的手段，这些解救方法如此严重地损害天主教的原则，致使它们终于无法减轻良心上的重负并使人问心无愧，故而许多严肃认真的告解神父自觉地拒绝采用这些解救方法。对人的天性的弱点的这些“让步”，根本上放弃原则，仅在手段的选择上有别于技术性的避孕，倘若这些“让步”从道德神学中消失，那反倒更好些。

良心上的负担与困惑。诚然，为了上帝的诫命的缘故，可能有心要提出最冷酷无情的要求。但是，事实真相在这里恰恰不是一清二楚的。因此，应该给予对上帝负责的良知以一定的自由空间。恰恰在这个领域上，任何虚假的严律论、从法利赛人的伪善(Pharisäismus)到完全背离上帝，[*]都会导致最严重的后果。

在这个问题上，我们不可能绕开这一点，即为了婚姻完整的缘故，承认以夫妻双方的爱为基础的、要求充分肉体关系的权利，它
有别繁殖的权利，尽管从本质上根本不可能完全同繁殖权利分开，192
反倒是同它相结合，[**]同时|承认，这种自然权利想被人借助理性 (122)
注意到，恰恰因为它是一种人的权利。[***] 自然和理性在具体情况下相互之间的关系究竟如何，只能依照具体情况来判定并为之负责。但必须公开承认，在使用理性所选择的手段方面并无原则区别。倘若自然与理性能够如此协调一致，致使在一次婚姻中可以不触及这整个问题，这就是很大的幸运，它会免去许多内部的冲

---

* 毫无疑问，天主教道德对这条原则的态度把无数男子完全逐出告解室。如果天主教会能正视这一处境，这就说明天主教会的信念的坚强，尽管如此，却仍可能造成不可忽视的后果。

** 这符合《圣经》的婚姻观。不是繁殖的目的，而是男人和女人的结合建立了婚姻。把女人给男人作为“与他相配的伴侣”(创 2:18；和合本：“一个配偶帮助他”)，“二人成为一体”(创 2:23)＊。这种结合能够生养并不是一种命令(这对于《圣经》的思想来说是不可能的，在合理化的技术时代才有可能被这样理解)，而是上帝的赐福(创 1:28)。保罗也给予婚姻中的性关系一种不依赖于繁殖目的的权利(林前 7:3 以下：参见出 21:10)。《创世记》第三十八章所说的罪，并非如天主教道德神学所假设的那样，在于滥用婚姻，而在于弟弟违背律法拒绝为哥哥生下有罪的后代。

＊ 和合本为二章 24 节。——编注

*** 《彼得前书》三章 7 节。

突。在今天这一代人中,较少有这种幸运,这是一种负担,我们必须负责任地承担起来。在有这种幸运的地方,这种幸运本身却不为人所信任,这是不可原谅的。最后,我们必须说,基督徒的信仰能够通过恩典得到这种幸运,当然,这只能留待以后再来论述。

防止不愿得到的后代的最根本的形式,是自愿或国家法律强制的绝育(Sterilisation)。谁想要在这里得出正确的判断,首先就不得对自己隐瞒这样侵犯个人生命的严重性与严肃性。* 人的肉
193 体本身有不可侵犯的权利;既不是我本人也不是另一个人可以要
(123) 求拥有对上帝给予肢体的支配权。在此,肉体的不|可侵犯是有其界限的。诚然,为了维持整个肉体,我可以让人截去我的肉体的一段有病的肢体。事实上,只有在患有疾病的情况下才可以考虑绝育;与此相反,必须考虑到,进行绝育不是为维持整个肉体的生命,而是在没有危险后果的情况下使某些肉体功能有可能继续发挥作用。如果导致放弃发挥这些功能,那么,绝育就没有必要。于是就产生了这样一个问题,为了有可能发挥特定的、处在强烈生理冲动下的肉体功能,是否会使自己的生命的不可触犯性失效。对这个问题不能明确地予以答复。倘若肉体本能如此强烈,致使它按照个别人良知上的自我判断会危及自己的和他人的生命,那么在这种情况下,为了维持整体生命,绝育手术就是较小的祸害。倘若依据经验,自我控制是可能的,那么在这种情况下,自愿做手术是不

* 绝育能否得到想要的结果,以及在患有那些个别的疾病的情况下应被视作有理的,在此无法进行检验。这是医学的事情。在此是从这一前提出发的,即绝育在特定情况下在医学上是有利的和合乎目的的。

允许的。在两种情况下，都触犯了繁殖的自然权利以及形成中的生命的权利。其原因在于，在这种情况下疾病杀死了自然。

国家强制绝育的理由，源自维持民族整体生命的必要性以及对实行节制生活的可能性所持的——从国家的角度看是恰当的——不信任态度。国家强制绝育无疑意味着对人的生命不可侵
犯之权利的严重侵犯，一旦所有的界限被取消，那么，逾越——也 194
许在最后的责任方面的——这种界限的危险是非常大的。国家需 (124)
要人的肉体，如在打仗的时候，这虽然也标志着肉体不可侵犯性的界限，可是，这和绝育的不同之处在于，打仗的时候并没有发生对人的肉体的直接侵犯，而且总是某种紧急自卫。

与此相反，防止不想要的后代还可采取其他途径，例如隔离病人，这种做法避开了对肉体的直接侵犯。隔离病人要付出较大的经济代价，当清楚地看到对于个别的人以及整个事情而言有逾越界限的危险的时候，也许就会采取这种不得已的方法。在有关于绝育的国家立法的地方，病人和医生的看法会依赖于对当局的服从义务，这又是一个在此范围内还不能予以讨论的问题。* 所有
这些考虑必须服从耶稣的这番话："若是你的右眼叫你跌倒，就剜 195

* 天主教会激进地拒绝绝育——参见教皇的 Enzyklika casti connubii(教宗比约十一世[通论《圣洁婚姻》或贞洁婚姻])(1930 年 12 月 3 日)以及道德神学——，也禁止医生做这种手术，其根据第一是人同他的肉体的关系，人只"可以在符合其自然目的的条件下使用"肉体，第二是主管当局对个人肉体的强制力的有限性。在第一种情况下，天主教会毕竟认可为维持生命的缘故而做手术的权利，在第二种情况下，允许强制隔离病人。鲁兰德(Ruland)(*Handbuch der Praktischen Seelsorge*《牧灵实用手册》，页 359)甚至认为在严重的心理变态的情况下采用阉割术是可以允许的。在这些情况下，绝育为何却被视为原则上不同的事情，这始终是很难让人理解的。

(125) 出来丢掉，宁可失去百体中的一体，不叫全身丢在地狱里。”（太 5：
29）关于这里所宣告的在对天国的信仰中取消所有的自然权利，我们将在下文加以讨论。

肉体生命的自由

保护肉体的自由不受任意侵犯，也属于维持肉体生命。人的肉体绝不能成为一件东西，受另一个人不受限制的强制力的控制，被他仅当作达到其目的的手段。活着的人的肉体始终是人本身。强暴、剥削、折磨、任意剥夺人的肉体的自由，都是严重侵犯伴随创世而赋予人的权利，像所有的对自然生命的侵犯那样，迟早都会受到惩罚。

强暴是用非法的暴力强迫使用他人的肉体来达到自己的目的。与强暴相对的，是人自由地给予或者放弃他的肉体，尤其是他的性欲的权利。在特殊的环境中，为了共同福利的缘故，也可以强制要求投入肉体的力量| 来取得工作成绩，与此相反，人的性欲总是避免任何强制的。出于某种原因强行得到特定的婚姻或者性的结合，这种尝试绝对侵犯人肉体的自由，并且同性生活的那个基本事实，即同自然防卫对任何外来侵犯构成的界限发生冲突，亦即同
196 羞耻感发生冲突。自然的羞耻感表达了人的肉体在性方面的基本
(125) 自由。破坏羞耻感意味着任何一种性的和婚姻的秩序的瓦解，甚至意味着任何一种公共秩序的瓦解。但羞耻感的形式肯定是不同的和可塑的。羞耻感的基于自然的不变本质，乃是保护人的肉体的自由，抵制任何形式的强暴。这种自由保护着人的肉体的秘密。

在一个人的肉体的力量被变成另一个人的或者某一机构的不受限制的财产的情况下，我们就说这是对人肉体的剥削。我们把这种事实情况叫作对人的奴役（Versklavung）。这不单单指古希腊罗马时期奴隶制的建立。历史上有各种形式的奴隶制，它们比某些社会体制更好地维护着人的基本自由，在那些社会体制中，奴隶制的概念虽被唾弃，但实际上，名义上自由的人却完全遭奴役。就此而言，许多教父以及阿奎那的托马斯的态度，即他们不是批判奴隶制的名称，而是批判奴隶制的事实，便是可以理解的和有道理的。凡是在人事实上成为另一个人所控制之物的地方，在人仅只成为另一个人达到目的之手段的地方，那里就存在着奴隶制的事实。一个人既没有自由去选择他的劳动位置，也没有可能同他人调换工作岗位并确定衡量他的劳动成绩的尺度，在这种地方始终存在着这种危险。在这地方，会发生无限制地利用工人的肉体力 197
量，在最好的情况下是不超越维持他人劳动力的使用价值这条界 (126)
限，有时由于特定的原因甚至超越了这条界限，从而导致体力的耗尽。人就这样地被剥夺了他的肉体的力量，他的肉体完全变成了强者剥削的对象。人的肉体的自由也就被破坏了。*

对肉体的折磨有别于体罚，体罚的目的在于教育思想上未成年者自立，也有别于报复性惩罚，报复性惩罚通过触犯其肉体向犯有侵犯他人肉体的卑劣罪行者证明他已经丧失公权。** 我们所说

---

* 进一步的论述见有关“劳动”的那一章。（无此章。——原编者注）

** 见上文。

的对肉体的折磨，是指一般利用权势任意而粗野地施加肉体痛苦，尤其为了逼取想要的供词或陈述。在这里，肉体被滥用，仅作为达到他人目的的手段，例如满足权势欲的手段或者为了解到某些情况的手段，因此肉体也遭受侮辱。以折磨的方式充分利用无辜的肉体对痛苦的敏感性。刑讯（Folterung）多半不是揭示真相的合宜手段，唯独在真相确实有可能被找到时，才有可能考虑用刑讯。但是，完全撇开这一点不谈，任何一种对肉体的折磨都是对人的最大的侮辱；它因此造成巨大的仇恨以及自然的、肉体上的强烈要求，使用肉体的暴力以恢复受伤害的尊严。肉体受辱者谋求对无
198 耻的折磨者进行肉体报复。就此而论，损害人的肉体自由也就破
(127) 坏了团体的基础。

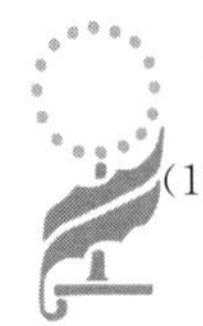

通过拘捕（例如追捕非洲黑人并把他们当作奴隶运往美洲）和监禁，任意剥夺无自卫能力者和无辜者的自由，乃是损害与人的肉体俱来的自由。由于人被强暴而无理地同他的住宅、他的劳动、他的家庭分开，由于人被剥夺了对所有的肉体权利的行使权，于人像一个有罪的人那样被对待，人也就被剥夺了同肉体自由结合在一起的尊严。在无辜者被剥夺自由和尊严的地方，有罪的人必定不受惩罚并且保持他在公众中的名誉。但这意味着破坏所有|公共秩序的基础，其后果必然是或迟或早会恢复自然生命的权利。

精神生命的自然权利

精神生命对待实在的基本方式有三种：判断（Urteilen）、行动、享受（Genießen）（游戏、自娱）。人以这几种方式面对他本身

从属的实在并在实在中证明他是人。*

* 这一节没有写完。在提纲中有关于原拟的分节情况如下：
"肉体生命的自然权利，精神生命的自然权利，对劳动和财产（Eigentum）的自然权利［在另一份笔记中有以下有关的话：'我本人可以自愿献出我的财产、生命等等。但是，由于我的家族、我的民族等等的财产不属于我，因此我不能献出它；并非由于诸如此类的财产本来就有着较大的权利，而是由于我有保护他人财产的职责，旨在维护个人支配其生命、财产等等的自由。'］，团体的自然权利，虔诚信仰的自然权利，幸福、维护精神和肉体生命的自然权利。"
已经开了头的最后一节包括一张字条，有关何谓教养（Bildung）这个问题：
"不是专业人员、专家，不是虔诚的心，也不是博学的人本身，不是自身能力的造就本身，不是团体能力本身，不是在权宜的观点之下的。
"明白个人的—人的世界诸秩序；
"同自然的和精神的存在之整体的关系（没有专门化的）；
"能够在整体中活动，始终独立自主；接纳、承担世界整体；
"人道；
"自由，不是权宜；
"谦虚（知识有限）和理解的广度；
"掌握语言！；
"开放的精神，包括对新的事物。
"在电影院里当放映黑人舞蹈时放声大笑，是没有教养；
"把某件工作看成太渺小，是没有教养；
"鄙视特定的等级，是没有教养；
"利用暂时的软弱，是没有教养；
"不知道自然的或者精神生命的基本环境和进程，是没有教养；
"只因为某事不同于一般而嘲笑之，是没有修养；
"显示自己的'教养'是没有教养。
"向上爬，过分狂热，是没有教养。（得体！）
"教养的不言而喻。
"'学过又忘了的'——不是记住，而是在具体而生动的争辩中精神上掌握。
"学习研究非直接有用之事物（人文教育）。
"家庭、友谊，小圈子赋予的教养。
"教养是生成的（不是'获得'的）。"——原编者注

五　基督、实在与善(基督、教会和世界)

实在的概念 200

这是对每一个想要了解基督教伦理学问题的人提出的独一无二的要求,这要求是:把引他去探讨伦理学问题的两个疑问(“我如何变得良善?”和“我如何做善事?”)看作与事情无关的而弃之不顾,代之以与这两个疑问完全不同的另一个疑问:何谓上帝的意志?这个要求是如此重要,因为它以有关终极实在的抉择为前提,从而也就以信仰的抉择为前提。在伦理学问题基本上表现为何谓自身的善和何谓善的行为这个疑问的地方,在那里已经作出了抉择,即把我和世界视为终极实在。于是乎,所有的伦理学思考的目标是:我是善的,世界——由于我的行为——变得善。倘若事实表明,我的和世界的实在还被嵌在一种完全不同的终极实在中,即上帝的、造物主的、调解者与拯救者的实在中,那么,伦理学问题马
上就处在全新的视角之下。我变得善,世界的状况由于我而改善, 201
这并不具有最后的重要性,具有最后的重要性的,是上帝的实在到 (56)
处证实为终极实在。若相信上帝为终极实在,则一切伦理关怀须以上帝表明其自身是善的为出发点,虽然这样一来又会引出这样的风险,即我和世界偏偏不是善的,而完完全全是恶的。若万物不是在上帝之中被看到和认识到,它们就显现为扭曲的图像。在不

相信上帝是终极实在的情况下,一切所谓事实,一切律法与规范,都是抽象。上帝乃终极实在,这又不是使现存世界升华的一个观念,也不是|在宗教上对某个世俗世界图像的修饰,而是对上帝之自我证明、对上帝之启示的笃信的肯定。倘若上帝仅仅是一个宗教观念,那就不可能知晓,为什么在这所谓“终极的”实在后面不会有众神末日或众神之死的最终极实在。唯独在终极实在是活生生的上帝的启示、亦即自我见证的情况下,它的要求才得到满足。随后才依靠同它的关系作出关于生命整体的抉择。对它的认识不仅是达到发现越来越深的诸实在的分阶段的进步,这一认识也是整个对实在的认识的转折点和支点。在这里,终极实在证实自身又是最初的实在,是最初之事和最后之事,是始与终。对万物和律法的全部认识和把握没有上帝就变成抽象,就脱离本源与目标。若不事先提出何谓上帝的善的疑问,何谓自身的善以及世界的善的
202 整个疑问也就无从提出,因为没有上帝,人和世界的善会有何意
(57) 义?由于作为终极实在的上帝不是别的而是自我显示、证实与启示的上帝,即在耶稣基督中的上帝,故而何谓善的疑问只能在耶稣基督中找到答复。

基督教伦理学的出发点不是自我的实在,不是世界的实在,但也不是规范与价值的实在,而是在耶稣基督中显示的上帝的实在。这是先于其他一切认真地向每一个关心基督教伦理学问题的人提出的要求。它提出终极抉择问题,即在我们的生命里我们考虑的是何种实在,是上帝的启示之言的实在还是尘世的种种不完善,是复活还是死亡。人若从自身出发,从自己的选择出发来判定这个疑问,是非错不可的。这个疑问本身是以已经作出的答复为前

提的，亦即不论我们自己如何抉择，上帝已经讲过他的启示之言，而我们即使身在虚假的实在中，也不可能靠别的而只能靠上帝之言的真实实在活着。何谓终极实在这个疑问，已经把我们困在|对这个疑问的答复中了，而我们再也不可能摆脱这种答复了。这个答复把我们带到上帝在耶稣基督中启示的实在之中，而这一答复就来自这一实在。

基督教伦理学问题是上帝在基督中启示的实在在上帝的造物当中实现，犹如教义学的问题是上帝在基督中启示的实在的真实
性。在所有其他的伦理学中，专门谈论应该是和实际是、观念和实 203
现、动机和效果的对立的地方，在基督教伦理学里谈的是实在与实 (57)
现的关系、过去和现在的关系、历史和事件（信仰）的关系，为说出事情本身的单义的名称以取代多义的概念，那就是耶稣基督和圣灵的关系。何谓善的疑问成为如何分有在基督中显示的上帝的实在的疑问。这样一来，善不再是对现存事物的估价，例如对我的存在、我的意向、我的行动或者世界中某一状况的估价，它不再是判给某一本来存在的事物、某一现时存在的事物的评价，善乃是实在者本身，就是说，不是那种脱离上帝之实在的、抽象的实在者，而是唯独在上帝之中获得实在性的实在者。善不能没有这种实在者，因此善不是普通的套语，而这种实在者也不能没有善。想要成为善的，只能是想要得到上帝之中的实在者。为善而善，也就是说，以善自身为目的，或当作人生的天职，这样的欲望只会落得个不实在（Unwirklichkeit）的反讽；诚心追求善，在这里成为道学家的自说自话。善本身不是独立的人生主旨，作为独立的人生主旨的善，无非是最疯狂的堂吉诃德精神。我们唯有分有实在方能分有善。

究竟是唯独意志、精神活动或人格可以是善的呢，还是成绩、事业、成就、状况也可以被称作善的？这两项中哪一项是另一项的前提？哪一项更加重要？这种争论古已有之。这种争论也渗入神学，在神学中如在其他领域中那样，造成严重的迷误。这种争论的出发点是把问题的提法根本颠倒了。这种争论把在本源上和本质
204 上统一的事情割裂开来，亦即把善同实在者、把人和事业（Person
(58) und Werk）割裂开来。有人说，基督在他关于好树都结好果子的话（太 7:17）里也想到了 |个人和事业的这种区别，这种借口完全颠倒了耶稣这番话的含义。这里并不是说，人是好的，事业才是好的，而是说，两者一起才是好的或者坏的，应把两者一起才理解为一个统一体。这也适用于美国宗教哲学家尼布尔（Reinhold Niebuhr）用 moral man（有道德的人）和 immoral society（不道德的社会）这两个概念所标志的区分。在这里所说的个体与社会的区分，同人与事业的区分一样，也是抽象的。在这里，不可分的硬被拆开，并且对每一部分单独进行观察，而作为这样地被拆开的每一部分却是死的。结果便是今天冠以“社会伦理学”（Sozialethik）名称的那种彻底的伦理学疑难。若善以现存的事物同应该如是的事物的相符为前提，则社会对应该如是的事物所作的大规模的反抗必定导致在伦理学上把个体置于优先于社会的地位。（恰恰是这件事反过来导致在“伦理的”这个概念中觉察到它在社会学上起源于个体主义的时代）。不得把何谓善的疑问狭窄化为对行为的探讨，即用某一种现成的伦理标准依据动机或者效果来探讨行为。同后果伦理学（Erfolgsethik）一样，意向伦理学（Gesinnungsethik）也是肤浅的。我们究竟有什么理由停留在直接意向上，并

把它视作终极伦理现象,并且不去认识,一种“好”的意向可能是在非常黑暗的、人类意识和无意识的背景上产生的,而且经常由“好的意向”产生了最坏的事情?当行为的动机是什么这个疑问最终迷失在理不出头绪的混乱中,迷失在过去的事情里的时候,效果如 205
何这个疑问最终也会消失在未来的迷雾里。这两个方面都没有固 (59)
定的界限,我们也没有任何理由,停留在某一个由我们自己任意设立的点上,以便作出最后的判断。当人们实际上一再作出这种种任意的规定时,这些规定究竟在动机伦理学(Motivethik)一边还是在效果伦理学一边,就成为一个依赖于时间进程的需要问题。从根本上讲,这一种伦理丝毫也不比另一种伦理学强,因为在这两种伦理学里,何谓善这个疑问都是被抽象地提出来的,同实在相脱离的。善并不是由自然或者恩典提供给我们使用的|一种标准同由我称作实在的实体之间的一致。它本身就是实在,是在上帝之中看到和认识到的实在本身。人连同他的动机和目的,连同他的邻人,连同他周围的造物,即是说,作为包含在上帝之中的整体的实在,都被包含在何谓善这个疑问之中。上帝所说的:看哪,这很好(创 1:31)*,意指造物的整体。善要求整体,不仅要求完整的意向,而且要求完整的功业、完整的人,连同给予他的邻人。只有一部分被称作好的,譬如动机,而行为则是坏的,或者反过来,这又意味着什么呢?人是不可分割的整体;不仅作为在他人格和他的功业中的个别者,而且作为人和造物的团体的成员,人就处在这团体里。这个不可分割的整体,亦即这种建立在上帝之中并在上帝之

* 和合本作:“上帝看着一切所造的都甚好。”——译注

中被认识到的实在，就是何谓善的问题所关心的：这个不可分的整
206 体按照其本源叫作“受造物”，按照其目标叫作“上帝国”。两者离
(60) 我们同样地远又同样地近，因为对我们而言，上帝造物和上帝国仅
于上帝在耶稣基督的自我启示中向我们显明。

分有神圣实在不可分割的整体，这就是基督教的何谓善这个疑问的含义。在此为避免误解，需要进一步说明“实在”一词应如何理解。

有一种根据实在概念对伦理学所作的说明，即实证论—经验论的(positivistisch-empirische)说明，它完全不同于基督教的说明。这种说明试图把规范概念(Normbegriff)完全排除在伦理学之外，因为它认为，规范概念仅仅是把实际的、合目的的行为方式理念化：善从根本上讲无非是合目的性(das Zweckmäβige)、实用、对实在有用。这样一来，就没有普遍的善，而只有无限多样的、每一次都由“实在”这方面来规定的善。这种理解优于理念论的理解之处，就在于它无疑更加“贴近实在”。据此，善不在于尽管不可能却偏要去“实现”不实在的事情，不在于伦理观念的实现，而是实在本身教给人，什么是善的。疑问仅仅在于，在此所说的实在能否满足这种要求。事实证明，作为实证论伦理学根据的实在这个概念，乃是经验可|证实性这个庸俗的概念，它含有这样一层意思，即拒绝以终极实在、以上帝为根据来说明这种实在。这种被庸俗地理解的实在不适合成为善的本源，因为这种实在所要求的无非是
207 解体为每一次的、已有的、偶然的、短期合目的的事物，因为这种实
(60) 在认识不到终极实在，于是就破坏和放弃了善的统一性。

基督教伦理学关于作为善本源的实在的说法则不同。它认为

上帝的实在作为终极实在在一切现存事物之外和之内，它这样说也指唯独通过上帝的实在才具有实在性的现存世界的实在。上帝的实在在真实的世界中间自行证实并启示，从这一事实中，基督教的信仰得知，上帝的实在不是一个观念。在耶稣基督中，上帝的实在进入这个世界的实在。何谓上帝的实在以及何谓世界的实在，这两个疑问在一处得到答案：耶稣基督。这个名包容着上帝和世界。在他之中万有被创造(西 1:16)*。从此刻起，不讲耶稣基督就既不能正确地讲上帝，也不能正确地讲世界。所有撇开耶稣基督的实在概念，都是抽象。所有的关于善的思考，不论用应然的事物来反对现存的事物，还是用现存的事物来反对应然的事物，都将在善成为实在处、在耶稣基督里被克服。不可把耶稣基督视为等同一种理想、一种规范或者现时存在的事物。理想反对现存的事物，观念狂热地反对在进行抗争的现存的事物，以及为对合目的性有用的事物而放弃应然的事物，都同样远离善。应然的事物同对合目的性有用的事物都在基督里得到一种全新的意义。应然的事物跟现存的事物的势不两立在基督中亦即在终极实在中达到和 208
解。分有终极实在乃是何谓善这个疑问真正的含义。 (61)

在基督里允许我们同时分有上帝的实在和世界的实在，有一此必有一彼。上帝的实在是这样显示的，它把我完全置入世界的实在中，我始终见到世界的|实在在上帝的实在中被承担、被接纳并被调和。这是上帝在耶稣基督这个人里启示的秘密。这时，基督教伦理学询问，在基督中既有的上帝的和世界的实在如何在我

* 和合本作："因为万有都是靠他造的。"——译注

们的世界中实现的。并不是说，“我们的世界”仿佛是在基督中上帝的和世界的实在之外的某件东西，它似乎并非已经属于在基督中被承担、被接纳、被调和的世界，并非现在似乎先要把某种“原则”运用到我们的环境和时间上去。要询问的反倒是，在基督中的——早已把我们和我们的世界持久包容在内的——实在如何作为现在在场的而起作用，或者说，该如何生活在这实在之中。事关分有耶稣基督中上帝的和世界的实在，而且是这样的，我体验到上帝的实在时不会不体验到世界的实在，我体验到世界的实在时不会不体验到上帝的实在。

在两个领域中思考

我们要在这条道路上继续前进，大部分传统基督教伦理学思想像一个巨人似的拦住我们的去路。自新约时代以后基督教伦理学兴起以来，伦理学思想中占统治地位的、自觉与不自觉地规定一
209 切的基本观念，是两个领域相撞的观念，其中的一个是上帝的、神
(62) 圣的、超自然的、基督的，另一个是世界的、世俗的、自然的、非基督的。这个观念在中世纪盛期达到第一顶点，宗教改革以后在伪新教思想里达到第二个顶点。实在整体分裂成两部分，伦理学探讨涉及这两部分的正确关系。在鼎盛期经院学（Hochscholastik）里，自然事物的国度从属于恩典的国度，在伪路德宗学说（Pseudoluthertum）里，这个世界的秩序本身固有的规律性（Eigengesetzlichkeit）宣告反对基督的律法，在宗教狂热派（Schwärmertum）里，被拣选者的团体反对世界的敌视，开始为争取在尘世建立上帝国而斗争。基督的事业到处变成了在实在整体之外的局部的、地

方性的事务。这时考|虑的是在基督中的实在之外的各种实在。其结果是，在基督之外，还有一条自己的、进入各种实在的通道。尽管在基督中的实在被认为是如此重要，它始终是与其他实在并列的部分实在。由于把实在整体划分为一个神圣的和一个世俗的区域，一个基督的和一个世界的区域，也就创造了只在两个区域中的一个内的存在的可能性，即一种灵性的存在，它不分有世界的存在；还有一种世界的存在，它可以要求有一种自身固有的规律性，并使之发挥反对神圣区域的作用。修道士和19世纪的文化新教徒(Kulturprotestant)代表着这两种可能性。全部中世纪的历史围绕着这个主题，即灵性的领域统辖世界的领域，regnum grati-
ae(恩典王国)统辖 regnum naturae(自然王国)，而近代的特点则 210
是世界的存在日益摆脱灵性的存在而独立自主。只要基督和世界 (63)
被人想成是两个相互撞击的和相互排斥的领域，人就只有以下的可能：在放弃实在整体的情况下，他置身于两个领域中的一个里面，他想要没有世界的基督或者想要没有基督的世界。在两种情况下，他都在欺骗自己。再就是人想要同时站在两个领域里，这样一来，人就成了永恒冲突的人，犹如后宗教改革时期所产生的那种人，也像他一再冒充的唯一与实在相符的、基督的存在的形象那样。

要摆脱这种空间思想(Raumdenken)的禁锢是困难的，但这肯定既彻底违背了《圣经》的思想，也彻底违背了宗教改革的思想，因此绕开了实在。不存在两种实在，而只有一种实在，这就是在世界实在中显示于基督之中的上帝的实在。分有基督，我们也就同时站在上帝的实在和世界的实在里。基督的实在包容世界的实

在。世界没有不依赖于上帝在基督中显示的自己的实在。想要成为“基督徒”，却又不看到也不认识世界在基督中，这就是否认上帝在耶稣基督中的显示。因此没有两种领域，而只有一个基督实现的领域，在这个领域里，上帝的实在和世界的实在合为一体。所以，|一再统治着教会历史的两个领域的主题于《新约》而言是陌生的。在这里，唯一重要的是基督的实在在被它包容、占有和含有的
211 当前世界中的实现。并非两个相互竞争的领域并存着并且相互间
(63) 为疆界而争执，致使疆界问题始终是历史上的关键问题；相反，整个世界实在已经被纳入基督之中，概括在基督之中，历史的运动仅仅从这个中心而来又回到这个中心去。

空间思想把世界的—基督的、自然的—超自然的、世俗的—神圣的、理性的—启示的这几对概念理解为终极的、静止的对立，并以此说明特定的、相互排斥的事情。空间思想认识不到这些对立在基督的实在中原本的统一，并用后来硬性造成的、一个包括这些对立的神圣的体系或者一个包括这些对立的世俗的体系的统一取而代之。静止不变的对立却保持着。若从在基督中被认识到的上帝的和世界的实在出发看这些事物，情况就完全不同了。世界、自然、世俗、理性，从一开始就被接纳到上帝之中，凡此种种并非“本来”就存在的，而是唯独在上帝的实在中，在基督中才具有其实在性。于真正的世俗概念至关重要的是，它要在已被和将被上帝接纳进基督这个运动中被看到。正如在基督中上帝的实在进入世界实在，同样，“基督的”只存在于“世界的”之中，“超自然的”只存在于“自然的”之中，“神圣的”只存在于“世俗的”之中，“启示的”只存在于“理性的”之中。上帝的实在和世界实在在基督中的统一一再

重复，更确切地说，在人身上一再地实现。然而，“基督的”又不等
同于“世界的”，“自然的”不等同于“超自然的”，“启示的”不等于 212
“理性的”。在两者之间有一种唯独存在于基督的实在中、亦即对 (64)
这一终极实在的信仰中的统一。维护这种统一的是，防止“世界
的”和“基督的”等等在其相互关系中出现任何静态的独立性，它们
相互间保持论争关系并由此证明它们的共同实在，证明它们在基
督的实|在中的统一。正如当年路德进行论争，反对罗马教会的教
会势力对世俗权威的扩张，同样地，在“世俗因素”有独立化危险的
时刻（这在宗教改革以后就发生了并且在文化新教中达到了它的
顶点），就必须进行论争，从“基督的”、从“灵性的”出发来反对“世
俗的”。在两种情况下，都涉及同一过程，都是召唤人关注神圣的
和世界的实在——耶稣基督。正如路德当初以更好的基督性
（Christlichkeit）的名义借助“世界的”来抗议正在独立的、正在摆
脱基督实在的“基督的”，同样地，今天进行的论争也需要以更好的
世俗性（Weltlichkeit）的名义借助“基督的”来反对“世界的”，但不
得导致以自身为目的的、静态的灵性领域。唯独在有论争的统一
这种意义上路德关于两个国度的学说才可以被接受，而这也是他
原本的意思。

从神学上讲，空间思想作为静止的思想，是律法的思想。这很
容易说明。只要“世界的”作为独立的区域独自存在，就会否认世
界被接纳进基督这个事实，否认世界实在的根据是启示实在，从而
否认普世福音。不认识到世界是在基督中被上帝调和的，而认为
世界是这样一个区域，它或者是只完全服从某一基督教派的主张，213
或者是以自己的律法来反对基督的律法。假如基督教教派把自己 (65)

展现为独立的实体,则人们就拒绝把耶稣基督中的上帝已经接受的同世界结成的团体给予世界。在这里设下一条批判世界律法的基督律法,并且反对上帝已经使之同自己和解的世界,与之进行不可调和的斗争。有法归于无法,遵循律法(Nomismus)归于废弃律法(Antinomismus),圆满论(Perfektionismus)归于宗教放任主义(Libertinismus)。没有任何例外。一个世界,独自存在,摆脱基督的律法,就会陷入任意专断和无约束的状况。一种基督信仰若摆脱世界,也会陷入非自然、非理性、狂妄、任意专断的状况。

倘若这样从对耶稣基督中终极实在的启示的信仰出发克服了伦理学的空间思想,那么,这就意味着没有世界实在|之外做一个基督徒的实在的可能性,也没有耶稣基督的实在之外真正的世俗存在。没有基督徒从世界后撤的地点,外部没有,内心领域也没有。任何逃避世界的尝试,迟早都会付出代价,即堕落到罪恶的向世界臣服。这是个经验事实,即在严重的性罪孽被克服的地方,继之而起的是并不怎么遭世人唾弃的,但同样严重的贪婪和贪财的罪孽泛滥。对于不受世界影响的基督徒的内心修养,在世俗旁观者眼里多半具有悲喜剧性质;因为在基督徒的内心自我欺骗地以为同世界保持最远距离的地方,视觉敏锐的世界恰好最清晰地重
214 新认识到自身。谁宣信作为上帝启示的耶稣基督的实在,谁也在
(66) 同一瞬间宣信上帝的实在和世界的实在;因为他发现上帝和世界
在基督中的和解。正因为如此,基督徒也不再是永恒冲突的人,而是正如在基督中的实在是一个实在那样,分有这个基督的实在的人,本身也是一个整体。他的世俗性质不把他同基督分开,他的基督徒性质也不把他同世界分开。他完全从属于基督,同时完全处

在世界之中。

当我们这样地从基督的实在出发要把空间思想抛在我们身后之时，却又有一个重要的疑问向我们提出：确实没有绝对的静止不变的对立和绝对相互分离的空间吗？耶稣基督的教会不就是这样一个跟世界的空间分离的空间吗？最后，魔鬼国度不就是这样一个永远不会合并到基督的国度里去的空间吗？

毫无疑问，《新约》里有些关于教会的说法恰同空间观念相符。比如有些段落把教会描写成圣殿、建筑、房屋乃至身体。由此可见，在教会被描写成尘世上上帝的有形的教团（Gemeinde）时，空间观念是不可避免的。事实上，教会在世界上占有一个特定的空间，这个空间由教会对上帝的公共崇拜、由教会的组织，由教会的团契生活所决定。[*] 空间思考的出发|点，正是这个事实。忽略这一点，否认教会的有形性，把教会贬低为一种纯灵性力量，会是非常危险的。这样也会使上帝在世界中的启示这个事实失去效力，215
基督本身也会被精神化。教会在世界中占有空间，于上帝在耶稣 (66)
基督中的启示而言是至关重要的。但是，若纯从经验上去说明这个空间，就是极端错误的。当耶稣基督中的上帝需要世界中的空间——即使只在一个马厩里，因为“客店里没有地方”（路 2：7）——的时候，上帝也同时把世界的整个实在包容在这个狭小的空间里并且揭示它的终极根据。所以，耶稣基督的教会也是地点——亦即在世界中的空间，在这个地点，耶稣基督对整个世界的统治被证实和宣告。因此，教会这个空间不是为自身而存在的，而

* 参见《追随基督》，同前。

始终是超越自身远远地延伸的，因为这不是一个必须为自身在世界上的存在而斗争的崇拜团体（Kultverein）的空间；而是因为教会的空间是这样一个地点，任何实在根源在于耶稣基督在此获得明证。教会是个地点，在此得到证实并被认真对待的是：上帝让世界在基督中同自己和解，上帝曾经如此地爱世界，以致为世界奉献了他的儿子。教会这个空间的存在，是为了同世界争土夺地，而是为了向世界证实，世界仍然是世界，是上帝爱过并与之和解的世界。并非教会想要或者必须把它的空间扩展到世界的空间中去，教会除了所需要的空间外不再贪求更多的，教会需要这空间是为了向世界证实耶稣基督，证实通过耶稣基督而实现的世界同上帝的和解。教会只能由此来保卫它自己的空间，那就是教会不是为它自己的空间而是为拯救世界而斗争。倘若不是这样，教会就会
216 成为“宗教社会”，它为自己的利益而斗争，因此不再是上帝和世界
(67) 的教会。委托给属于上帝的教会的第一使命，不是为自身而存在，譬如创建一种宗教组织或者过一种虔信的生活，而是作为见证人向世界证实耶稣基督。为此，圣灵装备那些受它所赐的人。不言而喻的前提是，给世界的这样一个明证，只有当它来源于上帝的会众中一种被神圣化的生活时，才算是适当的。然而，上帝的会众中的一种真正被神圣化的|生活，同时也引导人走向对世界的明证，并由此而有别于任何虔诚的摹仿。在这种生活沉寂的地方，它就是教会内部腐烂的标志，犹如不结果实是树木枯死的标志。

你若要谈论教会的空间，你就必须意识到，这个空间在每一瞬间都在被教会关于耶稣基督的明证所突破、所取消、所克服。这样一来，任何错误的空间思想作为对理解教会有害的东西都必须被

排除。

到此为止,我们谈到世界时,均意指在基督中与上帝和解的世
界。我们所说的实在,乃指被上帝接纳、存在于上帝之中的、和解
的实在,并且在这个意义上拒绝空间思想。可是,还有一个疑问未
得到答复,是否该把“世界”——这里意指陷入魔鬼控制的“可恶
的”(arge)世界——,把罪恶的实在,理解为反对教会,亦即反对基
督国度的空间呢?空间思想最后的、静止的对立,不正是证明了基
督国度跟魔鬼国度的对立吗?乍一看,这个疑问似乎应予以肯定 217
的答复,但仔细考察就会发现,它本身的意思并不清楚。基督同他 (68)
的敌手魔鬼,是相互排斥的对立面;但魔鬼不得不一再违愿地替基
督服务;想做坏事的魔鬼不得不一再做出好事来;故而魔鬼的空间
始终只在耶稣基督的脚下。倘若魔鬼的国度应被理解为那个“可
恶的”世界,亦即陷入魔鬼控制下的世界,那么,恰恰在这里,空间
思想又碰壁了。因为“可恶的”世界恰恰是在基督中与上帝和解的
世界,它不是在魔鬼中,而是重新在基督中得到它终极的和原本的
实在。世界并非被划分为基督和魔鬼的,世界完整地是基督的世
界,不论它是否认识到这一点。我们讲世界,指的就是它在基督中
的这种实在,这样也就摧毁了虚假的实在,世界以为自己在魔鬼
中拥有的虚假实在。恶的、黑暗的世界不可拱手交给魔鬼,而应为
了基督而需要它,基督通过他的道成肉身、通过他的死和复|活,已
经赢得了这世界。对于已经赢得了的东西,基督是丝毫也不会放
弃的,他会牢牢地抓在手里。所以,从基督的角度来看,不把世界
划分为一个魔鬼的和一个基督的。静止不变地划定一个属于魔鬼
的区域和一个属于基督的区域,这类做法无一例外地都否认这个

实在，即上帝已经让在基督中的整个世界同自己和解了。

上帝爱基督中的世界并与之和解，这是《新约》宣讲的中心内
218 容。其中所设的前提是，世界需要跟上帝和解，自己却没有能力做
(69) 到。接纳世界，是上帝的慈恩的奇迹。因此，教会同世界的关系完
完全全由上帝同世界的关系所决定。有一种敌视上帝的对世界的爱（雅 4:4），* 因为这种爱是由于世界自身的本性而不是产生于上帝对世界的爱。所谓“自身”，是如其自我理解的世界，它对在耶稣基督中上帝对它的爱的抵制乃至拒斥，应受上帝对所有敌视基督的言行所作的审判。它同教会进行着生死斗争。然而教会的使命和本质恰恰是向这个世界宣讲它同上帝的和解并向它揭示上帝之爱的实在，亦即这个世界盲目地怒斥的实在。就这样，恰恰是这个迷惘并被判决的世界也被不停顿地拉到基督的事件中去。

人们已经习惯于把思想和概念都安排到一幅图景中去，抛弃这样一幅图景是很困难的。然而我们必须摆脱这幅两个空间的图景，问题只是，我们能否用一幅同样简单而明了的图景取而代之。

我们首先必须注目的图景是耶稣基督自己的、道成肉身者的、被钉十字架者的、复活者的身体。在耶稣基督的身体里，上帝同人类统一，整个人类被上帝接纳，世界同上帝和解。在耶稣基督的身体里，上帝接受和承担全世界的罪孽。世界的任何一部分，无论多么迷惘，多么不信上帝，无一不被上帝接纳到耶稣基督里，无一不同上帝和解的。谁怀着信仰直观耶稣基督的身体，谁就不会再讲什么世界是迷失的，是同基督分离的，谁就不会怀着教士的狂妄

* 和合本作：“岂不知与世俗为友就是与上帝为敌吗？”——译注

自大同世界分离。世|界属于基督,并且唯独在基督里,世界才是
世界。因此,世界需要的只是基督本身而不是别的。倘若有人只 219
把某一条也许是基督的律法赐予世界,而为教会收藏基督,那么, (69)
样样事情都会被弄糟了。基督为世界而死,唯独在世界中间,基督才是基督。总不想把基督给予世界——这诚然可能是由于本意是好的教育上的原因,可是这毕竟总带着点淡淡的教权主义(Klerikalismus)的味道——,这样做,恰恰是不信。这是没有认真对待道成肉身、十字架上的死、肉体的复活,是否认基督的身体。

如果说,《新约》把基督的身体这个概念迻译成教会,那么,这无论如何不是说首先要把教会同世界区分开,而是恰恰以《新约》关于上帝在基督里道成肉身的说法的特色,证实所有的人被接纳、被包括、被承担在基督的身体里,信仰者的团体正是通过言和生命向世界宣告这一点。这里的意思不是同世界区分开,而是召唤世界进入这基督身体的团契,而真理即属于基督的身体。世界对教会的这种证明感到陌生,教会连同这种证明也体验到世界对自身感到陌生。但即使是这,也是一再出现的、在基督的身体里已有的同世界结成的团体带来的结果。把教会和世界区分开的不是别的,而是教会承认被上帝接纳这个属于人人的、实在是可信的,并以此证明这是对人人都有效的。

耶稣基督的身体,正如它尤其在十字架上向我们展现的那样,
既向有罪的和被上帝所爱的世界,也向教会徒众、向作为认罪并愿 220
接受上帝爱的人们的团体,表明信仰。 (70)

上帝和世界因基督而属于同一整体,这不允许在空间划定静止不变的界限,却又不取消教会与世界的区别,还提出这样的问

题：在不回到这些空间观念上去的情况下，该如何设想这种区别。在这里，我们必须向《圣经》讨教，而《圣经》已经含有对这个问题的答复。

四项委托

世界，如同所有的造物，由基督和为基督而创造并且唯独在基督里面存在着（约 1：10 ；西 1：16）。脱离基督而谈论世界，便是空洞的抽象。世界处在同基督的关系之中，不论世界知道与否。世界同基督的这种关系具体化为在世界中上帝特定的委托。《圣经》提到四项这样的委托（Mandate）：工作、婚姻、政权、教会。我们讲上帝的委托，不讲上帝的规章（Ordnungen），因为这样可以更加清楚地突出与一种存在规定（Seinsbestimmung）的性质相对的上帝的委托性质。上帝要在世界中有工作、婚姻、政权、教会，上帝要靠基督、为基督、在基督里面有这一切，各按其方式。上帝把人置于所有这些委托之下，不是把每一个人分别置于同一种委托之下，而是把所有的人置于这四种委托之下。所以，不是从“世俗”的领域撤回到“属灵”的领域，而只是在上帝的这四项委托之下练习并学会基督徒的生活。不是把前三种委托看成不同于最后一种委托
221 的“世俗的”委托而加以贬低。不论涉及的是工作、婚姻、政权还是
(71) 教会，都涉及在世界中间的“上帝的”委托。这些委托由于它们同基督最初和最终的关系的缘故而是上帝的。摆脱了这种关系，“就其本身”，它们就不是上帝的，犹如“就其本身的”世界也不是上帝的。“就其本身的”工作不是神性的，但为了耶稣基督的缘故，为了上帝的委托和上帝的目标而进行的工作是神性的。不能着眼于工

作的一般效用、内在的价值来说明工作的神性,而只能着眼于工作在耶稣基督中的起源、存在和目标来说明工作的神性。其他几项委托的情况也一样。它们唯独作为上帝的委托才是上帝的,并非由于它们在这种或那种具体形态中的实际情况才是上帝的。并非由于工作、婚姻、政权、教会存在着,才是上帝需要的,而是由于它是上帝需要的,因此它存在着,只是在它的存在——不论自觉不自觉——服从上帝所委托的使命的情况下,这才是上帝的委托。当工作、婚姻、主管当局、教会的具体形态坚持任意地违背|上帝所委托的使命时,就会在这具体情况下背离上帝的委托。然而由于上帝的委托,具体的现存事物也获得了相对的称义。并非任一违背上帝委托使命的过失都会从根本上取消工作、婚姻、政权、教会的具体形象的上帝委托的性质。现在的婚姻、政权等等总是相对地优先于尚未有的婚姻、政权等等。出现了个别的失误并不意味着可以取消、根除已有的婚姻、政权等等。在这里,重要的反倒是回过头来真正服从上帝的委托,以便对上帝所委托的使命重新真正负起责任来。真正负起责任来,就是上帝的四项委托的具体形态 222
应以它们在耶稣基督中的起源、存在与目标为导向。 (72)

根据《圣经》,有第一个人的时候,也就有了工作的委托。上帝让亚当"修理看守"伊甸园(创 2:15)。堕落后,工作仍然是上帝管教和恩典的一种委托(创 3:17－19)。人必须汗流满面地耕作才能得到食物,之后,人的工作的范围不仅包括农事,还包括了经营乃至科学与艺术(创 4:17 以下)。工作始于伊甸园,工作关系到人参与创造的行为。工作创造了一个物和价值的世界(Welt der Dinge und Werte),旨在颂扬和侍奉耶稣基督。这不是像上

帝的创世那样的从虚无中的创造，而是在上帝最初创世的基础上创造新事物。任何人都不能摆脱这项委托。因为在人依照上帝所委托的使命所做的工作中产生的那种天上世界的映象，会使认识到耶稣基督的人回忆起天上世界。该隐最初的创造是城市，是上帝的永恒之城在尘世的对应物。接着发明了提琴和笛子，它们把天上的音乐趣味给予尘世的我们。接着是从地上的矿穴里掘出金属宝藏，进行加工，部分用以装饰尘世的房屋，一如天上之城闪烁着黄金与宝石之光，部分用以制造一把又一把的正义之剑。通过工作这项上帝的委托，一个世界产生了，它——不论知道与否——期待基督，以|基督为导向，为基督而敞开，侍奉他，颂扬他。但由于完成这项委托的是该隐一族人，因此这向人所有的工作投下了最黑暗的阴影。

223 同工作一样，自创世后第一个人起就有了婚姻这一项委托，在
(72) 婚姻中，两人在上帝面前成为一体，犹如基督同他的教会成为一体那样。“这是极大的奥秘”(弗 5:31 以下)。对这样的成为一体，上帝赐予多产的祝福，生育新生命的祝福。人进入造物主的意志，分享着创造的过程。通过婚姻生育人以颂扬和侍奉耶稣基督并增大他的国度。这意味着，婚姻不仅是生育的场所，而且是教育子女听从耶稣基督的场所。对于孩子来说，父母是上帝的代表，是受上帝委托的孩子的生育者和教育者。如同在工作中创造新的价值那样，在婚姻中创造新的人来侍奉耶稣基督。由于最初两个人的长子该隐是在离开伊甸园后生的，他又成了杀死兄弟的凶手，因此，也有一道黑暗的阴影笼罩在我们世界的婚姻和家庭之上。

政权这项上帝的委托是以工作和婚姻这两项上帝的委托为前提的。政权在它治理的世界里发现已有两项委托,上帝,造物主,通过它们行使其造物主的权力,因此也必然要依靠它们。政权本身不能产生生命与价值，它是没有创造力的,它把被创造的事物维持在由于上帝的委托而分配给被创造的事物的秩序里,它保护被创造的事物,它立下法律承认上帝的委托,它借剑的威力实施这种法律。所以,婚姻虽然不是通过政权,但却是在政权面前缔结的。工作的广大领域不是由政权本身开辟的,但受政权的监督,在某些——容下文再加说明的—— 界限内受它的调控。政权本身
绝不可想要成为这个工作领域的主体,否则就会严重危害工作这 224
项上帝的委托，也危害政权本身。政权借立法和剑的威力为耶稣 (73)
基督的实在而保护世界。人人都得服从这个政权——为了基督的缘故。|

有别于上述三项委托的,是教会这项上帝的委托，它事关这一使命,即让耶稣基督的实在在布道、在教会组织、在基督徒的生命里成为实在者,因此事关对整个世界的永恒拯救。教会这项委托涉及所有的人,而且是在所有其他三项委托的内部涉及所有的人。如同人同时是劳动者、配偶、臣民,如同一项委托和另外几项委托重叠在一起,正如这里事关同时完成所有这些委托,教会这项委托也参与所有上述这些委托,正如倒过来,基督徒同时是劳动者、配偶和臣民那样。在这里，任何划分隔绝空间的尝试都是禁止的。完整的人站立在上帝在耶稣基督里面为他准备的、完整的尘世的和永恒的实在之前。只有对所提供和所要求的整体作出充分的回应时,人才能同这个实在相符。所有其他的三项委托,所涉

及的不是割裂和划分人，而是在上帝、造物主、和解者和拯救者面前的完整的人。因此，形态多种多样的实在，归根到底是一个实在，亦即在道成肉身的上帝耶稣基督里；正是这一点，是教会必须向世界证明的。在世界上的上帝的委托，其意并非在无穷尽的冲突中耗尽人，它们要达到的目标恰恰是站在上帝面前的实在中的
225 完整的人。人并不是证明上帝的几项委托并不相容的地点，反倒
(74) 首先和唯独在人身上，而且是在具体的生活和行为里创造了“就其本身”亦即理论上不相容的事物的统一。这自然只能是这样的，即人通过耶稣基督被置于上帝道成肉身以及在耶稣基督的马槽里、十字架上和复活中世界同上帝和解这一已完成的实在前面。正是上帝委托的理论——在“等级”理论的形态中，就有导致割裂人和实在的危险——服务于把人置于如在耶稣基督中向我们显示的这一个完整的实在前面。在这里，一切又这样重新汇入上帝和人在其中合一的耶稣基督的身体这个实在中去。

我们一开始就谈到，必须用何谓上帝的|意志的问题取代自己怎样才会是善的和该如何行善这个问题。上帝的意志无非是在我们身边和在我们的世界中基督的实在成为实在者。因此，上帝的意志不是要求实现的一种想法，反倒已经是上帝本身在耶稣基督里自我启示中的实在。上帝的意志也非简单地等同于现存的事物，似乎服从于现存的事物就意味着实现了上帝的意志，上帝的意志反倒是在现存的事物中反对现存的事物而不断重新实现的实在。上帝的意志是当上帝在基督中让世界同自己和解时上帝自己已经实现了的。无视这已经实现的实在而要用自己的实现取而代之，这会十分危险地退回到抽象思考上去。在基督出现之后，伦理

学只有一件至关重要的事,即分有上帝的已经实现的意志。只有
在以下事实的基础上才能分有这个实在,即我本人已经被包容在 226
上帝的意志在基督里的实现中,就是说,我已经同上帝和解。我们 (74)
所问及的上帝的意志,不是一种隐蔽着的、未实现的意志,而是一种已经显现的、已经实现的意志。但这个疑问在以下意义上始终是一个真正的疑问,即我本人以及我周围的世界通过显现,通过实现被置入这个疑问里。

在耶稣基督里显现和实现的上帝的意志,包容实在的整体。不被多样性割裂而进入这整体之路,唯独存在于对耶稣基督的信仰里,“上帝本性一切的丰盛都有形有体地居住在基督里面”(西 2:9,1:19);“借着他叫万有——无论是地上的、天上的——都与自己和好了”(西 1:20),他的身体,即教会,是在万有中实现万有者之丰盛(弗 1:23)*。对这个耶稣基督的信仰,是一切善的源泉。|

* 和合本作:“教会是他的身体,是那充满万有者所充满的。”——译注

六　历史与善*

善和生命 227

我们总是在一个已经不再倒退的环境里:我们活着,遇到何谓善这个疑问。这至少意味着,我们不再能够这样地提出和回答何谓善的疑问,仿佛美好的生命尚待我们去创造。我们作为造物而不是作为创造者问及何谓善。我们关心的并非假如我们不是活着而是处在某种虚构的环境里,那么,什么是善的——我们作为活人,也根本不可能认真地提出这个疑问——,因为,即便我们从生命中作出抽象,那也是由于我们是受生命制约的,所以我们不可能自由地进行这种抽象。我们要问的,并非善本身是什么,而是在已有生命的前提下,对于我们活人而言,什么是善的。我们恰恰不是在撇开生命的情况下,而是进入生命的深处下,问及何谓善。对善的追问本身就是我们生命的一部分,正如我们的生命从属于对善的追问。在我们生命的被规定却又未结束的、独一无二却又在流逝的环境中,在人、事物、制度、权力的活生生的关系中,亦即在我 228
们的历史生存中,何谓善的疑问被提出和决断。何谓善这个疑问 (167)

---

* 这一章的初稿较短,但在草拟的纲要里扩充了,收入 GS《文集》卷 III,页 455 以下。

不再同何谓生命、何谓历史的疑问分离。

伦理思想在很大程度上仍受支配于孤立的个体人的抽象概念，他运用善自身的绝对准则，不断地只在明确认识到的善和同样明确认识到的恶之间作出决断。而我们（已经借助上面所说的）已把这种抽象抛在身后了。没有这种孤立的、个别的人，没有一种原本的善的绝对标准可供我们采用，历史上的善与恶也不以其纯粹的形态表现出来。这种抽象的基本模式恰恰在其任何环节上都没有抓住特殊的伦理学难题。一个从它的历史环境和历史|作用中分离出来的孤立的个体，能否被视为伦理学上关系重大的，这至少是非常成问题的；这样的概念是不真实的，无论如何是一种不得要领的、理论上模棱两可的情况；一种善自身的绝对标准——在这样的标准被想象成无异议的这一前提下——把善变成一条死的律法，变成莫洛赫神（Moloch）*，把所有的生命和自由都献祭给他，而这种标准本身甚至不能施加一种真正的义务，只因为这种标准是同生命没有根本关系的、形而上的、独自存在的虚构物；在明确地认识到的善和明确地认识到的恶之间作出的决断，把人的认识本身从这一决断中抽走，把伦理移到已经以善为导向的认识跟还在抗拒的意志之间的斗争中去，因此不可能作出那种真正的决断，即在一个历史环境的多样性中完整的、有认识也有意志的人，只能
229 在行为的风险中去寻找并找到善。在这种对生命的抽象中，伦理
(168) 被放到一个静止不变的基本公式上，它把人从人的生存的历史性

* 莫洛赫神，古代腓尼基人信奉的火神并以儿童作献祭品，喻毁灭一切的暴力。中文和合本《圣经》作摩洛。——译注

里拽出来，再把人置入纯私人和纯理想的真空里。在此，实行特定的原则——不论这些原则同生命的关系是怎样的——被视为伦理学的任务。这会导致把生命完全私人化，因为不顾及他人而自己忠于原则被冒充为善，在这种情况下，各按诸原则的激进程度，相关的生命形式在返回市民存在的私人区域同修道院之间。对伦理的抽象理解，也会导致狂热，在这种情况下，相关的生命形式——又各按诸原则的性质——将包括伟大的政治狂热者和意识形态家，乃至小丑般讨厌的、各种形象的生活改革家。所有这些尝试面对生命都失败了，并将一再失败，我们这样说，并不意味着他们和耶稣基督一样，他的生命也以失败而告终，因为他既不是私人圣徒，也不是狂热者；他们的失败是一种理想化的失败（即使暂时成功时也是失败），其最终原因在于以下事实，即在这里没有发生同生命、同|人的真正遭遇，在这里只是抖落下一些陌生的、非纯正

的、假的、幻想的以及非常专横的东西，而并未真正触及改变人的 230
本质，并未能促使人本身作出决断。在人身上发泄出来的意识形 (168)
态，离开了人，像一场噩梦，离开了清醒的人。对这些意识形态的回忆是苦涩的。意识形态不会使人变得更成熟、更坚强有力，而只会变得更贫乏、更多疑。倘若在这种清醒的不幸时刻，上帝作为造物主——在他面前，人只能作为造物而生活——向人显现，并且赞美人的贫乏，这就是恩典。

指摘抽象的善概念不能触及生命，这并不意味着要使善与生命对立，这反倒意味着，问题恰恰不在于真正的对立，而在于未能触及。生命被当作一个 quantité négligeable（可以忽略不计的数），根本不必知道它。充其量，生命被理解为“自然”的那一部分，

它的起源和解脱都归功于心灵、精神、观念。若善与生命的关系犹如自然与精神的关系，那也不会有对生命的实际克服，而只会有一种在律法上被理解的对立，对于这种对立而言，没有和解，至多只有一方对另一方的施暴。如果善的概念忽略生命，即是说，即使它包含着一个生命概念，但这个概念即不符合实在，也不能克服善跟生命之间的对立，那么，这种善的概念，根本上是不会有结果的。这会导致提出何谓生命本身的疑问，并且在对这个疑问的回答中寻找对正确理解善的引导。

耶稣基督谈到自己时说："我是生命"（约 14:6 ，11：25），自那以后，基督徒的思考、哲学家的思考，都不能无视这个要求以及这个要求所包含的实在。耶稣的这番自白说明，任何一种要说出生命自身之本质的尝试，都是徒劳的和已经失败了的。只要我们
231 还活着，还不知道我们生命的界限即死亡，我们又怎能说得出生命
(169) 自身是什么呢？我们只能度过生命，却不能给生命下定义。耶稣的这番话把关于生命的任何想法都同他的位格联系在一起。我是生命。没有任何对生命的探问能像这个"我是"这样归|返自身。在这里，从什么是生命这个疑问里，让位于谁是生命这个回答。生命不是一事物，一实体，一概念，而是一个位格，而且是一特定和唯一的位格，说它是特定和唯一的位格，不是就它与其他位格所共同者而言，而是就这一位格中的我；这就是耶稣的我。耶稣把这个我置于同要求构成生命本质的所有想法、概念、途径的尖锐对立中。耶稣并没有说，"我有生命"，而是说，"我是生命"。生命就此永远不再会同耶稣的这个我、这个位格分开。耶稣宣告这一点时，他并不仅仅是说他 das Leben（生命）——亦即某一有可能使我得以显

示的形而上的精神——,而且恰恰是我的生命,我们的生命;这是保罗用“基督是我的生命”(腓 1:21)* 和“基督是我们的生命”(西 3:4)这些话十分准确又似非而是地说出事实真相。我的生命在我本人之外,在我的支配之外,我的生命是另一个人,耶稣基督。这并非转义为:没有另一个人,我的生命是没有生命价值的,或基督把一种特别的质量、一种特别的价值赋予我的生命,而生命本身又有它自己的存在,而是这个意思:生命本身是耶稣基督。适合于我的生命的,也适合于所有的造物。“已形成之物——在其中他是生命”(约 1:4)。**

“我是生命”——这是耶稣基督的话、启示、宣告。我们的生命 232
在我们本身之外,在耶稣基督中,这无论如何不是我们认识自身的 (170)
结果,而是我们遇上的外来的要求,对此我们或者相信,或者反对。当这句话击中我们——这句话就是为此而讲的——时,我们认识到,我们背离了生命,背离了我们的生命,我们生活在同生命、同我们的生命的矛盾之中。于是,我们在耶稣基督的这句话里听到了对我们生命的谴责和否定;我们的生命并不是生命,或者说,就算它是生命,那我们还一直生活在同生命的矛盾之中,这生命叫作耶稣基督,叫作一切生命和我们生命的本源、本质和目标。对我们的背离的生命的否定意味着,在我们的背离的生命跟此即耶稣基督的生命之间是结束、毁灭、死亡。我们听到的否定,把这死亡带给我们本人。但是,当这否定把死亡给予我们的时候,从这否定中产

* 和合本作:“因我活着就是基督。”——译注

** 参阅 Bultmann,*Das Evangelium des Johannes*《约翰福音》,页 21 以下。(和合本作:“生命在他里头”。——译注)

生了 |隐藏着的对新生命、对此即耶稣基督的生命的肯定。这生命，是我们自己不可能给予自己的，它完全从外部、完全从彼岸而来，但它不是遥远的、异己的、同我们不相干的生命，而是我们自己的、真实的、每日的生命。这生命存在着，无非是隐藏在死亡、否定的标记下。* 我们此时活着，处于肯定与否定的张力之中。除非在同耶稣基督的这种关系中，否则就无从谈及我们的生命。撇开
233 作为我们生命的本源、本质和目标的耶稣基督，撇开我们是造物、
(171) 被和解者、被拯救者，我们只能抵达生物学上的和意识形态上的抽象。作为被创造、被和解、被拯救者，作为在耶稣基督中找到其本源、本质和目标者，我们的生命处于肯定与否定的张力之中。我们也只能在肯定与否定中认识作为我们的生命的基督。这是创世、和解和拯救的肯定，是审判和死亡对背离其本源、本质和目标之生命的否定。但知道基督的人，没有一个会听到肯定而听不到否定，听到否定而听不到肯定。

这是对被创造者、对形成、对生长、对繁荣、对果实、对健康、对幸福、对能力、对成就、对价值、对成功、对伟大、对名誉，简而言之，对生命力量之施展的肯定。这是对总是寓于所有这些存在中的、同生命的本源、本质和目标之背离的否定，这否定意味着死亡、苦难、贫苦、放弃、献身、谦卑、贬低、自我否定，其中又包含着对新生命的肯定，一种生命，它不再碎裂成肯定和否定的并存，譬如说，活力不受制约地施展同禁欲的精神生活并行不悖，或者“受造物的”同“基督的”共存——这样一来，肯定与否定就会失去其在耶稣基

---

* 参阅 Bultmann，*Das Evangelium des Johannes*《约翰福音》，页 308。和合本作：“生命在他里头”——译注

督里的统一——；这种新生命，在耶稣基督里是一，被夹在肯定与否定之间，这样就可以在每个肯定里听到否定，在每个否定里听到肯定。生命力的施展与自我否定、成长与死亡、健康与苦难、幸福与弃绝、成就与谦卑、名誉与自|贬，同属一个生动的、充满不可解决之矛盾的统一体。

使这一个摆脱另一个而独立，利用这一个反对另一个，依据这一个反对另一个，任何此类尝试都严重破坏生命的统一。于是就产生了一种活力伦理（Vitalitätsethik）和一种所谓的耶稣伦理
（Jesuethik）的抽象；产生那些同登山宝训无关的、关于自律（au- 234
tonom）生活区域的知名理论；产生那种对生命统一体的割裂，这 (171)
随同一种特别深的实在认识的激情一起出现，因为这种认识把悲剧的—英雄的（Tragisch-Heroisch）昏暗光辉给予生命，却丝毫未能触及在耶稣基督中被认识到的生命之实在。在这里，作为错误的抽象的结果，人们就陷入永远不可解决的冲突中，实践行为跳不出这些冲突，并因这些冲突而消耗。不消说，这些理论都同《新约》和耶稣的话相去甚远。基督徒的行为并非源自对于活力与自我否定、“世俗的”与“基督的”、“自律伦理”（autonomer Ethik）与“耶稣伦理学”之间不可弥合之裂缝的辛酸忍从，而是源自对于已经完成的世界同上帝和解的欢乐，源自在耶稣基督里面已经完成的拯救事业的和平，源自此即耶稣基督的、涵括一切的生命。由于在耶稣基督里上帝和人成为一体，“世俗的”和“基督的”也通过耶稣基督而在基督徒的行为里合成一体。“世俗的”和“基督的”不是作为永远敌对的原则而对立，基督徒的行为则源自在基督里面被创造的上帝和世界的统一，即生命的统一。在基督里面，生命又找到了它

的统一，虽然肯定与否定的矛盾依然存在，但是，这种矛盾在信仰基督的人的行动里却一再被克服。

现在回到何谓善这个问题上来。我们眼下只能讲这么多，即问题无论如何不在于对生命的一种抽象，譬如特定的、不依赖于生
235 命的理想或者价值的实现，问题在于生命本身。善就是在实在中，
(172) 即在其本源、本质和目标中的生命，就是说，在“基督是我的生命”(腓 1:21)这句话的意义上的生命。善并非生命的一种性质。它是“生命”本身。成为善的，就是“生活着”(leben)。

生命在它自身之外，在耶稣基督里，找到了肯定与否定充满矛盾的统一，在肯定与否定充满矛盾的统一里的生命，是|具体的。但耶稣基督是人又是上帝。在耶稣基督里发生了本源的和本质上的同人和同上帝的相遇。由此起，人只能在耶稣基督中被想象并被认识到，上帝也只能在耶稣基督这个人的形象中被想象并被认识到。在耶稣基督中，我们看到被上帝接纳、承担、所爱、与上帝和解的人。在耶稣基督中，我们看到以我们弟兄们中最可怜者的形象中出现的上帝。没有自在的人，也没有自在的上帝；两者都是空洞的抽象。人是由于基督道成肉身而被接纳，是在基督里面被爱、受审判、得和解者，上帝是道成肉身的上帝。没有同上帝的关系也就没有同人的关系，反之亦然。同基督的关系又为我们同人和同上帝的关系奠定了基础。正如耶稣基督是我们的生命，同样，现在也可以——从耶稣基督出发！——这样讲，他人是我们的生命，上帝是我们的生命。这就是说，我们同他人相遇以及我们同上帝相遇，都是在相同的肯定与否定这种条件之下，在我们同耶稣基督相遇这种条件之下。

我们“生活”着，由于肯定与否定在我们同人以及同上帝的相遇中结成充满矛盾的统一体，形成无己的自我宣称（selbstlose Selbstbehauptung），结成在把自身奉献给上帝和人的状态中的自我宣称。

我们生活着，由于我们对上帝在耶稣基督里面向我们所说的
话做了回答。因为这是针对我们完整的生命所说的话，所以，回答 236
也只能是完整的回答，借助完整的生命——一如它每一次在行为 (173)
中实现的那样——给予的完整的回答。生命，我们在作为对我们生命的肯定与否定的耶稣基督里遇到的生命，要由接纳这种肯定与否定并使之统一的生命来回答。

作为对（作为对我们的生命肯定与否定的）耶稣基督生命之回答的生命，我们称之为“责任”（Verantwortung）。责任这个概念，意指对在耶稣基督里给予我们的实在所做回答（Antwort）的被概括的完整性与统一性，有别于部分回答（Teilantworten），例如他从对是否有用的权衡出发，从特定的诸原则出发，可能给予的答复。面对我们在耶稣基督里面所遇到的生命，靠这样的部分回答是不够的，更确切地说，只能靠完整的回答、我们的生命的回答。因此，责任意味着，投入生命的整体，行为事关生死。|

我们给予责任这个概念丰富的内涵，这是日常语言惯用法所不能给予的，即使在俾斯麦（Bismarck）和韦伯（Max Weber）的著作里，这个概念得到了最合格的伦理学内涵时，也没有这样丰富。我们在《圣经》里也几乎未曾在如此突出的地位上遇到过这个概念，尽管这个概念在它出现的地方指出重要的标志。《圣经》意义上的责任，首先是在冒着生命危险用话语对人所提出的何谓基督

事件这个疑问所做的答复(提后 4:16 ;彼前 3:15 ;腓 1:7 和 16)。我冒着生命危险用话语对通过耶稣基督而发生的事情承担责任
237 (verantworte)。我首先不是为我自己而回答,我不替自己辩明理
(174) 由(林后 12:19),我替耶稣基督从而也替因他而成为我的使命而回答(林前 9:3)。约伯放肆地要在上帝面前替他的道路承担责任(伯 13:15),末了,上帝对约伯讲的话使他不敢放肆:"控诉上帝的人说明理由吧,于是,约伯说:唉,我太微不足道,我用什么回答你呢? 只好用手捂口。"(伯 40:2－4)* 这意味着突出《圣经》的线索,倘若我们现在讲:由于我在人面前替基督、生命承担责任——而且只有这样——,我同时在基督面前替人辩白;我同时在人面前替基督担保,又在基督面前替人担保。我在人的耳朵前替基督承担的我的责任,同时作为我在基督的耳朵前替人承担的责任。在人面前替耶稣基督承担的责任,就是在基督面前替人承担的责任,在上帝和人面前替我本人承担的责任即在于此。倘若上帝和人要求说明理由,我也只能以耶稣基督的见证来回答,耶稣基督在人面前替上帝辩护,在上帝面前替人辩护。责任发生在上帝面前并且为了上帝,在人面前并且为了人,责任始终是为了耶稣基督的缘故,也只有在此,才是我对自己生命的责任。唯独在用话语和生命对耶稣基督的认信里有责任。

在伦理学中,如同在教义学中一样,我们不能简单地重复《圣经》的术语。改变后的伦理学疑难问题,要求改变了的术语。必须

---

* 和合本作:"'与上帝辩驳的可以回答这些吧!'于是,约伯回答耶和华说:'我是卑贱的!……。'"作者的引文不用"回答"(antworten)一词,而用"说明理由(辩白)"(sich verantworten)一词。——译注

考虑到，术语扩大了，就会有偏离|本质的危险，对《圣经》术语的使用，也不是没有危险的。

负责任生命的结构 238

负责任生命的结构，由两方面所决定：由人和上帝对生命的约束（Bindung），* 由自己生命的自由（Freiheit）。人和上帝对生命的这种约束，被置入自己生命的自由里。没有这种约束，没有这种自由，也就没有责任。唯有在约束中变成无己的生命处在最独特的生命与行动的自由中。约束具有代表（Stellvertretung）和符合实在（Wirklichkeitsgemäβheit）的形象，自由表明为生命和行动的自我检验（Selbstprüfung）和具体抉择的冒险（Wagnis）。我们将按上述顺序观察负责任生命的结构。

代表

责任的基础是代表，这一点可以最清楚地从以下这种环境中看到：人直接被迫代替另一些人去行动，譬如作为父亲，作为政治家，作为教师。父亲代替子女行动，他为子女工作，为子女操心、辩解、斗争、受苦。父亲于是实际上代替了子女。他不是一个孤立的个体，他把几个人的“我”联合在自身中。任何独往独来生活的尝试，都否认他的负责能力这一事实。他不能逃避他的父亲身份赋

---

* 约束，指一方与另一方结合（如缔结婚约、契约）而承担的义务的约束。——译注

予他的负责能力。以为所有的伦理行为的主体乃是孤立的个别人
239 这种假定,都由于上述现实而不能成立。主体不是孤立的个别人,
(175) 而是负有责任的人,伦理意识集中于他。在这一点上,在何种范围内承担责任,是没有区别的,不论为一个个别的人,还是为一个团体,还是为整个团体集团。人根本不可能避开责任亦即当代表。甚至孤独的人也是一边活着一边在当代表,即使他以需要特殊知识技能的方式活着,他也是代表着他人,代表着人类。对自己负有责任这个概念,只在这样的情况下具有意义,即这个概念所指的责任,是我对作为人的我——因为我也是人——应履行的。自我负责实际上是对人亦即对人类负责。耶稣活着并没有承担婚姻、家庭、职业等特殊责任,这并没有把他置于承担责任的范围之外,反倒更清楚地说明他对所有的人负有责任,他是代表所有的人的。我们由此已经涉及承担到此为止所讲的一切的基础。因为耶稣——生命,我们的生命——作为道成肉身的上帝的儿子曾经代表我们活过,所以,所有人的生命本质上是由他代表的生命。耶稣不是想要达到自身完善的个别的人,他活着时只作为把所有人的自我接受到自身中并一直承担着的人。他的全部生命、行为和死亡是代表。人应有的生活、行为和痛苦,靠他而完成。在构成他的人的存在的这种实际的代表里,他就是卓越的(par excellence)负有责任的人。由于他是生命,通过他,所有的生命被规定为代表。
240 尽管有反对的,但所有的生命都在当代表,不论活着还是死了,就
(176) 像父亲终究是父亲,不论成为善人还是恶人。

代表以及负责能力唯独在完全把自己的生命奉献给他人的情况下才有。唯独无己的人负责任地活着,就是说,唯独无己的人活

着。只要上帝的肯定和否定在人身上统一，就有负责任的生活。责任中的无己（Selbstlosigkeit）是彻底的无己，故而歌德关于行动着的人总是无须良知的这句话在这里才适得其所。滥用当代表的生命这种危险来自两方面：其一是把自我绝对化，其二是把他人绝对化。在第一种情况下，责任关系导致强制与专制，这是因为没有认识到唯独无己的人能够负责任地行动。在第二种情况下，我要对之负责的那人的福利被绝对化了，而忽略了所有其他的负责，从中产生了行为的任意专断，嘲笑对上帝——他在耶稣基督里面是所有人的上帝——所负的责任。在两种情况下，负责任的生命在耶稣基督中的本源、本质与目标均被否定，责任变成了自制的抽象偶像。|

责任，作为当代表的生命和行动，本质上是人同人的关系。基督变成人，从而承担起对人的代表责任。也有一种对物、状况、价值的责任，但只是在严格遵守基督、成为人的上帝从本源、本质和目标上对万物、一切状况和价值所作规定（约 1:3）的情况下。通过基督、物和价值的世界再一次赋予了人类，犹如在创世中。经常
听到的关于对某一事物或某一事业的责任的说法，仅仅在这种界 241
限内才有道理。越出这一界限，这种说法乃是危险的，因为它会导 (176)
致把所有的生命秩序颠倒，亦即物对人的统治。有一种对真、善、正义、美的事业的献身，若是问它有何道德教益，这种献身便会被玷污，这种事业本身清楚表明，最高的价值必须服务于人。但也存在对所有这类价值的神化，这同责任毫无瓜葛，它产生于把人当作牺牲献给偶像从而毁人的一种迷狂。“对某一事业的责任”，不应理解为事业对人的用处，或者对事业的本质的滥用，而应理解为事

业为人而立的本质。这样就把狭隘的实用主义完全排除在外，实用主义目光短浅地让原本有价值的事物直接服从于人的实际用处，借用席勒(Schiller)的话来说，把女神变成产奶的母牛。但是，物的世界只有当其从本源、本质、目标上为个人的世界而设的性质被把握的时候，才能获得充分的自由和深度；因为——用保罗的话来说——全部造物渴望着期待上帝之子的荣耀显现，是啊，它自身，造物，将摆脱易逝性的奴役(这也在于它错误地神化自身)并分享上帝之子充满荣耀的自由(罗 8:19－21)。*

符合实在

242 负有责任的人被指点在其具体的可能条件下靠近具体的他
(177) 人。他的态度(Verhalten)不是从一开始以及一劳永逸地是合乎原则的，固定的，而是随着具体环境而产生的。没有绝对有效的原则供负有责任的人采|用。没有他必须狂热地不顾现实的任何反抗而加以贯彻这种原则，而是他必须理解并做具体环境中必需的事、“正当的事”。具体环境对于负有责任的人来说，不是材料，不是他想要强加、印上他的想法，他的纲领的材料，而是作为一种参与塑造的作为被吸收到行动中去。不是应当实现一件“绝对的善”，负责任地行动的人反倒应当自己作出决定，在一件相对而言比较好的事情和一件相对而言比较坏的事情中选择前者，并且认识到，“绝对的善”恰恰可能是最坏的事情。负有责任的人并不把

* 和合本作：“受造之物切望等候上帝的众子显出来……受造之物仍然指望脱离败坏的辖制，得享上帝儿女自由的荣耀。”——译注

一种陌生的律法强加给实在，负有责任的人的行动反倒在真正的意义上是“符合实在的”。符合实在这个概念仍然需要进一步加以规定。如果这个概念如尼采所说，是那种“在事实面前的奴性意向”，遇到强者的压力就退避三舍，在原则上赞颂成功，挑选当时是适当的并当成符合实在的*，那就是对这个概念的危险的、十足错误的理解。这种意义上的“符合实在”是负有责任的反面，是不负责任。同面对事实的奴性一样，以某一更高的、理想实在的名义，从原则上违背事实，从原则上抗拒事实，这也不能实现符合实在的真正意义。这两种极端同样远离事情的本质。承认事实与违背事实，在真正符合实在的行动中是相互不可分地结合在一起的。
其原因在于，实在自始至终不是无生命的，而是真实的人，亦即道 243
成肉身的上帝。一切事实都由名叫耶稣基督这个真实的人体验到 (178)
它最后的根据和它最后的取消、它称义和它最后的矛盾、它最后的肯定和最后的否定。脱离了真实的人，要想理解实在，**意味着生活在负责任的人绝不涉入的抽象里，意味着生活|脱离了实在，意味着在事实面前奴性十足和一味抗拒这两种极端之间永远不断地摇摆。上帝成为人，上帝有血有肉地接纳人，人的世界由此同上帝和解。在接纳的基础上发生了对人及其实在的肯定，而不是倒过来。并非由于人及其实在值得上帝来肯定，上帝才接纳人，成为

* 此指机会主义(Opportunismus)。——译注

** 霍尔拜因[(Hans Holbein, 1497/8-1543)，德国画家，英王亨利八世的宫廷画师。——译注]在其“死之舞”(Totentanz)的第一幅画里，在表现创世时，把日、月、风人格化。他以幼稚的形式借此表现这种事实，即实在归根到底在于位格性，原始的万物有灵论的真实因素也在于此。

人，而是由于人及其实在值得上帝去否定，因此上帝自己有血有肉地成为人，承担并忍受上帝对人的本质否定的诅咒，从而接纳人并肯定人。实在由上帝的这一行为，由真实的人，由耶稣基督接受了对它的肯定和对它的否定，它的权利和对它的限制。肯定与矛盾在这样的人身上相结合，他认识到耶稣基督这个真实的人。肯定与矛盾均非源自一个疏远实在的世界，均非源自系统的机会主义
244 或理想主义，而是来自在基督中发生的世界跟上帝和解的实在。
(179) 因为整个实在被接受并包括在耶稣基督这个真实的人中，因为整个实在有了它的起源、本质和目标，所以，唯独在耶稣基督中以及从耶稣基督出发，才可能有符合实在的行动。符合实在的行动的本源，既不是唯独祝圣事实的伪路德宗的基督，也不是为任何一次颠覆祝福的激进而狂热（schwärmerische）的基督，而是道成肉身的上帝耶稣，他接纳了人，爱过、审判过、调解过人以及世界。

我们由此得出的结论是：同基督一致的行动是符合实在的行动。这一命题不是理想的要求，而是产生于对实在本身的认识的一种陈述。耶稣基督不是作为一个疏远实在的人同实在相对立的，他是唯一在自己的身上承担并体验到真实的人的本质者，他在这个真实的人里面讲话，与尘世任何一个人不同，唯独他不陷入任何意识形态，他就是这个真实的人，他在自身中承担并实现了历史的本质，他体现着历史的生命律法。因为他作为真实的人是一切真实事物的起源、本质与目标，所以他本身是真实事物的主和律法。耶稣基督的话|是对真存在的解释，因而也是对歷史在其中得以实现的那种实在的解释。耶稣的话是对历史上负责任之行动的上帝的诫命（Gebot），但在这样的范围内，即耶稣的话是在基督中

实现的历史实在，是唯独在基督里面履行的对人的责任。所以，耶
稣的话并不服务于抽象的伦理学——在抽象的伦理学里，耶稣的
话完全不被理解并且导致永远化解不了的冲突——，耶稣的话在 245
历史的实在中起作用，因为耶稣的话产生于历史的实在。把耶稣 (179)
的话从这一本源中分离出来的任何企图，都会把耶稣的话歪曲成
一种软弱无力的意识形态，还剥夺了耶稣的话因与其本源结合而
具有的证实实在的力量。

同基督一致的行为是符合实在的，因为这种行动允许这个世界是世界，把这个世界当作世界来考虑，却从不忽视这个世界在耶稣基督里被上帝爱过、审判过、和好过。这样也就不会提出一种“世俗的原则”来同一种“基督的原则”相对立。这种努力，即至少在一种原则这个概念下使基督和世界成为可以比较的，并且以此方式在原则上使世界中的一种基督的行动成为可能，这反倒一方面以世俗主义（Säkularismus）或生活诸领域自律的理论的形态，另一方面以狂想的形态，导致在基督中与上帝和解的世界陷入瓦解，导致那些永恒冲突，这些冲突构成一切悲剧性事件，从而破坏基督的生命和行动的完全非悲剧性的统一。若一种世俗原则与一种基督原则相对立，终极实在就会被当作律法，或更确切地说，是许多种充满不可调和之矛盾的律法。希腊悲剧的本质就是，人由于互不相容的律法的冲突而毁灭。克瑞翁（Kreon）和安提戈涅（Antigone）、伊阿宋（Jason）和美狄亚（Medea）、阿伽门农（Agamemnon）和克吕泰涅斯特拉（Klyptemnästra）都被要求服从在同一种生活里不可调和的那些永恒律法；服从这一条律法，就犯了违反另一条律法的罪（Schuld）。不是这一个对而另一个

错，而是两人在生命本身面前都有罪，生命的结构是对诸神的律法
246 犯有罪，此乃所有真正的悲剧的底蕴。古典时代获得的这种至深
(180) 的体验，尤其从文艺复兴（Renaissance）以来，对西方的思维起了
如此重要的|决定作用——在早期教会和中世纪没有悲剧——，以至于基督的福音对这种体验的克服几乎没有被人觉察到。甚至近代新教伦理学在表现基督徒在世上不可调和的冲突时，也乞灵于悲剧的悲怆（Pathos）概念，且声称它表达了终极实在。所有这些，都不知不觉地完全被古典遗产所迷惑了。把这种悲剧性方面给予人的生命的，不是路德，而是埃斯库罗斯（Aischylos）、* 索福克勒斯（Sophokles）和欧里庇得斯（Euripides）。但是，路德的认真又完全不同于那些古典悲剧家们的认真。对于《圣经》以及对于路德来说，最认真对待之事，不是在众神的律法形态中体现出来的众神的冲突，而是上帝的统一和在耶稣基督里上帝同世界的和解；不是罪的不可逃避，而是源自和解的单纯的生命；不是命运，而是作为生命之终极实在的福音；不是众神对走向毁灭的人的残忍的胜利，而是选定人成为在由恩典调解的世界里的作为上帝孩子的人。

因此，用作为终极实在的一种基督的原则跟一种世俗的原则相对立，乃是从基督的实在倒退到古典时代的实在，同样，把基督的和世俗的理解成原则的统一，也是错误的。在基督里面造就的上帝和世界的和解，唯独在于耶稣基督个人，亦即作为代表、承担
247 责任的行为者，出于对人的爱而成为人的上帝。不被原则冲突耗
(181) 尽的人的行动，唯独来自耶稣基督，来自已经完成的世界同上帝的

* 原书“索引·人名”作 Äschylos。——编注

和解，这是清醒而单纯地做符合实在之事的行动，是作为代表并承担责任的行动。什么是“基督的”，什么是“世俗的”，现在不再从一开始就是固定的，而是在源自在耶稣基督里面发生的和解的行为之具体责任中，才会认识到具有其特殊性及其统一性的这两者。

如果我们说，对于符合实在的行动而言，这世界仍是世界，那么，根据以上所说，这句话不再意味着世界原则上是孤立的，或它宣称自己是自治的。假如世界仍是世界，那必定是因为全部实在都基于耶稣基督自身。这世界仍是|世界，因为这世界是在基督里面被爱、被审判、得复和的世界。没有一个人受到委托，跳过这个世界并使它成为上帝之国。这也不是怂恿那种虔诚的冷漠：让恶的世界任其命运摆布，而只拯救自己的德行。反倒是把人置于具体的、因此是有限的责任中，认识到世界是上帝创造的、爱过、审判过并和好过的，并在这世界上相应地行动。“世界”因此是耶稣基督给予我们的在耶稣基督里面的具体责任的范围，而不是某一个可以从中推导出自治系统的一般概念。符合实在地面对世界者，不是在世界中看到善恶自身或者由善恶混合而成的原则并作出相应行动者，而是在有限的责任中生活并行动着、每次都让世界本质显现新貌者。

符合实在的行动，受我们的造物性质（Geschöpflichkeit）的限
制。我们不是自己给自己的行动创造条件，而是一开始就已经置 248
身于这些条件之下。在向前的方向上，我们的行动都处在特定的、(182)
不可逾越的界限内，但绝不是在向后的方向上。我们的责任不是一种无限的、而是一种有限的责任。在这种界限内，我们的责任当然包括实在的整体。责任不仅关心善的意愿（der gute Wille），而

且也关心行动的良好成功(Gelingen);不仅关心动机,而且也关心对象;它试图在其本源、本质和目标里认识现存的实在者整体,它去看在上帝的肯定和否定之下的实在者之整体。因为并非事关实行某一条无界限的原则,所以必须在既定环境中观察、权衡、估价、决定在人类认识界限内的一切。必须敢于前瞻未来,必须认真考虑行动的后果,同样必须尝试检验自己的动机、自己的心。不是去彻底颠覆世界,而是在既定地点着眼实在做必须做的事,这才是任务之所在。在做的时候,必须问一问什么是可能的,并非做什么事情时都可以马上跨出最后一步的。负责任的行动不应当是盲目的。这一切必须是这样的,因为上帝在基督中成为人,因为上帝肯定人,而我们作为人,可以而且应该处在人的判断和认识的局限性中在上帝和|邻舍面前生活并行动。但是,由于上帝成为人,因此,负责任的行动,意识到其抉择的人性,不可能根据自己的行动的本源、本质和目标预先判断自己的行动,而只能把自己的行动完
249 全交由上帝来做主。一切意识形态行动(ideologishce Handeln)
(182) 均由其自身中的原则为之辩明理由,与此相反,负责任的行动并不宣称掌握了终极的正当性。看到上帝成为人以及上帝成为人,负责任地权衡各种个人的和客观的环境,在此情况下发生的行为,在其完成的瞬间里,唯独交由上帝来做主。彻底遗忘自己的善与恶,完全依靠恩典,乃是负责任的历史行动的本质。以意识形态方式活动的人在其观念中看到自己受称义,而负责任的人则把他的行动交到上帝的手里并且靠上帝的恩典和宠爱生活。

负责任的生命和行动之所以受限制,还由于必须考虑到他所遇到的他人的负责能力。责任与暴力强制的区别恰恰在于,责任

认识到另一个人也是负有责任的人，还让另一个人意识到他的负责能力。子女的或者国民的负责能力限制着父亲的或者政治家的责任，父亲的或者政治家的责任恰恰在于把受他照管的人的负责能力提高为意识并加强这种负责能力。不以他人的负责能力作为限制自身的基本界限的绝对责任，是根本不存在的。

我们就这样地认识到了负责任的行动的界限在于行为的尽头是上帝的恩典与审判，也在于邻舍的负责能力，这同时也表明，恰恰是这种界限使行动成为负责任的行动。我们在耶稣基督中遇到的上帝和邻舍，不仅仅是界限，而且——正如我们已经认识到的那
样——也是负责任的行动的本源。可以这样给不负责任的行动下 250
定义，即它蔑视这种界限，蔑视上帝和邻舍。负责任的行动从上帝 (183)
和邻舍对它的限制中获得它的统一性并且最终获得它的确定性。正由于负责任的行动不是它自身的主宰，正由于它不是没有限制的，目空一切的，而是造物的，谦卑的，它才能由|终极的欢乐与信念所承担，它才能懂得自身隐藏在它的本源、本质和目标里，隐藏在基督中。

物的世界——适当——治国术

在已获认识的前提下，即责任始终是个人相互间的一种关系，其基础是耶稣基督为人所负的责任，也在这一前提下，即一切实在的本源、本质和目标乃“实在者”(das Wirkliche)，也就是耶稣基督里面的上帝，方才可以和必须谈及负有责任的人同物的领域的关系。我们称这种关系为适当。这样讲有两层意思。

其一：注意到物在本源、本质和目标上同上帝和人的关系的同

物的关系是适当的。那是这样一种关系，它不破坏而是纯化事物(Sache)* 的本质，它不熄灭而是净化并强化献身于一事物的热情。越摆脱个人的附带目的而越纯粹地为一事物服务，该事物就越能重获它同上帝和人的本源关系，也越让人摆脱自身。人为之作出终极个人牺牲的事物，恰恰必须这样地服务于人。例如，若出
251 于宣传的、教育的、道德的原因以非法的直接的方式使一种科学为
(184) 人所用，则不仅人被毁了，就连科学也被毁了。但是，若人在科学中毫无保留地唯独为认识真理而服务，无己地抛弃自己的全部愿望的人就找到了自身，他无己地为之服务的事业，最终必定为他服务。因此，永不忽略事物同个人的关系，乃是行动适当的内涵。诚然，我们只有在一种彻底不完善的形式中，才认识到这种关系的。要么事物独立于人，要么人独立于事物，或者两者平行，毫无关系。所以，事情在于从立足于耶稣基督的责任出发恢复本源的关系。

其二：任何事物内含来自本源的本质之法(Wesengesetz)，** 不论这里涉及的是一件现有的天然物还是人的精神产物，不论涉及的是物质实体还是思想实体。现存的一切，内含这样一种本质之法，又不论这里在何种程度上涉及的是中性抑或人格实体，我们都理解为这种|意义上的“事物”。数学公理或逻辑学公理，同国家或家庭、工厂或股份公司一样，均属此列——到处都必然会发现相关的本质之法，这种实体通过它才持久，一事物同人的存在结合得越紧密，就越难确定它的本质之法。对逻辑思考的法则下定义，比

* 这个词既指物(物品)，又指事(事情，事业)。——译注

** 德文词 das Gesetz 也可译作“法则”、“规律”。——译注

对国家的律法下定义来得容易。发现股份公司的法则又比发现家庭或民族的有机产物的律法来得容易。发现并遵循这些律法也是负责任的行动符合实在的性质的一部分。这种律法首先表明自己 252
是有待人们掌握的一种形式技术(eine formale Technik)。当然, (184)
具体涉及的事物越是贴近人的存在,就越清楚地表明,这种本质之法不仅限于一种形式技术,反倒使每一种技术操作成为有疑问的。治国术(Staatskunst)的技术疑难是证明这一点的最佳实例,与此相反,无线电制造相对而言不是疑难。毫无疑问,治国艺术也有其技术方面(有行政管理技术、外交技术),从广义上讲,属于这个方面的还有成文的法律秩序和各种条约协定,还有内政和外交共同生活中的未在法律上固定下来的规则和由历史认可的形式,甚至还有普遍接受的国家生活的道德原则。政治家若轻视这些法中的一条,没有一个会不受惩罚的。狂妄地蔑视和违反这些法中的一条,都是对实在的错误认识,实在或早或晚都要报复的。适当的行动将与这些法律惯例保持一致,不是假装顾及这些法,而是承认其为一切秩序的一个基本要素。它将承认靠许多代人的经验获得的这些形式的智慧并加以利用。* 然而恰恰在这里,适当的行动被
迫无可辩驳地认|识到,治国术的这些法并不能穷尽国家的本质法 253
则,恰恰由于国家同人的存在不可分地结合在一起,故而国家的法 (185)
则最终超越可用法则涵括的一切。正是在这里,才达到了负责任

* 适当的行动完全没有必要跟专业训练结合,如在德意志人们过于长久地所认为的那样。在英格兰,被培养起来去从事适当的行为的,恰恰不是专家,而是业余爱好者,用社会学家的话来说,专家和业余爱好者之间恰到好处的平衡,最可靠地保证了适当的行动。

的行动的深处。

在历史生活的进程中，会有这样的时刻，对一个国家、一个企业、一个家庭、一种科学发现的形式法则的实际遵循，同人的赤裸裸的生活必然会发生冲突。在这种时候，负责任的、适当的行动就越出了原则的一律法的、正常的、正规的范围，面对不再由律法调节的、例外的、最后的必需（letzte Notwendigkeiten）的环境。马基雅弗利在他的国家学说中为此创造了 necessita（必需）这个概念。对于政治的领域而言，这意味着，治国的技术变成国家的必需。毋庸置疑，确有这样的必需。否认这些必需，意味着放弃符合实在的行动。但同样可以肯定的是，这些必需，作为生命本身的基本事实，不能为任何律法所统辖，其本身也永远不会成为律法。这些必需直接向行动者的不受任何律法约束的自由责任呼吁。这些必需创造一种例外环境，这些必需按其本质都是难以确定的边际状况（Grenzfälle）。这些必需不再给人的理性多种出路，而是使之置于 ultima ratio（终极理由）的问题之前。在政治领域内，这种终极理由叫做战争，但也叫做为了自己性命攸关的缘故而欺骗、违约。在经济生活中，它意味着为了商务上各种必需的缘故而毁灭
254 人的生存。终极理由在理性律法的彼岸，它是非理性的行动。当
(186) 终极理由本身又被变成一条合乎理性的律法，当难以确定的边际状况变成常态，当必需变成一种技术的时候，一切便被彻底颠倒了。当鲍尔温（Baldwin）* 说，只有一种比暴力更大的祸害，即作为原则、作为律法、作为规范的暴力，他是有道理的。他不想因此

* 鲍尔温（1867—1947），英国首相，保守党领袖。——译注

而否定作为难以确定的边际状况而发生的、终极理由使用暴力这种例|外的必需——要不然的话，他就是个狂热者而不是政治家了——，但是他无论如何也不想看到例外情况、难以确定的边际状况同正常情况、律法相混淆。假如为了边际状况而抛弃秩序意味着混乱的话，那么他更希望维持那种通过谨守律法惯例而获得的相对秩序。

例外的必需向负有责任的人的自由发出呼吁。负有责任的人可以用做掩护的律法是不存在的。因此，面对此类必需而迫使负有责任的人做出这种或那种决断的律法也是不存在的。在此境况中，就只有完全放弃各种律法，同时认识到，人的决断必得是个自由冒险（Wagnis），还须公开承认，律法正遭到触犯和破坏，而必需则不服从任何诫命。恰恰在对律法的破坏中，律法的有效性得到了承认，在对一切律法的放弃中，也只有在此，人自己的决断和行为才毫无保留地托付给了上帝对历史的统辖。同恰恰在破壞中被承认的律法的有效性相结合，最后，在道种对任何律法的放弃中，绝无仅有的是，把自己作出的决断与行为交付给上帝对历史的引导。

留下一个在理论上再也无法作出决断的问题，即在历史行动 255
中，终极目标是永恒律法呢还是反对一切律法——但在上帝面前 (187)
的——自由责任呢？在这里，各大民族在不可克服的终极对立中。承认律法是终极权威（letzte Instanz），这是英格兰政治家的伟大之处——在这里，我想到的实例是格莱斯顿（Gladstone），* 自由

* 格莱斯顿（1809—1898），英国首相，自由党领袖。——译注

地负起责任来到上帝的面前，这是德意志政治家的伟大之处——我想到的是俾斯麦。在这里，没有一方可以声称自己高于另一方。终极问题悬而未决并且必须悬而未决；因为在任何一种情况下，人都可能犯罪，在任何一种情况下，人也都可以仅凭上帝的恩典和赦免而活着。受律法约束的人，如同在自由责任中行动的人，必须听取并承认别人的控告。没有一个人能够成为另一个人的法官。审判始终是上帝的事情。

担罪

由上文可知，负责任之行动的结构包括准备担罪(Schuldübernahme)和自由。|

我们再度把目光投向一切负责能力的本源时，我们便会清楚地知道，担罪该如何理解。因为对于耶稣而言，重要的不是宣布和实现新的伦理理想，不是他自己的善(太 19:17)，而唯独是对真实人的爱，所以，他会进入他们罪的团契，让自己承担他们的罪。耶稣不想牺牲人而自己被看成是唯一的完善者，不想作为唯一无罪者藐视因其罪而毁灭的人类，不想在因其罪而失败的人类的废墟
256 上让一位新人的某一种思想高奏凯歌。耶稣不想证明自己并无那
(187) 种罪，而人正是由于犯了这种罪而死亡。让人留在他的罪中的爱，是不会以真实的人作为对象的。作为在人的历史存在中负责任的行动者，耶稣成为有罪者。使耶稣成为有罪者的——务必注意这点—— 唯独是他的爱。耶稣出于他舍己的爱，从他的无罪状，进入人的罪，承担罪。无罪和承担罪，在他身上不可分地同属一体。作为无罪者，耶稣承担他的兄弟们的罪，他肩负这种过错证明自己

是无罪者。每一种代表他人的负责任的行动，其本源均在这个无罪而担罪的耶稣基督里面。假如它是负责任的行为，假如该行为所关心的唯独且全然是他人，假如它出于对作为兄弟的真实之人的舍己的爱，那么，恰恰因为它是这样的，它就不会愿意摆脱人类之罪的团契。任何人假如想要逃避责任中的罪，都会使自己与人类生存的终极实在相脱节，他也就更加使自己与基督无罪而担罪的救世奥秘相分离，也就不能分有这一事件之上的神圣称义。他把他个人的清白置于对人的责任之上，他看不到他正由此而加于自身的更不可赦的罪，也看不到为了他人的缘故进入他人的罪的团契恰恰表明实际上的清白。无罪者，作为舍己地爱他人者，成为有罪者，这通过耶稣基督而属于负责任行动的本质。|

良知 257

对这一切，有一种无可争辩的崇高作出了抗辩。这种抗辩来 (188) 219
自良知的高度权威，良知拒绝为任何一种其他价值牺牲它的完整性，拒绝为了他人的缘故而成为有罪的。在这里，为邻舍的责任的界限在于良知的呼唤是不可触犯的。强迫行动违背良知的责任会自判有罪。在这一点上，究竟哪些是对的，哪些是错的呢？

永远不应违背自己的良知而行动，这是对的。所有的基督教伦理学在这一点上是一致的。但是，这意味着什么？良知是在自己的意志和自己的理性的彼岸从一个深处传来使人听到的人的存在要求同自身统一的呼声。良知作为对失去了的统一的控诉，作为防止自己迷失的警告而出现。良知首先针对的不是一次特定的行为，而是一种特定的存在样式，良知反对危及存在与自身统一性的行为。

就如此的形式界定而言,违背良知的权威是极不可取的;无视良知呼唤的结果必定是破坏自己的存在—— 而不是富有意义的奉献,是人的存在的崩溃。违背良知的行动,与反对自己生命的自杀行动方向一致,两者经常相互结合,这并非偶然。要对这种形式意义上的良知施暴的负责任的行动,的确是应受指责的。

258 但是,这个问题无论如何还没有因此而穷尽。倘若良知的呼
(189) 唤来自受到危害的人同自身的统一,那么,就必须问一问这种统一由何构成。其构成首先是要求在认识善与恶方面 sicut deus(像上帝一样)的自我(das eigene Ich)。自然人心中良知的呼唤,乃是"我"试图凭他对善恶之知在上帝面前、在人面前、在自己面前替自己申辩并使这种自我称义(Selbstrechtfertigung)得以成立。"我"在其分散的单独状中找不到根据,便把自身的缘由归结为一条普遍的善的律法,并在同这条律法的一致中寻找同自身的统一。就这样,良知的呼唤就在自我的自律中找到了它的本源和它的目标。|这种自律的本源在自己的意愿与知识的彼岸,"在亚当里面"。这就需要听从良知的呼声各按情况自行重新实现这种自律。这样,人就在他的良知中受一条自己找到的律法的约束,这条律法可以具体地以不同的形态出现,但要想逾越它,就要付出丧失其自身的代价。

当人的存在的统一不再在于它的自律,而是——通过信仰的奇迹——在自我及其律法的彼岸、在耶稣基督里面被找到,在这个时刻,出现了我们眼下所能理解的巨大变化。从表面上看,统一点的这种变化完全在世俗区域内有着类似情况。当纳粹分子说:我的良知是希特勒,这也是试图在其自身以外的某处为其自我的统

一性寻找根据。其结果便是放弃自律而服从无条件的他律，这种无条件的他律只有在以下情况下才有可能，即：我在另一个人身上寻找我的生命的统一，这另一个人完全具有我的救主的功能。这 259
就是基督教真理最直接、最重要的世俗对应者，同时也是其最直 (190)
接、最重要的反对者。

当基督，真正的上帝和真正的人，成为我的存在的统一点，良知虽说——形式上——始终还是发自我的实际存在的要求与我自己统一的呼声，但是，倘若回归我的借律法而存在的自律，这种统一就不再能被实现。这种统一只有在同耶稣基督的结合中才能得以实现。自然的——即使是最严格的——良知，于是证明是最不信上帝的自我称义，克服这种良知的，是在耶稣基督里面被解放的良知，它呼吁在耶稣基督中同我自己的统一。耶稣基督成为我的良知。这意味着，我只能在把我的“我”奉献给上帝和众人这一行为中找到同我自己的统一。我的良知的本源与目标，不是律法，而是我在耶稣基督中遇到的活生生的上帝和活生生的人。为了上帝和众人的缘故，耶稣成为违反律法的人：他违反安息日律法，为了在对上帝和众人的爱之中维持其神圣；他离开双亲，为了待在他父亲的家中，从而净化对双亲的顺从；他同有罪的人和堕落的人一起用餐，他出于对众人的|爱，在他最后的时刻上帝离开了他。作为无罪的爱人者，他成为有罪的，他站在人类罪的团体中；他断然拒绝要在这条路上迷惑他的魔鬼的指控。因此，耶稣基督是为了侍奉上帝和邻舍而解放良知者，而且恰恰在人进入人类罪的团契时是良知的解放者。摆脱律法的良知不畏惧为了他人的缘故而进 260
入他人的罪，其纯洁性反倒由此得以证明。解放了的良知，不像受 (190)

律法约束的良知似的小心翼翼，而是向邻舍和他的具体困苦敞开。良知就这样同源自基督的责任统一，为了邻舍的缘故而承担罪。人的行动，以本质上有别于原罪（Erbsünde）的方式受到了毒害，但作为负责任的行动——与任何一种自以为是的、完全照原则行事的行动截然相反——却间接地是耶稣基督行动的一部分。所以，对于负责任的行动来说，有着类似于相对无罪的性质，这种性质由负责任地接受他人的罪得到证实。

康德从诚实（Wahrhaftigkeit）这一原则出发，得出了荒唐的结论：一个杀人凶手正在追杀我的朋友，他闯入我家，问道，我的朋友是否逃到我家来了，这时，我必须诚实地回答说是。在这种情况下，已经上升为犯罪性质的良知的自负，阻碍了负责任的行动。如果责任就是人对上帝和邻舍的要求所做的完整而真实的答复，那么，受原则约束的良知所做答复的片面性就十分清楚了。拒绝为了我的朋友的缘故而违反诚实这条原则，拒绝为了我朋友的缘故而结结实实地撒一个谎——道破谎言的真相的任何企图，又都源自律法的、自以为是的良知——，拒绝出于博爱（Nächstenliebe）
261 而担罪，这就使我违背了我的由实在引起的责任。此处再一次说
(191) 明，唯独受基督约束的良知将证明负责任的担罪乃是清白的。

对实在的纯世俗的认识使歌德接近于这种思想，这是令人惊讶的。皮拉得斯（Pylades）想让伊菲革涅亚（Iphigenie）违背内心的律法去从事负责任的行为，这段对话* 如次：

* 这是歌德的戏剧《伊菲革涅亚在陶里斯岛》第四幕第四场中的对话。——译注

皮拉得斯：过分严格的要求是隐蔽的高傲。
伊菲革涅亚：只有心完全不受玷污地享受自身*。
皮拉得斯：你曾经这样地把自己保存在神殿里；
生活教导我们，对我们
和他人别太严格：这一点你也将学会。
这个族类被如此奇妙地造就，
如此层层叠叠地缠绕与联结，
故而无人在自身中，或同他人一起时
能够保持纯洁、不被迷惑。
我们也无法来裁判我们自己；
行路并注意看他的路，
是一个人的首要义务：
因为他难得正确地估价他所做之事；
他正在做的，他更是无所知……
显然，你不习惯于有所失，
因为你决不愿作出牺牲，
不肯说一句假话来避免大灾祸。
伊菲革涅亚：我若有颗男子的心该多好！
当它怀有大胆的预谋时，
就紧锁心扉，拒绝任何别的声音。

在基督里中被解放的良知和责任那么想要统一，它们却在永 262
远消除不了的紧张关系中相互对峙。在负责任的行动中每次都成 (192)

---

* 这里必须注意采用“享受”(Genießen)这个特性概念。

为必要的担罪，在两方面受良知的限制。

第一：在基督中被解放的良知，按其本质也是要求同自身统一的呼声。承担责任不得毁掉这种统一。在舍己的服务中奉献“我”，不可与破坏与毁灭这个“我”混为一谈，否则这个“我”就不再有能力去承担责任。与负责任的行动相结合的担罪的限度，以人同自身的统一、以人的负荷能力为其每次不同的具体界限。有的责任，“我”若要承担，就|非突破这个界限不可，不论事关宣战、违反政治条约、革命，或者仅仅事关解雇一个抚养家庭的父亲，使他失业，或者仅仅事关个人生活决定时的忠告。虽然对负责任的决定的负荷能力是能够和应该增长的，虽然面对一种责任却无力承担也已经意味着一种负责任的决定，然而在具体的情况下，良知要求在耶稣基督中与自身统一的呼声是永远无法压制的，负责任的决定具有无限的多样性，原因即在于此。

第二：在耶稣基督中被解放的良知也把负责任的行动置于律法之前，通过服从律法，人被保持在由耶稣基督引起的与自身的统一中，而轻视律法只能导致不负责任。这是爱上帝和爱邻舍的律法，正如在十诫里、在登山宝训（Bergpredigt）里、在使徒的警告
263 （Paränese）里所说明的那样。自然良知表明，其律法的内容同在
(193) 基督中得解放的良知的内容明显一致，这种正确的观察是由以下事实引起的，即良知关系到生命本身的持续，因此它包含生命律法的基本特征，尽管这些特征在个别情况下是扭曲的，在原则上是反常的。良知，作为被解放的良知，始终是作为自然良知的良知，亦即勿逾越生命律法的警告者。但是，因为律法不再是终极之事，而耶稣基督才是终极者，所以在良知同具体责任的争执中必须为了

基督而作出自由决定。这并不意味着一种永恒的冲突，而是争取获得终极统一；因为具体责任的原因、本质和目标是同一个耶稣基督，他是良知之主。就这样，责任受良知约束，良知又由于责任而自由。这表明，我们说：负责任的人无罪担罪，或者说：唯独有自由良知的人能够拿担责任，这是同一回事。

谁负责地担罪——这是任何负责任的人都不能逃避的——，谁就会把这罪归于自己而不归于任何其他的人，为这罪承担责任，为这罪负责。他不是倚仗其权势犯罪般地、自负地这样做，而是本着这样的|认识去做，即必须达到这种自由并在自由中期待恩典。在其他人面前，迫切性使自由负责任（freien Verantwortung）的人称义；在自己面前，良知宣告他无罪，但在上帝的面前，他唯独期待恩典。

264 *225*

自由

所以，在分析负责任的行动的结构时，我们最后必须谈及自 (193)
由。

责任和自由是对应的概念，责任事实上——虽然不是时间上——以自由为前提，而自由只能存在于责任之中。责任是唯独存在于上帝和邻舍的约束中的人的自由。

不受人、环境或原则的庇护，但顾及一切特定的人类普遍状况和有关的原则问题，负责任的人在自身的自由中行动。除了他的行为和他本人以外，再没有别的能够支持他，减轻他的负担，这个事实就是自由的证据。

他本人必须观察、判断、权衡、决定、行动。他本人必须检验其行动的动机、前景、价值和意义。但是,动机的纯洁、环境的有利、有目的的行动的价值和意义,都不能成为支配其行动的律法,似乎他可以以此作为退缩的依据,可以据此申辩并开脱罪责。* 倘若这样,他就不再是真正自由的了。负责任的行动发生在义务中,这义务给予他自由,给予他完全的自由,正如我们在耶稣基督中所遇到的对上帝、对邻舍的义务。同时,负责任的行动完全发生在相对性的区域内,发生在历史环境笼罩在善与恶之上的朦胧光线中,发
265 生在无数视角里,每一种特定的现象都在其中出现。不是要在对
(194) 与错、善与恶之间作出决定,而是要在对与对、错与错之间作出决定。埃斯库罗斯讲过:"公正同公正搏斗。"正是在这一点上,负责任的行动是一次自由的冒险,不借用|任何律法来申辩,而是发生在放弃任何有效的自我称义的情况下,发生在因此而放弃他关于善与恶的终极有效知识的情况下。作为负责任的善,发生在这种情况下,即不知道善,把成为必需的,但却是(或正因此而是)自由的行为托付给注视着心、估量着行为、左右历史进程的上帝。

于是,普遍历史深藏的秘密向我们显示。在最体己之责任的自由中行动的人,正是看到其行动汇入上帝引领的人。自由的行为最后认识到自身是上帝的行为,决断认识到自身是上帝的引领,冒险认识到自身是神圣的必然。在自由地放弃对自己善的知识的情况下,人表现出上帝的善。只有在这最后的视角中才能谈到历史行动的善。我们还将在下面有关章节继续对此进行思考。

---

* 这样一来,什么是决定论(Determinismus)和非决定论(Indeterminismus)的虚假问题也就成为多余的,在这个问题里,思想决定的本质错误地同因果律对换了。

在此之前，我们还必须先来谈一个有助于说明的、关键性的问题：自由责任同服从（Gehorsam）相互间的关系是怎样的呢？起初看来是这样的，似乎只有当一个人在生活中处于如我们所说的“负责位置上”必须独自作出涉及很大范围的决定时，上文关于自由责任所说的一切才适用。临时工、工厂工人、小职员或新兵、学徒和学生的日常工作同责任又有什么关系呢？自耕农、企业主、政客或 266
政治家、将军、工艺大师、教员和法官的情形就不同。但是，在他们 (195)
的生活中，技术性的、符合义务的事情难道少吗？实际的自由的决定难道多吗？看来，上面关于责任所讲的一切，似乎最后只适用于极少数的人，而且是在他们一生中屈指可数的几个瞬间才是如此，对于大多数人，似乎无责任可言，只有服从与义务。这暗示着有一种为大人物、强者和统治者的伦理学，和另一种为小人物、弱者和隶属者的伦理学。那边是责任——这边是服从，那边是自由——这边是臣服，毫无疑问，在我们现代的社会秩序里，尤其在我们德意志的社会秩序里，个人的存在被以如此确定的方式规定、限制，因此同时也得到保障，只允许少数人去呼吸重大决定的|广阔空间的自由空气，去领略独自负责的行动的风险。由于强制性地把生活纳入特定的专业训练和职业过程中，我们的生活变成在伦理上相对无危险的，从儿时起就被纳入这种原则的人在伦理上被阉割，被剥夺了创造性的伦理力量，即自由。在此我们看到我们现代社会秩序本质发展中深藏的一种错误，只能通过明确突出责任这个基本概念来加以抵制。按照实际情况，必须在伟大的政治领袖、经济实业家和将军们那里去寻找责任问题的重大实验材料；因为处在日常生活的强制中敢于采取自由的、负责任行动的其他少数人，

都会被社会秩序的机器、被陈规陋习辗死。

267 但是，仅仅从这个视角去看问题，会是一种错误。事实上，没
(196) 有一个人不能体验责任的处境，每个人都能以其最独特的形式，即与他人打交道，来体验这种处境。即便在自由责任或多或少地被排除在职业和公众生活以外，人同人的关系也始终是一种负责任的关系，从家庭开始直到同工作伙伴的关系。在这种地位上所履行的真正的责任，是把责任区域重新扩展到职业和公众生活中去的唯一稳固的可能性。只要人和人相遇，包括在职业生活里，就会产生真正的负责能力，任何成规惯例就都不能取消这种责任环境。这不仅适用于夫妇关系，适用于父母和子女，适用于朋友，而且也适用于师徒、师生、法官和被告。

但我们还可以再向前迈出一步。负责能力不仅是在服从环境的旁边，而且在服从环境里面也有它的空间。学徒有义务服从师傅，他同时也对他的工作、他的业绩，因此也对他的师傅负有一种自由责任。学童、大学生、任何一家企业的雇员、战争中的士兵，都是如此。服从和责任|之间具备有机联系，故而并非服从停止处，责任才开始，而是在责任中有服从。服从和依附关系(Abhängigkeitsverhältnis)将始终存在。重要的是，这种关系有
268 别于如今的状况，不会取消负责能力。使社会中的依附者有负责
(196) 意识，比使社会中的自由人有负责意识更困难。但是，一种依附关系本身无论如何不排斥自由责任。主人和仆人能够而且应该在保持服从环境的情况下相互负起自由责任。

此事的终极理由，乃是人在耶稣基督中得以实现的神人关系。在上帝的面前，耶稣是服从者又是自由人。作为服从者，耶稣盲目

地遵从命令他必须遵从的律法从而行天父的意志。作为自由人，耶稣睁开眼睛，心中欢欣，肯定源自他本人认识的意志，好像从自身出发重新创造这意志。没有自由的服从是奴役，没有服从的自由是任性。服从约束自由，自由使服从高贵。服从使造物受造物主的约束，自由使受造物作为以造物主形象而被创造之物站立在造物主面前。服从向人指出，他必须纳言即必须听的，什么是善的以及什么是上帝要求他做的（弥 6:8），自由让人自己行善。服从知道什么是善的并行善，自由敢于行动并把对善与恶的判断交给上帝来做主。服从是盲目的，自由则睁开双眼。服从不询问而行动，自由则询问什么是目的。服从的手脚受束缚，自由则是创造性的。在服从中，人遵循十诫，在自由中，人创造新的十诫（路德语）。

在责任中，服从与自由这两者均实现自身。责任中寓有这种张力。一者摆脱另一者而独立，便是责任的终了。负责任的行动
既是受义务约束的，又是创造性的。服从独立，会导致康德式的义 269
务伦理学（Pflichtethik），自由独立，会导致不负责任的天才伦理 (197)
学（Genieethik）。承担义务的人同天才一样，都自己使自己称义。承担责任的人处在约束和自由之间，他必须敢于作为受约束者自由地行动，他既不能在约束中、也不能在自由中找到他的称义，而只能在这一个中找到，这一个曾把他置入这种——从人角度而言不可能的——处境里并要求他有行动。负责任的人把自身和他的行为交给上帝来做主。

当我们尝试依据代表、符合实在、担罪和自由等概念来理解负责任生命的结构之后，进一步具体化的要求此时又把我们引向这个疑问：有没有可能较贴切地确定负责任生命实现自身的地点

(Ort)呢？责任究竟把我置入无疆界的活动场所呢，还是使我忍受随着我的日常具体任务而设定的界限的严格约束呢？我必须真正知道我为什么负责和不为什么负责呢？究竟是要我对世界上所发生的一切事情负责呢，还是只要我自己的小天地太平无事，我就可以冷眼旁观世界上发生的大事？我应该尽管无能为力却偏要拼命反对世界上一切不公与苦难从而耗尽我的精力，还是只要我自己无力使恶的世界发生丝毫变化，只要我做了我自己的事，我就可以在自满自足的完全状况中听任恶的世界自流呢？这地点是怎样的地点，我责任的界限又是怎样的界限呢？

270

责任所在

230

志业

如果我们在此返回到这个对伦理学历史具有几乎是独特的意义的概念上来，亦即返回到志业(Beruf)* 这个概念上的话，那么，我们必须从一开始就明确以下各点：1.这里不是指“作为划定的业绩范围”(韦伯)的 Beruf 这个世俗化概念。2.也不是伪路德宗所理解的世俗制度的称义和神圣化。3.甚至路德的 Beruf 概念也不能简单地等同于《新约》的概念；路德十分大胆地给予《新约》的概念(林前 7:20)** 丰富的含义，虽然这样做就事情本质而言不无道

---

* 这个概念，《新约》译作“身份”；在韦伯那里，应译作“志业”；在路德那里似可译作“天职”。——译注

** “各人蒙召的时候是什么身份，仍要守住这身份。”——译注

理——类似于《罗马书》三章 28 节* 的翻译——，但却逾越了语言惯用法。因此，我们仍从《圣经》的定论出发。4. Beruf 的概念，同责任概念一样，两者尽管在我们的语言惯用法里同《新约》的不一致，但|如此特别幸运地相符，因此使用法也相近。

在同耶稣基督的相遇中，人获悉上帝的呼唤以及在这呼唤中的、在耶稣基督的团契里生活的召唤(Berufung)。上帝的恩典降临人并要求人。不是人到恩典的地方去寻访恩典——上帝住在人不能靠近的光里(提前 6:16)——而是恩典在人的地点寻找并找
到人——道成了肉身(约 1:14)——并且正是在这里需要人。这 271
个地点在任何情况下以及在任何方面都负有罪孽与过错，不论是 (198)
国王的宝座、可敬市民的房间还是穷人的茅舍。这是尘世上的一个地点。恩典降到人身上，发生在耶稣基督道成肉身中，它发生在圣灵带来的耶稣基督的言语里面。呼唤及于人，不论是外邦人还是犹太人、奴隶还是自由人、男人还是女人、已婚还是单身。无论人在何处，他应该听到呼唤并且听从这一呼唤。并非奴隶等级或者婚姻或者独身本身似乎能得称义，而是被呼唤的人可以在任何地点属于上帝。唯独通过在基督里面被听到的、需要我的恩典的呼唤，作为奴隶或者自由人、已婚者或者独身者，在上帝面前我能够活着得称义。这种生命，现在从基督方面着眼，是我的志业，从我的方面着眼，是我的责任。

由此排除了两种后果严重的误解：世俗新教的和修道士的误

* “所以我们看定了，人称义是因着信，不在乎遵行律法。”此指“遵行”(Werk)的译法。——译注

解。不是在他作为市民、工人或一家之父的尘世身份义务的忠实业绩方面人履行托付给他的责任，而是在听取耶稣基督的呼唤方面，这呼唤虽然也召唤他进入尘世义务，但从来不仅止于此，而始终超出它们，在它们的前面和后面。在《新约》意义上的志业，绝非对世俗秩序本身的认可，对这些秩序的肯定始终包含着最强烈的否定，包含着对世界的最尖锐的抗议。路德从修道院返回世界，返
回“志业”，他的这种复归乃是——真正《新约》意义上的——自从
272 原始基督教以来对世界的最激烈的抨击和冲撞。现在走上了在世
(199) 界中反对世界的阵地，志业是地点，在这个地点回答基督的呼唤并
且负责任地活着。这样一来，虽然|赋予在志业中的我的任务是有限的，但同时，对耶稣基督的呼唤的责任却冲破了所有的界限。

中世纪隐修制产生误解，并非由于它认识到，耶稣基督的呼唤把人置于反对世界的斗争中，而是由于它试图找到一个地点，在它看来这个地点不在世界中，因此似乎在这个地点可以更适当地答复耶稣基督的呼唤。它徒劳地试图挣脱世界，既不认真对待上帝对整个世界——包括修道院——的否定，也不认真对待上帝的肯定，在这肯定中，上帝同世界和解。所以，修道士的企图，比路德（而不是伪路德宗）所理解的世俗志业，更加不认真对待在上帝对世界的否定中的上帝的呼唤。在具体的情况下，对耶稣基督之呼唤的回答可能是，离开一种特定的、在其中不再能负责任地生活的尘世志业，这正是路德的想法；但伪路德宗相信志业义务和尘世秩序的神圣性，相信到处都好的世界，故而不可能贯彻这种想法。隐
273 修制对颠倒新约义务思想的抗议有其理由。路德返回世界，他所
(200) 关心的只是对基督的呼唤所负的整个责任。从这一角度看，修道

士的解决办法在两个方面是不正确的。这种解决办法把最后负责任的生活局限在修道院的高墙内；耶稣基督的呼唤包括着对在世界上的生活的肯定与否定，在生活中，这一肯定与否定应该被统一在对耶稣基督的呼唤的具体责任里，而修道士的解决办法只把生活解释成怠惰的妥协。同这种误解相反，路德曾赋予人的责任有限的、但却基于无限的意义，也曾同时使在对耶稣基督的呼唤所负的责任中对尘世志业的履行获得自由与欢乐的良知，这良知源自与耶稣基督的同在。因此，善而自由的良知并非源自对尘世志业义务的履行本身，因为这里的良知依然因多种义务间未能解决的冲突而裂伤，于是，充其量只能指望同半个良知妥协。只有在具体志业在对耶稣基督之呼唤的责任|被履行的地方，就是说，只有从对耶稣基督道成肉身的认识出发，在具体行为中的良知才能是自由的。唯有在志业里被负责任地服从的基督的呼唤，会克服妥协以及因妥协而不安的良知。

所以，我责任的中心一方面是由针对我的耶稣基督的呼唤所决定的。

关于什么是责任的地点与界限的疑问，已把我们引向志业这个概念。对此的答复，只有在志业同时从它的各个维度被理解时，才是正确的。志业是耶稣基督的呼唤；整个地从属于耶稣基督；志业是耶稣基督的呼唤及于我的那个地点基督对我的要求：志业包容对物的工作和与人的关系；志业要求有“一个划定的业绩范围”，
但绝不是作为一种基于自身的价值，而是在对耶稣基督所负的责 274
任中。通过同基督的这种关系，“划定的业绩范围”摆脱了任何一 (201)

种孤立状况。不仅通过基督自上而下突破界限,而且还向外突破界限。举例说,我是个医生,那么,我不仅在具体情况下为我的病人服务,而且同时也为医学、进而为科学和真理的认识服务。虽然我在我的具体地点,例如在患者的病床旁边,实际从事这种服务,然而我依然意识到对整体的责任,并且唯独如此履行我的志业。进而,会发生这样的情况,我,作为医生,认识到我必须履行我的具体责任,但不再是在病床旁边,而是譬如公开出面反对一项危及医学或者人的生命或者科学本身的措施。正因为志业即责任,正因为责任是完整的人对实在整体的一次完整的回答,所以,不应该庸俗地把自己限制在最狭窄的志业义务上;任何这样的限制都是不负责任。在什么时候及在怎样的范围内,对“划定的业绩范围”的这样一次突破,属于志业,也属于对人所负的责任,这不应由律

法条文来规定,这也是为了自由责任之本质的缘故。只有在认真权衡直接给予的志业义务、干预他人负责能力的危害以及对所涉及的整体的危害以后,才会发生这样的突破;这样做了以后,这种突破就成为面对把我引向这里或那里的耶稣基督的呼唤的一种|自由责任。志业中的责任只听从基督的呼唤。有一种错误的和一种正确的对责任的限制,有一种错误的和一种正确的对责任的扩大,有一种狂热的对一切界限的突破和一种墨守成规的对界限的
275 设立。在一种具体情况下的行动是负责任的还是狂热的或者墨守
(201) 成规的,从外部加以判断,是困难或者不可能的,可是,自我检验的标准还是有的,虽然这样的标准也不能为人的自我提供完整的确定性。这样的标准是:限定或扩大我的负责能力不得从原则上来

说明理由，它们唯一可能的根据是耶稣的具体呼唤；如果我认为根据自己的性格素质我是革新派，是无所不知的，是狂热的，是不受限制的，这时，我就有任意扩大我的责任并且把我的自然冲动混同于耶稣之呼唤的危险；如果我认为自己是谨慎、胆小、缺乏自信、奉公守法的，那么，我就得注意不要将把我的责任定在狭窄范围的限制混同于耶稣的呼唤；最后，能使我获得解放而去承担真正责任的，不是注视着我自己的目光，而只是注视着基督之呼唤的目光。

尼采反对守法市侩对爱邻舍这条诫命的误解，他说："你们拥向邻舍周围，还对此说了漂亮话。但是，我告诉你们：你们的爱邻舍是对你们自己的恶劣的爱。你们逃到邻舍那里以避开你们自己并且想把这变成一种美德：但是，看透了你们的'无己'……我劝你们爱邻舍吗？我宁可劝你们逃避邻舍并去爱最远处的人！"他这番话正符合《新约》的精神，尽管他自己不知道。耶稣的呼唤，要我们照顾邻舍，对耶稣来说，邻舍后面还站着最遥远的人，亦即耶稣基督，亦即上帝。谁不知道邻舍后面还有最遥远的人，同时又把这最遥远的人当作邻舍，谁就不为邻舍服务，而为自己服务，他也就逃 276
离了责任的自由空气，进入履行义务的狭窄里。爱邻舍这条诫命 (202)
的意思，亦非在律法上把责任限制在只针对我在空间、在市民、职业、家庭关系中所遇到的邻舍。邻舍恰恰可以是最遥远的人，最遥远的人也可能是邻舍。1931 年，在美国，有九名黑人青年被控强暴一名誉可疑的白人姑娘，在无确凿证据的情况下被定下死罪，这可怕的误判引发了一场愤怒抗议的浪潮，欧洲最知名的人士都以公开信表态。在德国，有一基督徒，为此事而苦恼，他问一教会领

袖，他是否也要表态，这位教会领导人拒绝了，理由是“路德宗”的志业思想，就是说，他的负责能力是受限制的。事实上，由于各界的抗议，最后改判了。在此，也许从耶稣基督之呼唤的角度出发，我们才能理解尼采的这句话：“我的兄弟们，我不劝你们去爱邻舍；我劝你们去爱最遥远的人。”我们说这话，并非对上述情况做一定论，而是为了保留界限的开放性。

凡你手所当作的事，要尽力去做（传 9:10），在最小的事上有忠心（路 16:10，19:17），在接管较大的事情之前，先履行家里的义务（提前 3:5），[*]谨防插手他人的职司（彼前 4:15），《圣经》的这些训示，不可不听。然而，所有这些训示，都受耶稣基督的呼唤约束，故而并不意味着在律法上设界限反对对这呼唤所负的自由责任。

在德意志的教会斗争中，常常有教士拒绝在兄弟和各类受迫害者
277 有急难时，承担公众责任，出来表态，恰恰由于事情尚未涉及他自
(203) 己的教区。他之所以如此，并非由于胆怯以及缺乏投入的准备，而仅仅由于他认为，倘若这样做，就逾越了他既定的志业，是不允许的，他既定的志业，便是当他的教区遇到具体的困难和攻击时，出面为他的教区承担责任。如果后来涉及自己的教区，那就经常会产生一种全权的和最自由的责任行为。我们说这些，同样也不是为了事先下判断，而是为了保留爱邻舍这条诫律的开放性以反对错误的限制，从而让志业概念保持福音的自由。

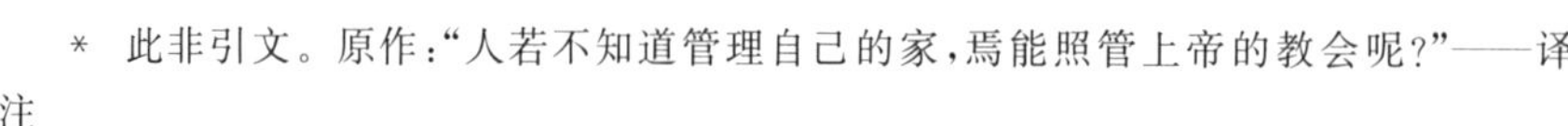

* 此非引文。原作：“人若不知道管理自己的家，焉能照管上帝的教会呢？”——译注

那么，十诫所宣示的上帝的律法，婚姻、工作和政权这些上帝的委托，难道都没有给志业中的每一次负责任的行动划定一条不可逾越的界限吗？如果有，那么，每一次对这条界限的突破，不都意味着违反明显的上帝的意志吗？这里，又一次十分尖锐地重提律法和|自由这个难题。这大有在上帝的意志本身中加进一种矛盾的危险。诚然，不十分认真地注意到上帝的律法本身所设定之界限的负责任行动是不会有的，可是，负责任的行动恰恰不会把这种律法跟它的设立者分开。通过他的立法使世界有秩序的上帝，只能作为拯救者在耶稣基督中被认识到，耶稣基督只能作为终极实在被认识到，他是负责任的，摆脱律法去从事负责任的行为，恰恰被他获悉。为了上帝和邻舍的缘故，亦即为了基督的缘故，有一种摆脱守安息日、尊敬父母以及全部上帝之律法的自由，一种突破这律法的自由，但仅仅是为了重新使它生效。暂时悬置律法，只能 278
为真正履行律法服务。例如在战争中，杀人、欺骗、剥夺财产，只是 (203)
为了借此使生命、真理、财产的权威重新生效。对律法的突破，必须按其全部重大意义被认识到——“你若知道你的所为，你就有福了；你若不知道你的行为，你便受诅咒并且是律法的践踏者。”（路6:4，《圣经古抄本D》）。行为是从责任出发的，还是从犬儒主义（Zynismus）出发的，只能据此加以证实，即是否认识到并且承担突破律法的客观的罪，突破律法的结果是否导致对律法的真正尊崇。这样一来，在源于自由的行为中上帝的意志也就得到尊崇。但因为在这里事关源于自由的行为，所以，人不会在无法弥合的冲突中被撕碎，反倒能够有把握地、与自身统一地做出非凡的事情

来，即在对律法的突破中真正尊崇律法。*

---

* 这里还计划续写，标题为“爱与责任”。在一张提纲上，“责任”一词下有：1. 广义的这个词。2. 负责任生命的结构：a）自由，代表；b）实在论；c）担罪，归咎于己，作为个别人；d）自由，冒险，行为的完成，目的或意义问题。3. 责任空间：a）诫命；b）上帝的委托；c）既定志业；d）自由、自发——接受的责任（在深度和广度上克服这些空间—我对何事负责）。4. 责任中的矛盾与统一：a）爱与责任；b）政治与登山宝训；c）基督是历史的生命律法；d）爱的世界形象。——原编者注

七　“伦理的”和“基督的”作为课题

伦理言述的正当性 279

一种基督教伦理学必须从这个问题开始：是否以及在何种范围内“伦理的”和“基督的”可以作为课题来探讨。此事绝非那样不证自明，就像我们确信它一再发生过并且正在发生，故而可以有信心地假设它。假如我们把“伦理的”和“基督教的”当作我们思考、讨论，甚或科学阐述的课题，那么，若不是我们一开始就认识到我们所追寻的道路是极端成问题的，事实上，我们甚至不能踏入基督教伦理学的领域。

有一种把“伦理的”作为课题的方式，是基督教伦理学从一开始就不予考虑的。对于把“伦理的”作为独立的讨论课题的任何尝试所作的轻微、反讽的抗议，比如菲舍尔（Fr. Th. Vischer）通过他笔下的“另一个”* 的嘴说出的“道德的（das Moralische）始终是自明的”这句话，也许比某些基督教伦理学教科书——在某种限度内——更多地透露了对“伦理的”的本质认识。这里涉及的不仅是
抗议——所说或所写的——太响亮、太咄咄逼人的话，而且还彻底 280
抗议相应的内心进程。“更高的（das Höhere）始终是不言而喻的！(205)

---

* Auch Einer，乃德国作家、哲学家菲舍尔于 1879 年发表的小说名。——校注

基础，先决条件，是必须关心的”，“另一个”说。重大抉择、大环境、“高层”（菲舍尔）—— 这一切是不必说多少话就会明白的、不证自明的、简单的；但是，困难的、成为难题的、需要十分注意的，是“不协调的各种交叉的下层”，秩序混乱和偶然事件的“下层”。“我无法计算出它们，无法使之有序，它们乱跑乱转，朝着各个方向，纯粹是无法确定的……毕竟没有适用于无计划事物的计划，没有适用于无系统事物的系统”，“另一个”抱怨道。换言之，这是日常事物的领域，它造成许多基本困难，必须先经历过，方能感受到，空谈各种普遍道德原则是不够的、不适当的、不匹配的。我是否应帮助一个陷入|困境的人，是否应阻止一个虐待动物的人，这对于“另一个”来说，是不成问题的——“不言而喻的”——，但是，对付日常生活中小麻烦，诸如“感冒”、“无生物的反常性”、也就是说，成千上万种会使重大的、原则性的行为“受挫”的琐碎而无意义之事，就是另一回事了。

“伦理的”作为课题有其特定的时间及特定的地点，因为人是一个有尽头和易碎的世界里的活的和会死的造物，而非基本上仅只是学伦理学的学生。伦理学家故意忽略这一点，并且从虚构出发，似乎人在他一生中的每一瞬间都在作出最后的、无限的选择，似乎一生中的每一瞬间都必须有意识地在善与恶之间做出抉择，
281 似乎在人的每一次行动前面都立着一块由上帝的警察局用清晰的
(206) 字母书写的告示牌：“允许”或者“禁止”，似乎人必须不间断地做某件有决定性意义的事，实现一个更高的目的，履行一项终极义务。伦理学家的这些想法是十分幼稚的，更确切地说，是愚蠢的。这表示他们未能理解，在人的历史存在中，凡事均有定时（传 3）：吃，

喝，睡觉，自觉地作出决定和行动，工作和休息，实现目的和无目的地闲着，尽义务和听从所好，努力和游戏，断念和欢乐。他们对受造物生存的专断误解，或者导致纯属骗人的伪善，或者使人精神失常。这会使伦理学家变成危险的纠缠不休者和暴君，变成傻瓜和悲喜剧中的人物。

所谓的“伦理现象”(das ethische Phänomen)，也就是|“应然经验”(das Erlebnis des Sollens)，在一种原则性的善和一种原则性的恶之间的有意识的、原则上的抉择，按照一种最高标准来安排生活，伦理冲突及其解决；这“伦理现象”在人的存在中，肯定有其必然的地点和时间，为什么它不可以和必须在这种限制内也成为命题呢？但是，对地点和时间的这种适当的限制是十分重要的，如果不该出现以下的情况的话，即由于“伦理的”而病态地加重生活的负担，不正常地使生活狂热化，使生活彻底道德化，这又导致在非原则性的、具体的生活过程中，不断地插进来作判决性或警告性的讲话，插进来|干预，插进来纠正。如果从一种排他的整体要求的意义上去理解“应然经验”的绝对性质，那就从根本上误解了——在上述意义上的——“伦理现象”。这样就会伤害和破坏造 282
物生命的完整性。把伦理现象限制在它的地点和它的时间上，并 (206)
不是意味着取消它，而是相反，恰恰是使它完全生效。没有人会用大炮去轰麻雀。

伦理现象按其内容和特性乃是边际事件。“应然”(Sollen)按其内容和特性而言属于下面这种情况：某物不存在，不论因为它不能存在，还是因为不想要它存在。我生活在一个家庭的、一次婚姻的团体里，生活在一种劳动和产权的组织里，这是首先被自由地肯

定的制约，“伦理现象”，“应然”，沉睡在这种制约里，没有朝它的客体的和主体的方面表现出来。当团体破裂或者组织受到威胁的时候，“应然”才要求发言，在秩序得以重建之后则又退步抽身，缄默不语了 。不过，“应然”仅仅在要求与控告这种紧迫的形式上缄默不语。但它们依然使人意识到自身的限制，由一个团体的实际破裂而产生这样的意识，即在真正的意义上任何一个团体任何时候都处在不完整状态中。从现在起，“应然”作为这种经验，作为自我限制，作为知足，作为忍从或“谦卑”——在这个词的世俗意义上——伴随着人的生活；这是与原罪说相类似的世俗学说。但是，无论在其紧迫的形态中还是在其持久的形态中，“应然”的义务按其内容与特性只标志着一种边际处境，当一个边际概念被变成一种教育方法时，这意味着“应然”的内部瓦解。“应然”始终是一个‘终极’词汇。当这个词被变成命题时，必须注意始终保存这一“终极”性质；但不把它变成课题，也许才能更好地保存这种“终极性”，

283 “因为这是不言而喻的”。当作为不言而喻之事的“应然”被作为课
(207) 题，提供讨论时，这个词极易丧失这种“终极性”，并被变成仅次于终极的，变成一种方法。|

当然，还有无可怀疑的环境和时期，在其中，“道德的”并非自明的，不论由于没有做“道德的”，还是由于“道德的”在内容上已经变成成问题的。在这样的时期里，“伦理的”成为课题。这一方面带来了清新的生活问题的简化，朝大的基本线索的回溯，迫使人们内心明确地抉择与表态；讨论比往常更强烈地由意向、价值判断、确信、保证，由自然的愤怒的发作和无保留的赞赏的表示所决定；将万事归结为普遍“原则”，也就是说是简化了的，对多层次的、多

解性的现实生活进程的兴趣退到了“原则”背后。在社会学上，这
意味着宣布一个以理智性、相对性、个体性为主要意向的上层及由
它口授的课题无效。公开讨论的课题变成通俗易懂的，使得每一
个人都能够参加讨论。外表的可敬形成了足够的团结，以构成理
智与物质堕落之敌人的共同体。这样的时期——在其间“伦理的”
成为命题——对人类团体也许起着净化，更新的作用，也许是必要
的，但它们——恰恰符合这个课题的本质——始终只能被看作必
要的例外状况。越出其必要的期限而延伸，这样的时期从多方面
看其后果是灾难性的：“伦理的”不再被理解成“终极”之言，取而代
之的是整个生活平庸枯燥的道德化和教育的军团化，导致所有生 284
活问题上的荒漠般的单调划一，导致所有文化功能的蒙昧化，导致 (208)
心智和社会方面的水平下降。不仅生活的丰富性遭受重大损失，
而且恰恰“伦理的”在其本质方面也遭受了重大损失。这些时期
（在其中，“伦理的”已经成为和必将成为命题）之后到来的，必定
是这样的时期，在其中，“道德的”又成为不言而喻的，在其中，人们
不仅在日常生活的边缘上活动，而且也在日常生活的中央和丰富
中活动。这不仅适用于个别人的生活，也适用于人的团体。从社
会学角度来说，使伦理课题超越属于它的时期的顽强努力，产生了
那些有思想能力但无生活能力的人未得到满足的要求；这些人已
经错过了历史提供给他们的时机，在社会变革的时期内，通过对伦
理课题的证明，不仅通过思想，而且通过生活业绩，从而产生影响。
“由于‘道德的’再次成为不言而喻的”并且不再是课题，他们看到
他们的生活机会消失了，并坚持伦理课题，由此最终将自身排斥在
生活进程之外。这里所说的人类社会的情况，和个人生活的情况

极为相似。痉挛般地坚持以生活道德化为形态的伦理课题，乃是
285 惧怕日常生活之丰富的结果，乃是意识到无生活能力的结果，这是
(209) 逃到真实生活之外的某个位置上去，从那里人们只能既傲慢又嫉
妒地观望生活本身。这样一来也就明白了，在此，“伦理的”就其本质而言已经随同生活一起消失，这正是由于“伦理的”以错误的方式成为课题的缘故。

尽管如此，一种按照其概念规定把“伦理的”当作课题的“伦理学”是什么？“伦理学家”又是什么？我们首先可以比较容易地说出，一种伦理学和伦理学家无论如何不可能是什么：一种伦理学不可能是这样一本书，书里写着世界上的一切本来应该是怎样的，但遗憾的是现在并非如此；伦理学家也不可能是这样一个人，他总是比其他的人更清楚地知道，应该做什么以及怎样去做；一种伦理学不可能是一本保证无可指摘的道德行为的参考书，伦理学家也不可能是对任何人类行为的权威评判者和法官；一种伦理学不可能是制造有道德的或信基督的人的蒸馏器，伦理学家也不可能是一种原则上合乎道德之生活的化身和理想类型。

伦理学和伦理学家并不是持续地干涉生活，但是，伦理学和伦理学家让人注意一切生命(alles Leben)从其界限出发通过“应然”体验到的干扰和中断。伦理学和伦理学家不想描述善本身，亦即以自身为目的的善，伦理学和伦理学家严格地从“伦理的”出发，从“应然”的边际情况出发说话，由此帮助人学会一同生活(mitleben)。在“应然”的界限内学会一同生活，不是作为高高在上的旁观者、评判者和法官，站在生活进程之外。不是从“应然”的动机出发一同生活，而是从|生命动机的丰富出发，从自然的和有机的出

发，从自由承担和意志出发，不是怀着无幽默感的敌意反对每一种
生命力，反对每一种软弱与无序，不是以旁观者的不信任的尺度去 286
监督衡量每一种现时存在的事物与“应然”，不是胆怯地让自然的 (209)
一切从属于符合义务的，让自由的一切从属于必然的，具体的一切从属于普遍的；无目的的一切从属于目的，—— 致使在“伦理的”界限古怪的过度紧张状况下，一种基督教伦理学的最后条款最终必定会叫作“伦理上允许的行为”（赫尔曼［W. Hermann］语）！——一同生活在“应然”的界限内——但并非出于“应然”的动机——，在动机无限多样的、具体的生活任务和生活适程的丰富中。

我们——在暂时搁置许多已经提出过的问题的情况下——首先还停留在这里引导我们的、关于“伦理的”的时间和地点的规定这个问题上，并且在已有的叙述之外再增添若干与此有关的其他规定。

一次无时间、无地点的伦理论述缺乏任何真正的伦理论述所需要的具体正当性保证（Ermächtigung）。年轻人傲慢而合法地宣告的伦理原则，即使他们宣讲时主观上是非常认真的，却——以也许难以用定义说明但可以清楚地感觉到的方式——同真正的伦理论述的本质相矛盾。抽象、概括、理论的正确性经常是无可指责的；然而这些都缺乏伦理论述的特殊分量。话是正确的，但是没有分量。它们最终必定让人感觉到并非有帮助的，而是杂乱的。年
轻人对有经验的人和老年人的圈子宣讲伦理方面的老生常谈，倘 287
若他从某一个含义模糊但无可否认又强使人接受的事实出发，那 (210)
么他的讲话就事情的本质而言是不可能的，不会有条理，不会与事

实相符。使年轻人感到恼怒、惊讶、不可理解的情况会一再地出现，即他的话空泛而无人听取，与此相反，某个老年人的讲话即使内容完全相同，却会被人听取而且有分量。是否由这一经验中取得以下认识，是成熟与不成熟的标志之一，那就是：事情不在于老年人的顽固自满，也不在于害怕年轻人，不让年轻人赶上老年人，而在于遵守还是违|犯一条伦理的本质法则。伦理论述需要一种保证，这是年轻人凭着伦理信念最纯最诚的激情也不能自己给予自己的。对于伦理论述来说，重要的不仅在于陈述内容的正确，而且在于进行陈述的具体正当性保证，不仅在于论述的内容，而且在于谁在论述。

这种正当性保证的内容是什么？向谁保证？谁来保证？保证意指给伦理论述划定具体的界限，这属于保证的本质，有了这种保证，才有可能做伦理论述。不可能在真空中，亦即抽象地做伦理保证，而只能在具体的情境中做伦理论述。伦理论述不是任何人在任何时间和任何地点都可以拥有的、正确定理的体系本身，而是绝对受个人、时间和地点的制约的。有了这种规定，“伦理的”就不会失去其意义，它的保证，它的分量正在于有了这种规定。与此相反，没有规定，“伦理的”可以由任何人掌握，这就是“伦理的”软弱无力的原因。

没有人能够自己保证自己做伦理论述的正当性，保证是分给
288 人的，是授予人的，而且首先不是依据主观的业绩和长处，而是依
(211) 据在世界中的客观地位。所以，获得伦理论述正当性的，是老年人而不是年轻人，是父亲而不是子女，是主人而不是奴仆，是教师而不是学生，是法官而不是被告，是掌权者而不是臣民，是牧师而不

是教区教友。这里说出了一种由上而下的倾向，它完全冒犯了现代人的感受，但它符合本质地寓于“伦理的”之中。没有这种客观上的由上而下的秩序，没有——现代人已经完全丧失的——位居上面的勇气，伦理论述就流于空泛，流于无对象，就会丧失其本质。

所以，“伦理的”不是一种使人的各种秩序等同划一、失效、崩溃的原则，而是其本身已经包含着一种特定的、人类社会的结构，包含着特定的、社会学上的权威关系（Autoritätsverhältnisse）。只有在权威关系内部，“伦理的”才出现，才得到属于其本质的、具体的正当性保证。这些原理同那种理解|尖锐对立，即把“伦理的”理解成一项普遍有效的理性原则，其内容是：取消具体的、时间和地点的限制，取消所有的服从和权威，宣告在人类普遍的天赋理性基础上的人人平等（Egalität）。必须认清这一点，近一百五十年的历史已经足够清楚地表明，这种对于“伦理的”的新见解本来的目的，即克服一个以享有特权者与不享有特权者的敌对为标志的、僵化的社会形式，实现人类大联合，不仅没有达到，而且恰恰走向其 289
反面。“伦理的”，作为“形式的—普遍有效的—合乎理性的”，—— (212)
由于缺乏任何具体化的要素——最后势必以人类社会和个体生活的完全原子化（Atomisierung）、以无限的主观主义和个体主义而告终。无视任何时间与地点的规定，无视何谓正当性保证这个问题，无视“具体的”而去设想“伦理的”，生活就会碎裂成无穷多的、不受约束的时间原子，人类社会同样也瓦解成个别的理性原子。不论把“伦理的”理解为“纯形式上普遍有效的”，还是把“伦理的”理解为个别人在每一“瞬间”每一次都全新作出的“存在”决断，其结果都一样。原因在于使“伦理的”脱离其具体规定从而破坏“伦

理的”。就因为“伦理的”本质上不是一项形式理性原则，而是一种施与者与接受者之间的具体的命令关系，同样，形式理性也不是社会的构成原则，而是原子化的原则，而社会仅在于人和人相互间具体的、无限多样的责任关系。

另一方面，不可简单地抛弃启蒙运动（Aufklärung）为理解“伦理的”所作的贡献。从论战角度去理解，启蒙运动反对社会分为享有特权者和不享有特权者这样一种制度是有理的。事实上，“伦理的”同“合乎人类普遍的理性的”有关系，事实上，寓于“伦理的”之中的由上而下的倾向绝不意味着认可特权。启蒙运动完全正确地
290 指出，“伦理的”所涉及的，不是一种|抽象的社会秩序，不是特定
(212) 社会阶层的代表，不是“上层”和“下层”本身，而是人。由此出发，启蒙运动怀着激情主张在“伦理的”面前人的同等尊严，这也是有理的。其错误就在于，启蒙运动越出这些论战，又把人本身变成一种抽象概念，并且——以人和人的尊严平等的名义——用这个抽象概念去反对任何一种人的秩序。其错误就在于，当启蒙运动把人的理性——其本质在于自由感知并接受实在，在这里即指具体的伦理命题——变成一项形式抽象原则，所有的内容被它解体了。尽管如此，面对把“伦理的”当作对特权的许可加以滥用的任何尝试，牢记启蒙运动采取的纠偏措施，仍然是重要的。

然而，害怕滥用“伦理学”，不该导致干脆避而不谈或取消寓于“伦理的”之中的自上而下的倾向。我们不可能再回避这个事实，即“伦理的”要求明确的上下关系。而且，“上”和“下”不可各按主体的业绩和性质的摇摆不定的价值而调换。“上”不在于在上面的人的主体价值，其合法性来自具体的客观委托。手上业师傅在

他的有天赋的帮工面前仍旧是师傅，父亲在他的有价值的、能干的儿子面前依然是父亲。作伦理论述的正当性保证不依赖于师傅或父亲的主体方面。正当性保证不是与个人有关，而是与职司（Amt）有关。

因此，对于伦理论述来说，权威关系的某种程度的持续与稳定
仍是前提。真正的伦理论述并非一次宣讲就完事，它要重复、持 291
续，它需要时间。伦理论述的负担在于此，但它的尊严与权威性也 (213)
在于此。一次性的宣讲毫无意义。作伦理论述的保证在忠诚、经受考验、持续和重复中得以证实。但是，保证作伦理论述的根据是什么，这个问题已经越出了“伦理的”的范围。

但是，凡此种种只有在内心肯定并决心坚持“上”“下”之分的基础上才有可能。两者|只有在一起时才有可能。有了对“在上面”（Obensein）的肯定和坚持，才有对“在下面”（Untensein）的肯定和坚持，反之亦然。哪里不再敢待“在上面”，哪里的人们不再“相信有必要”待“在下面”，哪里“在上面”只从“在下面”去寻找它的根据——例如父亲从子女的信任中寻找他的权威，政府从民众中寻找它的权威——，哪里相应地将“在下面”仅仅视为“在上面”的候补资格，即视为炸毁一切“在上面”的炸药，那里就不再产生真正的伦理论述，那里就开始了伦理上的混乱。随着对内心肯定和坚持“在上面”和“在下面”的这种要求，什么是作伦理论述的保证根据这个极为关键的问题也被提了出来，“伦理的”借这个问题大大地超越了自身。

以上所述——根据我们的见解有理由——被理解为“伦理的”一般现象学，而现在，我们遇上了一个超出伦理现象学的、最后的

抉择问题。为伦理论述作具体正当性保证的根据何在？首先可能
292 有两种答复：或者不必尝试作进一步的说明就可以以实证论方法
(214) 在特定实在中找到作伦理论述的保证。或者可以构想一个多种秩
序和价值的体系，在这个体系内部，父亲、师傅、政府得到规定给予
他们的保证。显然，实证论的说明是个摇晃不定的基础，因为它在
每次存在的——也许一再变化着的——实在的彼岸不掌握任何
标准。此外，实证论的说明不能够成功地划定不同的权威之间的
界限，它们都为自己要求得到作伦理论述的保证，例如政府、父亲、
教师、教会等。在这里，实际权力反倒被看成是保证的唯一尺度。
所以，实证论不能说明“伦理的”。比较可靠的看来首先是对权威
和秩序进行硬性系统分类的尝试，基督教哲学家们不断地进行这
种尝试——在19世纪尤其是保守的浪漫派，杰出的有施塔尔（I.
Stahl），在20世纪，有天主教徒舍勒（M. Scheler）。与|实证论的
原则区别是显而易见的：在这里，在实证获知材料的彼岸，另有对
权威及其保证进行分类的标准。这些标准是宗教性质的，确切地
说，是基督教性质的。在具体权威身上，涉及上帝的指派，涉及要
求服从的上帝意志的直接证明。这样一来，就摆脱了每一次由实
证经验得知的事物的摇晃不定的基础而获得某种独立性，但是另
一方面，一种形而上学的宗教实证论（religiöser Positivismus）取
代了经验实证论（empirischen Positivismus）。由于这个缘故，在
293 这里也就不可能不任意专断地划定各种不同的权威和保证之间的
(214) 界限。不是国家观念就是父亲身份观念或是教会观念成为主导原
则。由上帝直接指派多种多权的权威这一观点而产生的异议，被
依据或多或少任意专断的、有利于众多权威中某一个权威的绝对

要求而作出的决断加以裁决。系统分类结构或者形而上学的推导都导致真实生活的僵化。为伦理论述做具体正当性保证的根据何在？这个问题始终悬而未决。随之悬而未决的问题是，为什么“伦理的”不可被理解为无时间性的原则，而必须被理解为时间和地点都有规定的。最后一个悬而未决的问题，在何种程度上以及在怎样的界限内“伦理的”可以成为论题。

上帝的诫命

于是乎，我们被领到“基督教伦理学”唯一有可能的对象，处于“伦理的”彼岸的对象——也就是被领到“上帝的诫命”上去。

在关于“伦理的”所说的话里，我们已经撞上了活的岩石，也就是上帝的诫命所露出的矿脉，而我们自己也许还不知道。

上帝的诫命与我们迄今称作“伦理的”东西截然不同，它包容全部生活，它不仅是无条件的，而且是全面的。上帝的诫命不仅禁止、命令，而且也允许。上帝的诫命不仅约束，而且也解放，通过约束而解放。然而尽管如此，“伦理的”——在尚待说明的意义上——仍是上帝的诫命的一部分。诫命是做伦理论述的唯一正当性保证。|

上帝的诫命是通过在耶稣基督中仁慈而神圣的上帝对人的全 294
面而具体的需要与要求。我们不可能在这里全面论述上帝的诫 (215)
命，而只是列举若干与本题相关的最重要的基准点。

与“伦理的”不同，上帝的诫命并非全部伦理命题最普遍的总结。它并非普遍有效—无时间性的，而有别于历史—有时间性的。它并非有别于原则之应用的原则。它并非有别于具体者的抽象者，或有别于确定者的不确定者。倘若不然，那么它也就不再是上帝的诫命了，就会留待我们来把不确定的变成确定的，把原则变成应用，把无时间性的变成有时间性的；这样一来，在关键处起决定作用的就不再是诫命，而是我们的解释、我们的应用了；于是乎，上帝的诫命又会为我们自己的选择所取代。

上帝的诫命是上帝对人讲的话，而且无论在其内容上还是在其形式上都是对具体的人讲的具体的话。上帝的诫命不给人留下应用和解释的空间，而只给人留下遵从或者不遵从的空间。上帝的诫命不可能在剥离时间和地点的情况下被发现、被认识，而只能在地点和时间的背景中被听取。上帝的诫命整个地是确定的、明白的、具体的，否则，就不是上帝的诫命。

上帝对亚伯拉罕、雅各和摩西讲的话是那样地明确，在耶稣基督中的上帝对众门徒讲的话以及通过使徒对外邦人讲的话是那样地明确，同样地，上帝对我们讲的话也是那样地明确，否则上帝根本不讲话。这是否意味着，我们在我们生命的每一瞬间通过某次
295 特殊的、直接的神圣启示能够获悉上帝的诫命，上帝每一瞬间都以
(216) 不容误认的、明确的方式让“永恒的重音”(Akzent der Ewigkeit)
(海姆[K. Heim])落在上帝想要的一件特定的行为上呢？不，这并不意味着是这样的；因为上帝的诫命的具体性在于其历史性，它以历史的形态同我们相遇。那么，难道这意味着，我们十分不确定地听凭各种历史力量的极其不同要求的摆布，在涉及上帝的诫命时我们是在黑暗中摸索呢？不，|并非如此，因为上帝让人听取在特定的历史形态中的他的诫命。那么，上帝在哪里以及以何种历史形态立下他的诫命，这个问题现在已经不可回避；为了简明起

见——即使冒着粗暴误解的危险——首先以一命题回答这个问题：上帝的在耶稣基督中已公开的诫命在教会、家庭、工作、政权中向我们发布。

上帝的诫命现在和将来始终是在耶稣基督里面所启示的上帝的诫命，这必须被看成是前提，虽然现在还不能完全理解，但必须时时加以注意。除了上帝所启示的而且恰恰按照他的意志在耶稣基督中启示的诫命以外，再没有上帝的别的诫命。

这意指：上帝的诫命并非从受造世界中生长出来的，而是从上面来到下面的；它并非源自尘世力量和律法——自保欲、饥饿、性、政治力量——对人的实际要求，而是在这些的彼岸要求着、训诫着和审判着。上帝的诫命在尘世设立一种不可取消的“上”与“下”，
不依赖于实际的权势关系。通过设立“上”与“下”，上帝的诫命发 296
布上文所述作伦理论述的那种保证，亦即更广泛地保证宣告上帝 (217)
的诫命。

由于上帝的诫命是在耶稣基督中启示的诫命，所以，被保证宣告上帝诫命的各种权威中的任何一个都不能处在绝对地位。只有当教会、家庭、工作和政权相互间界限分明的时候，只有当它们平行却又一起各以自己的方式使上帝的诫命生效的时候，才是从上面向它们授权作正当性讲话的。这些权威中没有一个可以单独和上帝的诫命等同。上帝的诫命的至高无上地位恰恰在这一点上得以证实：上帝的诫命安排这些权威处于相互反对和补充关系中，上帝的诫命作为在耶稣基督中启示的诫命，只有在这些具体关系和界限的多样性中生效。

上帝的诫命作为在耶稣基督中启示的诫命，始终是对某个人

的具体的讲话，绝不是关于某件事或者某个人的抽象的讲话。它总是称呼（Anrede）、要求（Beanspruchung），而且是以如此全面而确定的方式，因此，对|它不再有解释与应用的自由，而只有遵从或不遵从的自由。

上帝在耶稣基督中启示的诫命包容生活的全部，它不仅像“伦理的”那样监视着生活的不可逾越的界限，而且它同时是生活的中心和丰富。它不仅是“应然”，而且也是允许，它不仅禁止，而且解除对生活的约束，解除对不假思索之行为的约束。它不仅中断误入歧途的生活进程，而且它还伴随并引导生活进程，虽然这点并非
297 始终需要被人意识到。上帝的诫命成为上帝对我们生活的日常引
(218) 导。用一个例子来说明：在子女同父母的关系方面，上帝的诫命不仅是对抗拒父母的子女的威胁、纠正和警告，而且子女会遇到上帝的诫命，上帝的诫命伴随子女，引导子女进入无数环境，在所有这些环境中，在日常生活里，子女尊敬并且爱其父母。上帝的诫命不仅采取例如第五诫这种庄重的形式，而且也采取对家庭团体内部的任何具体行为与态度每天说话、提出告诫与要求的形式。这并不意味着上帝的诫命的四分五裂，恰恰相反，这意味着上帝的诫命包罗一切的统一性及其完善的具体性，这意味着，通过诫命，生活并非碎裂成无数新的开端，而是得到一个明确的方向，得到一种内在的稳定性和牢靠的安全性。上帝的诫命成为人们生活在其中却又并非始终意识到的要素。作为生活要素的诫命意味着活动和行为的自由，摆脱了不敢选择、不敢行动这种胆怯之后获得的自由，这意味着确定、宁静、信心、均衡、和平。并非由于在我生活界限边

上有咄咄逼人的“你不应该如何如何”，而是由于我将自己在生活的中心和丰富里遇到的事件、父母、婚姻、生活、财产视为上帝的神圣规章而加以接受，由于我生活以及想要生活在它们之中，所以我才尊敬父母，遵守婚约，尊重他人的生命与财产。只有当诫命不只是将我视为逾越界限者加以威胁时，而是通过其实际内容证明我有罪并克服我的时候，诫命这才使我摆脱恐惧和对抉择的无把握。如果我爱妻子，如果我接受婚姻是上帝的规章，那么，就会有|生活和行动的内在自由与确定出现在婚姻中，我不再疑虑重重地观察
自己的每一步路，不再对自己的每一个行为画上问号。上帝对通 298
奸的禁令也就不再是中心点，不再是我在婚姻里全部思想和行为 (218)
都围之旋转——仿佛婚姻的意义和目标就在于避免通奸！——的中心点；遵守和自由接受婚约，而不是被动地受通奸禁令约束，这才构成履行上帝的婚姻委托的前提。在这种情况下，上帝的诫命成为自由而确定地过婚姻生活的许可。

上帝的诫命就是允许人生活在上帝面前。

上帝的诫命是许可。上帝的诫命有别于所有的人类律法之处在于，上帝的诫命令人要有自由。通过克服这种矛盾，它表明自身是上帝的诫命，不可能的事情成为可能，在所有可以下命令去做的事情彼岸之事，即自由，是它真正的对象。这就是上帝诫命的高昂价格，没有比这更便宜的了。许可，自由，并不意味着，上帝还是会给人一个区域，让他摆脱上帝的诫命，根据自己的选择去活动；不，这种允许，这种自由，仅仅借上帝的诫命而产生，仅仅通过上帝的诫命以及在上帝的诫命中才有可能，它从不脱离上帝，它始终是上

帝的允许,作为上帝的许可以及仅仅作为上帝的允许,它才使人摆脱痛苦的、对每一次的抉择与行动的惧怕,有信心取得个人业绩和获得上帝的诫命的引导。康德和费希特(Fichte)[*]在伦理学中摒弃"被允许的"(das Erlaubte)这个概念,当"被允许的"被理解为对上帝的诫命而言是"中立的"、"独立的"、"冷漠的"时,他们是正确的;但当他们进而要排除上帝的许可(这种许可源自上帝的诫命)
299 概念而有利于一种排他的、若要包括与承担人的生活的全部则又
(219) 必定是过于狭窄的义务概念时,他们就错了。

上帝的诫命允许人作为人生活在上帝面前。作为人,而不仅作为伦理抉择的主体或作为伦理学学生。我们可以用克劳狄乌斯(Matthias Claudius)[**]题为《人》(*Der Mensch*)的诗最好地说明"作为人"的内涵:

奇妙地由女人
受孕怀胎又哺乳
他来了看到听到
觉察不到欺骗;
有了欲望和追求,
又馈赠泪珠儿;
遭鄙视,又受尊敬,
有欢乐,也知道危险;

* 费希特(1762—1814),德意志哲学家。——译注
** 克劳狄乌斯(1740—1815),德意志诗人。——译注

信，疑，妄想和教学，
从谬误中讲述真理；
既建造又破坏；
一再折磨自身；
睡，醒，消，长，
棕发渐变灰白，
凡此种种在续延，
充其量，八十年。
随后躺到父祖辈身边，
一去永不复返。

人类生命的时间性、丰富性与脆弱性在这里找到了无与伦比的表述。我们所谈论的上帝的诫命，正是关系到这生命，而“伦理的”对这生命一无所知。“伦理的”始终只能打断这生命，每一瞬间都把这生命置于它的义务的冲突前。“伦理的”始终只能让这生命在自身面前成为可疑的。“伦理的”只能把这生命化解成无数个孤立的抉择。从受孕到入土这生命之流是“伦理的”所不能理解的，300
是“先于伦理的”；行为的动机是看不透的，任何行为都混杂着有意 (220)
识的和无意识的、自然的和超自然的、爱好和义务、利己主义和利他主义、意愿与逼迫、主动的和被动的，致使每一个积极的行动同时也是消极的差事，反之亦然，——这一切都是“伦理的”所排斥和惧怕的。“伦理的”要求在一切处境下都明晰、直接、纯粹和有意识地把握到人类的动机和行为。它切去切碎生命的任何节疤。上帝的诫命让人在上帝的面前是个人，它听任生命之流自由涌动，它让

人饮食、睡眠、工作、休息、游戏、从不打断他，也不持续地使他自问是否可以饮食、睡眠、工作、游戏，是否有于|他而言更要紧的义务；它并不使人成为他自己及其行为的评判者和法官，而是允许人确定地生活和行动，坚信自己的生活和行动会得到上帝诫命的引导。折磨自己又无望得到解答地去追问动机是否纯洁，怀疑地观察自己，刺眼又使人疲倦的持续的意识之光，凡此种种，都同赐予生命和行为自由的上帝的诫命毫不相干。人的生命和行为植根于黑暗之中，主动与被动、意识与无意识缠绕在一起无法解开，这都包容在上帝的诫命对生活的允许中。只有靠上帝的允许，光明才从上面进入这生活。

在上帝诫命面前的人不是徘徊在十字路口的赫尔库勒斯
301 (Herkules)*，不是永远为了作出正确抉择而斗争者，不是各种义

(221) 务冲突中的自我消耗者，不是屡败屡战者；上帝的诫命本身不仅仅出现在生活的那些重大的、动荡的、最有意识地被经历到的危急时刻。在上帝的诫命面前人反倒实际已经站在路上（并非总是站在十字路口），他可以有一次确实已经作出了正确的抉择（并非总是面临抉择），他可以不经过内心冲突而做这一件事并放弃另一件（在理论伦理学上也许同样是紧迫的）事，他可以已经开了头并在路上受祈祷（犹如一位天使）的引领、陪伴和保护，而上帝的诫命本身只能以日常的、表面看来不足道、无意义的话语、语句、暗示、帮助的形态给生活以统一的方向和个人的引导。

---

* 又名赫拉克勒斯(Herakles)，希腊神话里的英雄。——译注

诚命的目标，不是避免逾矩，不是伦理冲突和抉择的痛苦，而是在教会、婚姻、家庭、工作、国家中自由接受、不言而喻的生活。“伦理的”只规定界限、形式的、负面的，因此，“伦理的”作为论题也始终只有在边际处境才是可能的，而且是形式的、负面的。相反，诚命关系到正面内容和人接受这正面内容的自由。因此，只有同时注意到正面内容和人的自由时，上帝的诚命才有可能成为基督教伦理学的论题。牺牲人的自由而为具体情况做|先期抉择亦即决疑论，牺牲正面内容的形式自由论，都不能正确对待作为基督教
伦理学论题的诚命。“伦理的”归根结底为在生活的全部丰富中一 302
起生活划定和创造空间，与此相反，诚命则关系到这种“一起生活” (221)
本身，关系到“一起生活”的具体内容以及在“一起生活”中通过其内容而成为可能的人类自由。但这样也就可以清楚地看到，上帝的诚命也包括“伦理的”。关键的是，我们不能倒过来讲“伦理的”也包括诚命；倘若这样讲，诚命就成为第二位的，就成为特殊情况，成为“伦理的”的具体“应用”；与此相反，诚命，凭着它的具体内容以及这具体内容使之成为可能的人类自由，乃是本源性的，它由自身出发立界限、设空间，在这空间里被听取、被履行。从生活的中心和丰富以及上帝的诚命中产生界限，而不是颠倒过来。——如果我们最后用《圣经》上的“律法”道个概念替代哲学上的“伦理的”这个概念，那么，其结果便是，诚命与律法是不间断地相互联系在一起，但是又有区别。律法包括在诚命里，从诚命中产生，由诚命出发被理解。

这样一来，下面的思考也就自行分为两个部分：1. 上帝的具

体诫命，*2.律法。|

303 具体的诫命和上帝的委托

在耶稣基督中启示的上帝的诫命是统一的，它包容着人生，它通过上帝的和解之爱而对人和世界提出不可分离的要求。我们遇到这上帝的诫命时，它具体地分为只能由诫命本身加以统一的四种不同的形态：教会、婚姻和家庭、文化、政权。

上帝的诫命不是在每个地方也不是在任何地方能够找到的，不是在理论家的玄思中，不是在个人的灵感中，不是在各种历史力量中，也不是在强制人的理想里能够找到的，而是唯独在上帝的诫命自行显现的地方才能找到。唯独在上帝自己给予保证的地方，才能谈到上帝的诫命，上帝在怎样的范围内给予保证，上帝的诫命也只能在怎样的范围内被合法地转达。上帝的诫命不该到有各种历史力量、种种强有力的理想、种种令人信服的认识的地方去找，而应该到有产生于基督启示的上帝之委托的地方去找。教会、婚

---

* 在一张稿纸上，在“错误的问题提法”下面有如下编排：1.上帝的意志如何具体化？问答：上帝的意志始终是具体的，否则，它就不是上帝的意志。换言之，上帝的意志不是必须加以演绎，必须被运用到“实在”上去的一种原则。可以被认识到却不能立即付诸行动的“上帝的意志”，是一条普遍的原则，但不是上帝的意志。2.基督徒的善良意志如何具体化？善良意志始终是具体行为，否则它就不是基督徒的意志。人始终在具体的行为中。3.对于这种或那种情况而言，上帝的意志是怎样的？这是决疑论对“具体的”的误解。这样的话，“具体的”恰恰是达不到的，因为“具体的”又已在原则上被预先规定好了。4.形式主义的误解。5.在价值论中哲学上的克服尝试。——原编者注

姻和家庭、文化、政权,都涉及上帝的这些委托。*

委托概念 304

“委托”(Mandat)一词,我们理解为具体的、以基督的启示为 (223)
根据、由《圣经》所证明的上帝的委托(Auftrag),转达一条特|定的上帝诫命的正当性根据并宣布其为合法,把上帝的权威赋予尘世的某一政权(Instanz)。“委托”一词同时被理解为上帝的诫命要求、征用和设立一个特定的尘世的区域。接受委托者以代表身份 305
行动,作为委托授予者的代行职务者。“秩序”(Ordnung)这个概 (224)

* 在1944年1月23日的狱中书信里谈及友谊(Freundschaft)的归属问题:“在社会学上把友谊归于某一类,并非易事。友谊自然必须被理解为文化和教育概念的一个下属概念,而兄弟情谊则从属于教会概念,伙伴关系则从属于工作概念和政治概念。婚姻、工作、国家和教会都有其具体的上帝委托。文化和教育又怎样呢?我不认为可以简单地让文化和教育从属于工作概念,尽管在许多方面都诱惑人这样去做。文化和教育不属于服从的范围,而属于自由的活动范围,它环绕着上帝的委托的所有三个区域。一个人若对自由的活动范围一无所知,那么他可以是一个好父亲、好公民、好工人,或许还是一个好基督徒,但他是否是一个完整的人(以及因此也是一个在完整含义上的基督徒),我则表示怀疑。我们的‘新教(不是路德的)普鲁士世界’如此强有力地被四项委托所统辖,致使自由的活动范围完全退到它们的背后去了。今天看来几乎就是这样的,唯独从教会这个概念出发,才能重获对自由的活动范围(艺术、教育、友谊、游戏)的理解,是不是呢?例如‘审美的生存’(基尔克果[kierkegaard]语)不是恰恰不该从教会的区域内排除出去,而应该在教会的区域内重新建立吗?我真的相信这一点,由此出发不就可以重新获得同中世纪的接触了!在我们的时代,谁能无忧无虑地譬如说促进音乐或友谊,演奏自娱呢?肯定不是‘伦理的’人,而只能是基督徒。正因为友谊属于自由的领域(‘基督徒’的自由),所以人们可以满怀信心地面对皱着眉头的那些‘伦理的’存在为自己辩护——肯定不要求上帝的诫命的necessitas(必需),但要求自由的necessitas(必需)。我相信,在这种自由的领域内部,友谊——在我们这个主要由前三项委托所决定的世界里,哪里还有友谊呢?——是最稀罕的和最珍贵的财物。不该拿它同委托的财物相比较。与委托的财物相比,它是sui generis(自生的),但又属于它们,如矢车菊属于庄稼已熟的田地。”(另见诗《朋友》[Der Freund])——原编者注

念，倘若正确地理解，也可在此应用，只不过这个概念含有一种危险，即把目光主要集中在秩序的实际情况上，而不是主要集中在作为秩序的唯一理由的上帝的保证、合法化和确认上。这样一来，就非常容易产生这样的看法，即上帝认可所有的现存秩序，从而导致浪漫派的保守主义，这种保守主义同基督教关于上帝的四项委托的学说毫不相干。倘若对秩序概念的错误解释能够被清除掉，那么，这个概念是可以非常有效地表达这里要讲的意思。自宗教改革时期以来一直保存下来的“等级”(Stand)这个概念也来自荐，但是，在历史的进程中，这个概念已经杂草丛生，难以恢复本来的纯洁性，故而不能采纳。在这个词里可以听到太多的人的特权，因而听不出这个词最初的谦卑中的尊严。“职司”(Amt)这个概念毕竟已经如此世俗化，如此紧密地同机构的—官僚主义的思想结合在一起，致使在这个词里已经无法听出神圣天命的崇高性质。由于缺乏一个更|好的词，我们只好使用委托这个概念，但又怀着这样的宗旨，即通过对事情本身的说明，能有助于更新与重获秩序、等级和职司这些古老的概念。

306 上帝的委托只取决于上帝的一条诫命，如在耶稣基督中所启
(224) 示的。上帝的委托从上面下降到世界上，作为基督的实在，亦即作为在耶稣基督中所启示的、上帝对世界以及对人的爱的实在的各个局部——“秩序”。它们无论如何不产生于历史，它们并非尘世力量，而是上帝委托的任务。教会、婚姻和家庭、文化和政权，只能说是从上面而来，以上帝为出发点，也只能这样理解。委托的承担者不是接受下界委托任务的人，不是人类意志的执行者和代表，而是在严格的、不可变更的意义上的上帝所委托的人、上帝的代表和

代行职务者。这完全不依赖于一个教会、一个家庭、一个政权在历史上形成时的方式方法。所以，通过上帝的正当性根据，在委托的区域内设立了不可取消的“上”与“下”。

人总是在一个尘世的权威关系中，在一个由明确的上下关系所决定的秩序中遇到上帝的诫命。但是，对这种上下关系马上需要做进一步的规定：1.这不等同于尘世的上下权力关系。较有权势者无论为何不能在较弱小者面前断言自己独占上帝的委托。以它的方式更正与安排尘世的权力对比状况反倒属于上帝之委托的本质。2. 必须进而强调，上帝的委托不仅创造“上”，同样也创造“下”。“上”和“下”在一种——下面还要进一步规定的—— 不可分地、相互间划定界限的关系里相互关联。3.“上”和“下”不是概念或者事物的关系，而是个人相互间的关系；但正是这样的个人，
他们不论在上面还是在下面，都只服从上帝的委托和上帝。主人 307
也有一位主人，唯独这个事实奠定他的主人地位，授权于他，使他 (225)
在他的仆人面前拥有合法权利。主人和仆人相互都对荣誉负有义务，荣誉产生于每一次对上帝之委托的分担。有滥用在下面这种地位的现象，同时也有滥用在上面这种地位以损害在下面的人的现象。抛开个人的偏离不谈，如果上下地位的根据在于上帝的委托这一点不再被认识到，那么，滥用上下地位就势所难免。位居上面就会被理解成命运的偶然偏爱，被抓在手中，无所顾忌地加以利用；与此相应，外在下面也必定会被理解为受歧视，从而导致暴乱和起义。一旦“下”意识到寓于它之中的暴力，一旦危急时刻来到，在其中，像通过一次突然发生的认识和自我解放的行动，“下”

感觉到破坏、否定、怀疑和反抗的黑暗力量涌来，感觉到处在这些混乱的力量之中自身优于现存的、在上面的一切，“上”和“下”的关系就会随即颠倒过来。不再有真正的“上”和“下”，在上面的，只从下面取得其权威和合法性，“上”的根据在于“下”，在“下”看来，“上”只是“下”想要成为“上”的人格化要求。就这样，“下”成为对于在上面的人的一种经常的、不可避免的威胁，面对这种威胁，在上面的人一方面通过进一步搞乱下面，另一方面通过对下面的叛
308 乱势力的恐怖统治（Terror）来保住他在“上面”的地位。上下关
(226) 系，处在这种颠倒与瓦解的阶段上，便是最深的敌对、怀疑、欺骗与嫉妒的关系。在这种气氛中，个人以过去未曾有过的方式滥用上下地位的情况也滋生蔓延。在面对动乱的暴力而战栗时，一种从上面说明理由的真正的秩序根本上是可能的这一事实，必定作为奇迹而出现，实际上也确是奇迹。真正的上下秩序，靠对“上面”的委托的信仰，靠对“主人们”的“主人”的信仰来维持。唯独这种信仰能够祛除从下面升上来的魔力。倘若这种信仰破碎了，从上面下降到世界里的整个结构就会土崩瓦解，如同虚无。一些人说：这是欺骗民众；另一些人说：这是奇迹。然而，信仰的威力使双方都惊讶不已。

在教会、婚姻和家庭、文化、政权中的上帝的委托只有当它们彼此相伴（Miteinander）、彼此相应（Füreinander）和彼此相对（Gegeneinander）时，才使人听到上帝的诫命，如在耶稣基督中所启|示的那样。上帝的委托中没有一项可以单独存在，或可以取代所有其余的委托。委托是彼此相伴的，否则，它们就不是上帝的委托。它们彼此相伴时，并不是相互孤立、相互分离的，而是相互针

对的。它们是彼此相应的，否则，它们就不是上帝的委托。当它们彼此相伴和相互支持时，又是相互之间划定了界限的，即便在相互支持性之内，这种界限的划定也必然作为彼此相对而被体验到。这种彼此相对的状况一旦不再存在，那就不再有上帝的委托。

“上面”处在由委托者即上帝本身，由其余的委托，由“下面”划定的三种界限中，这三种界限各以不同的方式起作用。但是，这些界限同时又意味着对“上面”的保护。保护的作用是鼓励“上面” 309
去遵守上帝的委托，正如划定界限乃是告诫它不得逾越。 (227)

保护和划定界限是同一件事的两面。上帝一边划定界限，一边保护；上帝一边告诫，一边鼓励。

我们现在先要逐一谈谈在四项委托的每一项中的上帝的诫命，随后再谈这四项委托的彼此相伴、彼此支持和彼此相对。

教会中的上帝诫命

我们以两种方式遇到教会中的上帝的诫命：以布道（Predigt）的方式，以忏悔（Beichte）的亦即以教会管教（Kirchenzucht）的方式，就是说，公开的和隐蔽的，针对集会来听布道的人和针对个别的人。上帝的诫命的两种形态必然同属 ·个整体。若失去了忏悔亦即教会管教，布道中上帝的诫命就会被理解为宣告一般的道德原则，这些原则本身缺乏任何具体要求。若公开布道与忏悔相比完全退到了后面，虽说不乏具体要求，却产生了一种危险的律法上的决疑论，它破坏了信仰的自由；而不可避免的后果便是持续地、秘密地干预上帝的其他委托：家庭、文化、政权，破坏四种委托自由的彼此相伴状况，有利于教会的委托的绝对化。毫无疑问，在这两

种可能情况下触及了新教教会和天主教会的各自弱点。|新教教
310 会的牧师不再持久地面对忏悔室的问题和责任时，新教教会就失
(227) 去了具体的伦理。在错误地主张基督徒自由的情况下，牧师避开了具体地宣告上帝的诫命。先要重新发现忏悔这一神圣职司，新教教会才能重新找到宗教改革时期它曾有的具体的伦理。天主教教士在他的整个学习期间，通过对他会遇到并且必须作出抉择的无数 Casus（情况）的讨论，替他作为告解神父的职司做准备。这样一来，把上帝的诫命变成法典和教育方法的危险也就无疑近在咫尺。唯有重新发现基督教的布道职司（Predigtamt），才能克服这种危险。

教会中的上帝的诫命的两种形态的共同之处即它们都是宣告上帝的启示。给予教会的委托，即宣告的委托。上帝要有一个地点，在这个地点一再讲他的话，说出他的话，转达他的话，解释他的话，传播他的话，直到世界末日。在耶稣基督中从天上来的话要以人的话的形态重现。教会的委托是上帝的话。在这话里，上帝自己想要在场。上帝自己想要在教会里发言。

教会宣告的，是在耶稣基督中的上帝的启示的话。因为它并非来自人自己的心、理智和本性的话，而是从天上，从上帝的意志和怜悯降到人间的话，是来自耶稣基督的吩咐和指派的话，所以，在它传来的同时，它设立了“上”与“下”的明确对置。上面是宣告的职司，下面是聆听的会众（Gemeinde）。在会众面前，代替上帝
311 和耶稣基督的，是布道职司的承担者及其宣告。布道人不是会众
(228) 的代表，而是——如果可以这样说的话——面对会众的上帝的代表。他被授权去说教、告诫、安慰，饶恕罪孽，但也保留罪孽。他同

时又是牧人(Hirte),是会众的牧师(Pastor)。这个职司直接由耶稣基督所设,它不是通过会众的意志,而是通过耶稣基督的意志,获得其合法性。它不是由会众所设,而是设在会众里。它和|会众是同时的。当会众中的这个职司充分行使,会众内只能为传上帝之言的这个职司服务的所有其他的职司都会活跃起来;因为在上帝之言单独统治的地方才产生信仰和礼拜。在宣告上帝之言时被唤醒的会众将由此验证他们的信仰是真的,即他们尊重具有其独特荣耀的布道职司并且尽全力来为它服务。而不是依据他们自己的信仰以及“一切信徒为祭司”(das allgemeine Priestertum),轻视这个职司,妨碍它,甚至试图让它依附于自己。不是禁止和破坏上帝的秩序,不是会众想要颠倒过来位居上面的意愿,而恰恰是会众的真正的下属地位,亦即信仰、祈祷和礼拜,可以使布道职司在上面的地位免遭滥用与危险。

宣告的职司(das Amt der Verkündigung),对耶稣基督的见证,是同《圣经》(*die Heilige Schrift*)相结合的。在这里,必须敢于说出如下命题:《圣经》基本上属于布道职司,布道则属于会众。《圣经》需要解释与宣讲。《圣经》按其本质不是会众的修身读物。
经过解释的讲道文属于会众并且从它出发才会“考查《圣经》,要晓 312
得这道是与不是”(徒 17:11)如布道所宣告的那样,也就会有在难 (229)
以确定的两可情况下依据《圣经》对布道提出异议的必要性。* 但是因此也就假定,《圣经》按其本质属于教育职司(Lehramt)。个

* 在正常的情况下,检查布道不是会众的事情,而是教会管理机构巡视(Visitation)范围内的事情。倘若会众必须一边听布道,一边进行批评检查,这种情况是不健康的。

别基督徒或者一群基督徒，依据全体基督徒的平等权利，依据信仰上的成熟程度，依据《圣经》话语的自明真理，就伸手来抓取《圣经》，这丝毫也不表明是对上帝启示之本质的特别敬重或特别的灵性认识。傲慢、无序、反叛、灵性的纷乱，皆起源于此。受命解释和宣告《圣经》，是一种恩典，可以当听众，听取|解释和宣告，这也是一种恩典，认识到这些，才是符合《圣经》的。布道书（Predigtbuch）和祈祷书（Gebetbuch），是会众的特别的书，《圣经》是布道者的书，这样讲可能适当地表述了上帝所安排的会众与职司的对置。但同时必须清楚地认识到，这种想法并非源自教士想要当平信徒之先生的欲望，而是源自上帝的启示本身。*

布道职司依据《圣经》宣告耶稣基督是世界之主和拯救者。不
313 宣告基督的，就不是教会的合法宣告。教会不该有双重的
(230) （zweierlei）话语：为非信徒的是普遍理性和自然法的话语，为信徒的则是基督的话语。只有法利赛人的自负会导致教会向这一种人隐瞒基督的宣告，对另一种人则不加隐瞒。因为教会的话语受了耶稣基督的委托才获得其唯一的权利，唯一的权威，因此，放弃这种权威的任何话语必定都是空话。举例来说，对政权的委托肯定不是宣信基督，反倒应让它对非常具体的弊端做出反应，消除这些误解才是上帝对政权的委托；教会同政权遭遇时，教会不可简单地废止自身。只有当教会履行了它自己所受的委托，她才能询问政权对其所受委托的履行情况。教会也不支配着双重诫命，一种为

* 不言而喻，这里所涉及的不是禁读《圣经》（*Bibeiverbot*），犹如印度教（hinduistischen）禁止第四种姓（Kaste）研读 *Vedastudium*《吠陀》那样；这里涉及的是对于经书按其本质所应有的地位的认识。

世界的诫命，另一种为基督教会众的诫命，教会的诫命是在耶稣基督中启示的一条上帝的诫命，是教会应向全体世人宣告的。

教会一边证明耶稣基督是他的会众和全体世人的主和救主并从而召唤加入他的团契，一边宣告这条诫命。

耶稣基督，与永恒之父同在的永恒之子，——此话的意思是，没有基督，没有创世的中保，就不可能设想、不能在其本质上理解任何被创造物。一切都借着他和为着他而被造，万物的存在都只在他之中（西 1:15 以下）。脱离了基督，要想认识上帝对|受造物的旨意，乃是徒劳的。耶稣基督，道成肉身的上帝，——这意指，上帝有血有肉地取了一切人的存在，由此起上帝的存在只能在人的形象中被找到；在耶稣基督中人得到解放成为真实地存在于上 314
帝面前的人。“基督的”如今不是“人的”彼岸的某物，而要在“人 (230)
的”之中。“基督的”不是目的本身，而在于，人可以而且应该作为人而活在上帝面前。上帝道成肉身，表明上帝愿意不为自身而是“为我们”存在。于是，从上帝道成肉身的角度看，作为人活在上帝面前只能意味着，不为自身而为上帝和他人而存在。

耶稣基督，被钉上十字架的和好者，——这意思首先是，整个世界由于拒绝耶稣基督而变成不信上帝的，任何自身的努力都无法除去这一诅咒。世界的实在一劳永逸地借基督的十字架而接受了它的标记。但是，由于基督的十字架是世界同上帝和好的十字架，因此，不信上帝的世界同时处在作为上帝的自由神意（die freie Satzung Gottes）的和好的标记之下。和好的十字架是在不信上帝的世界中间解放人，使之生活在上帝的面前，这是解放人，使之生活在真正的世俗性（Weltlichkeit）中。宣告和好的十字架乃是解放，因为它把神化世界的徒劳尝试抛在身后，因为它已经克服了“基督的”和“世俗的”之间的不和、紧张与冲突，召唤在对已经发生的世界同上帝和好的信仰中单纯地行动与生活。只有通过宣告被钉上十字架的基督，才会有在真正的世俗性中的生活，不是在同宣告的矛盾中，不是在真正的世俗性之外，在世俗性的某种本身固有的规律性中，而恰恰“在”基督的宣告“里面、下面”以及“同”
315 基督的宣告“一起”，真正的世俗生活才是可能的和真实的。没有
(231) 或者反对基督的十字架的宣告，就不会认识到世界不信上帝并且抛弃了上帝，“世俗的”反倒一直会试图满足它无法抑制的神化自身的要求。但是，只要“世俗的”在基督的宣告旁边设立它自己的律法，“世俗的”就会整个地自行衰亡，最后必定自己取代上帝。在|这两种情况下，“世俗的”就不再是世俗的，“世俗的”想要而且能够靠自己成为世俗的，不仅如此，还拼命地、痉挛地力求神化“世俗的”，结果呢？恰恰这种声称唯一的世俗生活衰亡了，沦为一种伪世俗、半世俗；缺乏达到真的和完整的世俗的自由和勇气，就是说，让世界以其本来面目真实地存在于上帝面前，亦即在其不信上帝的状态下与上帝和好的世界。关于“真正的世俗性”(die echte Weltlichkeit)的内容规定，我们下面再谈。在这里，重要的仅仅是，只有恰恰和仅仅以宣告耶稣基督的十字架为依据的，才是真正的世俗性。

耶稣基督，复活并升天的主，——这意思是说，耶稣基督已经克服了罪孽和死亡，是活生生的主，天上地上所有的权柄都交给了他。世上的各种力量都臣服于他，都必须为他服务，各按其方式。耶稣基督的统治不是外来力量的统治，而是造物主、和解者和救主

的统治，是他的统治，万物借他而被造并归于他，唯独在他之中受造的万物找到其本源、目标和本质。耶稣基督不把外来的律法强加给受造物，但是，他不容忍任何背离他的诫命的、受造物的“自律”。活的主耶稣基督的诫命，解放受造物，使之去履行它固有的——亦即来自耶稣基督中的本源、目标和本质而固有的——律 316
法。耶稣的诫命不是教会统治政权的依据，不是政权统治家庭的 (232)
依据，不是文化统治政权和教会的依据，不是任何可以想到的可能的统治状况的依据。耶稣基督的诫命虽然统治着教会、家庭、文化、政权，可是，它同时又解放这些委托中的任何一种，使之履行它应有的功能。由教会所宣告的耶稣基督的统治要求，同时意味着解放家庭、文化、政权，使之实现自己的——由基督引发的——本质。* 依据从被宣告的基督统治中产|生的解放，才有上帝的诸项委托彼此间的真正的相互关系，即真正的彼此相伴、彼此支持和彼此相对。关于这种解放，我们下面还将详谈。

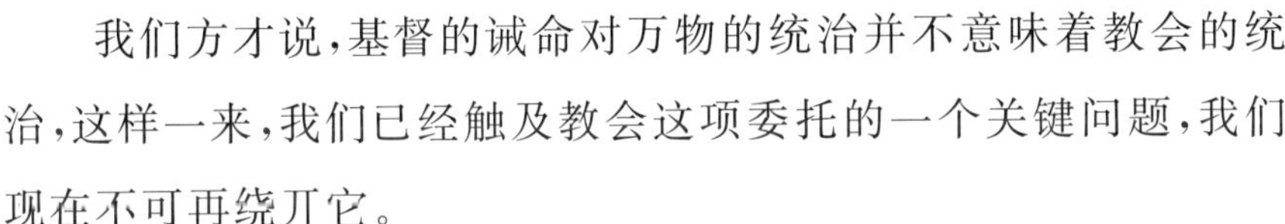

我们方才说，基督的诫命对万物的统治并不意味着教会的统治，这样一来，我们已经触及教会这项委托的一个关键问题，我们现在不可再绕开它。

教会这项委托，是宣告在耶稣基督中上帝的启示。但是，这个名字不仅标志着一个个别的人，而且同时也包含着人性的整体，此乃这个名字的奥秘所在。耶稣基督始终只能作为那个上帝在他之中有血有肉地作为人而存在者而被证实和被宣告。在耶稣基督之

* 在这里，自律与他律的对立已被克服并达到了一种更高的统一，我们可以称之为基督统治(Christonomie)。

中是新的人，是上帝的会众。在耶稣基督之中，上帝的话和上帝的
317 会众不可分地结合在一起。上帝的话和上帝的会众通过耶稣基督
(233) 不可分地同属一个整体。所以，只要在依照上帝的委托耶稣基督被宣告的地方，就始终有会众。这首先只意味着，那里有听取、相信、喜欢基督之言的人在，他们有别于不听取而是拒绝基督之言的另一些人。这意味着，那里有人在，他们让本该来自上帝而在所有的人身上发生的事情在他们身上发生，他们是代表其他人、代表整个世界的人。虽然这些是同时在家庭、文化和政权中过他们世俗生活的人，虽然作为借基督的话而获解放在世界中生活的人；但又作为聚集在上帝之言周围的人，作为在上帝之言被选中并生活着的人，他们现在构成一个社团(Gemeinwesen)，一个单独的身体(ein Körper für sich selbst)，有别于世俗的秩序。这个自己的“社团”，首先必然有别于宣告这项上帝的委托。上帝之言，当它借上帝的委托而被宣告时，它统治着和治理着整个世界；“社团”产生于上帝之言的周围，并不统治世界，而是为履行上帝的委托服务。这个“社团”的律法，永远不能、也不得成为世俗秩序的律法，因为要是那样，那就是建立一种外来统治；反之，世俗秩序的律法永远不能、也不得成为这个社|团的律法。所以，教会这项上帝之委托的独特性在于，宣告基督对全世界的统治，必须始终有别于作为社团的教会的“律法”，但另一方面，作为社团的教会又同宣告的职司密不可分的。作为自持社团的教会，为履行宣告这项上帝的委托服
318 务，而且是以双重的方式：其一，由于在这个社团内一切都以有效
(233) 地向全世界转达基督的宣告为宗旨，所以，会众本身只是工具，只是达到目的的手段；其二，正是由于会众的行动是为了世界，目的

已经达到；宣告的神圣委托已经开始履行，所以，恰恰由于会众本身愿意只当工具，当达到目的的手段，会众就成为上帝对世界的一切行为的终点和中心。代表这个概念最清楚地说明了这种双重关系。基督的会众站在全世界该站的地位上；在此意义上，基督的会众一边当代表一边为世界服务，基督的会众为了世界的缘故而站在这里。另一方面，世界在会众所站之处达到了它自己的履行。会众是“新的创世”，“新的造物”，是上帝之道在尘世的目标。会众肩负这双重代表关系，完全处在其主的团体中并跟随它的主，正由于主完全为了世界而不是为了自己而临在，所以主是基督。

作为自持社团的教会受到上帝的双重规定，而这也是它必须胜任的：作为耶稣基督临在的场所向世界转达，并且由此而向自身转达。作为自持社团的教会的特性是，教会在它自己灵性和物质领域受限制的状况下表达基督福音的不受限制的性质，而正是基督福音的不受限制的性质又传入会众的有限领域。

天主教教义的危险在于：它基本上把教会理解为目的自身而 319
放弃了布道这项神圣委托。宗教改革的危险正好倒过来：它牺牲 (234)
了自己的教会领域而只关注布道这项委托，几乎完全忽略了|教会的以自身为目的的性质，这种性质正在于教会为世界而存在。只需想到和提醒大家注意今天我们新教或称福音教会礼仪的贫乏(die liturgische Armut)和不稳定，教会组织和教会法的不足——几乎没有真正的教会纪律——，广大福音教会根本不懂得纪律训练——如教士的属灵操练、禁欲、沉思、内省——的意义，不懂得“教牧人员”(geistlichen Stand)及其特殊任务，最后还有无数福音教会基督徒面对信奉基督教的拒绝宣誓者、拒绝服兵役者时令人

吃惊的束手无策或者骄傲自大，马上就可以感受到，福音教会的欠缺在哪里。对宣告这项神圣委托的唯一兴趣，以及由此而生的对教会为了世界的使命的兴趣，已经导致忽视这项使命和教会内在功能之间的内在联系。由于这种欠缺，宣告的力量、丰盈和财富正在遭受损害，因为它缺乏会开花结果的土壤。形象地讲，把宣告的使命下放到会众中，就像把种子撒在耕地里。土地不耕，种子会枯死，种子里发芽结实的能力也就会丧失。*

* 本章未完，由前文可看出以后的计划，见页309。——原编者注

附　　录

一　以路德宗信条为依据有关律法首要用途的教义以及对此教义的批评 323

1　概念及其合目的性

我们遇到 usus legis（律法的用途）这个概念，是在 FC VI 的拉丁文标题 de tertio usu legis 里，德文是：Vom dritten Brauch des Gesetzes（关于律法的第三种用途），此外见 SD VI，1，拉丁文本，德文文本在此以律法的 Nutzens（效用）代替 usus 这个概念；Ep VI 里称，律法"由于三种原因"而给予人（与施马尔卡尔登信条［Schmalkaldischer Artikel］"论律法"相符）。由此可见，谁是 usus（用途）的主体（Subjekt），是上帝还是布道者，这个问题虽然没有明确断定，但暗示了上帝是主语。而 Ep. VI，7 也说明了这一点："所以，律法对两者而言，对悔改者和不悔改者，对重生的人和没重生的人而言，现在和将来都是唯一的律法，亦即上帝不变的意志；就服从而论，区别唯独在于人；因为一个人，例如没重生的人，由于强制而不情愿地（如以肉身重生的人那样）为律法做要求他做的事。而信徒，就他是重生的人而言，毋须强制而心甘情愿地做的事，是律法的任何威胁永远不再能强制他去做的。"但 usus le-

gis 的概念不可据此误导我们首先想到不同的布道方式——即布
324 道者对律法的用法(Gebrauchsweise),应该说问题首先在于同一
(238) 条律法的不同效果;这些效果——依据其主体及施动者去看——既可以理解成上帝对人的自由作用,同样也可以理解成人这方面的信与不信,致使必须认为使用的主语不是布道者,而是上帝,正确地理解,还是布道的听者,是人。但是,由于信条没有明确地说明这个问题,在叙述的过程中就产生了许多危险的不明确之处。施动的主体问题,由于它对于|律法布道的整体有着重要意义本来必须予以回答:假如布道者是三种 usus 的主体,那就会有一种为世界的律法布道,它同为会众的律法布道有着原则的区别:但如果主体是上帝,那就只有一种律法布道,它在非信徒和信徒身上产生一种不同的效果。作为 usus 的主体的布道者只知道孤立的对著作的宣讲,而作为 usus 的主体的上帝则通过宣讲一种律法而对人产生不同的效果。由于 usus 概念使这个事先要问的问题模糊不清,这个概念的可应用性也就成了问题(参见以下的第 12 节)。

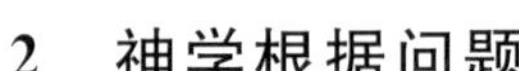

2 神学根据问题

上帝的律法是"上帝的教训,在其中启示上帝公正而不变的意志,该如何创造有其天性、思想、话语和行为的人,使上帝喜欢和中意;上帝的愤怒,在时间和永恒中的惩罚威胁着践踏律法的人。" SD V, 17,(这里有 duplex usus[双重用途]吗?)

325 primus usus legis(律法的首要用途)涉及建立一种 disciplina
(239) externa et honestas(外部纪律和诚实)SD VI, 1 ; secundus usus(第二种用途)涉及对罪的认识:tertius usus(第三种用途)为皈依

者服务，作为他们的行为的准绳，也作为还活在他们中的肉身的惩罚。在信条里至少没有被排除的观念，即在区别三种 usus（用途）时涉及宣告的时间顺序，也就是涉及两个原则上被相互区分开的人的群体（非信徒和信徒——在这种先后顺序中），实际上是行不通的。externa disciplina（外部的纪律），律法的威胁和惩罚，也适用于信徒，就信徒依然是肉身而言（“因为老亚当这个不安分、好吵闹的毛驴也依然是他们身上的一部分，所以不仅要用律法的教训、警告、驱策和威胁，而且还经常要用惩罚和折磨的棍棒来强制他们服从基督”SD VI，24），信徒也还需要通过律法认识罪孽，primus usus（首要用途）又已经包含着律法的全部内容，亦即包含着整个十诫，正如它已经包含着分别针对律法践踏者和律法履行者的威胁和应许。在第一种和第二种用途之间作为第四种用途的 usus paedagogicus（教育的用途）是否应有独立的意义，这尚未确定；施马尔|卡尔登信条只知道一种双重用途；这表明，usus 的区别不可以在时间上去理解，也不可由两个原则上不同的人的群体去理解，而必须在与其实体的关系上去理解。首要用途规定涉及建立特定外部功业（Werke）的律法内容；第二种用途规定律法和个
人的关系，在这种关系中，个人被引导去认识他同律法的矛盾以及 326
律法对他的谴责；第三种用途规定律法作为神赐恩帮助去做所吩 (239)
咐的事业。首要用途是作为宣讲功业的律法，第二种用途是作为宣讲认识罪孽的律法，第三种用途是作为宣讲履行律法的律法。宣告律法总是包含三个要素。否则，上帝的律法的统一就瓦解了，并且在第 1 节所提出的 usus 概念的适用性的问题之外，又增添了 usus 教义是否有神学根据的问题（参见以下的第 12 节）。

3　概念旨趣

在信条里，并没有对首要用途进行系统而融贯的论述，也没有对它表示出专门的兴趣，只是在与许多相关论题的关连中才提及它。依据事实，在反对隐修完善论、反对教会要求世俗权威、反对狂热者的论战中，我们遇到它（带着肯定的语气）；在称义论以及与此相结合的对善功称义论的批评中，在意志自由说的批评中，我们遇到它（带着否定的语气）；最后，在关于律法的第三种用途的争论里，我们遇到它作为中立的公式。首要用途只因它同福音书的关系才引起信条的兴趣。

4　定义

通过律法的首要用途"维护外部的纪律和尊敬以反对野蛮人、不服从的人"，Ep. VI，1。我们只询问实行的内容、目的和手段，首要用途的宣告者和聆听者。

327 ## 5　内容

(240) 首要用途的内容是提出功业要求的全部十诫，结合寓于其中的威胁|和应许。"我们认为，律法是上帝所立，首先遏制罪孽，借惩罚的威胁与恐惧，借应许与给予恩典与福佑（Wohltat）"（施马尔卡尔登信条"论律法"，AS：C II）。在内容上，首要用途包含着完整的律法（AC IV，8）。信条并不认为可以不宣讲第一块法版上的十诫诫命而宣讲第二块法版上的十诫诫命，对这种割裂的尖锐批评反倒随处可见。就此而言，第一块法版已经包含着指示，即第

二块法版也不能只通过功业来实现，亦即对首要用途的克服(AC IV,8,35)。但是，律法不仅可以在十诫中找到，它贯穿于整部《新约》。“除了上帝之子基督的受难和死去，还有什么是上帝对罪的震怒的更严肃、更可怕的告示和宣讲？但是，只要这一切在宣讲上帝的愤怒并且恐吓人，那么，这还不是福音书和基督自己的宣讲，而是摩西和关于不悔改者的律法”(SDV ,12)。

虽然信条没有明言，或许本无此意(甚至可能谈到“没有提及基督”sine mentione Christi 的布道(SD V, 10)，那也只是指首要用途(而言)，可是必须从已经讲的话里得出结论，关于基督的十字架的布道与律法布道一样，也属于首要用途。但由于十字架一直
也是福音布道，由此看来，福音布道也已经包含在十诫里，故而绝 328
不可抽象地脱离福音来宣讲首要用途。尽管如此，它的真正的本 (241)
质是要求服务于外部纪律和诚实的律法的功业。通过威胁以及通过以上帝向可敬生活允诺的尘世善事作为引诱，迫使人畏惧和渴望幸福，从而作出律法的功业。这表明，首要用途唯一要办到的是建立功业，即特定的状况(Zustände)。在这种着眼点之下，首要用途的内容只能被称作“自然的、生来心里就有的律法，它同摩西的律法或者十(!)条诫律(Zehn Gebot)一致”(AC IV,7)。这里并没有注意到背离十诫的 lex naturae(自然法)的可能性以及由此而出现的冲突；无论如何，唯一的尺度始终是十诫。在首要用途里亦即在自然法里起作用的，不是人的意志，而是上帝的意志。“上帝要求和想要有这样一种外部的、可敬的生活，并且为了上帝的诫命的缘故，必须做在十条(!)诫命里所吩咐的善功”(AC IV，22)。自然法借以发挥作用的器官(Organ)是 ratio(理性)；同它对

立的，是魔力（die dämonischen Gewalten）（“邪念与魔鬼”），它们比 ratio（理性）强大，致使 ratio（理性）尽管“拼命努力，”也很少能达到其目的（ACXVIII，7If.）。由此可见，不是每一种人的本能可以充作自然法。最后的标准始终是十诫。

6 目的

首要用途的目的是立 iustitia civilis ，rationis，carnis（民法、
329 理性法、肉身法[AC IV ，22－24 ，XVIII ，70]）。它在于按照两
(242) 版十诫（称道上帝，对外侍奉上帝和行圣礼，孝敬父母，不偷窃[AC XVIII，70]）过可敬的生活。它“多少”在于自由意志和理性的能力，尽管很少能实现（AC XIII，72）。它受人和上帝的称赞；“因为在这种生命和世俗存在者中，没有比诚实和德行更好的东西……上帝用肉体的赠礼奖赏这样的德行”（AC IV，24）。这意味着，整个世俗生活在涉及功业的范围内都服从十诫。上帝要的是所有的人的、包括基督徒的 iustitia civilis（民法）。下面的话是反对狂热者而说的，“他们称，让肉身离开房屋和庄园，妻子和儿女，乃是基督徒的完善”（CA XVI，4），他们想要把福音书变成世界的新律法。恰恰相反，福音书“不是外部的、有时间性的存在者，而是内部的、永恒的与众心的正义”，“没有为市民生活的新律法”（AC XVI，55－57）。关于福音书的这句话有着必要的前提，即宣告十诫以立 iustitia civilis（民法）。没有这种前后关联，这句话本身就是狂热的。信条认为，律法内容，十诫业已穷尽，福音书未作任何增补。|

7　实施的手段

作为实施首要用途的手段，亦即立 iustitia civilis（民法）的手段，“上帝授予律法，建立政权，让有学识、有智慧的人为治理服务”（AC IV，22）。所以，政权被置于上帝的律法之下并为它服务。由教会宣讲的十诫律法，由政权强制实施。为此，还把剑授予政权。330
信条虽然设下前提，即 ratio（理性）会把十诫的律法如所启示的那 (242)
样口授给各政权，信条虽然没有估计到，lex naturae（自然法）和十诫之间有可能产生原则的对立，然而这并不意味着政权的设立有着双重根据，即自然法和启示，而仅仅因为两者被解释成是同一的（见上文第 5 节），自然法，理性，可以被看作政权的行为的根据。自然法绝不能反对十诫而要求神圣的权威。虽然，不如说，因为政权起源于教会所宣告的上帝的律法，并为之服务，对于宣告福音的教会而言，政权有自己的尊严。政权不是在摆脱上帝的律法、摆脱十诫的以自己的律法为根据的自由中有其尊严；而是在服从中，政权借服从而实施上帝的律法。由于政权这样按上帝的意志去做，惩恶奖善，它赞美其神圣职司，它要求服从，治理者们也可以问心无愧（AC XVI，65）。信条赞扬新教教义，认为它曾重新给予政权它自己的尊严，有别于人类所建立的制度（Menschensatzungen）。就这样，关于 iustitia civilis（民法）的教义，在同关于隐修完善论这种罗马教义的论战中，为在十诫下世俗生活获得解放和尊重服务。
但是，只要自然法反对十诫中的上帝的律法，只要政权的剑不再愿 331
意为上帝的律法服务（信条并没有预料到这种不测），这种反常的 (243)
自然和理性就不能要求有自己的神圣权利，它必须通过教会的宣告被置于上帝的律法之下。对于信条而言,“自然的”唯独由十诫所决定。

8　宣告者

首要用途的宣告者首先是教会,其次是政权、家长、主人。教会通过根据所有的三种用途宣讲全部律法来宣告首要用途,因此是间接地宣告;政权则直接宣告首要用途,教会宣告首要用途是为福音服务;政权宣告它作为自身的目的。教会和政府都应守十诫。

9　倾听者

首要用途的听众是“不信上帝的人、野蛮人和非基督徒”所以,是对人而不是对各种制度本身宣讲;各种制度反倒是在宣告者这一边。对于信条而言,不存在这个神学问题:是否应向不信上帝的人宣讲以及向他们宣讲什么。是否能传达到不信上帝的人那里,这个实践问题被认为是事先已经解决的:一部分人由教会传达到,另一部分人由政权传达到。虽然信条把不信上帝的人理解为特定的人群,但是,这个观念已经由此被突破,即根据信条,基督徒还是肉身,因此像不信上帝的人一样也需要律法的首要用途(参见《新约》的罪恶一览表)。反过来不信上帝的人也在福音的召唤下,并
332 且为了福音的缘故也处在教会对首要用途的宣告下。不存在仅仅
(244) 对不信上帝的人的宣告,而只有一种也针对不信上帝的人的宣告。明确地区分两种人群在神学上是不恰当的。虽然信条不仅不明确地排除这种区分,有时的确暗示了这种区分,但这种区分同它的神学表述仍然是不相容的。

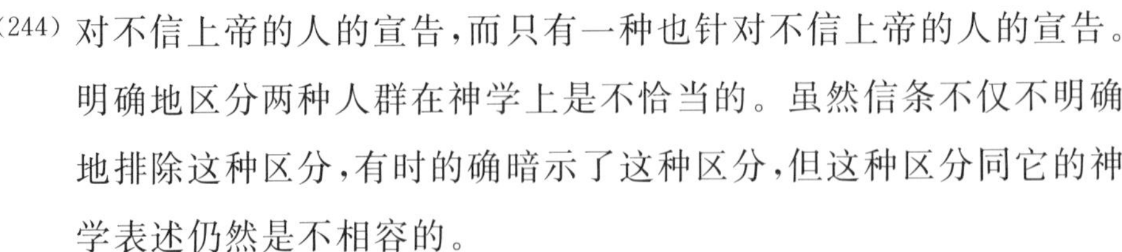

10　首要用途和福音

a)首要用途同福音对立,因为它要求功业的公正,并由此使人大胆狂妄(施马尔卡尔登信条“论律法”[AS: C II,SD,V,10])。因此在福音面前 iustitia civilis(民法)是罪孽与伪善(AC II 34,IV,35)。“非源出信仰者,即罪孽。一个人要想使自己的功业讨上帝喜欢,他自己这个人必须先讨上帝的欢心”(SD IV,8)。|通过福音在 aufheben 这个词的双重含义上“扬弃”了*律法的首要用途。它被突破(durchbrochen)和履行(erfüllt)。追随耶稣,亵渎安息日的神圣性,离弃父母,服从上帝甚至服从人,但是,正是由于这样,安息日的神圣性、对父母的尊敬和世俗的服从才在信仰中得以实现。

b)首要用途涉及福音:1.通过首要用途产生世俗的秩序,按
照上帝的意志,它防止世界陷入无秩序与任意专断。2.在这种秩
序中,人从上帝那里接受尘世生活的一切善的赐予,能在对福音的
信仰里做善功。在信条里占主导地位的是这种思想,即各种世俗 333
秩序是为了在对福音的信仰中生活的缘故而存在的,而不是下面 (244)
的思想,即秩序作为通过福音获拯救的前提。3.保护这些秩序的
政权,负责维护基督的宣告(“上帝,主,要求所有的人,国王和诸侯
……这样做”AC XXI,44)并且自身作为上帝的秩序“受上帝的维
持与保护,抵挡魔鬼”(AC VIII,50)。4.遵守第一诫在 iustitia ci-

* aufheben 这一动词在德语中兼有“取消”和“保留”的意义,在此姑且译为“扬弃”。参见下句。——校注。

vilis(民法)范围内意味着上教堂、听布道、听福音、常常反省;不该“等待着,直到上帝直接从天上将恩赐浅灌下来”(SD II,53, 46, 24)。听布道,即赠礼注入之途,是首要用途和福音书之间最紧密的联系和最明确的区分。虽然在律法的首要用途范围内的这种服从始终是表面的对上帝的礼拜和罪孽,然而这种服从恰恰成为信仰福音的“前提”,虽然同时又是同福音极端对立的。5.福音在有世俗秩序的地方引导人们感激所有的世俗秩序。无法指望在无秩序中会有任何善。福音召唤认识耶稣基督,通过他,归于他,为了他的缘故万物被创造。

e)首要用途不可同福音的宣告分离。因为它既适用于不信上帝的人,也适用于信上帝的人(Ep VI ,6, SD VI,9),因为它不是一种宣告的方法,而是“上帝的一个不可变易的意志”的一部分,所以它不能同另外两种用途分开。没有认罪和履行律法的布道也就没有基督徒善功的布道。没有福音也就不可能宣讲律法。虽然信
334 条看到在经书的个别话语里有区别地宣告律法和福音(“在某些地
(245) 方它让我们面对律法,在有些地方它让我们面对恩典……”[AC IV,5]);可是,信条同时认识到律法和福音从十诫直到十字架布道处处相结合,并且教导说两种布道历来是“肩并肩”(SD V,23)。所以,说到底,区分律法和福音的,不是布道者,而唯独是上帝。假如| 首要用途被孤立地宣讲,它就成为道德说教,而不再是上帝的活的话语。在隐瞒宣告的完整性的情况下,只向一群人宣讲功业并且满足于功业的完成的,是教权主义和法利赛主义(Pharisärismus)。道德说教者只能造就伪善之徒。在《大教理问

答》(*Der Große Katechismus*)* 里对十诫的解释,是宣讲首要用途的最佳实践指南。

d)首要用途的起源和目标在于福音。因为福音应向所有的人宣讲,因为耶稣基督成为人并且为所有的人的罪孽而死,因为耶稣基督为他的敌人争取到拯救,所以基督的宣告召唤所有的人信仰。因此,基督的宣告不是独立的对建立特定世俗秩序的兴趣。它号召人们服从世俗秩序,因为它号召人们去信仰。上帝在基督中爱人和世界,因此在人中间和世界上也应有秩序。人在恩典中属于上帝,因此人应该在功业中服从上帝。因为存在着上帝的会众,所以,正义、和平与秩序也应该和能够实存的。信仰始终是所有功业的前提、起源。只有由此出发去看,福音也是首要用途的目标。上帝要求有外部的秩序,不仅是因为福音存在着,也是为了使它存在。这样理解,首要用途由于基督才具有“教育的”性质(AC

IV,22)。这种排列次序:福音和律法,如同另一种排列次序:律法 335
和福音,有其神学上的理由及其必然性。在信条里,第二种排列次 (246)
序占主要地位。但在两者中,福音是“现实的”上帝国。

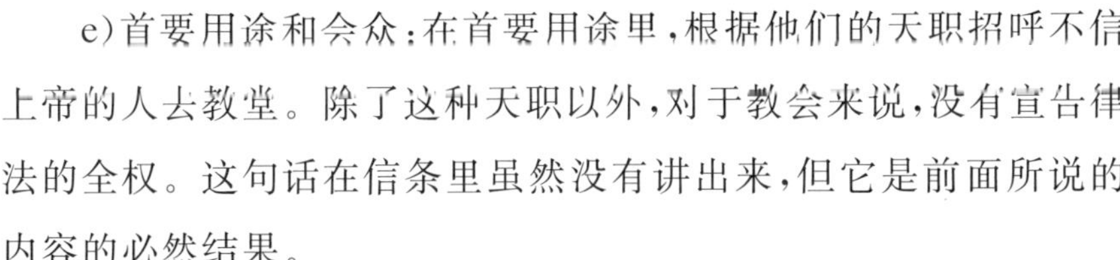

e)首要用途和会众:在首要用途里,根据他们的天职招呼不信上帝的人去教堂。除了这种天职以外,对于教会来说,没有宣告律法的全权。这句话在信条里虽然没有讲出来,但它是前面所说的内容的必然结果。

---

* 路德著,供教牧人员准备讲道传授教理之用。同 *Kleine Katechismus*《小教理问答》(中译本:《马丁路德小问答附解》,李永桢译,香港:香港路德会文字部,1999。——编注)一起出版于1529年,1580年收入 *The Book of Concord*《协同书》(中译本:李天德译,台湾:嘉义宣道社,1971。——编注)。——译注

f)首要用途和基督的国度(das Reich Christi):《圣经》关于耶稣基督主宰一切尘世统治与权柄的教义被信条所接受,但只是在基督学的(christologisch)信条里,而不是在同首要用途的某种联系中。基督的国度的概念被信条完全同教会联系在一起。

11 若干结论和疑问

a)首要用途的宣告,其范围与福音的宣告相当;按照上帝的意志,它是没有界限限制的。但是,它会遇到具体的内部的界限,即人的不信仰|和不服从,也会遇到外部的界限,即反对宣告、剥夺宣告者和聆听者任何世俗责任的政权的权力。在基督徒负有世俗责任的情况下,首要用途是宣信基督的一部分。越是通过宣告产生
336 《启示录》第十三章所述的环境[*],基督徒越是不为世界的不公正
(246) 行为负责,反倒自己是不公正的受害者,首要用途加在他们身上的责任就越是去服从的苦难和严格的会众纪律中得以证实。甚至地下墓穴里的会众,其使命的普遍性也从未被缩减过。会众宣讲律法与福音,由此明认这种使命,从而念念不忘对世界所负的责任。会众永远不能以培养其内心生活为满足而否认其主人。甚至当它关于世界的话不被听取,它只能在其成员中维护 iustitia civilis(民法),即使在这种情况下,它做这些仍是在为世界及其普遍使命服务。它体验到,世界处于无秩序中,基督的国度不属于这个世界,但它恰恰由此联想起它对世界所负的使命;否则,它就仅仅是个宗

* 《启示录》第十三章用“666”这个数字暗示罗马帝国迫害基督徒的尼禄时代。——译注

教团体。原则上不存在会众使命的界限；会众鉴于时代的状况如何履行它的使命，由它按情况自行作出决断。如果会众过于直接地认为自己处在《启示录》第十三章所说的环境里，那么这对于充分传达它的使命始终是很大的危险。启示录式的宣告可能成为逃避首要用途。会众既不想借宗教狂热弥补上帝之言的软弱，也不会混淆它自己的软弱和言语的软弱。

b)关于宣告首要用途的形式，是只通过布道和指导，即只通过对会众讲话的途径；还是直接公开或私下对政权内人士讲话来
进行；是否每一次都必须包含对福音的明确的提示；是直接列举具 337
体的罪孽还是一般地宣告律法；是以抗议、警告还是以请求的方 (247)
式；信条只字未提，这就给了提出这个疑问的宣告者负责地具体作出决断的自由，只要他怀着信仰意识到他所从事的|事业以及他所处的地位（作为布道者、家长、统治者）。事实上，在宗教改革时期，对于所有这些可能性都有具体证据。

c)首要用途距离道德说教和原则上的“纯粹宗教”说教同样地远。道德说教把对日常事件表明态度视作自己的任务，它借此给予世俗的秩序一种独立的意义并把福音仅仅理解为达到目的的手段；原则上的“纯粹宗教”说教则把福音同人的世俗存在分离。这两种说教在主题上是有规定的，因此是任意地缩短或否认活的上帝为让信仰者负起具体的世俗责任而说的话。律法和福音的真正的区别和结合必须取代道德化主题和宗教主题虚假的对立。虚假主题的相对确定的标志，是主宰这类说教的论战性的护教学；不论宗教或“先知”如何强调也无法隐瞒，宣告的终极尺度不是上帝的

话，而是世界和人。借虚假的主题所做的布道会使听众失去耶稣基督的要求和慰藉。

d)首要用途标志着基督徒的宣告对律法内容的兴趣。这种
338 兴趣排除对律法的纯表面的理解。对于这种兴趣而言，重要的不
(248) 是在义务冲突中的负责任的人，而是特定状况的实现；不是处在世
俗制度中的基督徒，而是符合上帝的意志的世俗制度的形态；不是各种世俗制度的基督教化或把它们整合进教会，而是各种世俗制度的真正的世俗性，服从上帝之言的“自然性”。

e)在 iustitia civilis(民法)的领域内，基督徒和非基督徒之间的合作是可能和必要的，为澄清特定的具体问题和促进具体任务的完成。由这种合作产生的结果，由于它们的动机基本不同，故而不具有宣告上帝之言的性质，而具有依据人的认识的、负责任的协商和要求的性质。必须注意到这种区别。要求和促成这种合作的，可以是世俗权威，也可以是灵性权威。进而，不同教|派基督徒之间的合作，能否越出这个范围导向教会共同的宣告，则唯独依赖于在对耶稣基督的信仰下对上帝之言的解释的一致性。宣告范围内的具体化，基本上涉及对具体罪孽的惩罚，但在负责任的协商的范围内的具体化也能够和必须成为积极的要求。

f)在信条里，首要用途有别于其他用途，没有明确的《圣经》上
的依据。这是否意味着，它不是《圣经》上的？1.《圣经》不知道与
福音相分离的对于首要用途的宣告。2.《圣经》不知道对不信上帝
339 的人的布道与对信上帝的人的布道之间有原则区别。3.《圣经》教
(249) 导说，宣告和会众的活动发生在对世界所负的责任里。绝不能忽
视这种责任；因为上帝爱世界，现在愿意让所有的人得到救助。

4.《圣经》对世俗制度表态，主要见于对会众的具体教导（罗 13，家规[Haustafeln]，罪行录、《腓利门书》）。但也有直接对世俗权威布道（保罗对腓力斯讲论死者复活，对基督的信仰，公义、节制和将来的审判，徒 24：14 及以下；在非斯都前：暗示国家法应反对专断，25：9；在亚基帕前，26:1 ；约翰在希律前，太 14:4）。在任何一种情况下，都涉及对那个被授予天上和地下所有权柄人的服从。

12　对路德宗信条的用途教义的批评

a)用途概念在涉及其主体或施动者时易被误解。

b)首要用途涉及不信上帝的人，有导致律法的统一性和宣告的完整性分裂的危险。

c)对三种用途的区分缺乏绝对的明确性。其原因在于同用途教理相联系的对人群的区分，在于未能完全避免将用途理解为不同的宣告方法。

d)对首要用途的宣讲同自然法的关系未予说明。在现有的形态中，关于首要用途的教理|会导致一种错误的制度神学（eine Theologie der Ordnungen）。

e)必须更新用途教理，或者在避免区分听众等级的情况下，描 340
述一种律法的三种形态，即功业布道、认罪布道和遵行律法布道，(249)
或者（以及）把（处在三种形态下的）上帝的整个律法的效力和作用当作必须系统地与形态问题区分的问题，并且把其效力分为对不信上帝的人和信上帝的人这两个方面，把其作用分为功业正义、效法基督、绝望和神恩指示。旧路德宗教义在 duplex、triplex 、quadruplex usus legis（律法的二种、三种、四种用途）之间摇摆，是

由于混淆了有关律法的所有这些问题。处理这些问题时，必须按照体态分为三方面，按照效力分为两方面，按照作用分为四方面。把这些问题中的一个合并到另一个中去的任何尝试，必定造成混乱。用途概念本身已经隐藏着造成混乱的危险。|

二　“个人”伦理与“实在”* 伦理 341

1　个人伦理抑或实在伦理?

狄尔施奈德(Dilschneider)在他的伦理学** 里立下了一条定理,今天尤其在所谓路德宗的圈子里受到广泛的承认。“新教伦理学同人的人格性并且唯独同这种人格性有关。这种新教伦理不触 293
及这个世界上所有其他的事物。就伦理学而言,世界上的事物不进入伦理命令的要求区域”(页 87)。据说由此便说明了,基督教伦理学同基督教经济学家、基督教国务活动家等等有关,同经济、国家等等无关。必须说明,“个人”伦理与“实在”伦理(“Personal”-und “Real”-Ethos)的区分,与“个体”和“社会”伦理学的区分不是一回事——反倒应该承认,基督徒在世界上也承担社会义务。同样不可以借拒绝“实在伦理”而拒绝任何具体的伦理学以有利于一种形式伦理学;在个人伦理内部反倒必须从头至尾谈得很具体。

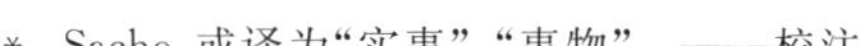

* Sache,或译为“实事”、“事物”。——校注

** Otto Dilschneider, *Die evangelische Tat*《福音行为》, Bertelsmann ,1940 。

所以依据涉及社会生活的《圣经》诫命，或者依据《圣经》伦理学的具体性，都不足以反驳狄尔施奈德的定理。简洁地讲，道里涉及的
342 是这个问题，在基督教伦理学的范围内能否作出关于世俗制度和
(251) 状况的可能陈述，例如关于国家、经济、科学的陈述；即是说，基督教伦理学是否对世俗的制度和状况有兴趣；世界上的这些事物是否实际上“在伦理学上是中立的”，即“不”进入“伦理命令的要求区域”。换言之，在现存诸世俗制度内部施爱，就是说，灌输给它一种新的意向，同严酷抗衡，关心这些制度的受害人，在会众内部建立自己的新秩序，这就是教会的唯一任务呢；还是说，面|对现存诸世俗秩序，教会的使命在于修正、改善即力争一种新的世俗秩序呢？就是说，教会只是聚拢那些为车轮所辗者，还是必须去阻止车轮辗碎他们？

2 《新约》

A. 自由主义神学家，尤其是特洛尔奇（Troeltsch）、瑙曼（Naumann），把原始福音理解为改变个别人意向的“纯宗教”力量，但同时又冷漠而嫌弃地同诸世俗制度与状况相对立。它们之吸引人们的注意，一方面是强调“人类灵魂的无限价值”，另一方面是诸如对奴隶制或者政治制度的所谓冷漠。在新约福音的这种缺陷里，瑙曼得出结论说：他可以只在一生中百分之五或十的时间里是基督徒，也就是说，在他不同诸世俗制度打交道的时间里。同自
343 由主义神学相反，宗教社会主义（religiös-sozialistisch）神学家的
(252) 依据则是耶稣关于穷人和富人、正义与和平、行将到来的尘世的上帝国等教训的社会革命性质。他们在耶稣的福音里看到改造世界

的绝妙力量(κατεξοχην),“上帝和灵魂”和“尘世的上帝国”——是对立的口号。我们已经认识到,这种对立是假的,这种问题的提法是错误的。两者都没有读到《新约》的中心,即作为世界救主的耶稣基督的人格。伦理问题靠基督问题来决定,只有从《新约》对基督问题的回答出发来回答关于福音同诸世俗制度的关系问题。

a)万有都是靠和为基督造的,全都在于基督(西 1:16),就是说,无论是人是物,都不处在同基督的关系之外;只有处在同基督的关系中,受造物才获得其存在。不仅人如此,国家、经济、科学、自然等等也是如此。

b)“万有”在基督中(西 1:17),世界在基督中(林后 5:19)同上帝和解,所有的在基督中的“同归于一”,|ανακεφαλαίωσιS(弗 1:10)。无一例外。在基督中,上帝爱“世人”(约 3:16)。

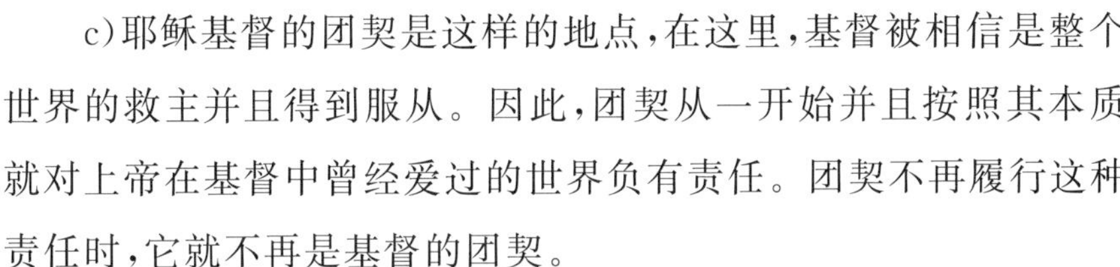

c)耶稣基督的团契是这样的地点,在这里,基督被相信是整个世界的救主并且得到服从。因此,团契从一开始并且按照其本质就对上帝在基督中曾经爱过的世界负有责任。团契不再履行这种责任时,它就不再是基督的团契。

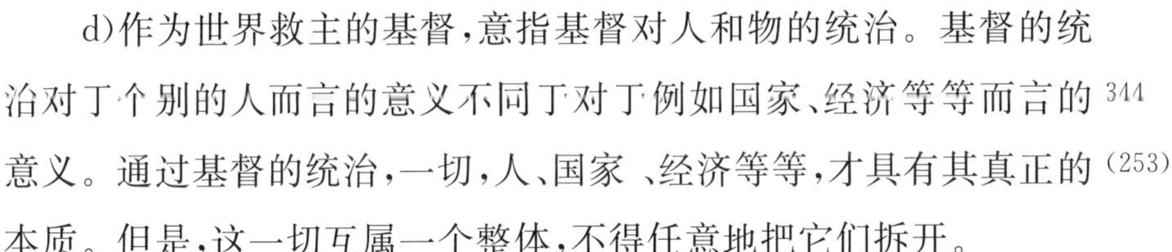

d)作为世界救主的基督,意指基督对人和物的统治。基督的统治对于个别的人而言的意义不同于对于例如国家、经济等等而言的 344
意义。通过基督的统治,一切,人、国家、经济等等,才具有其真正的 (253)
本质。但是,这一切互属一个整体,不得任意地把它们拆开。

e)由于受造的一切为了基督的缘故以及由于基督而实存,因此都得服从基督的诫命和要求。为了基督的缘故以及由于基督,在国家、家庭和经济里才有和应有世俗的秩序。为了基督的缘故,世俗秩序服从上帝的诫命。必须注意,这里涉及的不是“基督教国家”、“基督教经济”(christliche Wirtschaft),而是涉及为了基督的缘故作为世俗制度的正当的国家、正当的经济。这样一来,也就有了基督徒对世俗制度的责任,也有了在一种基督教伦理学范围内与此有关的命题。

B. 会众对世界的这种责任在《新约》里是如何具体陈述的?

a) 只有在同基督宣告之整体的联系中才有对世界状况的兴趣,这一点是关键性的。脱离了对基督的见证,也就是说,脱离了这唯一坚实的基础,《新约》就不可能设想一种对世界的宣告。所以,会众对世界的关键性职责,始终是对基督的宣告。在为这种对基督的宣告服务时,保罗引用罗马法,他在信奉异教的当权者面前提出洁净与公正的证明(徒 16, 24:14 及以下,25:10,26:1)。

b)为什么《新约》不反对奴隶制? 在无视《新约》中所有的原则陈述的情况下,从这一个别事实中得出了流传最广的结论。流行的以期待耶稣不久将重返为理由的解释,是没有说服力的:要么认真对待基督统治所有的生活领域这个事实,于是,对不久将至的
345 末日的期待只能导致使它更快地实现(参见路 12:45),以便为基
(253) 督的到来铺平道路;要么根本不认真对待这个事实,那么当主的来临推迟时,也不认真对待。然而,根据《新约》,基督对一切受造物的要求,其严肃性是不容怀疑的,于是只剩下以下简单的说明:保罗不认为当时的奴隶制形式是一种同上帝的诫命相悖的制度。可以引用关于当时的奴隶制比较温和的资料来作证。首先,保罗可以观察到,奴隶地位并不妨碍奴隶作为基督徒而生活。给耶稣基督的会众和按照上帝的诫命过的生活提供空间的世俗秩序并非本身就该摒弃,它可从内部加以改善。政治和经济环境可能也类似,

大家一定知道，罗马帝国恰恰在这个时期内体现出某种稳定性和法律保障。此外还需考虑到，帝国西部在某些方面要严酷得多的奴隶制形式，这位使徒是在晚得多的时候才遇上的，他也只能在同宣告基督的关联中对这些问题表明态度。在罗马，他显然没有这样做，根据保罗以后教会的态度可以这样断定。比所有这些可能作的说明更重要的，是以下事实：会众对世界履行责任的可能性是多种多样的；在传教环境（Missionssituation）下是一种做法，在国家承认（staatliche Anerkennung）教会的环境下是一种做法，在受迫害的时期又是一种做法。处在少数派地位的传道团体（Mis-
sionsgemeinde）通过集中力量做基督布道以召唤会众，才为自己 346
开辟了道路，以某种方式分担在世上的责任工作；对于国家承认的 (254)
教会和任世俗职务、负世俗责任的基督徒而言，宣信基督必须包括证明上帝对国家、经济等等的诫命。基督徒越是发现自己处在《启示录》第十三章所述环境中，不对世界的不义行为负责，他们自己才是不义的受害者，他们对世界所负责任就越加只在服从的苦难和严格的会众纪律中得到验证。即使处在地下墓穴里的会众，其使命的普遍性也绝不会被取消。鉴于不同的时期，会众如何履行其使命，必须由会众自己按情况来决定。《新约》也提到了同上帝的诫命本身对立的国家和经济形式：《启示录》第十三章。不久，是否能在罗马帝国服兵役和任公职就成问题了。

3　信条

在信条关于律法的首要用途的教理中，确定了基督的教会对世俗制度的兴趣。必须注意，首要用途只有在整个律法和整个宣告的统一中才有可能。唯独为了基督的缘故才有首要用途和 iustitia civilis(民法)。只要首要用途即将从这种统一中分离时,它就会变成没有根基的抽象的自然法。最佳实例是路德的《大教理问答》,在此书中维持着这种统一。在首要用途中,教会证明自己不
347 听任世界自流,而是召唤世界受基督的统治,就是说,在首要用途
(255) 中重要的不是世俗制度中的基督徒,而是遵行上帝旨意的世俗制度本身。重要的不是世俗制度的基督教化或者使它们听命于教会,亦即取消诸世俗制度"相对的"自律,而是它们真正的世俗性,在服从上帝之言情况下的"自然性"。即是说,世俗制度恰恰在其真正的世俗性中才处于基督的统治之下。正是这点,而不是其他什么,构成了世俗制度的"自律"——因为"自律"并非同基督的律法相对立,而是同尘世的种种他律(Heteronomien)相对立。

4 评狄尔施奈德命题

a)使个人孤立于事物的世界之外,是理想主义的,不是基督的。基督并非使个人从事物的世界中,而是从罪的世界中解脱出来;这是两回事。没有不同个人发生关系的"自在"之物。|没有原则上在个人区域之外的、因此也在上帝诫命的效力范围之外的事物的区域。这不仅适用于历史事件,甚至也适用于自然领域——这种区分在《圣经》上已经是成问题的了!——:自然也服从在言中向我们启示的要结果子、生长和赞美上帝的诫命(诗 148)和服务于人的诫命。所以,在《圣经》中,没有上帝的诫命及不到的事物世界同个人世界的区分。

b)声称上帝的诫命不涉及事物的世界,其原因在于错误地理

解冷淡主义(Adiaphoralehre)* 。有中间物(Adiaphora),这恰恰
并不是说,事物的世界在伦理上是中立的,反倒是说,它由上帝规 348
定为人的自由服务。无一物原则上是中间物(Adiaphoron),一事 (256)
物的中间物性质仅仅是一种信仰陈述,即恰恰不是“自在之事物”(Sache an sich)的不依赖于个人的特性,而是个人同事物的一种特定关系的表述。一种作为原则的无关宏旨论是属于因信废德论的(antinomistisch)。

c)事物世界的范围究竟有多大?它不是也延伸到会众中了吗?侍奉一个与上帝的诫命相分离的世界,意味着宣告事物世界的自律。这意味着放弃基督对一个生活区域的统治,因此意味着自相矛盾。

d)必须让《圣经》对会众和世俗制度所作的区分,取代关于个人和事物的非神学的概念模式。

5　系统阐述基督教伦理学关于世俗制度的可能陈述

a)关于诸世俗制度的所有可能的陈述都是以基督为根据的,因此必定同作为一切受造物的本源、本质和目标的耶稣基督相联系。基督的统治使所有这些陈述成为可能,也是所有这些陈述的意义。

b)在关于基督统治诸世俗制度的宣告中,诸世俗制度既不陷于外来统治(Fremdherrschaft)之下——“他到自己的地方来”(约

---

* Adiaphora,中间物,亦指道德上不善也不恶的事物。Adiaphoralehre 一译无关宏旨论,即 Indifferentismus ,冷淡主义,在宗教方面指信仰冷淡主义。自 1549 年起,萨克森新教教会进行了长达 20 年的冷淡主义争论,事关礼拜和仪式是否非本质的事物(Adiaphora)。——译注

1:11),“万有也靠他而立”(西 1:17),不是陷于教士的、人道的、理|性的、道德—自然法的或者犹太律法之下,而是在基督统治之下
349 达到它们的固有本质、归于为它们而天造地设的、与生俱来的固有
(256) 律法之下——,也不陷于所谓的“自律”——说到底,这只是无法无天(ἀνομία)、罪孽——的任意专横之下,而是在上帝在基督中创造的、爱过的、与之和解的世界内得到于它们是重要的、自己的、应得的地点。诸世俗制度在基督的统治之下接受它们自己的律法和它们自己的自由。

c)十诫是上帝启示给在基督统治下的一切生命的生命律法。十诫是摆脱外来统治和自律的任意专断的解放。十诫向信徒揭示自身是造物主与和解者的律法。十诫是框架,在此框架内,世俗生活中的自由服从方有可能。十诫使人获得解放,以便人在基督统治下过自由生活。

d)对于诸世俗秩序而言,基督统治和十诫非意指诸世俗制度为某一个类理想即“自然法”服务,也非为教会服务——这一点与中世纪托马斯主义教理相反——而是解放真正的世俗性,让国家成为国家(Staatsein des Staates)。因此,对于诸世俗制度而言,基督统治和十诫并非首先是政治家、经济学家等等的皈依,也不是废止国家的严酷与毫无仁慈,为了让国家获得一种被错误理解的基督教化,使国家变成教会的一部分。恰恰在维护国家制度的严格公正、剑的职司、无仁慈中,也即维护真正的世俗性中,基督统治,
350 亦即恩典的统治才是被认真对待的。如果不把严格公正、惩罚和
(257) 上帝的震怒的世俗制度理解为实现道成肉身的爱,如果不看到登山宝训的诫命也在真正的国家行为中得到维护,那么,上帝道成肉

身,亦即爱道成肉身,就会被误解。基督统治的意义和目的,不是使世俗秩序神化或者教会化,而是解放世俗秩序使之达到真正的世俗性。

e)在基督统治下的世俗秩序的解放,不是采取政治家等人的皈依的具体形式,而是通过诸世俗制度同耶稣基督的教会、其宣告和其生活的具体相遇。由于诸世俗制度让这耶稣基督的教会存在,给予它空间,保障它对基督统治的宣告,诸世俗制度本身就找到了其真正的世俗性,它自己的根由在基督的律法。对耶稣基督的教会的态度始终是衡量真正的——不受意识形态、外来的律法,不受自律的任意专断阻碍的——世俗性的标准。对教会采取错误的态度,其结果总是错失了真正的世俗性,总是诸世俗制度、国家等等的失误,反之亦然。

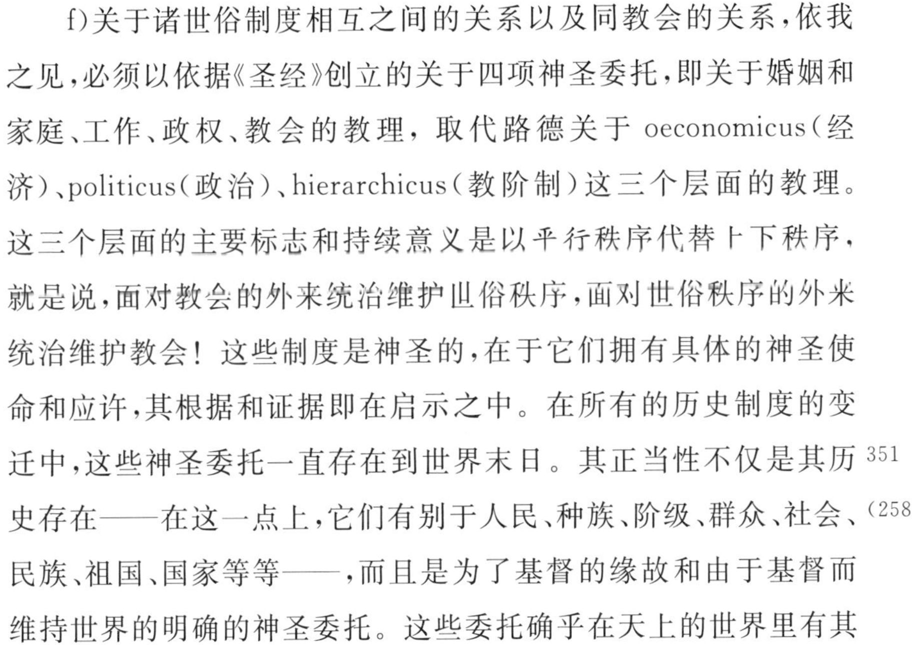

f)关于诸世俗制度相互之间的关系以及同教会的关系,依我之见,必须以依据《圣经》创立的关于四项神圣委托,即关于婚姻和家庭、工作、政权、教会的教理,取代路德关于 oeconomicus(经济)、politicus(政治)、hierarchicus(教阶制)这三个层面的教理。这三个层面的主要标志和持续意义是以平行秩序代替上下秩序,就是说,面对教会的外来统治维护世俗秩序,面对世俗秩序的外来统治维护教会!这些制度是神圣的,在于它们拥有具体的神圣使命和应许,其根据和证据即在启示之中。在所有的历史制度的变
迁中,这些神圣委托一直存在到世界末日。其正当性不仅是其历 351
史存在——在这一点上,它们有别于人民、种族、阶级、群众、社会、(258)
民族、祖国、国家等等——,而且是为了基督的缘故和由于基督而维持世界的明确的神圣委托。这些委托确乎在天上的世界里有其

原型，这也许并非偶然：婚姻＝基督和会众；家庭＝天父和儿子，人和基督的兄弟关系；工作＝上帝和基督对世界的创造性服务以及人对上帝的服务；政权＝在永恒中基督的统治；国家＝上帝的πόλιS(城邦)。

g)教会对诸世俗制度所讲的话必须将这些神圣委托在其各自的具体形态中置于基督统治和十诫之下，从而不把诸世俗制度置于外来的律法之下，而是解放它们去从事具体的、真正的、世俗的服务。应|如此描述世俗秩序的几项制度委托：在它们的上面有基督的统治，在它们的旁边有基督教会的神圣委托。基督教会这项委托不可剥夺诸世俗制度的负责任的决断和服务，但是可以指点它们，在何处它们可以单独负责任地作出抉择和行动。

h)有人会说，诸世俗制度不同耶稣基督的教会的话相遇也能行使其服务职能(路德论及的土耳其人[Türken])。这种观察，首先始终只是有限正确的——唯独借基督而获解放才有真正的世俗性，否则便是外来律法、意识形态和偶像统治着——；其次，这种观察的有限的正确性对于教会来说只是对向教会启示的真理的一
352 种——充满感激地接受的——证明，但不可引导教会认为这样就
(258) 够了，反倒应引导教会去宣告作为所有部分真理中的完全真理的基督统治。若教会认识到，在少数情况下，没有亲耳听到的布道——但永远不会没有耶稣基督的存在！——世俗秩序也是可能存在的，则这种认识并不能引导教会无视基督，而能引导教会完全地宣告基督统治的恩典。于是，未知的上帝被当作已知的上帝在传布，因为他是启示给我们的上帝。|

三　国家和教会

1　相关概念

国家这个概念对《新约》是陌生的。它起源于信奉异教的古典时代。在《新约》里，取代它的是政权*这个概念(Begriff der Obrigkeit)。国家是有秩序的共同体(Geminwesen)，政权是建立和 303
维持秩序的权力。国家概念包括治理者和被治理者，政权概念只指治理者。作为国家概念之构成要素的城邦(Polis)概念，同权能(Exousia)**这个概念没有必然的联系。对于《新约》来说，城邦是个末世论的概念，未来的上帝之城，新耶路撒冷(Jerusalem)，上帝统治的属天的共同体。政权基本上并非同尘世的城邦有关，而可以越出它的范围(例如它也存在于父子关系、主仆关系这些最小的团体形式中)。所以，在政权这个概念里，不包含共同体的特定

---

* 《圣经》中译本作“官府”——译注

** 希腊文ἐξουσίαν，见《约翰福音》一章12节，和台本译作：“凡接待他的，就是信他名的人，他就赐他的权柄，作上帝的儿女。”拉丁文武合加大本译作potestatem，现代英法文圣经一般译作“权力”(power/pouvoir)或“权利”(right /droct)。——校注

形式,不包含特定的国家形式。政权是上帝安排的、以神圣权威实行世俗统治的全权(Vollmacht)。政权是上帝在尘世的代表。只应该由上而下去理解它。政权并非产生于社会,而是由上面安排
354 社会。把它视为天使的权力,如果这样解释正确的话,那么,这也
(260) 仅仅说明它的介乎上帝与世界之间的地位。在神学上可以使用的仅仅是政权这个概念,而不是国家这个概念。然而我们在进行具体研究时,当然不能回避国家概念。

在教会这个概念里,尤其在它同政权和国家的关系应当予以说明的地方,我们必须在教牧职分(das geistliche Amt)和会众即众基督徒(die Gemeinde bzw. den Christen)之间作出区分。教牧职分是上帝安排的、以神圣权利实行灵性统治的全权。它产生于上帝而非产生于会众。必须严格区分世俗权威和灵性权威,可是,基督教徒同时也是公民(Bürger),而公民无论信神与否都得服从耶稣基督的要求。所以,教牧职分同政权的关系,不同于众基督徒同政权的关系。为避免长期以来的各种误解,必须注意这一区别。

2 政权的源由

A. 源自人的天性 古人,尤其是亚里士多德,认为国家源自人的本质。国家是人的理性本质的最高成就,为国家服务是人类生命的最高目的。所有的伦理学都是政治伦理学。德行是政治德行。对国家的源由的这种说明,其原则被天主教神学所继承。国家是人的天性的产物。人在社会中生活的能力同统治关系一样,都属于创世的一部分。国家在自然—受造物的层面上实现人的本

质的规定，国家是“自然社会的最高发展阶段”（席林[Schilling]，
Moraltheologie《道德神学》，Ⅱ，页609）。这种亚里士多德和托马 355
斯主义的（thomistisch）学说，在圣公会神学（anglikanische The- (261)
ologie）里采取了稍加修正的形式。这种学说也渗透进了现代路
德宗（das moderne Luthertum）。在圣公会信徒那里自然神学和
道成肉身神学之间的关联（年轻的安立甘公教派[Anglokatholik-
en]现在清楚地看透了这种关联的可疑性，一种 theologia crucis
[十字架神学] 修正这种关联）开启了一种奇特的自然—基督教的
国家理论。现代路德宗通过黑格尔（Hegel）和浪漫派（die Ro-
mantik）接受了自然国家的概念。在这里，国家不是普遍的人、理
性本质的实现，而是上帝的创世意志在人民中的实现。国家本质
上是民族国家（Volksstaat）。人民在民族国家里实现由上帝的意
志所决定的命运。在这里，细节内容并不重要。古希腊的国家概
念继续活在理性国家（Vernunftstaat）、民族国家、文化国家（Kul-
turstaat）、社会国家（Sozialstaat）的形态中，而且也——这点十分
重要—— 活在基督教国家的形态中。国家是现存特定内容的执
行者。当这理论被推到极端，国家甚至成为这种内容，亦即民族、
文化、经济和宗教的现实主体或起源。国家是“现实的上帝”（黑
格尔）。所有这些学说的共同之处，就是把国家理解成共同体，通
过它只能艰难地经由弯路获得政权这个概念。说到底，在这些例
子中政权必须从人的自然性中派生出来，因此很难把政权理解成
转而针对人的强制力（Zwangsgewalt）；因为正是在一个强制力
里，国家政权同每一种共同体中都有的、自愿的上下秩序有着根本 356
的区别。只要从受造之人的本质中去寻找国家的根据，政权这个 (261)

概念就会被取消并且从下面出发重新设定,即使在人们不愿意这样的地方也是如此。只要国家变成人的一切生命与文化活动的执行者,它就丧失自身的尊严,丧失它作为政权的特殊权威。

B.源自罪孽 宗教改革上承圣奥古斯丁的思想,克服了古希腊的国家概念。宗教改革认为国家不是源自受造人性共同体(虽说在宗教改革家那里也有这种观念的痕迹),它认为国家作为政权的起源在于堕落。罪孽使上帝有必要设立政权。政权运用上帝授予它的剑保护人不致陷入罪孽引起的混乱。它应惩罚罪犯,保护生活。由此说明了政权是强制力和外部正义的保护者。宗教改革以同样的方式重视这两者。可是,思维的发展却分道扬镳了。一些人通过强制力概念规定正义概念并被引向强权国家(Machtstaat)这个概念。另一些人则通过正义规定权力并被引向法治国家(Rechtsstaat)这个概念。那些人只在有强权的地方看到权能(Exousia),这些人只在有法的地方看到权能。这样一来,两方面都缩小了宗教改革的权能概念。两方面共同的是,他们都不认为国家是受造物之特性的完成,而看成由上面设立的上帝的秩序。
357 国家不是由下面、由人民、由文化等等,而是由上面,就是说,在真
(262) 正的意义上被理解为政权。这里保存着宗教改革的、《圣经》的源
初观念。因此,国家主要不是民族国家、|文化国家等等。凡此种种只是政治社会可能的、上帝所允许的形式,它们可以被迄今为止我们还不知道的大量其他形式所替代。和上帝所允许的这些社会不同,政权是上帝自己设立与安排的。民族、文化、社会组织等等是属于世界的。政权是在世界中拥有上帝之权威的秩序。政权并非本身即世界,而是属于上帝的。由此出发,基督教国家这个概念

也就站不住脚了，因为国家的政权的性质不依赖于掌权者个人是否是基督徒而存在。异教民族那里也有政权。

C. 源自基督　由上文种种，尤其由最后所述，可以清楚地看到，说明国家源自罪孽以及说明国家源自人的天性，都导致自持的国家这一概念，就是说，忽略了国家同耶稣基督的关系。尽管第二种说明同第一种相比有种种优点，但是，下这样的断语仍旧是无可避免的。国家，不论作为创世的制度还是作为维持的制度，都是独自存在的，或多或少独立于在耶稣基督中的上帝的启示。于是就产生了疑问，关于天堂以及关于堕落，如果不是从耶稣基督出发，
我又从何可以讲出一些在神学上站得住脚的话，又有别于一般基 358
督教哲学呢？借耶稣基督又归于耶稣基督，万物被造（约 1:3；林 (263)
前 8:6；来 1:2），也包括“王位、统治权、诸侯领、政权”（西 1:16）。*
凡此种种唯独在耶稣基督中才能存在（西 1:17）。而“他也是教会全体之首”（西 1:18），故而神学上的政权概念，只要这里指的是上帝所任命的政权，而不是某个哲学上的政权概念，在任何情况下都不能不依赖于耶稣基督——作为其教会之首脑的耶稣基督，不能不依赖于耶稣基督的教会。政权真正的根据是耶稣基督本身。耶稣基督同政权的关系可以分七方面来陈述：

Ⅰ. 作为创世中介（政权也是“通过他”被创造的），耶稣基督是政权同创物主之间唯一的和必要的中介；政权和上帝之间有直接的、无需中介的关系；基督是政权的中介。

Ⅱ. 如同所有受造物，政权也只“在耶稣基督中”，即其本质和

* 和合本作：“有位的、主治的、执政的、掌权的。”——译注

存在“在耶稣基督中”。如果没有耶稣基督，任何受造物也就不复存在；一切受造物都将在上帝的震怒之下被毁灭。

Ⅲ.同所有受造物一道，政权是“为了耶稣基督的”。其目的是耶稣基督本身。它应为他服务。

IV.由于耶稣基督掌握天上地下所有的权柄(太 28:18)，他也是政权之主。

V.通过十字架上的和解，耶稣基督恢复了政权和上帝之间的关系(西 1:20，τὰ πὰντα)。

VL 除了政权和所有受造物共有的同耶稣基督的关系之外，政权同耶稣基督还有一层特殊的关系：

359 a)耶稣基督是在政权准许之下被钉上十字架的。

(264) b)知道并公开证实耶稣基督无辜的政权(约 18:38；参见在

对保罗的诉讼中吕西亚[Lysias]、腓力斯[Felix]、非斯都[Festus]、亚基帕[Agrippa]的角色)，证明了它自身的本质。

c)政权不敢在其权柄的支配下去认识和判断，就已在人民的压力下放弃其职司。这并非对职司本身的谴责，而是对未能行使职司的谴责。

d)耶稣服从政权，但又提醒它，其权柄不是人的任意专断，而是“从上头给”的(约 19:10)。

e)耶稣借此证明，政权，不论行使其职司是好是坏，反正它是从上头给的权柄，只能为耶稣服务。宣判他无罪或是把他交出去让人钉上十字架，政权都必须证明，它是在为耶稣基督服务。就这样，恰恰通过十字架，耶稣重新获得对政权的统治(西 2:15)，并在万物的末日由他(在双重意义上)"aufgehoben"(扬弃)* "所有的统治、政权和权力"。

VII. 只要大地还存在,耶稣就始终既是政权之主,又是教会的首脑,不过,政权和教会绝不会合二为一。最后,有圣城(Polis)而无圣殿(Tempel),因为上帝和羔羊本身成为殿(启 21),这座城里的居民是来自世界各地的、耶稣的会众,在这座城里,上帝和羔羊行使统治权。在属天之城(Polis)里,国家和教会才合一。

唯独以耶稣基督为理由对政权所作的说明才超越以自然法为 360
理由所作的说明;而以人的本性以及以人的罪孽为理由所作的说 (264)
明,最后都归结为以自然法为理由所作的说明。根据人的本性所作的说明,在各国人民等等的事实中看到国家的自然法基础。帝国主义和革命,亦即对外和对内的革命,可以由此出发替自己辩明理由。根据罪孽所作的说明,必须找到自然法的规范,以正义的概念来限制权力的概念;由于这些自然法的规范,这种说明的保守倾向就更加强烈。因为自然法的概念和内容是多义的(按它是从某种事实出发被获取或者从某种规范出发被获取而有所不同),因此它不足以作为根据说明国家。暴力国家(Gewaltstaat)和正义国家、民族国家和帝国主义、民主制和独裁专制,都可以以自然法为理由来加以说明。我们唯独通过《圣经》关于政权源自耶稣基督这种说明才能获得稳固的基础。由此出发是否以及在何种范围内可以找到一种新的自然法,是迄今为止还悬而未决的一个神学问题。

* 指"取消"和"保留"。——译注

3　政权的神圣特性

A. 在其存在中　政权不是作为观念或者作为任务，而是作为实在，作为“存在者”（Seiende，αἱδὲοὖσαι，罗 13：1c）给予我们的。在它的存在中，它是神圣的职司。掌握政权的个人，是上帝的
361 “Liturgen”（用人）、仆人、代表（罗 13：4）。政权的存在不依赖于它
(265) 的实现。尽管人一再通过罪恶走着通往政权职司的道路，尽管几乎每一顶王冠都沾着罪（参见莎士比亚的国王历史剧），政权的存在依然超越了其尘世的|具体产生；因为政权不是在其产生方面，而是在其存在方面是上帝所设立的制度。如同现存的一切，政权在某种意义上也在善与恶的彼岸，就是说，它不仅有一种职司，而且有历史的存在。它不会由于在伦理的失败就 eo ipso（自动）丧失其神圣尊严。“My country, right or wrong, my country”（我的国家，对也罢、错也罢，都是我的国家）表达了这种事实真相。这是现时存在者同现时存在者的历史关系，它在父子关系、兄弟关系、主仆关系中重复出现，在这里是显而易见的。在伦理上把儿子跟他的父亲隔离开，这种情况是没有的，甚至以现时存在者为依据，反倒必然要共同承担、共同承受父亲或者兄弟的罪。站在故乡的废墟上却意识到自己无论如何没有罪，这可不是荣耀。这是反历史的墨守成规者的自我夸耀。政权的这种尊严也基于其历史存在，能最清楚地表述这种尊严的，是它的权力，它所掌握的剑。即便政权有罪、在伦理上可指摘，它的权力也是神授的。它唯独存在于耶稣基督中，并且通过基督的十字架同上帝和解（见上文）。

B. 在其使命中　政权的存在同一项神圣的使命结合在一起。

其存在只有在这项使命的完成中得以实现。完全脱离其使命，它的存在就会成问题。但是，通过上帝的神意，这种完全的脱离只有作为一种末世论事件才是可能的，这样，就会在严重的痛苦中使会众与作为敌基督之化身的政权完全分离。政权的使命在于，行使 362
剑和正义的世俗力量，为基督在世上的统治服务。政权借助授予 (266)
它以及唯独授予它作为上帝的代表的剑建立和维护外部的正义，从而为基督服务。它不仅有负面任务(negative Aufgabe)，即惩罚恶人，也有正面的任务，即颂扬善人(彼前 2:14)。这样一来，一方面授予它司法权威，另一方面授予它劝善即建立外部正义的教育权利。它如何行使这种教育权利，自然是一个问题，只有联系政权同其他神圣委托的关系时才可讨|论。只要注意到政权的根由在于耶稣基督，政权必须维护的善、外部正义由何构成，这个讨论得很多的问题是容易解决的。这种善无论如何不能同耶稣基督对立。这种善在于，在政权的任何行为中，给终极目标、即为耶稣基督服务留下可能性。这里指的，不是一种基督徒的行为，而是不排除耶稣基督的行为。如果政权在每一次的历史环境和决断中把十诫第二块石版的内容作为尺度，它就会做到这样的行为。政权从何知道这些内容？首先从教会的布道中。存在着在第二石经内容同寓于历史生活本身的律法之间天意的一致，这也适用于异教的政权。不重视第二块石板上的诫命会破坏政权本应维持的生活本身。所以，若正确理解的话，保护生命的使命会引导自身去遵守第 363
二块石板上的诫命。这是不是意味着，说到底国家是基于自然法 (267)
的？不，这里涉及的是不理解自身的政权，可是，按照天意，它也能获得对其使命是至关重要的认识，这些认识跟在耶稣基督中正确

理解自身的政权所显示的认识是相同的。可以说，在这里，自然法的根基是耶稣基督。

所以，政权的使命在于，不论是否知道它的真实根由，通过剑的暴力建立外部正义，在这外部正义中维护生活，从而对基督始终是敞开的。

遵守第一块石板上的诫命，亦即作出赞同上帝和耶稣基督之父的决断，是否也属于政权的使命？我们将在有关政权和教会的那一节里讨论这个问题，而在此我们只想说：认识耶稣基督属于对所有人的规定，包括对当权者个人的规定。但称赞和保护义人（彼前 2:14）属于政权的使命本身，不依赖于当权者个人的信仰抉择。只有在保护义人中，政权才履行它为基督服务的真正使命。

政权为基督服务的使命，又是它不可更改的命运。它为基督服务，不论它知道与否，不论它忠于或者不忠于它的使命。它必须为基督服务，不论它愿意或者不愿意。如果它不愿意，它就通过会众的苦难为证实基督之名服务。政权与基督的关系就是这样紧密，这样不可分离。它不论如何也无法回避为基督服务的使命。它通过其存在为基督服务。

364 **C. 在其诉求中**　政权依据其权力和使命而有的资格，[*] 刀是
(267) 上帝的资格并且约束良知。“为了良知的缘故”（罗 13:5）[**]，这也可以解释为“为主的缘故”（彼前 2:13），政权要求服从。这样的服从同敬重相结合（罗 13:7；彼前 2: 17）。在履行政权的使命中，服

* 原文为 Anspruch，或译作“要求”、“诉求”，如本节标题。——译注

** 和合本作：“因为良心”。——译注

从要求是无条件的，在质的方面是全面的，它延伸到良知和肉体生命。信仰、良知和肉体生命在服从政权的神圣使命中负有义务。只有在政权使命的内容和范围成问题的地方，才可能产生怀疑。基督徒没有义务、也无能力在每一种个别情况下检验政权要求之正当性的权利。基督徒的服从义务约束他，除非政权强迫他直接触犯上帝的诫命，除非政权公然否认其神圣使命，从而丧失其资格。在产生怀疑的情况下，仍要求服从；因为基督徒不承担政权的责任。但当政权在某处逾越其使命时，例如政权使自己成为会众信仰的主人时，为了良知的缘故，为了主的缘故，应当拒绝服从它；然而却不可根据这一触犯得出普遍化的结论，认为这一政权在其他要求方面，甚至在所有其他的要求方面，都不再有资格要求人服从。不服从始终只能是在个别情况下的具体决断。普遍化导致启示录式的将政权魔鬼化。即使是一个反基督的政权，在特定的方面它也还是政权。拒绝向迫害教会的政权交纳国税是不允许的。365
反过来说，在其政治功能、纳税、宣誓、服兵役方面服从政权这个事 (268)
实，始终证明，政权还不是|《启示录》意义上的那一种。像《启示录》那样看待一个具体的政权，那后果必定是全面的不服从；因为到那时，任何个别的服从行为显然都同否定基督相结合（启 13：7）。由于在所有的政治决断中，同既往的罪的历史纠葛不是明显得可以一目了然的，所以，对个别决断的合法性通常很难进行判断。必须冒险去承担责任。对政权方面的这种冒险的责任，in concreto（在具体情况下）（亦即撇开个人对政治行为一般地分担的责任）仍旧只能由政权来承担。甚至在政权的罪十分引人注目的地方，仍不应忽视产生这种罪的罪。在政权一次特定、历史、政

治决断方面拒绝服从，可能同这种决断本身一样，只是对自身的责任的一次冒险。一次历史决断不会完全化为伦理概念。总是有残余的：行为的冒险。冒险适用于政权，也适用于臣民。

4 政权和世间的神圣制度

366 政权有其神圣使命，依照基督维持世界及其由上帝所给予的
(269) 制度。只有政权为此而执有利剑。人人都有义务服从它。政权及其使命和资格始终是以受造的世界为前提的。政权把造物维持在其特定的秩序中，但是，它本身不能创造生命，它不是创造性的。政权在它所统治的世界里遇到两种制度，造物主上帝通过它们行使他的创造力并且按照本质把创造力分配给它们：婚姻和工作。《圣经》让我们在乐园里已经遇见它们，并且由此证明，这两者都属于上帝的创世，创世是通过并为了耶稣基督的。在堕落之后，就是说，如我们唯独因此而知道的，这两者依旧是诫律和恩典的神圣制度，因为上帝仍旧想向堕落的世界表明自己是创造者，因为上帝让世界存在于基督中并属于基督。婚姻和工作从一开始就服从一种特定的神圣委托，这种委托必须在对上帝的信仰与服从中得以履行。因此，婚姻和工作|有其自己的，不是通过政权来说明理由的，而是政权必须承认的在上帝之中的本源。通过婚姻，繁殖肉体生命，生育人，以颂扬耶稣基督，为耶稣基督服务。不仅如此，婚姻不单是生殖的场所，而且是教育子女服从耶稣基督的场所。作为子女的生殖者和教育者，父母对于子女是上帝的代表。通过劳动，创造一个价值的世界，以颂扬耶稣基督，为耶稣基督服务。如同在婚姻中，在这里也不是从虚无中的神圣创造，但这是在第一次创造的

基础上，创造新事物，在婚姻中创造新的生命，在劳动中创造新的价值。工作包括从耕作到经济到科学、艺术这整个领域(参见创 4:17 以下)。就这样，为了耶稣基督的缘故，婚姻以及由它而来的
家庭，工作以及由它而来的经济生活、教育、科学和艺术，便得到自 367
身的权利。这意味着，政权对这个领域只具有调节意义而非构成 (270)
意义。婚姻不是由政权，而是在政权前缔结的，经济、科学、艺术也不是由政权本身培植的，但它们受政权的监督并处在它的引导的某些界限之内(这里不再进一步说明)。而政权绝不会成为这些工作领域的主体或施动者。政权若超越其使命声称其权威，久而久之就会因此而丧失其真正的权威。

有别于婚姻秩序和工作秩序的，是民族的秩序。依照经书，其起源，既不在乐园，也不在某一种明确的神圣委托。民族一方面(根据创 10)是尘世世代传播的自然结果。另一方面(创 11)民族是一种神圣秩序，它让人类生活在分裂和相互不理解中，并由此提醒人类，它的统一不在于它完整力量的成就，而唯独在于上帝，就是说，在于造物主和救主。但在经书里没有提及上帝派给民族的任何特殊的使命。婚姻和工作是神圣职司，相反，民族是一种历史实在，它以特殊的方式指出上帝的一个民族这一神性实在，即教会。经书没有指出民族和政权的关系，经书不要求民族国家，经书知道，许多民族可以在一个|政权之下联合起来。民族从下面生长，但政权是从上面设立的。

5　政权和教会 368

政权是为了基督的缘故而设的；它为基督服务，从而也为基督 (270)

的教会服务。基督对所有的政权的统治,无论如何也不意味着教会对政权的统治(Herrschaft der Kirche)。但是,政权为之服务的主,是会众的首脑,是教会之主。政权对基督的服务在于履行其使命,即通过剑的力量确保一种外部的正义。在这一点上,政权对基督的服务,是间接地为会众服务,只有这样,他们才能"平安无事地度日"(提前 2:2)。政权通过它对基督的服务而最终同教会结合。假如政权正确履行其使命,会众就可以和平地生活,因为政权和会众为同一位主服务。

A. 政权对教会的要求 政权对服从和尊重的要求也延伸到教会。涉及灵性职司时,政权只能提出这种要求,即灵性职司不干预世俗职司,而是履行它自己的使命,这一使命包括告诫人们服从政权。政权没有权力去管这种在灵性职司和教牧职司中履行的使命本身。在灵性职司是公开履行的职司的情况下,政权有监督资格,一切须正常进行,亦即须符合外部的正义。只有在这方面,在
369 事关职司的人员叙任和组织上,政权才可提出要求。灵性职司本
(271) 身不是政权的下属。可是,政权可以要求基督教会众完全服从。政权并非由此将自身作为第二权威置于基督的权威一旁,它自己的权威只是基督的权威的一种形态。基督徒以服从政权的形式服从基督。作为公民的基督徒并非不再是基督徒,而是以另一种方式为基督服务。这样一来,真正的政权的要求也已经在内容上得以充分规定。它绝不可引导基督徒去反对基督|,它反倒帮助基督徒在世上为基督服务。对于基督徒来说,当权者个人就这样成为上帝的仆人。

B. 教会对政权的要求 教会的使命是召唤全世界服从基督

的统治。它向政权证明共同的主。它召唤当权者个人为了他们的拯救而信耶稣基督。它知道，服从耶稣基督，政权的使命方能正确履行。它的目标不是政权搞基督教政治(christliche Politik)、基督教律法之类，而是其特殊使命意义上的真正的政权。只有教会引导政权理解它自身。教会为了共同的主的缘故，要求政权倾听，保护基督教的公开宣告，反对暴力行为和渎神言论，保护教会秩序免遭任意干涉，保护服从耶稣基督的基督徒的生活。教会绝不可放弃这种要求。只要政权一直在提出承认教会的要求，教会也就要让公众听到它的要求。当然，假如政权口头上或者实际上反对 370
教会，这样一种时刻可能来到，则教会虽然不放弃它的要求，但也 (272)
不再浪费它的言辞。因为教会知道，政权，不论它履行其使命是好是坏，必须始终只为它的主，从而也为教会服务。不能保护教会的政权，反倒由此更加显著地把教会置于它的主的保护之下。亵渎其主的政权，由此反倒更加清楚地证明这位主的力量，他在会众的殉道中受赞美。

C. 政权的教会责任　与教会的诉求相对应的，是政权的责任。这里要回答的问题是政权面对第一诫命的态度。政权必须作出宗教抉择呢，还是说，它的使命是宗教上的中立性(Neutralität)？政权是否应负责保护真正的基督徒对上帝的侍奉，并有权禁止对其他神的侍奉？当权者个人肯定也应当来信仰耶稣基督。但是，政权的职司始终不依赖于宗教上的抉择。可是，保护甚至赞扬义人，亦即支持保护宗教，属于政权职司的责|任。忽视这一点的政权，挖掉了真正的服从以及它自己权威的根(如1905年的法兰西)。政权本身在宗教上始终是中立的，自己绝不

会成为一种新宗教的缔造者，因为假如它这样做，它就瓦解了自身并且只关心它自己的使命。因此它永远不会成为建立一个新的宗
371 教的主体而自身不会解体。它保护任何对神的侍奉，这不会挖掉
(272) 政权的职司的根基。它关心的是，不让由敬神的种类不同而产生危害本国秩序的对立。但它不是通过镇压一种对神的侍奉来做到这一点，而是通过明确地尊重它自己的政权的使命。这样一来也就会让人看清，真正的基督徒对上帝的侍奉不危害这种使命，反倒一再重新使它得以建立。如果当权者个人是信基督的，那么，他们必须懂得，基督的宣告不是通过剑而是通过话语进行的。Cujus regio，ejus religio（在谁的地盘，信谁的宗教）这句话，只有在完全特定的政治环境下，亦即诸侯就接纳被驱逐者问题达成一致的情况下才是可能的。这句话作为原则同政权职司是不相容的。如果出现一种教会的紧急状况，那就要看政权的基督徒当权者的负责能力，能否依教会的请求提供他们的权力去清除混乱的根源。但这并不意味着，政权本身就这样接受了教会统治的职能。这仅仅事关恢复正常的秩序，使灵性职司可以正当地被履行，使政权和教会也可以履行它们各自的使命。政权以正确的方式成为政权，并且履行它对教会所负的政权责任，这样一来，政权也就维护了第一诫命对它的约束。但是政权并没有宣信和传布对耶稣基督之信仰的职司。

372 **D. 教会的政治责任**　如果政权的责任仅仅被理解为政治责
(273) 任，那么，显然只应由政权去承担这种责任。但如果借这个概念非常一般地指城邦生活，那就必须在多重意义上谈到一种教会的政治责任作为对政权对教会的要求的答复。我们在这里再次区分|

灵性职司的责任和基督徒的责任。称罪为罪，告诫人避免罪，属于教会的守望人职司；“因为公正提高一国人民（既是时间中的，又是永恒的），而罪孽则是人的堕落（既是时间中的，又是永恒的）”（箴14：34）[*]。倘若教会不这样做，它就难辞其咎，就对不信上帝的人所流的血也负有罪责（结 3：17 以下）。这种避免罪孽的警告十分公开地传向会众，谁不愿听取，审判就会降临在谁身上。布道者的意图，不是改善世界，而是召唤信仰耶稣基督，证明通过耶稣基督和他的统治而达成的和解。宣告的主题，不是世界如何坏，而是耶稣基督的恩典。属于灵性职司之职责的有，认真对待关于基督为王统治的宣告，非常尊重但直言提醒政权不可耽误，不可犯过失，否则必将危害它的政权职司。倘若教会的话根本不被听取，那么，教会剩下的政治责任就是至少在它自己的成员中建立和维护在城邦中不复存在的外部正义秩序，并这样地以它的方式为政权服务。

有没有个别基督徒的政治责任呢？虽然不能让个别基督徒为政权的行为负责，他也不必为此负责；但是依据他的信仰和他的博爱，他对他自己的志业和个人生活范围负责，不论他是大人物还是
小人物。若这种责任在信仰里得以履行，就会对城邦整体产生影 373
响。根据经书，没有革命的权利，但有每个个人在城邦里保持其职 (274)
司和使命纯洁的责任。所以，个别人在真正的意义上借他的负责能力为政权服务。没有人能，连政权本身也不能剥夺和禁止他的这种负责能力，它是在获救中其生命的一部分；因为这种负责能力源自对教会之主和政权之主的服从。

---

* 和合本作：“公义使邦国高举，罪恶是人民的羞辱。”——译注

E. 结论 政权和教会之间不同的关系不准许对这种关系作原则性的调整，让|国家同教会分离，或者国家教会（staatskirchlich）形式，本身都不是解决问题的办法。从个别经验出发，普遍化地得出理论性结论，再没有比这种做法更危险的事了。在启示文学时期的印象下，认为教会应撤出世界、撤出同国家尚存的诸关系的建议，在这种普遍化里，只是一种有点忧伤的、历史哲学对时代的说明。倘若当真照此去做的话，就必然会导致《启示录》第十三章所描述的最为激进的后果。反过来，国家教会或民族教会纲领，同样可能源自历史哲学。没有一种宪政形式本身能够适当地表述
374 政权同教会关系事实上的相对远近。政权和教会都受同一位主的
(275) 约束并相互约束。政权和教会在其使命方面是相互分离的。但政权和教会有着相同的活动范围即人。这些关系中没有一种可以被孤立出来并提供一种特定宪政形式的基础（例如以国家教会、自由教会［Freikirche］、民族教会［Volkskirche］这种顺序）；重要的是，在任何现存形式中把具体的机会给予实际上由上帝设定的关系，把进一步的发展让给政权和教会的主去引导。

6 国家形式与教会

在宗教改革的国家学说中，如同在天主教的国家学说中，国家形式这个问题始终是作为次要问题来探讨的。只要政权仍在履行其使命，它在什么形式下这样做，对于教会来说是不重要的。但是，哪种国家形式为履行政权的使命提供最佳保障，因而应受教会的提倡，提出这个问题却是不无道理的。没有一种国家形式本身是对正确行使政权职司的绝对保障。唯独具体地服从神圣使命可

以替某一种国家形式提供合法性。尽管如此，仍然可以提出若干一般的指导原则，以便发现哪些国家形式能为正确的政权行为、因此也为国家与教会之间的正确关系提供相对有利的前提条件；而在实践上，恰恰是这些相对而言的区别具有重大的实践意义。|

I.那种国家形式相对而言是最佳的，在这种形式里，政权源自 375
上面、源自上帝这一点，是最彰明昭著的；在这种形式里，政权的神 (275)
圣本源最明亮地透射出来。政权正确地理解为神恩的产物并处在其光辉和责任内，这是相对而言最佳国家形式的本质（历代比利时国王［Könige der Belgier］有别于其他西方王室，自称 de grace du peuple［源于人民的恩惠］）。

II.那种国家形式是相对而言最佳的，它认为以下三点并不危害而是承担并确保其权力：

a）严格地维护外部的正义；

b）根由在上帝的家庭权利和工作权利；以及

c）宣告耶稣基督的福音。

III.那种国家形式相对而言是最佳的，它不是通过限制授予它的神圣权威来表示它同臣民的结合，而是通过公正的行为和讲真话在相互信赖中同臣民结合。这里还会证明，对于政权是最佳者，对于政权和教会的关系也会是最佳者。|

四　关于教会对世界发言的可能性 376

1. 全世界基督徒都在要求教会对世界讲解答性的话，隐藏在这种日益强烈的要求背后的是什么呢？主要是以下想法：世界上的社会、经济、政治等等难题使我们束手无策，现有的意识形态的和实践的解决方案均难奏效；技术进步的世界因此已抵达它的极限；车子陷入泥潭，虽然车轮以最高速度旋转，依然难脱困境：这些难题就其范围和性质而言是属于全人类的，因此现在急需十分基础性的治疗；面对社会的、经济的、政治的、性的、教育的难题，教会至今一直无能为力；教会犯一次罪就引起一阵恼怒，妨碍人们相信教会的信息。“触怒(ärgert)这样一个小孩子的人有祸了”(太 18：6)*。教条上正确地传达基督的宣告是不够的，一般的伦理原则也是不够的；必须在具体环境中作具体指导。作为教会之基础的
灵性力量并没有枯竭。全世界基督徒相互间比以往靠得更近。他 377
们必须共同着手完成任务：去传讲教会之言。简言之：教会应当为 (277)

* 《马太福音》十八章 6－7 节，和合本作：“凡使这信我的一个小子跌倒的，倒不如把大磨石拴在这人的颈项上，沉在深海里。这世界有祸了，因为将人绊倒；绊倒人的事是免不了的，但那绊倒人的有祸了。”——译注

世界上未解决的问题提供解答(Lösungen),并由此履行其使命,恢复其权威。我们随即发现,在这里,正确的和错误的观念紧密地交织在一起。

2.今天,向世界提供对其疑问的解答,此乃教会的任务。但我们要问,这对吗?存在着对世俗难题的基督教的解答吗?显然,关键在于这话的意思是什么:如果指的是,基督教对世界上所有的社会问题和政治问题都有一种回答,这样大家应该只听从基督教的回答,以便使世界恢复秩序,那么,这显然是个谬误。如果指的是,从基督教方面对世俗事情有某些特定的话可说,那么,这是正确的。对所有的世俗难题,教会原则上都掌握着基督|教的解答,只是教会为此所作的努力还不够,这种想法尤其在盎格鲁-撒克逊人那里甚为普遍。对此必须说:

a)可以说耶稣根本没有为解答世俗的难题操过心;在要求他这样做时,他总是令人奇怪地回避(太 22:15 以下;路 12:13),他也几乎从未直接地、而是从一个完全不同的层次上回答人的疑问。他的话不是对人的疑问和难题的回答,而是对上帝向人提出的问题的神性回答。他的话本质上不是由下面而是由上面决定的,不是解答,而是解救(Erlösung)。他的话并非来自人的善恶问题的矛盾,而是来自子与父的意志的完全统一。他的话处在所有人类问题的彼岸。必须首先懂得这一点。因为耶稣带来的不是问题的
378 解答,而是对人的解救,所以,他实际上也带来了对所有人类问题
(278) 的解答——“这些东西都要加给你们了”(太 6:33)——只不过来自完全不同的层面。

b)究竟谁对我们说,所有的世俗问题应该并且能够得到解答

呢？也许对于上帝来说，这些问题得不到解答的状态比它们的解答更重要，因为它有助于使人关注人的堕落和上帝的拯救。或许人的问题是那样错综复杂，那样错误地被提出，致使它们实际上是不可解答的。（穷人和富人的问题除了一直没有解答以外再没有别的解答。）

c）教会反对某种世俗弊端的有组织的斗争——campagne（运动）、crusade（十字军）——是中世纪十字军讨伐思想的继续。这种思想在路德宗里已经几乎完全被克服了，但作为其延续的上述斗争在盎格鲁-撒克逊诸国仍是教会生活的性格特征。例如：奴隶制、禁酒（Prohibition）、国联（Völkerbund）——但正是这些实例同时表明这种“十字军”的危机。废除奴隶制与英格兰工业无产者的产生恰好同时（可以说，世界不会让自己丢失其权利）。禁酒主要是循道宗（Methodisten）强行实施的，但此举导致比禁酒前更加糟糕的经验，致使循道宗本身也赞成取消禁酒令（美国教会的一项重要经验）。国联，其目标是克服民族冲突，却导致各类民族主义的极端激化。对于教会在何种范围内有解答世俗问题的资格这个问题而言，这样的经验是值得认真思考的。“上帝送到他们手中”（伯12，6）。

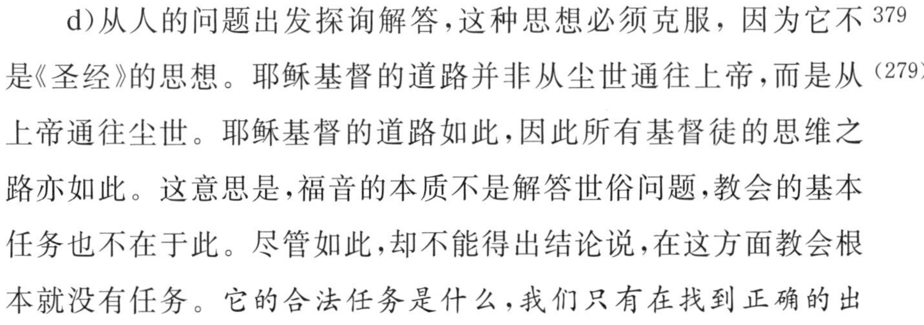

d）从人的问题出发探询解答，这种思想必须克服，因为它不 379
是《圣经》的思想。耶稣基督的道路并非从尘世通往上帝，而是从 (279)
上帝通往尘世。耶稣基督的道路如此，因此所有基督徒的思维之路亦如此。这意思是，福音的本质不是解答世俗问题，教会的基本任务也不在于此。尽管如此，却不能得出结论说，在这方面教会根本就没有任务。它的合法任务是什么，我们只有在找到正确的出发点之后才会知道。

3.教会对世界的发言,只能是上帝对世界说的话而不能是别的。就是说:耶稣基督以及以他之名的拯救。在耶稣基督中上帝同世界的关系得以确定;我们不知道除了通过耶稣基督以外还有别的任何一种上帝同世界的关系。因此,对于教会来说,除了通过耶稣基督以外再没有别的同世界的关系,就是说,不是从自然法、理性法则(Vernunftrecht)、普遍人权出发,而是唯独从耶稣基督的福音出发,才会产生教会同世界的正确关系。

a)教会对世界的发言,是关于上帝道成肉身,关于上帝派来他的儿子体现上帝对世界的爱,关于上帝对不信上帝者的审判之言。教会之言是召唤人们皈依,召唤人们相信在基督中的上帝的爱,召唤人们为基督再临、为未来的上帝国做准备。所以,这是为所有的人说的拯救之言。

b)关于上帝对世界之爱的话语把会众置于负责任的同世界的关系之中。会众必须以言行在世上为基督的信仰作见证,防止一切冒犯和丑闻,在世界上为福音创造空间。若是这种责任被拒绝,基督也就被拒绝,因为这是符合上帝对世界之爱的责任。|

c)会众认识并见证律法和福音乃是上帝在耶稣基督中对世界
380 的爱。这两者永远不会分离,但也永远不会同一。没有无福音的
(279) 律法布道,也没有无律法的福音布道。所以,无论如何不会出现这样的情况:律法适用于世界,而福音则适用于会众。确切地说,是律法与福音以同样的方式适用于世界和会众。不论教会对世界说什么,它只能是律法和福音。

I.必须否定的是,教会可以从某种与世界共同的理性或自然

法认识的基础出发，亦即在暂时忽略福音的情况下，对世界讲话。与天主教会不同，宗教改革的教会不可这样做。

II.其结果必定要否定双重的教会道德(doppelten Kirchlichen Moral)，即有两种道德，一种对世界，另一种对教会，一种对异教徒，另一种对基督徒，一种对在世俗区域内的基督徒，另一种对homo religiosus(宗教的人)的。上帝的全部律法和全部福音以同样的方式属于所有的人。有一种不同意见称，教会要求在世上维持正义、财产、婚姻，但要求基督徒放弃这一切；在世上必须行报复、施暴力，但在基督徒那里必须讲饶恕，无律法，——这一异议旨在基督徒的双重道德，流传很广，它是从对上帝之言的错误理解出发的。如果十诫对以上帝的名义维护人的生命、婚姻、财产、名誉权利感兴趣，这也并不意味着，这些法律制度本来就有绝对的神性
价值，而只意味着，上帝要在这些法律制度之中和之上单独受尊敬 381
和崇拜。因此，十诫的第二块石版永远不得同第一块石版分开。(280)
即是说这些制度不是同耶稣基督的上帝并列的第二个神圣权威，而是耶稣基督的上帝要求服从的地点；在上帝的话里关系到的不是这些制度本身，而是在这些制度中的信仰服从。耶稣召唤人们追随他放弃自己的权利，奉献生命、婚姻、名誉、财产，为了同耶稣在一起的缘故，这召唤也不是立一块新的绝对价值表(Wertetafel)，好比取代自我肯定的自我否定；因为在十诫里也无一处涉及自我肯定；而只涉及上帝的权利和名誉。对于耶稣来说，同十诫一样，也涉及对上帝的具体的服从；恰恰在为了上帝的缘故而对自己的权利、财产、婚姻的放弃中，比在对自己的权利的维护中(这容易掩盖上帝的权利)，这些赏赐的真正本源，亦即上帝本身，会受到更

高的崇敬。耶稣要求那个富有的青年放弃他的权利中的一项，恰恰让人看清，他“从少年时起就遵守十诫”并非对上帝的服从，而是在维护所谓的神圣秩序中间无视又真又活的上帝（太 19:16 以下）。十诫和登山宝训因而不是两种不同的伦理理想，而是要求服从上帝和耶稣基督之父的同一种召唤。在对上帝的信仰中负责任地肯定财产制度，本质上无异于在对上帝的信仰中放弃财产。“争取权利的斗争”和“放弃权利”原本都不是教会宣告的固有的对象，但是在信仰里，前者如同后者都是服从唯独属于上帝的权利。所
382 以，没有为世界和为基督徒的双重价值表，上帝要求一种信仰和服
(281) 从的话是针对所有人的。在对世界的宣告中偏重争取权利的斗争，在对会众的宣告中偏重放弃权利，这也是错误的。两者都针对世界和会众。登山宝训不是治国之道，这种说法源自对登山宝训的误解。领导一个国家也可以一边斗争着和放弃着，一边敬神，教会的宣告只涉及敬神。教会的任务绝不是对国家宣讲自我保存的自然本能，而是唯独宣讲服从上帝的权利。两者不是一回事。教会对世界的宣告始终只能是在律法和福音中的耶稣基督。第二版不得同第一版分离。|

III. 由于教会召唤个别人和各民族信仰和服从在耶稣基督中的上帝的启示，它同时也就标志着一个空间，在这空间里，至少不会使这种信仰和这种服从成为不可能。这个空间由十诫划定范围。在没有逾越十诫迹象的地方，那里至少不会有阻碍信仰的冒犯和丑闻。教会虽然不能宣告从对耶稣基督的信仰中必然会产生的具体的尘世秩序，但是它能够和必须反对意味着冒犯对耶稣基督之信仰的任何一种具体的秩序，并且由此至少从负面为一种秩

序划定界限，在这界限之内，耶稣基督可以被人信仰与服从。十诫
以最一般的形式定下这些界限，这些界限必须一再重新 in con-
creto)(具体地)标明。在教会必须对诸世俗制度所讲的一切中，383
教会对耶稣基督的来临只能起铺路作用，而耶稣基督的真实的来 (282)
临，在于基督自己的自由和恩典。由于耶稣基督来到过并且又在到来，因此，必须在世界各地为他铺平道路，教会也仅仅因此而同诸世俗制度打交道。唯独从基督的布道中产生教会关于诸尘世制度的话，但是，没有教会自己的、本来就有效的关于不依赖于对基督的信仰而要求承认的永恒秩序和自然与人类权利的学说。只有来自基督亦即来自信仰的人权和自然权利。

IV.在这里提出的问题：世界和人是否确实仅仅为了对耶稣基督的信仰而存在，在下面的意义上可以给予肯定的回答，即耶稣基督曾经为世界以及为人而存在过，就是说，在一切都对准耶稣基督的地方，世界才确实成为世界，人才确实成为人(据太 6:33)。正是在这种认识中，即被造万物为了基督的缘故而存在并且存在于基督之中(西 1:16 以下)，世界和人才被完全认真地对待。

V.在这些前提下，才有教会的特定兴趣，不仅对信仰的 punctum mathematicum(数学家观点)，也对经验事实、在世俗问题上的特定意向的形成以及特定的尘世状况。例如有特定的经济
和社会意向(Wirtschafts-und Sozialgesinnungen)以及经济和社
会状况，它们阻碍对基督的信念，也就是说，破坏世界上真正的人 384
的本质。例如资本主义、社会主义、集体主义是否是阻碍信仰的经 (282)
济形态这个问题。对于教会来说，这里有一种双重态度。教会一方面必须从负面划定界限，以上帝之言的权威，宣称这样的经济意

向或形式是应摒弃的，它们显然阻碍对耶稣基督的信仰。另一方面教会可以从正面，不是以上帝之言的权威，而是以基督教专家负责任的建议的权威，对一种新秩序作出它的贡献。这两项任务必须严格加以区分。第一个任务是职司的任务，第二个是执事团(Diakonie)的任务；第一个是神圣，第二个是应世的；第一个是上帝之言的任务，第二个是基督徒生活的任务。但在这里也适用的是：doctrina est coelum, vita est terra(教义是天，生活是地)(路德)。

VI. 由此出发，屡屡探讨的诸世俗制度的自律问题也就迎刃而解了。强调例如国家的自律，具有其与教会的神权统治(Theokratie)的他律(Heteronomie)相对立的意义；然而，在上帝面前没有自律，在耶稣基督中显现的上帝的律法才是一切尘世秩序的律法。每一种自律的界限显现在教会对上帝之言的宣告里，在经济、国家等中的上帝的律法的具体形态，必须由负责任地在这些领域中工作的人认识并寻获。如果没有被误解的话，在这里可以谈一种相对的自律。

VII. 理性——受造物的律法——实存者 * |

* 未完。——原编者注

五　何谓说真话？ 385

从我们一生中掌握语言的那一刻起，人家就教导我们，我们说的话必须是真的。这是什么意思呢？何谓“说真话”？这向我们提出了什么要求？

不言而喻，首先是父母，他们借对诚实（Wahrhaftigkeit）的要求安排我们同他们的关系，与此相应，这种要求首先以及在父母所认为的意义上仅仅只同家庭的最狭小的圈子有关。进而必须注意，在这种要求中所说的关系，不易颠倒过来。孩子对父母的诚实有别于父母对孩子的诚实。小孩子的生活在父母面前是无遮掩的，孩子的话应透露所有隐蔽的和秘密的事情，而倒过来，就不是这样了。所以，在涉及诚实时，父母对孩子的要求不同于孩子对父母的要求。

由此可见，“说真话”的含义因人所处的地位不同而不同。必须考虑具体的关系。必须提出这样的问题：一个人是否有理由以
及以何种方式才有理由要求另一个人说符合真相的话？父母和孩 386
子之间的话，按其本质，不同于男人和妻子之间、朋友和朋友之间、(284)
教师和学生之间、政府和臣民之间、朋友和敌人之间的话，同样，在

这些话里所包含的真理也各不相同。

当即可提出异议说，大家有义务讲符合真相的话，但不是对这个人或者那个人，而唯独对上帝。这一抗辩是正确的，前提是我们不忽略以下这点：上帝非普遍原则，而是活生生的，他曾把我置入活的生命，并在他之中要求我服务。谁讲到上帝，谁就不可把他生活在其中的现存世界简单地一笔勾销；要不然的话，他所说的就不是在耶稣基督|之中进入世界的上帝，而是某个形而上的偶像。关键恰恰在于，我如何使我有义务对上帝讲的、符合真相的话在我有着多种多样关系的具体生活里生效。我们对上帝负有义务说符合真实的话，这在世界上必须采取具体的形态。我们说的话不应原则上而应具体地符合真相。不具体地与真相相符，在上帝的面前根本不是与真相相符。

所以，“说真话”不仅是道德品行的事情，而且也是正确认识和认真思考诸真实处境这样一件事情。一个人的各种生活处境越是多种多样，对他来说，“说真话”就变得越要负责任，也越困难。只生活在单一关系、亦即同其父母的关系中的孩子，还没有什么事情需要考虑和权衡。他入学后进入第二个生活圈子，这就给他带来了最初的困难。因此，父母以某种——这里不详加讨论——方式
387 使孩子们懂得这些生活圈子和孩子的各种责任的不同，这在教育
(285) 上是十分重要的。

所以，说真话是需要学习的。有种人听了会觉得可怕，他们认为，这只是道德品行的事，只要道德品行无可指摘，其余的一切就都是轻而易举的事了。但是伦理不能脱离实在，情况就是这样，所以，越来越好地学会认识实在，是伦理行为的一个必要的组成部

分。我们正在讨论的问题,就是说话中的行为。要在话语里说出实在者(das Wirkliche)。此即符合真相的讲话。但随之不可避免地要提出这个问题:话语是“怎样的”?事关每一种情况下的“正确的话语”。要找到它,是需要依据对实在者的经验与认识,长期地、认真地、不断地加强努力才能做到的事情。为了说出一事物的真实情况是怎样的,即为了符合真相地说话,目光和思想必须对准这个方向:实在者如何在上帝之中、通过上帝以及归向上帝。

把符合真相的讲话这个问题局限于个别冲突情况,这是肤浅的。我讲的每一句话都处在“应是真的”这个规定之下:完全撇开我讲的每一句话的内容符合真相这一点,在我所讲的每一句话里所表达的我同另一个人的关系就已经有真|假之分。我可以谄媚,我可以自负,我也可以虚伪,却没有说过一件假材料,可是我的话不是真话,因为我破坏并割裂了夫妻或者上下级关系的实在性。个别的话始终是要在话里表达的某一实在整体的一部分。我同谁

说话,谁问我,我说什么事,根据这些不同的情况,我的话也要有所 388
不同,如果我想让我的话符合真相的话。符合真相的话并非本身 (285)
就是恒量,而是像生活本身那样生动的。倘若符合真相的话脱离生活,脱离同另一个具体的人的关系,倘若“说了真话”却不注意我对谁说真话,那么,真话也只徒有其表,而无真话的本质。

要求随时随地对任何一个人都以同样的方式“说真话”,在此要求下,只显现真话的一尊死的偶像,这就是犬儒学者。他在自己头上添上狂热追求真话者的灵光圈,这种人丝毫也不顾及人的弱点,他破坏人与人之间活的真理。他伤害羞耻心,使秘密非神圣化,破坏信任,背叛他生活在其中的团体,傲慢地嘲笑他一手造成

的废墟场，嘲笑人“无法忍受真相”的弱点。他说，真话是破坏性的并且要求牺牲品，他自觉如上帝一般高踞于软弱的造物之上，却不知道，他正在为撒旦服务。

有一种撒旦的智慧(Satansweisheit)。其本质是，它在真话的外表下否定真实的一切。它靠对实在者，对上帝所创造、所爱的世界的憎恨存活。它给人以假象，仿佛它进行了上帝对堕落的实在者的审判。但是，上帝的真话出于爱论断造物，撒旦的真话出于嫉妒与憎恨而论断造物。上帝的真话在世界中变成肉身，活在实在者里，撒旦的真话是一切实在者的死亡。

活的真理这个概念是危险的，并且让人怀疑：能够而且可以让
389 真话适应每次不同的处境，这样一来，真话这个概念完全被取消，
(286) 谎言(Lüge)和真话不可区分地相互靠拢。关于必须认识实在者所说的话，也可能被误解，仿佛我打算告诉另一个人多少真实，取决于对此人的精于|算计的或者教师般的态度。注意这种危险，是重要的。可是，抵御这种危险的可能性，不在于别的，偏偏在于对每次不同的内容与界限的专注认识，实在者甚至为陈述规定了这种内容和界限，旨在使陈述成为符合真相的陈述。我们永远不可为了存在于活的真理里的这种危险的缘故而放弃这个概念以有利于形式上的、犬儒学派的真话概念。

我们必须尝试形象地向自己展示这一点。每一句话都活着并且定居在一个特定的范围内。在家庭里的话不同于在办公室里或者在公众中的话。在个人关系的温暖中诞生的话，会冻死在公众的寒冷空气里。源自公职的命令的话，在家庭里会剪断信任的纽带。每一句话应当有并保持其自身的场合。在报纸和广播里公众的话剧增的结果，便是不再能明确地感觉到不同的话的本质和界限，例如个人的话的特性几近灭绝。喋喋不休取代了真心话。话不再有分量。话讲得太多。如果不同的话的界限消失，如果话变成无根又无家的，话就失真，随后几乎必定会产生谎言。如果不同的生活秩序不再相互尊重，那么，话就不会是真的。但举一例：教 390
师在全班学生面前问一个孩子，他的父亲经常喝醉酒回家，这是不 (287)
是真的？这是真的，但是，那个孩子否认此事。教师的问话把他置于一个他还没有能力应付的境地，他只是感到老师这样问是非法侵入家庭秩序，他非抵御不可。家庭里发生的事情，不该当着全班学生的面来问。家庭有它自己的秘密，它必须保守这种秘密。这位教师轻视这个秩序的实在性。这个孩子必须在他的答话里找到一种途径，以同样的方式维护家庭的秩序和学校的秩序。但他还力不能及，他缺乏经验、知识以及适当表达的能力。他只好对教师的问话做了简单的否认，他的答话虽说不是真的，但同时却给真话一种表述方式，家庭是 sui generis（自成一类的，特殊的）秩序，教师无权闯入。虽说可以把这个孩子的答话叫做谎言；但这谎言里含有更多的真理，就是说，与他在全班同学面前披露他父亲的弱点相比，这谎言是更加符合实在的。按照其认识程度，这个孩子采取了正确的行动。说谎的耻辱只能归到教师身上。若是这个孩子换成一个有阅历的人，他就会斥责发问的人，又避免作形式上违背真相的回答，并由此而找到了在这种环境之下的“正确的话”。孩子们的以及无阅历者的谎言，其原因经常在于，他们被置于他们没
有能力判断的环境之前。谎言这个概念，常被正确地理解为某种 391
完全卑劣的事情，因此，把这个概念如此普遍化以及延伸，致使它 (288)

同每一个形式上违背真相的陈述的概念重合，乃是不明智的。这里已经表明，要说出谎言究竟是什么，这有多么困难。

思与言（Denken und Sagen）之间有意识的矛盾是谎言。这个流行的定义是极不充分的。例如毫无恶意的愚人节玩笑（Aprilscherz）也被归入这个概念。源自天主教道德神学的“诺谑谎言”这个概念，消除了谎言的严肃和恶意这一关键性标志（它又倒过来消除了谐谑的天真游戏和自由这个关键性标志），因此这个概念之不成功是可想而知的。谐谑同谎言毫不相干，故而两者不可合在一起。如果说，谎言是有意识欺蒙他人使之受损，那么，例如在战争中或者在类似环境下对敌手的必要的迷惑也得归入谎言。（康德自然讲过，他极为自尊，所以从不说假话；但他下面的解释又无意中将不说假话推到荒谬的地步，他解释说，甚至面对前来寻找躲在他家中的一个朋友的一名罪犯，他也会感到有义务作出符合真相的答复）。如果把这类行为态度都称作谎言，那么，谎言由此就得到一种道义上的成圣和称义，而这无论如何也是同这个概念相矛盾的。由此可见，首先，不可在形式上以思和言之间的矛盾来给谎言下定义。这种矛盾甚至连谎言的必然组成部分也不是。有一种在这|方面完全正确的、无可非议的讲话，这种讲话却是谎言；例如，当一个尽人皆知的撒谎者为误导而讲了一次“真
392 话”时，或者，当有意识的模棱两可潜伏在正确的外表之下或者关
(288) 键性的真话被有意识地掩藏时。沉默也可能是谎言，虽然并不必然如此。

由此可见，谎言的本质隐藏在比思与言之间的矛盾深得多的地方。可以说，站在话背后的人，把话变成谎言或者真话。但是，

这样说也不够;因为谎言是属客观的东西,必须相应地加以规定。耶稣称撒旦为"谎言之父"(约 8:44)*。谎言首先是否认曾向世界证明自身的上帝。"谁是说谎话的呢?不是那不认耶稣为基督的吗?"(约一 2:22)。上帝在基督中说的话乃创世之源,谎言就是同这上帝的话的矛盾。谎言因此是对如上帝所造并在于上帝的实在的否定、否认以及故意和存心破坏,不论是通过说话还是通过沉默。我们的话有这种目的,在与上帝之言的统一中说出如在上帝之中的实在者,我们的沉默应是由如在上帝之中的实在者给话所立之界限的标志。

在努力说出实在者时,我们所遭遇的实在者不是作为一个统一的整体,而是处在与自身分裂与矛盾、需要和解和拯救的状态中。我们置身于实在者的不同的秩序中,致力于实在者的和解与拯救的我们的话,一再被拽入现存的不和与矛盾中。它只能在下述情况实现其规定,说出如在上帝之中的实在者,即我们的话既要
接纳现存的矛盾又要接纳实在者的关联。人的话,如果它应当是 393
真的,就既不可否认堕落,也不可否认一切不和在其中被克服的、(289)
上帝的创造与和解的话。犬儒学者想由此使他的话成真,他每次都在无视实在整体的情况下说出他自以为认识到的个别事物,他恰恰因此而完全破坏了实在者,他的话也成为非真的,尽管它有表面上|正确的假象。"现存的一切,皆遥远而且很深,谁想找到它呢?"(传 7:24)**。

* 和合本作:"说谎之人的父"。——译注

** 和合本自:"万事之理,离我甚远,而且最深,谁能测透呢?"——译注

我的话如何才会是真的呢?

1.由于我在认识谁引发我说话以及什么给我说话的资格。

2.由于我在认识我现在所站的地点。

3.由于我把我正谈及的那个对象置于这种关联之中。

在这些规定中,首先默认为前提的是,说话总处在诸特定条件之下;说话不是在延续的流动中伴随自然的生命进程,而是有其场所、时间、使命,因此也有其界限。

1.谁或者什么使我有资格或者引发我说话?没有资格也没有动因而说话的人,是饶舌者。因为在每一句话里涉及与另一个人的以及与一事物的双重关系,所以,这种关系在每一句话里必定是明显的;一句没有关涉的话是空话;它不含有真理。在这里有着思和言之间的本质区别。思原本同另一个人没有必然的关系,只同一事物有关系。要求言所思,这种要求本身是完全没有根据的,即没有资格提出的。言必须由另一个人授予资格和给予动因。例如:我可以在思想里认为另一个人愚笨、长得丑、无能、无品行,但
394 也可以认为他为人聪明或者有品行。但是,我是否有资格以及是
(290) 什么引发我说出这些以及当着谁的面前说出这些,这是完全不同的事。从授予我的职司中无疑会产生说话的资格。父母可以责备或者称赞孩子,相反,孩子对父母却没有资格责备与称赞。类似的关系存在于师生之间,虽说在孩子们面前教师的权利与父亲的权利相比是较有限的。所以,教师对学生的批评或表扬必须限定在具体的错误或成绩上,而品行的总体评判则不是教师的事,而是父母的事。说话的资|格始终在我的具体职司的界限之内。一旦逾越这些界限,话就变成强求的、狂妄的,不论是责备还是称赞,都是

冒犯。有这样的人，他们觉得自己有资格对遇到的每一个人——以他们的措辞来表达就是——“说真话”。*

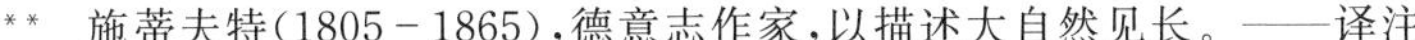

* 未完。在1943年12月的一封信里谈及该问题：“关于自己的惧怕（空袭）——不久前我写信告诉过你——的讲话，我也思考了一番。我相信，在诚实的外表下，有些东西被假充作‘自然的’，从根本上说却是罪孽的征兆：这确实酷似公开谈论性爱。‘说真话’并不意味着，把现有的一切都揭示出来，上帝自己为人制造了衣物（创3:21），就是说。in statu corruptionis（在堕落状态中）人身上的许多东西应该一直遮蔽，恶即使不能铲除，也应该被遮蔽起来；暴露是犬儒学派的；如果犬儒学者也自以为特别诚实或者作为追求真话的狂热者而出现，他依然会绕过一句关键性的真话，即自从堕落以来，必有遮蔽和秘密。我以为，施蒂夫特（Stifter）** 的伟大在于，他放弃闯入人的内心，他尊重遮蔽，在某种程度上只是极为谨慎地不是从内部而是从外部去观察人。他不怀任何好奇心。有件事给我印象至深，某太太心惊胆战地给我讲述一部影片，里面用快动作表现一种植物的生长；她和她的丈夫忍受不了，因为这是非法闯入生命的秘密。这正是施蒂夫特的观点。但是，由此出发不也是一座通往有人用以同德国人的‘诚实’对置的英国人的‘虚伪’的桥梁吗？我相信，我们德国人从未正确理解过‘遮蔽’的意义，亦即其实从未正确理解过世界的statws corruptionis（堕落状态）。康德有一次在*Anthropologie*《人类学》里讲得非常好：谁误认和否认世界上外表的意义，谁就是人类的叛徒。尼采说：‘任何深刻的心灵都需要一副面具。’依我之见，‘说真话’意指：说某物在实在中是怎样的，即对秘密、信任、遮蔽表示尊重。如‘泄露’（Verrat，叛卖）就不是真话，轻浮、玩世不恭等等同样也不是。被遮蔽的只可以在忏悔时，即在上帝的面前被公开。”（参见页25注。）——原编者注

** 施蒂夫特（1805－1865），德意志作家，以描述大自然见长。——译注

第九版后记 397

我们把朋霍费尔的著作纳入“读—画”[*]系列(已出版的有:《团契生活》、《基督论》),每次附一篇后记,介绍有关著作的产生、来源和影响史。现在,《伦理学》在其第八版售罄后也被纳入此系列了。但这一版——第九版——放弃了详尽的后记。关于形成史和最初的接受情况,可参阅以前各版的前言以及我写的传记中的陈述(见 E. Bethge ,*Dietrich Bonhoeffer. Theologe*,*Christ*, *Zeitgenosse*《朋霍费尔:神学家、基督徒、同时代人》,1978[4][*] ,803－811)。

有一段时间,无论在德国还是在美国,都有人在集中探讨朋霍费尔的《伦理学》,此后便有了眼前的这个新版本。这本书在朋霍费尔受人注意的最初数十年内相对而言几乎未受重视。自 70 年代以来,随着对朋霍费尔的生平以及他参与谋杀希特勒内情的进一步了解,学者和一般读者对这部未完成著作的兴趣日增:这些残篇究竟在何种程度上是传统的?新内容是什么?它们在何种程度上反映了朋霍费尔同当代历史的纠葛以及有关的特殊经验?还活着的同时代人,在确定语义场所和观念类型在时代事件中的位置时,在后人只看到抽象论证的段落中,能识别什么? *341*

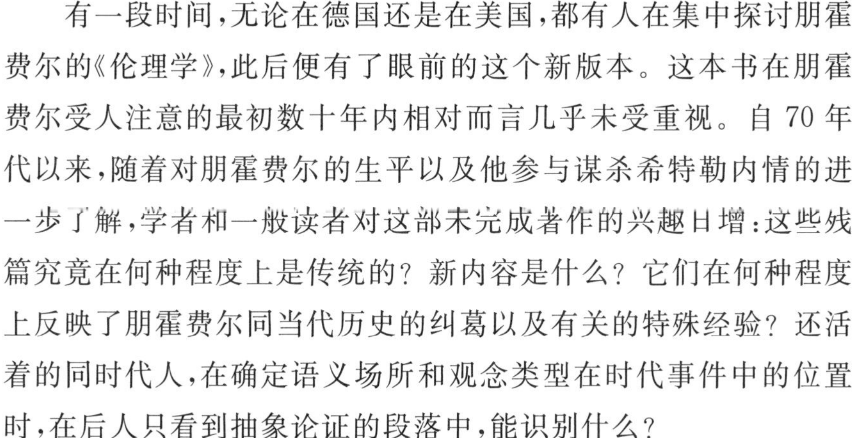

这不仅仅与战争年代以及反对希特勒的密谋有关;举例说,在

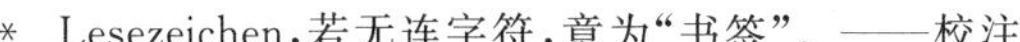

* Lesezeichen,若无连字符,意为“书签”。——校注

“责任所在”这一章中(页 276)涉及一件事,这是我不久前才弄明
398 白的;1931 年轰动一时的“斯科特博罗”(Scottsboro)案件,一件司法丑闻,不久前,美国新闻界旧事重提,因为佐治亚州打算“补偿”那九位受到不公正判决的有色人的幸存者中的一人。当时逗留在纽约的朋霍费尔密切注视事件进程并且显然——可惜徒劳地——力请他的教会领导(是迪贝柳斯[Otto Dibelius]?)干预。

在这位热情的思想家,从宗教改革的遗产出发研究基督论的伦理家身上,尤其在他的神学研究和他为反对大屠杀而参与颠覆计划这两件事相交汇的时候,究竟发生了什么事?我们如何以及在何处可以发现这种交汇?我们又可以从中为当前的伦理学方案获得哪些结论与教训?

我们无论如何可以由此预计到,在未来的几年内大西洋两岸会产生对《伦理学》的重要研究工作。美国的朋霍费尔协会在格林(Clifford Green)领导下已经把工作集中在研究《伦理学》上。该协会打算细致地检查原稿以及《伦理学》未完成稿迄今为止的编排,如有可能就提出修改建议。这些工作是在同德意志联邦共和国的朋霍费尔委员会学术顾问组接触的情况下进行的。该学术顾问组计划出版《朋霍费尔全集》,第一步就是发行新版《伦理学》,新
399 版将增加未发表的一百多份笔记,增加时代背景联系方面的说明以及事项注释。

该计划的《伦理学》版本尚需若干同人的鼎力相助,它还将包括一篇新的详尽后记,说明关联、来源与影响史。

贝特格

1981 年 3 月

增补附录

编年版编者前言

一

“请允许我再次以这种方式占用您的时间，我不过想尽快把我的问题解释清楚。……这样，您，尊敬的最高军事法庭顾问(Oberkriegsgerichtsrat)先生，就会理解和解释清楚到底是否犯下了错误，如果是，那么是谁犯下的。这些问题对于我的职业、亲属和我自己都至关重要。按您的说法，您怀疑我拒服[兵役]是为躲避盖世太保，它曾于1940年9月下达命令禁止我发表言论并要求我定期报到。……我为避免更多可能发生的冲突，引退到巴伐利亚山中去做一项庞大的研究工作，并按规定将此事向盖世太保做了汇报，因此在这一项上不会再有任何问题。因为教会方面告诉我，大家都多少希望我能继《追随基督》一书之后再写一部关于‘新教具体伦理学’的专著，也因为我作为神学家一直都主要在学术领域工作，所以我便可以用自己的工作取悦于教会。”* 这就是泰格尔(Tegel)军事监察监狱(Wehrmachtuntersuchungsgefängnis)中在

* 1943年夏DBW16,408—410。

押犯朋霍费尔写给监察总管、最高军事法庭顾问罗德博士(Dr. Manfred Roeder)的书信摘录。1943 年 4 月到 8 月罗德在柏林帝国军事法庭主审朋霍费尔案件。朋霍费尔试图通过恰当的斡旋向他掩饰自己家族中曾有三位成员参与了策划和谋杀希特勒的行动,他自己、妹妹克利斯蒂纳、妹夫冯·多纳伊(Hans von Dohnanyi)于 1943 年 4 月 5 日被捕。他在精心构思的解释中加进了真实且很有分量的内容。他确实在继《追随基督》之后撰写"新教具体伦理学"。*

在 1943 年 11 月 18 日从泰格尔监狱秘密递出来第一封朋霍费尔写给贝特格(Eberhard Bethge)的信中写道:"我为没能完成《伦理学》而自责(有部分很可能被没收)"。** 12 月他又写道:"我有时感到自己的生命已多多少少走到了尽头,剩下的只有写完我的《伦理学》。"*** 整个服刑期间他都在思考"伦理学"论题,比如 1943 年夏写作戏剧片断时遇到的"上层与下层"问题、1944 年初"19 世纪的德国"问题,由此可以看出他对狄尔泰颇有研究。**** 父亲卡尔·朋霍费尔在给贝特格的一封信中写到,朋霍费尔"现在"——即 1944 年夏——正在"为他的伦理学研究"狄尔

* 参阅 DBW 16,410,本卷页 86—87 。

** 18. 11. 1943 WEN 147 。

*** 15. 12. 1943 WEN 182。

**** 参阅 2. 2. 1944 WEN 229,Christian Gremmels(见 *Mündigkeit*《成年》)和 Ernst Feil(参阅 *Die Theologie Dietrich Bonhoeffers*《朋霍费尔神学》,页 355-368 等)都研究过朋霍费尔对狄尔泰的接受。

泰。[*] 朋霍费尔 1944 年 8 月为一篇计划“不超过一百页”的论文写作〈基督教现状〉(Bestandsaufnahme des Christentums)一节时,针对贝特格提出的问题解释到,这篇小型论文“从某种意义上讲可作为一部大型论著”——“伦理学”——的“绪论或一部分”。[**]

在朋霍费尔的神学—教会活动生涯中,“伦理学”意味着尝试将所获认识与痛苦经历相结合,并置于与时代相结合的神学前提之下。他把伦理学认作“生命之任务”。[***] 人们可以在《伦理学》手稿中看到不畏艰难、追求新纲领的精神,这一新纲领应把神学继续引向前进,并为希特勒以后欧洲和德国的生活开启新的视野。

正在写作期间,朋霍费尔 1943 年 4 月 5 日被捕。贝特格在其写字台上发现的草稿,1940 年以来形成的《伦理学》笔记以及朋霍费尔最后写成、并曾被盖世太保临时没收的手稿都被隐藏起来,渡过了第三帝国末期的战乱和危险。战后不久贝特格就曾说道:“我真是心急如焚:要是朋友们和神学界马上就可以读到朋霍费尔在纳粹特殊环境中的……远见卓识”以及他向新世界挺进的努力,该多好![****] 早在 1945 年 8 月教会的特莱萨(Treysa)会议上,贝特格就与凯泽出版社(Chr. Kaiser Verlag)联系。他是陪同迪贝柳

* 30.7. 1944 WEN 409,朋霍费尔当时在读狄尔泰的 *Weltanschauung und Analyse des Menschen seit Renaissance und Reformation*《文艺复兴及宗教改革时期世界观与对人的分析》及 19 世纪 90 年代论文集锦。

** 23. 8. 1944 WEN 413 ,此外还有一篇论文 WEN 413 的草稿。

*** E. Bethge, *Dietrich Bonhoeffer* (=DB),页 804。

**** E. Bethge, *In Zitz*《在齐捷没有犹太人》,页 250 - 251。(详细资料可参“文献书目”。——编注)

斯一同参加会议的。* 新任出版社社长毕辛尔(Fritz Bissinger)是'搭车'来参加会议的,那时公共交通系统尚未正常运转,他是躺在运煤的货车上来的。

贝特格为出版手稿做了整理和识读等准备工作,在此期间得到了朋霍费尔父母卡尔和保拉·朋霍费尔"充满殷切希望的关注"。"两人不断询问我的进展,他们当然很清楚,对于迪特里希来说《伦理学》何等重要。"** 奇彻斯特的贝尔主教(George Bell von Chichester)也表现了极大关注,他曾是朋霍费尔的忘年交。受英国主教激励,在柏林还有曾任命贝特格为发言人的迪贝柳斯主教。林德纳女士为《伦理学》所有稿纸的暂定顺序和成文提供了很大帮助。1949 年编本出版,贝特格的前言署明日期为 1948 年 4 月 9 日,即朋霍费尔牺牲 3 年纪念日。

贝特格曾于 1935 至 1937 年间经历了朋霍费尔在芬肯瓦德神学院(Finkenwald)撰写《追随基督》的整个过程,但他却只是断断续续经历《伦理学》手稿撰写过程。他从《追随基督》一书的创作过程得知:"朋霍费尔的著作不是按一个确定不变的大纲一章章写下去的,而是由许多单章论述逐渐构成的整体。"*** 因此在排版时,就需要把一些未完成章节或计划好却并未开始写作的章节有理有

---

* 参阅 E. Bethge,*Otto Dibelius*《奥特·迪贝柳斯》,页 187。(详细资料可参"文献书目)"。——编注

** E. Bethge,《在齐捷没有犹太人》,同前,页 252。朋霍费尔主要在手稿"论自然之生命"中论述了困扰着作为第三帝国中医生的父亲 Karl Bonhoeffer 遇到的许多问题,参阅页 209—211(强迫绝育);又见页 293—294,早期关于《伦理学》的评论为数不多,其中一篇发表于 *Der Nervenarzt* 杂志 1950 年第 9 期。

*** E. Bethge,1948 年 4 月 9 日的前言,重印于重新编排的 E6 版,页 11—12。

据地安排好先后顺序。朋霍费尔为《伦理学》写了众多草稿，在其中一张上贝特格识别出一系列已成文手稿的标题。林德纳为次序混乱的草稿编了号，她将这张编为38号。贝特格按38号草稿上手稿标题顺序编排了第一版。但草稿标题却只囊括了部分手稿。贝特格按照自己当时对其形成过程的推测替剩下的部分安排了前后顺序。* 他小心谨慎地指出："这部书并非朋霍费尔本想发表的伦理学专著"。它们只是"警察有可能攫取之前，可能已经被藏在某个安全的地方，这些就是部分书稿。"** 但到了1948/1949年，贝特格却决心把整部书中各部分，即朋霍费尔伦理学的残稿公布于众。

出版后，贝特格遇到的"首先是失望，因为此书并未像我预测的那样引起业界（几乎无任何评述）和广大读者的关注。"*** 对朋霍费尔的兴趣最主要是由贝特格和凯泽出版社1951年大胆以《抵抗与顺服》(*Widerstand und Ergebung*，中译本为《狱中书简》)为标题出版的狱中书信和札记引起的。它们在世界基督教界及其他领域广泛传播，影响超过了几乎所有德语神学家的著作。**** 此后对《伦理学》的兴趣竟也与日俱增。

《伦理学》第六版出版时，"关于狱中书信中朋霍费尔神学发展

* 1949年E1的排版与1963年改变后的E6排版对照参见页470的对照表。

** E. Bethge，1948年4月9日前言，E6，页11。

*** E. Bethge，《在齐捷没有犹太人》，同前，页253。

**** 参阅 Andre Duma 的说法（见 H. E. Tödt 等编的贝特格的信札及文章，载 *Wie eine Flaschenpost*《浮瓶传信》，1979，页127）："他的信件，从模糊不清中显露出来，如同装在瓶子中投入海水的信，终于到达收信人的手中。"

的讨论"已全面展开。* 人们推测朋霍费尔是朝着一个固定方向发展的,即"从教会走向世界"。** 贝特格试图提出一种理论,他认为1939至1943年间朋霍费尔曾多次准备扩充其《伦理学》。他试图通过颠倒《伦理学》手稿顺序来"按时间先后顺序展示朋霍费尔四次不同的准备工作"。*** 他在前言中明确指出,人们不可能为所有手稿标出详细日期。他将"上帝的爱和世界的瓦解"一章置于开始部分,并证明说它与1937年《追随基督》最为接近。对朋霍费尔发展过程的这一推测对以后的研究起了决定性作用,因为说它与《追随基督》相近就意味着还在教会处徘徊,未踏上走向世界之路。这章手稿到底是不是为《伦理学》著作所作的开篇准备,贝特格的前言还带有隐约的怀疑。不同开篇准备的说法违背贝特格的初衷,引出了不同的结论,即认为不同的开篇可能会引出不同的伦理学著作,后来的开头大概会代替以前中断的开头。朋霍费尔《伦理学》便按1963年第6版中的排列传播开来。****

80年代才又重新开始研究《伦理学》原始手稿,尤其是排列顺序问题。格林1980年在牛津国际朋霍费尔研讨会上的报告引发

* E. Bethge,1962年7月E6版前言,页14。

** Hanfried Müller博士论文的标题,成书1961年出版,此标题受Heinrich Vogel的启发。

*** E. Bethge,E6版前言,页14。

**** Chr. Kaiser出版社,1988年第12版,译文:英语1955年,丹麦语1959年,法语1965年,1989年第3版,西班牙语1968年,意大利语1969年,1983年第3版,葡萄牙语1988年,E6英语版1964年起由不同出版社出版。16卷的DBW著作集英语版*Dietrich Bonhoeffer Works*1996年后由Fortress Press,Minneapolis出版,DBW 6意大利语1995年由Editrice Queriniana,Brescia作为由Alberto Gallas编辑的八卷本(DBW 1-8)*Opere di Dietrich Bonhoeffer*《朋霍费尔著作》中一卷出版。

了这一研究。费尔(Ernst Feil)1981 年年底在哈勒(萨勒河畔)的报告中提出,朋霍费尔不可能在 1940 年 5 月以前开始《伦理学》的写作。1982 年莫泽(Peter Möser)写下了对《伦理学》新版的几点看法,格林与他进行了书面讨论。格林在自己的研究中加进了对原始草稿的看法。1985 年在贝特格的协助下安辛尔(Herbert Anzinger),特别是托特(Ilse Tödt)对所有"伦理学"稿件连同其中所有涂改进行了识读。* 在此期间,人们已可以于科布伦茨(Koblenz)联邦档案馆查阅朋霍费尔《伦理学》稿件,到 1985 年年底,所有遗稿都被保存在缩微胶片上。**

下一步工作就是尽可能客观、不受任何解释理论左右地编排《伦理学》手稿顺序。人们有意识地放弃了主要按内容逻辑编排的论证模式。应避免像《伦理学》第六版那样按某种理论编排的误区。起关键作用的应为《伦理学》稿件中的客观现象。外在的、格式上的标记以及集中于此的洞察的目光如同侦破案迹一样,具有重要意义。

一百多张《伦理学》草稿纸提供了大量证据。在出版第一版《伦理学》手稿的准备工作中,它们已被按 1-123 编号。90-99 号被空出来,留待以后可能的补充。后来情况证明,草稿中的一部分并不属于《伦理学》手稿,比如 122 号连页稿纸上的笔记,事实上是

---

* 见 C. Green 的全面介绍,*The Text of Bonhoeffer's Ethics*《朋霍费尔伦理学的文本》。

** 参阅 Dietrich Meyer 与 Eberhard Bethge 共同编定的 *Nachlaß Dietrich Bonhoeffer*《朋霍费尔遗物》目录,NL 标志着遗稿卷宗,NLA 意思是朋霍费尔写下的稿件,《伦理学》稿件在 NL A 71-75 中;71 和 72 收藏的是手稿,73-75 收藏的是《伦理学》草稿。

1943年年底在泰格尔狱中写的论文“何谓说真话”的残稿所作。[*]相反，有张“泰格尔”草稿[**]反而属于《伦理学》手稿。贝特格于1943年4月朋霍费尔被捕后在其写字台上收集并标上“写字台”字样的25张《伦理学》手稿，都获得了很高编号。除此之外，草稿编号与写下笔记的顺序间并无任何关系。1985年的重新识读以后，人们在各张草稿间、在草稿与《伦理学》手稿间以及在它们与朋霍费尔遗稿的各种文字间，按内容和外观做了多次比较。由此可以看出一些它们形成的先后顺序。将草稿与《伦理学》联系起来的做法，对复原手稿的写作顺序很有帮助。[***]

我们已识别出1940/1941年冬写成的手稿详细的形成情况，因为朋霍费尔在这段时间的信件中讲述了工作进展过程。[****] 可以确定的还有朋霍费尔被捕前不久形成的几组手稿，它们的稿纸上写有连续的编号，最后几张放在写字台上。托特通过把对手稿本身的观察与对草稿的观察联系起来，得出了剩余手稿的先后写作顺序。

作为依据的比如有用过的稿纸。贝特格在最初的整理中就依据钢笔水和纸张型号记录了不同稿纸种类。他在朋霍费尔《伦理学》草稿上记下，哪种稿纸曾作为信纸使用过。虽然有些时间标记乍看起来并不合乎情理，比如“教会和世界(一)”的手稿与1942年

* 参阅15.12.1943 WEN 183;DBW16,619-629。

** 卷宗中第三张草稿连同在Tegel监狱中写下的笔记:NL A 86,3。

*** 成文的顺序，与写作的顺序有所区别，《伦理学》草稿中给出了几点说明，编者后记中专门有一段文字说明(页447—455)。

**** 在附录中的写作年表中列出了此类事件。

秋的一封信笺纸张种类上的联系,但当时考虑到这些情况也许会有帮助。* 进一步的观察证明,贝特格的标注相当富有启发性。除了纸张的种类,纸张的质量也特别值得注意。纸张在战争中不断紧缺,后制的纸张比和平时期的粗糙,色深、易碎。手稿中若出现这样低劣的纸张,人们就得怀疑它形成于早期的推测。战争中的造纸主要出现在“上帝的爱和世界的瓦解”和“教会和世界(一)”的手稿中,贝特格在1962年“伦理学”新的排版顺序中将其置于1939/1940年。对纸张的观察引起了对这种前置的疑虑。除纸张种类、质量外,还要考虑字形、墨水痕迹、钢笔粗细以及铅笔、复写铅笔和彩笔的使用,凡此细微之处只要与其他标记相吻合,都颇具说服力。与此同时还要不断观察原始手稿和草稿。作为标记的还有其中涉及图书的流通和供朋霍费尔使用的时间,与信件中内容的吻合等等。需要注意的是,结论并非基于单项观察,而是基于对多项观察的汇总。经过多年着眼细节的研究,通过对众多一致性标记的拼嵌,得出了不同阶段的概观,在这些阶段中形成了《伦理学》手稿互不相同的五个部分。

本书为朋霍费尔全集第六卷,其中《伦理学》手稿部分按其形成阶段编年排列。朋霍费尔在第一阶段开始写作的一组手稿是编年顺序中的例外。这组手稿中的某些部分一定是在第二阶段写下的手稿付印后才受到重视,因为朋霍费尔在此之后才继续写作它们。然而,在“基督、实在与善。基督、教会和世界”和“遗产和衰败”的手稿文本当中却出现了不合逻辑的断层,而且“罪、称义、更

* 见页343注4。

新”手稿明显应该属于完善第一阶段手稿的工作程序。* 除去这点例外，手稿编排符合识别出的写作顺序。

标记和标记间的联系帮助识别出了写作顺序，但我们无法在此一一陈述。以下将列出形成阶段的模式图并举例说明几个标记，以便通过感性图像展示，手稿如何被归列到不同时间阶段。编者在手稿的注释中给出了详细说明。编者后记最后一段探讨了一些标记，它们表明朋霍费尔为其《伦理学》著作的手稿选择了最后成文时应具的顺序，而非写作顺序。

朋霍费尔《伦理学》手稿形成过程

复原

第一阶段

1940 年夏至 1940 年 11 月

“基督、实在与善。基督、教会和世界”（著作集 6，页 31－51 及页 60 以下）

“作为塑造的伦理学”

9 月/10 月：

“遗产和衰败”**

第二阶段

1940 年 11 月 17 日至 1941 年 2 月 22 日

---

* 参阅页 51、116 及 125 上编者注。

** 手稿后的省略号意思是，手稿在给出的时间里尚未完成。

"终极者和仅次于终极者"

12 月 9 日以后:

"自然生命"……

过渡阶段

1941 年 4 月至年底

"国家和教会"*

完善第一阶段中开始写作的一组手稿:

……"遗产和衰败"(著作集 6,页 116－124)

"罪、称义、更新"

封"基督、实在与善……"的补充

第三阶段

1942 年初至夏

"历史与善"第一稿

"历史与善"第二稿

"'个人'伦理与'实在'伦理"

1942 年 8 月 10 日以后:

"律法首要用途的教义……"

* 右侧对齐的是手稿标题,它们从时间和主题上都与《伦理学》手稿相关,其中除了"10 年之后"一节外,都在朋霍费尔《伦理学》版本的附录中复印。见 DBW 16。"国家和教会"的原文已丢失,1956 年《伦理学》手稿在哈佛被输入微型胶片时就缺少此稿。本版给出了《伦理学》的原始手稿,但"国家和教会"也未在其中。按 E1 中给出的本文复印于 DBW 16,页 500－535。

第四阶段

至 1942 年年底

“上帝的爱和世界的瓦解”

“教会和世界(一)”……

“关于教会封世界发言的可能性”……

1942 年年底左右:

“十年之后”*

第五阶段

1943 年初至 1943 年 4 月 5 日

“‘伦理的’和‘基督的’作为课题”

“具体的诫命和上帝的委托”……

1943 年狱中:

“何谓说真话?”

我们归为第一阶段的四组手稿与 1949 年贝特格第一次所编排的顺序一样,仍并在一起。最原始的自身完整的“基督、实在与善。基督、教会和世界”一稿与“作为塑造的伦理学”开篇,其书写情况、蓝黑色钢笔水和用纸尽相一致。这里使用的纸——质地一般的横格稿纸——以后的《伦理学》手稿中再未出现。在书写情况

* 贝特格将其置于狱中书简 *Widerstand und Ergebung*《抵抗与屈服》之前(WEN 11-27)。

相近的两组手稿中，完全写于这种稿纸的一组一定产生于另一组之前，因为朋霍费尔写作时更换到了另一种方格稿纸之上。因此“基督、实在……”是《伦理学》手稿中最先开始的一章。* 1949 年贝特格将“作为塑造的伦理学”前置，原因是 38 号《伦理学》草稿上将此标题列在了首位。他把“基督、实在和善。基督、教会和世界”放在了草稿上标有“教会和世界”的位置。** 贝特格把 38 号草稿与朋霍费尔 1940 年 10 月克兰—克罗辛(Klein - Krössin)来信中的一段提示联系在一起：“……我在编写整部著作的大纲”。*** 因此，他把草稿上的内容提要当作了计划的《伦理学》的内容概要。但那封信用的已不再是 38 号草稿用的横格稿纸，朋霍费尔已改用了方格稿纸。“作为塑造的伦理学”和“遗产和衰败”分别结束和开始于方格稿纸。朋霍费尔在 1940 年 10 月 9 日信中讲述到，编写“整部著作的大纲”还将占用他好几天时间，这封信和一系列为埃塔手稿做准备的草稿一样，都写于方格稿纸。****

形成于第二阶段的几组手稿，“终极者和仅次于终极者”和“自然生命”，可通过朋霍费尔信中所及准确确定日期。这里的书写情况明显不同于《伦理学》手稿其他部分，它们可作为标记证明当时发生的情况，即朋霍费尔——可能在慕尼黑——买了新钢笔和钢

* 朋霍费尔在 1942 年写作“历史和善”时按照当时的内容计划将其列为“第一章”，见页 222。

** 38 号草稿上的草拟标题为“作为塑造的伦理学……|遗产和衰败……|罪、称义……|教会和世界(形态)……”等等。

*** 9. 10. 1940 DBW 16. 66：E. Bethge，1948 年 4 月 9 日前言，E6 12。

**** 61 号草稿(标题：仅次于终极者)，50 号稿纸(“自然生命”)，62-69 号草稿(关于“教养”、“善”和“恶”)。

笔水:在埃塔修道院中他用的是纯蓝钢笔水,而非蓝黑钢笔水,而且是细尖的钢笔。

看来被纳入第一阶段的38号草稿中提到的"遗产和衰败"和"罪、称义、更新"手稿不会完成于1940年11月17日到埃塔修道院以前。通过"遗产和衰败"手稿中的"马基雅弗利主义"* 一词可以推测,作者读了里特尔(Gerhard Ritter)关于马基雅弗利和莫尔(Thomas Morus)的《强权国家与乌托邦》(*Machtstaat und Utopie*)。此书1940年11月才发行。"遗产和衰败"的结尾部分,"罪、称义、更新"整部手稿以及"基督、实在……"手稿中添加部分,字形上是一致的,——都用蓝黑钢笔水写在活页稿纸上——,它们当写于埃塔修道院之行以后。明显的一致性证明,"基督、实在……"后补充文字中的一部分,关于具有相当性的一段,两者均参照"国家和教会"一节。** 因此朋霍费尔《伦理学》中有关正当性的学说并非形成于第一阶段的1940年,而是1941年。

在第三阶段中产生了"历史和善"的两种手稿。两稿第一页都标有编码"15.",第二页标有"16."并依此类推。1962年贝特格为《伦理学》手稿重新做了编年顺序的编排,他寻找与"15."相连编有1到14的手稿。他当时认为在"基督、实在……"手稿标号中找到了,——最后一页稿纸标有"14a",——而且推测,这部分手稿与"历史和善"紧挨着先后写成。鉴于"15."这一标记,"基督,实在……"被置于《伦理学》版本三部分的中间部分。*** 但是贝特格对

* 见页121。

** 见页58注82:"国家和教会"中有一句话是"授权"这一概念的另一种说法。

*** 参阅E. Bethge,1962年7月E6版前言,页15。

此联接的假设并不十分满意。稿纸的不同引起他怀疑"15."是否真的与写作顺序有关。《伦理学》31号草稿上一个大写的带有下加线的"15.",又作为一个醒目的标记加剧了他的疑虑。如果"基督、实在……"和"历史和善"的手稿先后产生并按序编号的话,何需特殊标注呢?抛开对这一时间联系的推测,"基督、实在……"一节按写作顺序应放在稿纸种类和字形恰当的地方,即放在《伦理学》手稿写作的一开始。

只看表面情况,即只看钢笔水的区别,就可推断第三阶段中"历史和善"两稿中何者更先写成。第一稿先用蓝黑墨水,接近结尾时改用纯蓝墨水。墨水痕迹很容易看出来,因为文本中改动之处的墨迹重叠。* 第一稿在第二稿中出现的部分用纯蓝墨水勾画出来。第二稿和所有本版第四和第五阶段的手稿全部用纯蓝墨水和笔尖一般粗细的钢笔写成。墨迹标记与其他标记吻合,比如和信的日期及稿纸种类,大约1942年下半年写作的"教会和世界(一)"使用了相同稿纸。**

第四阶段的手稿按先后顺序包括"上帝的爱……"和"教会和世界",尽管两者并无内容上的联系,但贝特格1949年和1963年两次排版都采纳了此顺序。此手稿第一稿结尾和第二稿开头使用的稿纸,在其他任何手稿中都未出现过:双页稿纸,透明水印"文件稿纸"字样。相同的字形证明了手稿产生于同一写作阶段。*** 记

* 见页240注82。

** 参阅页343注4。

*** "上帝的爱……"和"教会和世界(一)"手稿的稿纸并不连贯,而是每一手稿都按与其他所有手稿不同的方式编号,这就说明它们在整个排序计划中要相互分离。

有“教会和世界(一)”笔记的《伦理学》20 号草稿和记有“关于教会对世界发言的可能性”拟稿的稿纸都是深色战争时期的纸张。这一作为手稿雏形的草案与第四和第五阶段的手稿紧密相连,——与其相关的草稿,比如印有“文件稿纸”* 的 10 号草稿,显示了这种紧密相连性。**

1942 年包含了第三和第四写作阶段,对朋霍费尔来说,这是不平静的一年。他没有继续写作具体伦理学,而是做了许多完善性的补充。贝特格早期的定义被证明是正确的:朋霍费尔《伦理学》一书由已有的手稿和在其前后添加的内容,如第三和第四阶段中写下、加入或草拟的部分,“共同发展成一个整体”***。在第五阶段,即从 1943 年到 4 月被捕,朋霍费尔没有再试着为《伦理学》添加新的视角,而是在为进一步完善 1941 年开始的委托学说做准备。

1988 年 6 月阿姆斯特丹大会上,《伦理学》手稿重新复原后的写作顺序被介绍给国际朋霍费尔理事会的各有关部门。贝特格在开场白中强调,在朋霍费尔那里常常作为开篇的“基督、实在与善……”手稿,实际上已隐含了所有将要来临的东西:展望基督中唯一真实的伦理学。

二

作为此次朋霍费尔全集第六卷版本依据的《伦理学》手稿,是存档的遗稿文件夹中标有 NL A 71 和 72 的部分。《伦理学》手稿

* 参阅页 364 注 36。

** 编者对 DBW 6 中收入此拟稿还有所顾虑。

*** E. Bethge,1948 年 4 月 9 日版前言,E6 12。

全部为 A4 型号稿纸。[*] 除去“关于教会对世界发言的可能性”一章外，全部用水笔写成，而且全部是朋霍费尔难以识读的德语手记；他若不是写信给朋友，只为自己写的东西一律如此。[**] 所有手稿中除去最后写作的章节，全部作过许多修改。朋霍费尔曾对自己狱中写下的另一部分下过如此断言，它同样适用于《伦理学》手稿：“……几乎不可识读……（奇怪的是我在创作过程中总要写德语，而且要不停地修改！）”。[***]

1985 年以来托特反复检查和精确加工手稿的识读。从朋霍费尔的手记中很难识别一个词是阳性还是中性，词前是“der”（阳性定冠词）还是“das”（中性定冠词），词尾是“m”还是“n”，是带“e”还是不带“e”，它们必须参考上下文才能识读。本版中某些识读结果不同于至此为止的其他版本中的识读情况。以前识读中比较明显的误读得到了很好的解释。1949 年第一版引起误解的错误——如把“Nein（不）”写成“Sein（存在）”[****]——，在以后多年的识读工作中得到修改。1963 年重编第六版中存在不少不完整的句子和臆想的修改，影响理解，比如将“存在于自身的善或恶（an sich seiendes Gutes oder Böses）”中“善”和“恶”作为名词大写，而事实上它们却是“善或恶的……原则（gutes oder böses……Prinz-

* 与标准尺寸（210×297mm）的差别并不明显，大多只有几毫米，区别明显的只有（“个人”和“实在”伦理）一文写在 A5 纸上，表明它不是为《伦理学》手稿，而是为其他目的而写。

** 参阅致 Bethge 的信 5. 5. 1944 WEN 313，朋霍费尔用拉丁字母写信。

*** 23. 8. 1944 WEN 428。

**** 参阅页 262 注 49，Ernst Feil1970 年前后向出版社指出了这一错误以及其他错误。

ip)”中作为形容词的“善”和“恶”，本该小写。* 本版本以前的错误中只有“鲍姆（Baum）”提到了一处含义模糊的“童话（Märchen）”，他“为此词的突兀感到羞愧”。**

本版尽可能忠实于朋霍费尔的写法，尽管有些地方与当时就已十分通行的杜登标准有所出入（如“garnicht”，“social”的写法），同时也尽可能忠实于他自设的标点法；只有当手稿中横行上方添加内容而一般情况下又没有标点时，按上下文意思加上了必要的逗号。出于疏忽落掉的词和词的某个部分由方括号中内容补充完整。添加内容和换页时常常出现重复书写的词则被删去，且不加任何注释。朋霍费尔使用的缩写和自己用的简写，如“K”代替“Kirche”（教会，教堂），都被去掉，只有《圣经》中的缩写保留下来。朋霍费尔在手稿中给出《圣经》出处时将节数和句数右沉写在章号下角，在本版中则取消下沉写法，用逗号将其隔开。朋霍费尔有时在《圣经》出处的章数后留下空白，明显是为以后填写节数作准备；找到了准确节数的地方，在本版文本中都将数字用方括号给出来。朋霍费尔的希腊语写法与他那本希腊语《圣经》中的写法一样，都没有加重音号，本版保留。在手稿中朋霍费尔将注脚号标在斜上方，数字后加点和半个圆括号，每页都从注“1.”开始；在本版本中它们被用圆圈圈起来，去掉后面的点，同一手稿中号码连贯到底。

文中同样标有编者注释，它们为上置数字，后无括号，同一部

---

* 见页 267 注 66。

** 朋霍费尔指的是什么“童话”，参阅页 304 注 10。

手稿号码连贯到底，而且与朋霍费尔的注释在同一序列编号。编者注释在书中页面的最下边，前面冠有半重体数字。

编者注释写进了对手稿的一些观察。原稿大量的删节中只有一小部分给出；朋霍费尔在重新更详尽地组织句子之前，常常仔细考虑自己删节掉的东西。最后产生的那章手稿中接近结尾处做过的一次大规模删节被重新给出，* 目的是提供机会给读者比较原文和修改后文本，同时读者也可略窥朋霍费尔如何删节修改。

朋霍费尔的《圣经》引文主要来自其希腊语—路德德语版的《新约》** 以及路德版《圣经》。*** 引用的地方，都在原文里有所标注。本版手稿中注错的出处仍保留，但在编者注中加以修正，特别指出与路德翻译有所出入的地方。

朋霍费尔手稿涉及其他作者的观点，但同《追随基督》一样，大多没有在行文中给出姓名。《伦理学》草稿中提到很多人名或书名，但在手稿中却十分少见。为找出朋霍费尔写作《伦理学》时研读了哪些书籍以及研读时间，编者跟踪考察了贝特格搜集的信息，**** 浏览了朋霍费尔遗物中图书的书目。***** 除此之外还发现了其他用书线索。认识朋霍费尔从书中批判地接受并重新提出的观点有助于理解他的论证过程。比如与皮珀(Josef Pieper) 出色

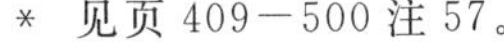

* 见页 409—500 注 57。

** 标志:“Nestle”。

*** 标志:LB。

**** 见 DB 803—804

***** 朋霍费尔藏书按内容分类的书单见页 176—237“朋霍费尔遗物”目录，引用标志 NL-Bibl。

的哲学论文比较,可以明显看出朋霍费尔深化的基督论思想。编者注中给出了所涉著作中相关的地方。就朋霍费尔藏书的画线之处或以其他方式做有记号之处,都尽可能加以说明。

编者注中还给出了朋霍费尔《伦理学》手稿依据之一,他自己著述文字的题名。因为《伦理学》一书的写作由于作者的被捕而突然中断,作者在狱中继续发展自己的思想,所以注中还常常指出了朋霍费尔 1943 年 4 月 5 日被捕后有关《伦理学》论题的一些言论。诸如此类朋霍费尔著作中的相互参照很大程度上依靠的是费尔(Ernst Feil)对朋霍费尔神学的全面论述。* 本书中相互参照的文本前标有"S."和页码。

一些编者注中还给出了朋霍费尔写作《伦理学》手稿时的环境,通过几个实例展示出有关时事之处。

除此之外,编者注还提供了文本使用外文词语和段落的翻译以及个别外来语的说明,并附有外来词根。如果手稿和朋霍费尔的博士论文及讲师资格论文一样是学术著作,就不需要更多的解释和说明。但《伦理学》手稿面对的读者面更为宽广,因此编者努力做了解释和说明,以便让来自不同文化背景和生活在不同时代的人都能够尽量贴切地理解朋霍费尔。他的《伦理学》不只是准备写给德国后人的,而是写给普世后人的。

《伦理学》手稿"遗产和衰败"一节头两页附有真迹复印页,为的是形象地展示朋霍费尔书写和写作的方式。** 写作年表提供了

---

* 标志 *ThDB* 在总目中代表《朋霍费尔神学》一书。

** 见页 91—92,"遗产和衰败"一章开始之前。

朋霍费尔写作《伦理学》手稿时的时事及其著述的一览。手稿—编排对照表展示了从第一版到最新版顺序编排上的变动。

文献分三部分，第一部分提供了朋霍费尔使用过的书目，并为确定日期提供了一些参考信息，如书中写有的购买日期。第二部分提供了编者使用的书目，其中也有朋霍费尔自己的作品，均出自已出版的朋霍费尔著作集。第三部分提供了与《伦理学》相关的其他文献。

缩写字词表尽量提供了简写符号和缩写词语完整的原形，目的是避免给非德语国家的读者造成不解。缩写字词表后附有对个别符号的解释，比如竖线“|”，它在行文中标示 1963 年《伦理学》第六版的换页处，这种内部标页给出了第六版的页码，它在本版前一直被沿用，同时也给出了“历史和善”一章第一稿在 1960 年《朋霍费尔文集》第三卷中的页码。

索引中包括《圣经》出处、人物、内容、地名索引，其中人名索引与朋霍费尔著作集一至五卷不同。此处包括对朋霍费尔写作《伦理学》手稿有影响人物的简要生平。对一些不为众人熟知的人士，尤其是朋霍费尔的同时代人，都做了详细介绍。年青一代和 1945 年以后的作者在索引中只给出词条，并未详细介绍。

所有的编者都以不同方式为本书出版做出了贡献。从原始手稿中得出文本，为编者注所作的研究工作，探讨和复原写作与成文本顺序，起草前言和后记，各部分均由不同编者承担。前言、后记以及编者注释中某些部分是多人起草的总汇。研讨会和通信使相互间的信息交换和批评成为可能。然而，全面细致探讨争议焦点的机会却不多见，而且编者间也不可能互相细读对方的成果。在文本顺序排列和解释说明上编者们达成了广泛的共识。就朋霍费尔全集第六卷的建构方式，编者们在 1986 年 12 月 10 日与贝特格达成协议。除了在一些解释说明中存在的个别问题，在形成过程、文本取舍和对 1943 年朋霍费尔顺序排列计划的假说上也都有存疑和争论。这对于像《伦理学》这样未完成的作品来说是不可避免的，势必会给以后的研究工作带来新的启示。编者的工作曾多次与原始稿件核实，结果证明本版中的各项研究结论经受住了考验。

胡贝尔(Wolfgang Huber)作为朋霍费尔全集的总编也是本卷的负责人之一，他对我们的工作给予了大力支持和帮助。各方忠实的支持者还在许多细微之处为本书的出版做出了贡献。我们无须一一列举，他们已深领我们的谢意。在此我们还愿向贝特格致以深挚的谢意。《伦理学》以此新貌出现令他尤为激动。他对每一处改动都惊诧不已，却更执著于展示他好友的著作的本来面目，尤其经久不衰的是他真挚的热情。

编者代表：托特

1991 年圣灵降临节于汉诺威

论朋霍费尔的《伦理学》

朋霍费尔的具体伦理学首先提出的神学问题是，上帝通过耶稣基督将启示变为真实，那么这种真实以何种形态表现在现实世界生活中。其伦理学思想试图解释上帝的意志与实在的现世真实以及两者间相互交融的关系。现世真实在此既没有被忽略，——它得到了进一步的探讨——，也没有被过分抬高，而被按照上帝的实在赋予了是与非。朋霍费尔《伦理学》的特点便是为信仰、认知和行为之人指明上帝的真实和现世的真实间的微妙关系。

本文将首先简述朋霍费尔在写作《伦理学》手稿前对伦理学问题的研究和探讨(一)；然后介绍神学史背景(二)以及朋霍费尔的理论与当时历史背景的关系(三)；之后将阐述《伦理学》的特点(四)及其颇有争议的接受(五)；最后就朋霍费尔本人对此著作可能设想的提纲提出几点看法。

一

朋霍费尔出生在一个文化新教气氛浓厚的家庭，对伦理学的兴趣在家庭中占主导地位。但朋霍费尔在校学习神学期间却出人意料，在教义学和伦理学间他更偏重教义学。其学期论文中有关伦理学的论述总是与释经—历史学问题或宗教哲学研究联系在一起，比如对尼采的思考。伦理学问题并未构成其议题的核心，也未成为其兴趣的焦点。他的博士论文《圣徒相通》便产生于这样的前提。朋霍费尔在选择讲师资格论文题目时，其博士生导师希伯格(Reinhold Seeberg)曾致信建议选题“从登山宝训至当代伦理道德学史”，即“伦理学角度的教义史”。* 朋霍费尔选择了“行为与存在”的论题。

促使朋霍费尔选择伦理学议题的动机并非学术上的兴趣，而是他对巴塞罗那德国福音教会堂会的忧虑。他曾作为该会的助理牧师于1929年2月做过一个很长而且令人费解的讲演，题为“基督教伦理学的基本问题”。** 朋霍费尔看到基督徒所处的进退两难境地，他们总是要被迫在两种互相矛盾的上帝秩序中选择，即历史的秩序和爱的秩序，两者的诫命(Gebot)各不相同。他以第一次世界大战中的士兵为例来阐明这个矛盾：受历史秩序的重托，士兵要杀死敌人，而在爱的秩序中，敌人又是他的邻人。经济和贸易生活中的竞争对手间同样有此矛盾。朋霍费尔如此描述和解决他的难题，说明他已接近新路德学说中的人民神学(Volkstumstheologie)。因为新路德学说视人民为上帝的历史秩序，历史秩序要求顺从和特殊情况下的献身。阿尔特豪斯(Paul Althaus)及其埃尔兰根(Erlange)的同僚以秩序取向的伦理学对抗辩证伦理学，引起很大反响。几年后，尤其在《伦理学》手稿中，朋霍费尔批判的正是这种立场。巴塞罗那的讲演同时囊括了朋霍费尔终生都在坚持的意旨：基督教的伦理学应当与现实结合，应当是具体的；它不应当制定普遍的、超越时间和具体情况的标准、准则和诫命；唯有忠实于现世以及能够承受卷入良心斗争旋涡的人，才会真正眺望永恒。朋霍费尔在此举了古希腊神话中巨人安特乌斯(Antäus)的例子来说明人与现世的联系，其无穷的力量得自与大地的接触。***

---

* 19.10.1928 DBW 10.105。

** 8. 2. 1929 DBW 10. 323—345。

*** DBW 10，344—345。

1930/1931年朋霍费尔于纽约协和神学院(Union Theological Seminary)学习期间主修了伦理学方面的课程,尤其听了尼布尔(Reinhold Niebuhr)的专题课。他探讨了美国的实用主义和社会福音运动(Social Gospel),深入研究黑人的宗教生活和社会问题。[*] 和他一起的奖学金生中还有法国的基督教和平主义者拉塞尔(Jean Lasserre)。如果说朋霍费尔在1929年的巴塞罗那讲演中还把“上帝的”民众历史秩序视作最高责任掌管,他在1930年11月9日纽约的证道中就已完全奉行了另一种思想,即耶稣基督在世的同一子民有权在普世及平等的集体中生活,并有责任无条件地为和平努力。[**] 这已然显示了朋霍费尔基于登山宝训的普世和平伦理学[***]的来源。

1931年7月,朋霍费尔第一次与巴特相会于波恩。两人在几乎所有观点上都所见略同,唯在神学伦理学上首次争执。巴特批评朋霍费尔伦理学集中于教会具体的福音宣道,认为他“从恩宠中得出准则,并以此否定了其他一切”,[****] 也就是说,拒绝了一切相对的伦理标准,在其伦理评判的方法中忽略了对这些标准的考虑。

1931年9月初,朋霍费尔被选为教会友好合作世界联盟(Weltbund für Freundschaftsarbeit der Kirchen)欧洲青年干事之一,在普世教会的工作中找到了一块令人激动的领域,尽管它在德

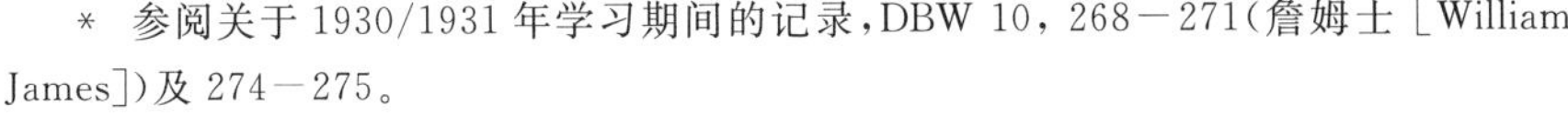

[*] 参阅关于1930/1931年学习期间的记录,DBW 10,268—271(詹姆士[William James])及274—275。

[**] 参阅DBW 10,580—581。

[***] 关于朋霍费尔的和平伦理学参阅IBF5。

[****] 1931年7月24日写给Erwin Sutz的信,DBW 11,20。

国遭到民族主义势力诽谤。朋霍费尔努力为世界联盟的工作找寻一个前所未有的神学论证。“事实上它们都与伦理学相关，也就是说，它们均与教会福音宣道具体诫命的可能性问题相关”。*

不仅如此，朋霍费尔还在学术领域研究此问题。1932 年夏季学期的专题课中，他借提出“是否存在基督教伦理学？”** 的疑问探讨一些基本问题。阿尔特豪斯及戈嘉顿(Friedrich Gogarten)和布鲁纳(Emil Brunner)的伦理学理论已满足不了他的要求。在给苏茨(Erwin Sutz)的信中，人们可以看出，福音宣道中的伦理学具体化问题如何困扰他。“这一问题在我面前变得越来越尖锐，越来越无法忍受。我最近刚刚用《历代志下》二十章 12 节的经文证了一次道，在其中倾吐了我全部的疑虑”*** 一想到如此深究伦理学问题将会失去巴特对他的理解，朋霍费尔内心就不免惶惶不安。教会所宣道的上帝诫命的伦理内容，在每一具体情况中都应该是可以讲清楚的。然而，朋霍费尔发现“我们今天的教会却说不出具体的诫命”，就教会的福音宣道无法唤醒信仰这一问题，他绝望地说：“迷茫搞垮了我们”。****

---

* 1932 年 8 月写给 Sutz 的信，DBW 11，100，参阅报告 Zur theologischen Begründung der Weltbundarbeit《论世界联盟计划的神学基础》，26. 7. 1932，DBW 11，331-335。

** 参阅 1932 DBW 11. 303-307，按 Wolf-Dieter Zimmermann 的笔记，朋霍费尔自 1931/1932 年冬季学期在柏林大学任编外讲师授课。

*** 17. 5. 1932 DBW 11，89，Ⅱ Chr 20，12b，在 LB 中用铅笔画线，两侧画双线：“我们不知道该作何事：我们的双眼望着你。”稿纸上方朋霍费尔手写：“世界安息在上帝不可屈服的诫命中。此即忠实上帝。”他 1932 年 5 月 8 日使用这节经文的证道正是由此开始，DBW 11，416－423。

**** 致 Helmut Rößler，25. 12. 1932 DBW 12，39；18. 10. 1931 DBW 11，33。

朋霍费尔 1932/1933 年冬季学期关于《创世记》一至三章的讲课记录了他下一个足迹。讲课以“创造与堕落”为题发表。* 在讲授此课前朋霍费尔经历了一次转折，它在 1936 年 1 月所作的回顾中被描述为借助《圣经》获得的解放。** 1942 年，从对《创世记》的解释中得出的认识构成了《伦理学》手稿“上帝的爱和世界的瓦解”一章的基础，保障了从神学—人类学角度充分论证人及其本源的两歧性。

转向《圣经》从其内涵上讲尤其指转向登山宝训，即转向那段基督教历史中最能体现感召追随(Nachfolge)基督的文字，而且与爱敌人的圣训和非暴力的职责紧密相连。朋霍费尔在追随者的真实面前，在“1933 年的困惑”*** 中，在自己所属的教会陷入困惑而毫无准备地卷入教会斗争之时，并未丧失对事物清晰的洞察力，他认识到，民族社会主义连同其种族主义和反犹主义一定会受到所有基督徒的排斥。这一对抗不可避免的后果当然惹起了对基督教的敌意，它起先还以隐蔽的方式出现，不久就越来越明显地表现为压制教会以及迫害其立场坚定的成员。

在 1934 年 8 月于法诺(Fanø)举行的教会友好合作世界联盟和生活与事工世界联合会(Konferenz des Weltbundes für Freundschaftsarbeit der Kirchen und des Weltrates für Praktisches Christentum [Life and Work]) 上，朋霍费尔的和平伦理学显得格外重要。在致词中他以和平福音为依据，有意围绕教会应对裁

* 见 DBW 3。

** 致 Elisabetn Zinn 27.1. 1936 DBW 14，112—114。

*** 27.1.1936 DBW 14,113。

军、制止战争以及世界和平做出贡献展开话题。他的中心观点是:基督徒"不能将武器指向对方,因为他们知道,这样做是在将武器指向基督"。"全球范围的基督神圣教会的伟大普世宗教会议"应该宣讲和平的福音,应该以基督的名义宣讲反战的福音。战争的号角也许即将吹响,沉默终将成为帮凶。* 朋霍费尔慷慨激昂、富有远见卓识的号召引起强烈反响**,却并未带来任何实际效果。不久,纳粹党全面实施扩军备战政策,没有留给基督教和平主义及其他和平主义任何机会。和平主义者唯一能够做的只有帮助遇难的受害者及逃亡者。朋霍费尔和平伦理学的原则具有历史和时代性。他后来拒服兵役,同时又参与谋反纳粹政府的行动,两者并不矛盾。

追随基督是朋霍费尔信仰和行动中的主导思想,也是他在教会斗争中作为牧师和神学教师的主导思想。《追随基督》一书产生于 1935 年至 1937 年在芬肯瓦德主持(Finkenwalde)神学院工作之前和工作期间,*** 它同样是为"认信教会"(Bekennende Kirche)中的年轻神学家而作,旨在向他们传授神职人员在遭受压迫和艰苦的外在环境中守节所必备的条件。《追随基督》中的许多观念以后又出现在《伦理学》手稿中。**** 《追随基督》一书中伦理学的名词术语当然不能等同于《圣经》和传扬福音的语言,但两者谈及的却殊途同归。

在 1940 年春写给流亡英国的莱布霍尔茨(Leibholz) 一家的

---

* 28.8.1934 DBW 13,299—300,301。

** 参阅 DB 450。

*** 见 DBW 4 及 DBW 14。

**** 参阅本卷索引中的"效法者"及 DBW 4 编者后记中的 323—325 段。

信中，人们可以看到朋霍费尔如何思索基督教伦理学的基本问题。他接受了新教思想中用来批判与创世论思想相关的自然权利学说（Naturrechtslehre）的观点，因为在自然权利学说中启示被相对化了。这种相对化与历史—受造的相对化一样应当避免，这便是"当今的问题所在"。巴特的研究十分具有指导性："他把受造世界中的一切秩序都（很好地按照《圣经》）严格归结为基督，他认为，只有从基督的角度才可以真正理解它们，也只有以他为准才可以准确定位"。* 正是在这点上朋霍费尔堪称先行者，他在《伦理学》第一稿的标题中写道："基督、实在与善。基督、教会和世界。"

1941年至1942年间三次瑞士之行对朋霍费尔有很大影响，使他对伦理学产生了更浓厚的兴趣。与暂时成立于日内瓦的世界教会联合会中霍夫特（Willem Visser't Hooft）和埃恩施托姆（Nils Ehrenström）以及其他成员的交谈并未留下直接的文字记载，——那样盖世太保就会将其解释为朋霍费尔的卖国行为——，而交谈的主题是争取和平以及战后秩序中教会的任务。但像"关于教会对世界发言的可能性"这样的文字涉及了日内瓦讨论的议题。与巴特在巴塞尔的交谈以及审阅《教会教义学》第二卷第二部分清样，使朋霍费尔1942年的《伦理学》手稿已带有重新开端的新气息。**

二

朋霍费尔的《伦理学》手稿完成于特定的神学史背景，同时又

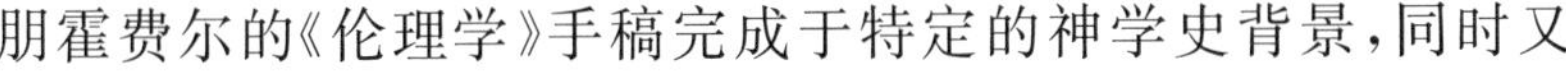

* 7.3.1940 DBW 15.298。

** 参阅"上帝的爱和世界的瓦解"及"'伦理的'和'基督的'作为课题"开头段落。

针对此背景。但要想对此加以解释并不容易。朋霍费尔引用不同作者的观点展开自己的专题论述,并不指出作者姓名;他与人论战,却不透露对方;这样就已经隐藏了很多线索。但若仔细追究,就会发现作者丰富的宗教灵性世界,与这个世界的对话者正是朋霍费尔本人。

1924 年至 1930 年间,朋霍费尔先后作为学生和教师在大学学习,经历了严重的危机以及神学和伦理学上的根本转变,在其生活中留下了不同程度的印记。世界大战以及战后的景象彻底打碎了曾占主导地位的新教文化乐观主义。强调"人类灵魂之无穷价值"(*unendlichen Wertes der Menschenseele*,哈纳克[*Adolf von Harnack*])的、自由主义神学,等待在基督徒中甚至全人类中实现不断进步的集体伦理道德化的"上帝国理想"(Reich-Gottes-Idee)的风范(里奇尔,Albrecht Ritschl),凡此思想虽然还在依靠它们德高望重的代表继续流传,其存在的许多前提早已破灭。在战前的新教氛围中,宗教、文化和国家——君主制是后者的代表——曾在融洽的基调中得到了发展。战争结束前的革命彻底打破了传统的"皇冠加圣坛"(Thron und Altar)模式。魏玛共和国实现了教会与国家的分离。一个与当时局势相符、以公开的政治责任为内容的新教伦理却从未出现。

影响面最大、对自由主义神学和文化新教主义批评最彻底的革新运动堪称辩证神学(Dialektische Theologie),它把所有注意力集中到永恒与时间、上帝与人间"无限的质的差异"(unendlichen qualitativen Unterschied)*，认为只有《圣经》中耶稣基督的启示才可以作为上帝之言跨越认识与存在间的鸿沟。在此学说中伦理学几乎已无立锥之地。

与此相应，以霍尔（Karl Holl）及同仁奠基的复兴路德运动（Lutherrenaissance）构成了路德宗的革新运动，同辩证神学一样，它依附于上帝之言神学（Wort-Gottes-Theologie）和启示神学（Offenbarungstheologie）。只不过鉴于社会维度又在二者基础上补充了人民神学（Volkstumstheologie）。20 年代中期以后，以阿尔特豪斯、埃勒特（Werner Elert）、赫尔施（Emanuel Hirsch）等人为代表，将“人民”理解为自然秩序或上帝创世的秩序，基督徒当从这些秩序中找出其政治社会行为的伦理准则。**对人民如此崇高的评价与当时人民思想的潮流密不可分。

与此等方式的“自然神学”（natürliche Theologie）相对，巴特在 1927 年以后，一改“辩证”伦理学，提出了启示神学伦理学。他分别于 1928/1929 年在敏斯特，1930/1931 年在波恩宣讲了自己的观点，但终因一些问题未得解决，没有发表讲稿。因此，朋霍费尔未能通过书本了解巴特的观点，只是在 1931 年 7 月访问巴特时对其略知一二。初次见面后，他便密切关注巴特伦理学的发展。巴特将伦理学并入教义学。与巴特相反，布鲁纳企图通过神学人论提出一个对个人和社会都富有意义的伦理学。1932 年他发表了《诫命与秩序》（*Das Gebot und Ordnungen*）一书，宣告了对以自

* 巴特这样写到，提到了基尔克果，见 1921 年 *Römerbrief-Kommentar*《〈罗马书〉释义》的第二版前言。（参中译本，香港：汉语基督教文化研究所，1998 。——编注）

** Paul Althaus 在 1927 年科尼斯堡教会大会上宣扬一种反辩证法的新路德神学。

然权利为基础的基督教伦理学的平反，引起朋霍费尔的关注，也受到他的批评。戈嘉顿和布尔特曼两位前辩证神学的领袖，在以后的二十年中竟彻底否认了一种特殊的基督教伦理学的可能性。1932年戈嘉顿撰写了《政治伦理学》(*Politische Ethik*)，其中流露出服从国家的可怕倾向。随着纳粹执政和教会斗争的开始，新教的伦理学变得破碎不堪，不但无法自圆其说地回答会众提出的问题，还不断陷入自身内部的矛盾。

人民神学决定了新路德伦理学，因此很容易与纳粹的民族思想以及受其左右的德意志基督徒接轨。它宣扬的所谓"两个国度论"(Zwei-Reiche-Lehre)在1933年以前虽并未成为路德宗明显的标志，但在新的政治背景下，虽然时过境迁，人们还是断章取义地引用路德关于上帝之国和世俗之国的说法，或者说引用了其上帝之宗教和世俗统治的说法。事实上，这种理论依据的是19世纪末二元论的哲学思想。受新康德主义的影响，它们要求把福音与律法、信仰与理性、教会与国家及社会严格分开，其中瑙曼(Friedrich Naumann)的思想影响最大。这一区分在1933年产生了意想不到的作用：教会与国家按照上帝的意志存在，各分其职，互不相干；随后，教会以威胁其生存的工作减轻了自己的罪责，开始以上帝的诫命和福音的声音反对国家的非法行为，也因此将纳粹政府灭绝一切的意志引向自身。朋霍费尔认为这种减轻罪责的态度是伪路德宗的和伪宗教改革的。新路德宗的反对者则把律法和福音对立起来，声称上帝的律法在自然秩序的伦理道德要求中，即在家庭、民族和种族中，对基督徒来说是具体的，福音对此则毫无影响。路德宗信纲宣讲的是维护恩宠的福音，与之相对，秩序神

学(Ordnungstheologie)建立了自己的体系。它要求从意识形态上适应现有的秩序,尤其是第三帝国的秩序。德意志基督徒,新教教会中受纳粹影响的急先锋们——可惜不只是他们——曾不假思索地积极成为第三帝国种族意识形态的追随者。

同时代的伪路德宗的荒谬理论并没有阻碍朋霍费尔借鉴路德宗的伦理学。早在大学时代,他就十分熟悉埃尔兰根神学家冯·弗朗克(Franz Hermann Reinhold von Frank)的著作,他是朋霍费尔博士生导师希伯格的老师。* 朋霍费尔继承曾外祖父冯·哈瑟(Carl August von Hase)大量藏书,**从中受益匪浅,对19世纪神学文献了如指掌。20世纪初期神学是他作为编外讲师的第一个讲课题目,其中瑙曼和特洛尔奇(Troeltsch)引起了他的关注。*** 至少在做博士论文期间,他曾仔细研读过韦伯(Max Weber);朋霍费尔之父与韦伯之兄(Alfred Weber)乃多年之交,因此朋霍费尔一家对韦伯十分熟悉。尼采和舍勒(Max Scheler)都对新教伦理学产生过影响,后者曾在一战期间写就《伦理学中的形式主义与实质的价值伦理学》(*Der Formalismus in der Ethik und die materiale Wertethik*)一书;从朋霍费尔的求学和大学时代起,哲学伦理学的代表们就曾对其伦理学思想产生过很大影响。给他写作《伦理学》手稿以启发的哲学家还有雅斯培斯(Karl Jaspers),尤其

* 参阅 DB 118—119;页 80—81 注 64。

** 参阅 Eberhard Bethge 的 Über die Restbibliothek Dietrich Bonhoeffers《关于朋霍费尔的劫余图书》的报告,NL 172。

*** 参阅 Die Geschichte der systematischen Theologie des 20, Jahrhunderts《20世纪系统神学史》, DBW 11, 1931/1932, 188-190。

是他对尼采的诠释和那本格斯版(Göschen)的小书《时代的精神状况》(*Die geistige Situation der Zeit*)。同时代的学者中,朋霍费尔更倾向于冯·马丁(Alfred von Martin)和诺尔(Herman Nohl)那样的旗帜鲜明与纳粹政策对抗的人,他们不顾因此被剥夺大学的授课资格。1929/1930 年间,朋霍费尔曾义务为吕德格(Wilhelm Lütgert)担任过助手,并在后来仔细研读了 1938 年他去世后发表的伦理学著作。对当时所谓"社会伦理学"* 的坚决抵制,证明朋霍费尔曾看到过希伯格伦理学被迫纳粹一体化的版本,其子(Erich Seeberg)曾于 1936 年出版了父亲遗作。德国以外学者的著作朋霍费尔也悉心阅读,比如他读过战后法国驻梵蒂冈大使马里坦(Jacques Maritain)的作品,瓜尔蒂尼(Romano Guardini)的陀思妥耶夫斯基评注以及皮珀(Josef Pieper)对托马斯·阿奎那神学的接受。后两者给了他"勇敢地接触新旧天主教思想财富"** 的勇气,这在当时的新教神学中并不多见。朋霍费尔出于对天主教伦理学持批评态度的尊崇,试图重新赢得福音中的自然概念,*** 这是 1940 年前后新教伦理学处于严重贫乏之时的大胆之举,比如对待"安乐死"的问题,——正因此才显得格外及时,——在神学史学中也显得更为举足轻重。

朋霍费尔的立场最接近巴特的神学和伦理学中所表现的立场。但就在这位权威的老师和朋友面前,他也同样持批评态度,因为自己的前提和意图常常会迫使对方改变问题和回答的性质。

* 见页 36。

** 76 号《伦理学》草稿(日历纸)上的记录。

*** 见页 165 。

三

在生活秩序稳定并被得到广泛认同的时代里，伦理学也许会首先被当作理论上的问题来看待。朋霍费尔在著《伦理学》手稿时，却为外在的具体且危险的问题所迫，必须讨论这些亟待解决的问题。对手稿的每一项分析和阐释都要考虑到当时的历史背景。朋霍费尔因参与了谋反的抵抗组织，所以有义务隐瞒和隐藏自己的真实态度，又给理解手稿增添了一层困难。在动笔撰写《伦理学》之前，朋霍费尔就已经与纳粹政府的组织发生了不少冲突：1936 年被剥夺了大学任教权，1938 年被禁止在柏林逗留，1937 年他领导的芬肯瓦德神学院被解散，1940 年 3 月取缔了他对波莫瑞地区暗中的所谓联合代牧。1940 年 9 月他被禁止在帝国范围内发表演讲，并受命定期到波莫（Pommern）的施拉瓦（Schlawe）警察局报到。1941 年 3 月被禁止任何方式的写作。作为嫌疑人，朋霍费尔要随时作好被抄家的准备，他的手稿可能随时落入盖世太保之手。他那几乎不可识读的手迹也提供了一层保护。但是一旦被破译，就无需再找其他证据指控他“煽动人民”、“与国家为敌”或其他诸如此类的罪名，也无需再搜集书面文字证实谋反组织的存在和行动。朋霍费尔必须隐秘地表达他对第三帝国的批判，不令纳粹看出自己的初衷，反对派则可看出端倪。战后对《伦理学》手稿的接受中却并未看透这一特点。

在完成《伦理学》手稿不足三年时间里，德国的形势发生了急剧变化。手稿的前几部分写于 1940 年德国在西部战场取得出人意料的胜利之后，希特勒的统治看起来将长期稳固。但 1942 年初德军在进攻莫斯科的战役中失利，德第六军团在斯大林格勒战役

中全军覆没,1943 年初以后,希特勒的“最后胜利”显得越来越无望了。尽管时间前后有所出入,战争和时事的变换与《伦理学》手稿*写作各阶段间仍存在着紧密联系。以下将讨论几个手稿内容与实事相应的例子。我们主要关注朋霍费尔行动的两个范围,其一是认主教会,其二是政治抵抗。

在第一和第二阶段中,各新教教会与纳粹政府所作的微不足道的斗争都以失败告终。希特勒在波兰和法国的胜利迫使反纳粹者发问,自己的反纳粹态度是否符合历史事实。纳粹政府早已对教会没有了任何顾虑。人们通过在原属波兰后被纳粹划为自己领土的“瓦特高”(Warthegau)实行的计划,来尝试教会未来的政策。新教教区丧失了作为公共权力组织的地位,内部间的联系被隔断,对外的联系更彻底断绝。以后它们必须成为独立个体组成的协会,敬拜团体(Kultvereine)。1941 年秋,朋霍费尔在上书军队的草稿中写到,归属教会不应只限于“敬拜团体”,而应作为“面向世界的见证”。**

正是在这种前途未卜的背景中产生了第一部手稿:“基督、实在与善。基督、教会和世界”。朋霍费尔以信仰的决断来面对现实,“上帝的真实终将被证实为最后的真实”,*** 他由此得出使命,在耶稣基督中寻求一切真实的论证作为见证。纳粹政府当然坚决反对。它通过有目的的征召牧师入伍来削弱教会,尤其是认信会的力量。在党卫队安全部门眼里,认信会中顽固的一翼在顽强抵

---

* 见编者前言中页 16 以下关于《伦理学》手稿形成过程的复原说明。

** 1941 年 12 月 DBW 16, 228—233;页 49—50。

*** 见页 32。

抗。朋霍费尔的学生大部被送往战场,并在以后的几年里阵亡。

"作为塑造的伦理学"为手稿的第二部分。其中主要论述了现存的现象,即权威伦理学传统的代表也无法抵御纳粹现实的诱惑、威胁、欺骗和颠倒黑白。比如,朋霍费尔深刻洞察到存在于大学教师身上的动摇性和机会主义思想。在抵抗运动流传下来的文献中,给人印象最深的有一部分是对思想界精英*失职的分析。军事精英也同样失职,因为唯有他们掌握着颠覆希特勒的办法,却在关键时刻因误解了传统的责任伦理而犹豫不决。

"遗产和衰败"是1940年秋开始的第三部分手稿,以展示西方的战争传统为掩护,批判了彻底的灭绝人性和摧毁一切的战争,** 这些战争的性质在1940年秋对待被战胜的波兰人民已暴露无遗。

从1940年11月到1941年2月是第二阶段。朋霍费尔论述了由纳粹种族意识形态的核心思想派生出来的两种行为:强迫绝育和"安乐死"。后者是刚刚开始实施的政策,希特勒没有任何法律依据将其制定出来,屠杀那些所谓无价值的生命。因此,对它的论述有着深刻的现实意义。*** 朋霍费尔对"安乐死"采取了否定的论证,并在结尾处引用了摩西第二经中的话:"不要扼杀……无辜之人"。朋霍费尔的父亲和姐夫冯·多纳伊(Hans von Dohnanyi)都曾给冯·鲍德施威(Friedrich von Bodelschwingh)和布劳内(Paul Braune)出主意,帮助他们努力阻止纳粹的屠杀。布劳内因撰写一份详细的呈文而被长期关押集中营。对于教会来

* 见页64—67及1942年底WEN 12—14("十年之后"中)。

** 见页99—100。

*** 见页209—211及184—191。

说灭绝“无价值”之生命有更深一层的含义，因为很多将被屠杀的病人生活在教会救济机构中。在那里人们却并未拒绝对病人不明真相的“迁移”，它在一开始常常伪装为必要的调遣；或者人们往往很晚才意识到真相，只解救出部分受难者。

第二阶段以后的几个月中，即 1941 年的夏秋，朋霍费尔修改和补充了自己第一阶段的手稿。此时对苏联的灭绝战已经开始。经历了第一阶段辉煌的胜利，对犹太人的屠杀进入准备阶段。1941 年 9 月 19 日起，犹太人必须随身佩带污辱性的黄星。10 月中旬后开始把柏林的犹太市民流放到东部。朋霍费尔和培勒斯(Friedrich Justus Perels)搜集了这些行动及其后果的事实，冯•多纳伊把报告转给军方反对派的领导人，希望能以此坚定他们推翻政府的决心。* 在手稿第二部分“遗产和衰败”的边页上朋霍费尔写到：“犹太人对基督的问题采取了宽容的态度。他是自由恩宠拣选和上帝无端之怒的标志，‘可见上帝的恩慈和严厉’(罗 11：22)。把犹太人驱逐出西方将招致把基督驱逐出西方；因为耶稣基督乃犹太人。”**朋霍费尔因亲眼看到对犹太人的流放而在此阐释了神学诫命中与犹太人团结的思想，说明教会与犹太人本命运相连。

受抵制运动——说得更确切一些——受其中抵抗组织的委托，1941 年 3 月和 9 月朋霍费尔访问了瑞士。盎格鲁萨克森国家的诸教会已纷纷讨论和平目标的问题。这一讨论对计划推翻德国

* 18.及 20. 10.1941 DBW 16，212—217。

** 见页 95。

政府的人来说十分重要，可以帮助了解行动的目标，将自己秘密谋反计划的进行情况告知国外可以信赖的人士，并向他们询问推翻希特勒政府后德国将面临哪些条件。德国当时仍处于军事力量的顶峰，本可以自己提出结束战争的条件。教会必须考虑战后秩序的问题。朋霍费尔父亲般的忘年交贝尔主教（Bischof Bell）于1940年出版了名为《基督教与世界秩序》(*Christianity and World Order*)的小书。紧接其后1941年7月出版了霍夫特的日内瓦或者说伦敦同事帕顿（William Paton）的《教会与新秩序》（*The Church and the New Order*）一书。1941年9月上旬朋霍费尔在日内瓦从德国人的角度为帕顿的书题写了备忘录。霍夫特随后将其翻译成英语并在伦敦散发，他当然没有透露其德国作者的姓名。当时丘吉尔正在伦敦严厉镇压对和平问题的讨论。与博学的日内瓦普世教会人士诚挚的交谈对朋霍费尔的“伦理学”有着重要的意义，同时，许多神学问题也得到了深入的探讨。*

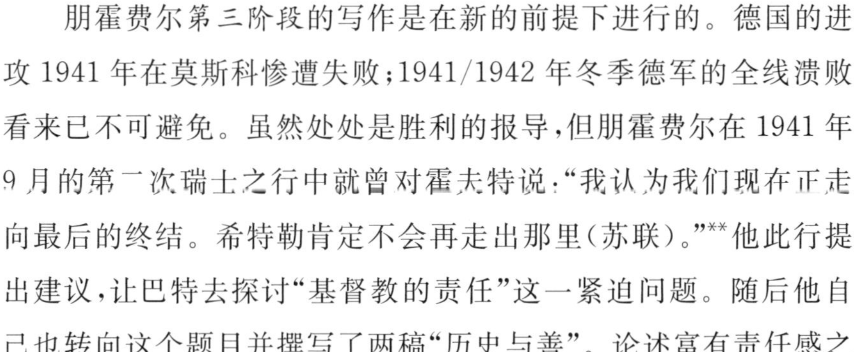

朋霍费尔第三阶段的写作是在新的前提下进行的。德国的进攻1941年在莫斯科惨遭失败；1941/1942年冬季德军的全线溃败看来已不可避免。虽然处处是胜利的报导，但朋霍费尔在1941年9月的第一次瑞士之行中就曾对霍夫特说：“我认为我们现在正走向最后的终结。希特勒肯定不会再走出那里(苏联)。”** 他此行提出建议，让巴特去探讨“基督教的责任”这一紧迫问题。随后他自己也转向这个题目并撰写了两稿“历史与善”。论述富有责任感之

* 参阅 Nils Ehrenström 的日记 4.9.1941 DBW 16,202。

** DB 824。

人生结构中的自由一章清晰地反映了担负谋反责任之人当时的处境。[*] 人们若是不放弃为谋杀希特勒和颠覆其政府寻找正当理由和法律依据,就无法执行此行动。这在密谋小组中也同样是一个十分严肃和富有争议的问题,它促使朋霍费尔全力以赴思考责任问题,有些责任在特殊情况下不得不有意识去承担不可避免的过错。[**]

德国教会中又掀起了促进教会内部统一的运动,但外界对教会的强制措施却并未减弱。贝尔主教1957年回忆说,朋霍费尔1942年5月底在瑞典希格图纳(Sigtuna)会晤中曾讲过,他正在紧张撰写《伦理学》,并在酝酿给认信教会的兄弟同盟(Bruderrat)写评估信。信的内容很可能是写给老普鲁士兄弟同盟的关于"'个人'和'实在'之伦理"以及"律法首要用途的教义……"[***]朋霍费尔曾受此同盟委托开展学术工作,他从未放弃过为认信教会效力。

在1942年下半年的第四阶段中,朋霍费尔因受到怀疑而未获准出访国外,主要在柏林写作。[****] 当时的教会正举步维艰,基督教饱受磨难,在这种情况下,他在"教会和世界(一)"中描述了一条令人惊讶的发展道路:人们曾为了彻底贯彻理性、权力、教养、人文和宽容而艰难地从教会中解放出来;如今人类的价值被纳粹玷污,

---

* 参阅页283—285。

** 见275—276。

*** 见DBW 16,页550—562及600—619。

**** 参阅1944年夏给最高军事法庭顾问(Oberkriegsgerichtsrat)Manfred Roeder起草的信DBW 16,415。

它的维护者又需努力与教会联盟。* 朋霍费尔在此预见了未来的,尤其是战后的发展。此外,在这个阶段中他遇到了以下问题,即全世界的基督教觉醒要求寻找教会走向世界的根据,人们应当如何以合法的神学方式去对待。** 他就此重新提到前一年,1941年,在日内瓦与普世教会人士讨论过的议题。在"10年后,1943年以前的总结"(Nach zehn Jahren, Rechenschaft an der Wende zum Jahr 1943)中,朋霍费尔为谋反小组里的家庭成员和朋友们总结了"这段时间里我们得到的共同经验和认识"。*** 他还把1940年秋写成的"作为塑造的伦理学"一稿的开头作为参考,并对之加以修改和补充。"历史中是否曾有过……像我们现在一样脚下没有根基的人?"他在对"百姓的勇敢"(Civilcourage)一词的注释中写道:"德国人还缺乏一项决定性的基本认识,即对自由的负有责任的行为之必要性的基本认识,它可以与职业和合同背道而驰。"还有新添的一章主要论述了愚蠢以及这种愚蠢的泛滥,它是政治和宗教以及剥夺人自主权的权力无限发展的结果。朋霍费尔在说到"历史的内在公义"时,同时包含了他对第三帝国前途的判断:"世界本来就如此设定,对人的生命以及人的自由发展最终的法则和权利的基本尊重,其实是最客观的,而这些法则只允许短暂的、一次性的、个别情况下也许是必要的越轨。"**** 他认为纳粹政府迟早会自取灭亡。这段文字写于德军进攻斯大林格勒悲剧发

* 见页 342—344。

** 见页 354。

*** WEN 11。

**** WEN 12, 15, 16—18, 20,参阅对"必然"(necessità)的思考,页 272—274。

生之前。从此，推翻政府具体计划的实施就更加目标明确了。1943年3月13日和21日的暗杀行动却由于当时的许多不利因素而失败。

最后，在第五阶段中，朋霍费尔从巴特的《教会教义学》第二卷第二部分中受到了启发。他于1942年5月第三次瑞士之旅中阅读了著作的清样。启发主要在于把上帝的诫命看作"'基督教伦理学'唯一可能的对象"。* 这并不意味着要推翻至此所作的工作，而是试图通过此观点把自己的思考联系进来。1941年他在1940年开始的手稿中添加了内容，其中提到四种委托（vier Mandate）。** 在第五阶段他主要对两"部分"展开论述，其一处理了具体诫命与四种委托的关系。*** 一方面，倾听上帝诫命首先需要顺从的聆听、决断和行动，此乃自由之存在性的行为，当不受任何决疑论和原则学说的影响；另一方面，神性命令具有恒定性、方向性和持续性。"作为基督教伦理学议题的上帝诫命，只有在其积极的内涵和人的自由同时受到重视时才可进行探讨。"何谓积极内涵，此问题在委托理论中得到了进一步说明。"委托是指上帝诫命占有、征用和塑造世间某一特殊领域。"朋霍费尔清楚地看到了纳粹政府在对待婚姻、与文化相关的工作、统治当局的权限以及教会等问题上的独断专行。人们需要为独裁统治结束后的新开端重新彻底考虑公共生活的结构问题。朋霍费尔意在彻底取消"浪漫的保

---

* 见页318。

** 见页54—60。

*** 见页390。

守主义”以及“通过上帝来确立世间所有存在的秩序。”* 他未能找到一个更好的概念，便暂时使用了委托一词。他强调指出，强者面对弱者依靠的不可能是上帝的委托，它本为修正世间的权力关系，为“下层存在”提供地位和权利而存在。** 庸俗民主论认为民众为“下”，有史以来一切“上层存在”都被授予正当化，同时它的存在又受到威胁。朋霍费尔从其最糟糕的变相，即表面上通过民主表决实现的“领袖”民主中，看到了如此庸俗民主论的真相。由此也可以理解朋霍费尔为何强调认清和区分下层和上层。他作此区分主要出于神学角度，而非出于政治社会角度。但是人们并未从中看到朋霍费尔对一条通往民主宪政秩序之路的直接说明。“上”、“下”的术语会令人联想到巴特在1938年《称义与公义》（*Rechtfertigung und Recht*）一文中使用的极权国家和臣仆阶层等概念。巴特提出的问题是，人们是否可以“沿用《罗马书》13节的正当路线”谈论民主国家并坚决赞同此路线。*** 朋霍费尔在1941年“国家和教会”一节中最早描述了他的委托说，很可能与巴特这篇文章有关。

作为诫命形式的委托——工作/文化、婚姻、统治当局、教会——都是上帝对世界慈爱的表示，他通过它们使生活成为可能并且丰富多彩。它们有如此功用和积极的内涵就是让人们接受、肯定并在自由中塑造它们。诫命的主旨为，在自由中进行的“为达

* 见页389及393。

** 参阅页395。

*** 参阅巴特的 *Rechtfertigung und Recht*《称义与公法》，页42－44。

生命圆满”的“共同生活”。[*] 过着婚姻生活的人、工作和创造文化的人、塑造政治秩序和建设教会生活的人，他们应当时刻想到，在自己各项任务中有一项“来自上面”，自己应对上帝负责，自己的行为是在响应上帝的命令。人们若想正确理解朋霍费尔没有展开论述的委托说，就必须先掌握其责任感的特质。

极权国家将一切生活领域置于统治之下并试图将其完全占有。朋霍费尔的委托说正是对此颠倒的直接反应。“唯有各项上帝委托共同存在，互为存在和制约存在之时，它们才可道出……启示于耶稣基督身上的上帝诫命。委托中没有一项可以单独存在，也没有一项有权代替其他各项。”委托共同存在，互为存在，制约存在。朋霍费尔道出了它们之间合作、支持和矛盾的关系特点。“若没有互相制约，也就没有上帝的委托”[**]——这句话成为在教会和国家问题上贯穿始终的基本思想——，朋霍费尔的时代中，国家把对教会的统治权强占为己有，教会正处于和国家的对立状态。

以上摘自《伦理学》各写作阶段的例子表明，在这部著作中历史事件以及从中反映出来的教会、神学和伦理学的失败都得到论述，其深刻和警醒程度都是新教伦理学论著前所未有的。历史事件决定了朋霍费尔的特殊选题，也规定了作者言论的界限，为逃避盖世太保的追捕，他不得不将论述限制在一定范围内；历史事件也造成著作中许多表述不得不采用伪装、隐语和改写的方式；同时，它们也为朋霍费尔的思想、写作和教诲，尤其是对战后的展望，提

* 见页390。

** 见页397。

供了场所。基督教启示神学的代表会如此转向具体历史事件，实在令人惊讶，因为人们通常认为启示神学是抽象的。朋霍费尔则代表了与此偏见相反的认识："基督为我们提供了一种可能，即同时得到上帝的真实和世间的真实，两者相伴相随。"*

四

朋霍费尔未能按计划完成《伦理学》，因此我们也无法想象它完整的形式。但已完成的部分和留下的草稿就已清晰显示出作者的某些特点。他看起来并不想沿着已有的伦理学构想继续前行。从对它的各项批评中就可清楚看到这点。** 他曾在《伦理学》草稿1上写下副标题："试论基督教伦理学"，这意味着对某些还未曾充分思考的维度的进一步尝试。

与伦理学传统强烈的、甚至是截然的反差明显地表现出来。三部手稿的开头***看起来都像是计划中著作的开始，都异口同声说道，"基督教伦理学"对于其他所有关于伦理的思考来说都无异于"纯粹的无理要求"。人们通常所追求的善恶知识是想使"我"变好并通过"我"使世界变得美好，但它没有认识到，"我和世界的真实本身还嵌在另一层最后的真实中，即嵌在上帝的、造物主的、和解者的和救世主的真实中。"**** 基督教伦理学需要从这一神学前提和信仰决定出发。它的核心是"变上帝在其众受造者中基督身

* 见页 40 。

** 参阅页 41、163—165 。

*** 见页 31、301、365。

**** 见页 32 。

上启示的真实为真实”* ，此处的基础并非抽象的真实概念，而是由道成肉身—基督教决定的真实概念。上帝包容一切的真实在耶稣基督的变为肉身、话语和命运中转向世间的真实，并构成一切具象及人之喜怒哀乐的决定因素。这样世界就与上帝和解。如此植根于和解的伦理学将战胜分裂的世界，战胜不可调和的矛盾，像《新约》一样预言：“人的生命和行为中没有困扰，没有痛苦，没有疑惑，有的只是理所当然的东西和愉快的、肯定的、清晰的东西”。** 朋霍费尔《伦理学》手稿虽然写就于危难和压迫之中，但正流露了这种声音。

这并不等于说，传统伦理学中对善的发问像在宗教改革传统中表现的那样得到了解决。后者曾步称义论后尘传布耶稣基督仁慈地转向罪人、迷途者和堕落者，他们唯受恩宠才得赎罪。朋霍费尔出其不意在此观点上又加一条：“堕落的世界中找到的人性和善属于耶稣基督一边。”*** 世界上那些为正义、真理和人道而战斗和忍受痛苦的“好人”当然也是需要谅解的罪人。但基督也正因为其坚强而需要他们，他们可以在他那里为其不可避免的罪过请求赦免，此赦免则并非“廉价的恩典”。基督需要好人的论题从某种程度上说由朋霍费尔抵抗斗争的经历而引发，并贯穿了他整部《伦理学》著作。

伦理学若是以《圣经》中关于基督身上的上帝启示、道成肉身

---

* 见页 34 。

** 见页 311。

*** 见页 161、21 号《伦理学》草稿上有底稿：善“属于耶稣基督一方”：参阅页 350 及 20 号《伦理学》草稿：“善作为本原属于基督”。

以及同世界复和的宏伟言辞开始，那么就会看到，这样的伦理学一定不具备形而上的抽象特点，其中一定蕴藏着直抵具象的可能性，而具象则本该成为伦理学的一个特征。这一联系可理解为教义和伦理学间的关系，* 朋霍费尔曾在许多不同的变相中考察过这种关系。“通过成为肉身上帝表现出他不愿只为自己，而是‘为我们’而存在。”** 与此相应，我们也不该只为自己，而应为回应上帝、为他人负责而存在。朋霍费尔的狱中神学在《伦理学》手稿中已初具格式：耶稣——为他人之人；新生作为分享耶稣存在的“为他人之实在”。“教会只有为他人存在之时才可谓教会。”“耶稣的‘为他人一实在’乃超验的经验！”*** 朋霍费尔达到基督教伦理学的具象并非通过与时代精神的接轨，而是通过对基本信仰原则的阐释，他的阐释中囊括了真实的人之存在。在这项努力中具有代表性的一项工作是对“终极者”和“仅次于终极者”的区分和归类，并以铺路(Wegbereitung)为例将其表述清楚。仅次于终极者是指人、善、自然性、他人之代表，终极者单指来自信仰，来自恩典的称义；基于仅次于终极者与终极者的相承关系，不但不会被废除，反而会由此获得作为伦理认识和行为基础的确定性和界限。如果说终极者意味着对仅次于终极者的否定和取缔，那在此就不会有任何区别，耶稣也不需仅次于终极者中的善。朋霍费尔关于自然性和历史的详细论述同样取决于对仅次于终极者意义的认识。

朋霍费尔对新教伦理学丧失了自然性的概念深感痛心。他希

---

* 见页 34。

** 见页 404。

*** WEN 414-415。

望从福音中，而不是从律法中将它重新寻回。因为从律法出发人们宣布虚假的“秩序”，直至把民族和种族当作伦理准则，甚至“造物的秩序”，丝毫没有想到，造物并不作用于堕落的人，对他们是隐蔽的。朋霍费尔的理由是：“自然性是堕落之后迎向耶稣基督的莅临。”* 与此相应，非自然指封闭自己。由教义学对自然性的定义出发，朋霍费尔在德语神学家中首次提出了详细的关于“自然生命的权利”的学说，它可作为独特的变形与西方从个体出发的人权思想相提并论。有关“肉体生命权利”的论述主要围绕“安乐死”、强迫绝育、酷刑、堕胎等命题，它们当中不少在今天仍是焦点问题。权利优先于义务是一条醒目的理由：“上帝先给予，后索求。”** 关于“灵性生活之自然权利”在手稿中只找到寥寥数语，朋霍费尔没能继续写下去。

如果说对自然神学—伦理学探讨引出了人权理论，那么与此相应对历史的理解则引向了责任伦理（Verantwortungsethik）。韦伯对这一概念的解释当时还未传入新教伦理学。朋霍费尔为此概念开启了神学的维度并讨论了责任生命的“结构”和“场所”。*** 责任对于他来说是用自己在行为中实现的全部生命来回答耶稣基督的生命。如果说耶稣的生命完全是代替他人并为他人承担罪过，基督教对责任的理解也应当囊括上帝赋予每一个人的“对历史进程的共同责任”。传统的伦理学问题：“我该怎样做好？”在这里同样不构成中心问题；此处关心的是：“最后的责任问题并不是我

* 见页 165。

** 见页 173 。

*** 见页 253—254、256、289。

怎样英雄地脱离事端，而是下一代怎样继续生活。”* 朋霍费尔写下此言时已作好准备，把谋反行动中推翻政府时不可避免的罪过加在自己头上；因为它没有任何法律和合法政权协约为依据，也没有对未来的认识作保障。它只是从属于责任感的大胆自由行动，只有随意性可以威胁到它。但是，在朋霍费尔的《伦理学》中与这种绝对自由相对的是受上帝的“委托”引导，它们只应被解释成与自由相对的另一部分，而非一成不变的秩序概念。

每一项伦理学，尤其神学的伦理学都应接受检验，看它们是否能引导出对真实的经验、感知和探讨。朋霍费尔为其同时代人的“愚蠢”感到震惊——并非震惊于知识分子的软弱——，而是震惊于人们感知能力的丧失以及在强权压迫下丧失了对真实的感觉能力。教导在此已无济于事，只有内在和外在的解放可给人以帮助。** “用解放的眼光去看上帝和只有在上帝中才存在的真实，会融单纯与聪明为一体。”“于事实中识别指示者可谓聪明。”***

每一项科学的伦理学都明显地或多或少依靠一系列方法。朋霍费尔的论证中有一种方法格外引人注目：探讨问题之前，总会列有对此问题极端的感知或不同看法，它们又都彼此对抗，比如极端的和妥协的见解、无产阶级和资产阶级的观念、革命的和保守的态度等。没有一项感知的方式和与之相对应的概念与真实相一致。每一项都得到检验，错误的被剔除，正确的被认同，然后再在思想活动更高的层面上认知符合真实的东西。只有这样，在责任感中

* WEN 16。

** WEN 17－18

*** 见页 68。

生活和行为者“才可不断为自己开启对世界本质新的认识”* ——朋霍费尔追寻具体的意义正在于此。他的伦理学能够以令人惊叹的方式揭示深刻的信仰准则对世界责任真实感知间的关系。

五

1949年贝特格出版了《伦理学》手稿，当时的反响并不强烈且缺乏科学的接受，结果令人失望。“我在这里见到的只有对内容的重述，没有人敢说出自己的意见。”** 关于《伦理学》一书头三年里分别有十四、十一和一篇书评发表，而1951年出版的《抵抗与顺服》一书则相应有二十、五十九和二十四篇书评。《伦理学》手稿很快就被其他作品超过，尤其是被朋霍费尔以私人书信形式写下的狱中札记超过，大概是因为它们接受起来更为容易。

巴特1951年撰写其《教会教义学》中创世论伦理学部分时仔细研究了朋霍费尔的《伦理学》。他尖锐地看出此书与自己的构思近在咫尺。“朋霍费尔博大精深的‘伦理学’有意识与教义学联系……同样值得称赞。”*** 巴特将《伦理学》手稿中的部分思想引入了自己的构思，他可能并未注意到，朋霍费尔曾如何深入地研究过其早年《教会教义学》中对伦理学的论述。因此《伦理学》中的大多数观点得到了他的认同，尤其在对上帝诫命的基督论理解方面以及由此得出的对决疑论和原则伦理的否定上。朋霍费尔对一系列

---

* 见页267。

** Eberhard Bethge致信Erwin Sutz 15.5.1950，后记中的这段文字运用了Jörg Dinger关于Bethge对朋霍费尔著作文献汇编的研究。

*** KD III/4,2。

具体伦理学问题的探讨也得到了巴特的首肯。在委托论上他可以很好地理解作者的意图——基督教伦理学总免不了对上帝命令的指证发问，在不同前提下还要对诫命的“恒定质”发问。但通过《圣经》来论证以及对四项委托的选择和将之定义为权威关系却并不能说服巴特。他认为这带有“北德父权主义的残余”，直至今日这一评判仍不断出现。1952年巴特说过，他曾好好地与朋霍费尔的委托论“较量了一番”。* 沃尔夫（Ernst Wolf）却不同，他在讲课中试图以不同的变相把它塑造为固定的神学学说。**

德国战后十年中，新教神学学术界几乎没有仔细研究过以社会和教会为新方向的伦理学、神学和实际问题。关于布尔特曼《新约》非神化纲领的辩论成为关注的焦点。人们对海德格尔1933年在政治—世界观问题上的失败视而不见，从他的哲学中为存在的解释、解释学、语言哲学或语言神学找出许多决定性的启示，不顾一切地背离巴特及其朋友的神学纲领。对布尔特曼或巴特的选择也波及对朋霍费尔的接受。人们从他1944年狱中神学大纲的残稿中可以看到一些与布尔特曼相近的主题和母题，如“《圣经》概念的非宗教性解释”，因而讨论也主要集中在解释学层面。这种讨论状况阻碍了对朋霍费尔《伦理学》的接受。人们提到此著作大多为征引之用，即从中为系统—神学解释朋霍费尔后期神学寻找依据。

朋霍费尔的大多数学生和朋友对世人如此对待其神学遗作深感不解。他们在50年代召开了多次学术会议，并将讨论结果出版

---

* 见巴特，MW I，121。

** 参阅 Theodor. Strohm 出版的 E. Wolf，Sozialethik《社会伦理》，尤见169—171。

为“成年世界”(Die Mündige Welt)系列,试图以此探讨出朋霍费尔神学理论的独特风貌。但朋霍费尔的学生中唯一一位大学教授艾伯林(Gerhard Ebeling)却更热衷于从海德格尔—布尔特曼—讨论中得出的解释学角度作进一步研究,同时还考虑到解释路德。他的演讲“《圣经》概念的非宗教性解释”(Die, nicht-religiöse Interpretation biblischer Begriffe)1955 年第一次以论文的形式出版*并引起了极大关注,一时间几乎所有战后 10 年中研究朋霍费尔监狱神学的德语论文和专著都要参考它,尽管它们大多对它持批评态度。艾伯林虽然熟知《伦理学》大意,但在核心问题上却并未解释到位。关键在于他并不是从朋霍费尔论述的中心问题切入进行解释的,他的切入点为“律法和福音”的关系。艾伯林认为人类一切真实都打有律法的印记,它赋予真实以特征,表明它存有未满足和不可满足的要求,让人类在真实问题上遭到失败从而为宣道福音提供前提。伦理学的重点应放到对此负面真实压力的承受和忍受上。** 但这与朋霍费尔在耶稣基督身上看到已发生和好的论断背道而驰。他通过阐述“终极者”和“仅次于终极者”的关系确认了基督教伦理学和好的方向,它不把信仰者看作分裂和矛盾的人,而是让他们在现世世界的生活中紧随上帝充满解放和指引力量的教谕。虽然艾伯林学识渊博令人敬佩,但人们对其偏离原意解释朋霍费尔仍持坚决反对态度。***

* 见 *Zeitschrifi fur Theologie und Kirche*《神学与教会学刊》,1956 MW II。

** MW II. 65, 67, 72 。

*** 参阅 K. Wilkens, *Die Frage Dietrich Bonhoeffers und unsere Antwort*《朋霍费尔的问题以及答案》。

众多博士论文构成了朋霍费尔研究中相当可观的部分，它们大多在围绕“成人世界”进行的研讨会之后写成。缪勒(HanfriedMüller)的论文可列其首，其观点直至今日仍是争论的焦点。* 他在朋霍费尔“进步”的后期神学和此前的纲领间划了一道鸿沟。《伦理学》中“作为塑造的伦理学”和“遗产和衰败”章节因充满基督教—西方的思想——它们在市民阶层对抗希特勒政府的抵抗运动中广泛流传——被认作“抵抗与顺服”这样对未来充满希望的进步章节的反面衬托。缪勒认为，朋霍费尔此时才真正提出一个神学纲领，它预示了社会主义未来并对马克思主义思想的支持者产生了重大意义。从《伦理学》中很难得出这些结论，许多前东德朋霍费尔专家也曾坚决把他同“现存社会主义”(real existierenden Sozialismus)接轨。

与把朋霍费尔后期神学和《伦理学》对立起来的做法相反，奥特(Heinrich Ott)努力论证了两者间的连续性。他从《伦理学》手稿中找到了更广泛的基础去解释许多过于言简意赅的狱中书信。

围绕醒目的标题“成人世界”和“圣经概念的非基督教解释”的讨论日渐平息。还有不少探讨《伦理学》中重要议题的专论未受其影响，如莫尔特曼(Jürgen Moltmann)和沃尔夫的专论。** 人们

* H. Müller ,*Von der Kirche zur Welt*《从教会到世界》，打字机写博士论文 1956 年，成书 1961 年，1966 年第二版。

** J. Moltmann，*Die Wirklichkeit der Welt und Gottes konkretes Gebot nach Dietrich Bonhoeffer*《朋霍费尔论世界的真实性和上帝的具体诫命》；同一作者，*Herrschaft Christi und soziale Wirklichkeit nach Dietrich Bonhoeffer*《朋霍费尔论基督的统治和社会的真实性》；E. Wolf ,*Das Letzte und das Vorletzte*《终极者和仅次于终极者》。

已广泛注意到朋霍费尔《伦理学》的存在，处处引证并逐一讨论。1962年7月贝特格为新编第六版题写了前言。战后德语新教伦理学中大概不曾有过第二部著作如此多次再版。著作主要在年轻神学家和学术圈以外的读者中传播。

1967年贝特格撰写了朋霍费尔传，这使朋霍费尔著作的影响和他的形象达到了一个新的水平。以前人们只集中于特定的文本进行讨论，现在终于可以一览朋霍费尔发展道路的全貌。以后又进一步出现"全集"，其第六卷1974年出版，它为读者开辟了更广泛的视野。在此不断丰富的信息的基础上，通过与贝特格多方交换意见，1971年费尔发表了第一部关于朋霍费尔神学的总论。尽管"解释学—基督论—对世界的认知"三项议题的观点构成了总论的主要线索，但对《伦理学》手稿中心内容的论述还没有脱离朋霍费尔的其他著作。费尔的结论是，"朋霍费尔最后的神学是他前期神学思考一脉相承的继续"*——有些学说认为监狱神学以其新的认识"超过"了《伦理学》并试图以此为由降低它的意义。费尔通过严密论证驳斥了这些学说。

贝特格新编《伦理学》及其朋霍费尔传掀起了一个新的接受阶段，甚至大规模地遍及了非德语国家，尤其是美国。1955年英语国家出版了第一部《伦理学》英译本。第一阶段中朋霍费尔的著作和解释常常被随意而粗糙地介绍过去，以后便代之准确细致的编译工作。1968年古斯塔夫森(James Gustafson)在《基督与道德人生》(*Christ and the Moral Life*)的第二部分探讨了朋霍费尔伦理

---

* E. Feil, *Die Theologie Dietrich Bonhoeffers*《朋霍费尔的神学》，页323 。

学。60 年代中对《伦理学》的兴趣往往不及对书信和狱中札记的兴趣，而当时理解后者的前提是美国的世俗主义（Säkularismus）。* 而另一部分人，如高德塞（John D. Godsey）和格林，则注重分析朋霍费尔神学的全部发展过程。贝特格和费尔认为朋霍费尔著作具有鲜明的连续性，与之相一致的看法也逐渐得到承认——但它并不妨碍理解狱中书信里的新认识和新观念——这样就保证了不再把《伦理学》置于狱中书信之下。直至当代美国的研究都比德语的研究更青睐《伦理学》。至 1970 年，英语国家中关于《伦理学》的博士论文数目远远超过关于狱中札记。拉斯穆森（Larry L. Rasmussen）早在 1972 年就研究过朋霍费尔《伦理学》与他参与抵抗希特勒行动的关系。** 德·格吕奇（John deGruchy）又将它与南非的情况联系起来。*** 伯特纳斯（JamesH. Burtness）1985 年撰写了一部专门研究朋霍费尔《伦理学》的著作《塑造未来》。一组学者曾在派克（William Jay Peck）编辑的文丛《朋霍费尔伦理学新论》（*New Studies in Bonhoeffer's Ethics*）中探讨了《伦理学》中的问题。格林还按产生时间和议题为手稿重新编排了顺序。1988 年在阿姆斯特丹举行的国际朋霍费尔研讨会将《伦理学》列为中心议题，随后又出版了由卡特（Guy Christopher Cart-

* 参阅 William Hamilton，Paul van Buren，Harvey Cox，John Phillips 的论文，详见 E. Feil，《朋霍费尔神学》中的文献目录Ⅱ，页 402－422。

** L. L. Rasmussen，*Dietrich Bonhoeffer*：*Reality and Resistance*《朋霍费尔：真实性和抵抗》，Rasmussen 的新作讨论了朋霍费尔对于北美洲的意义（同一作者，*Dietrich Bonhoeffer*：*His Significance for North Americans*《朋霍费尔：他对北美人的意义》）。

*** J. W. De Gruchy，*Bonhoeffer and South Africa*，*Theology in Dialogue*《朋霍费尔和南非：对话中的神学》（在美国出版）。

er)、凡·埃顿(René van Eyden)和凡·霍斯达顿(Hans Dirk van Hoogstraten)编辑的文集《朋霍费尔伦理学：老欧洲和新边疆》(*Bonhoeffer's Ethics：Old Europe and New Frontiers*)。凯莱(James Patrick Kelley)在1980年将其博士论文《朋霍费尔神学中的启示性和世俗性》(*Revelation and the Secular in the Theology of Dietrich Bonhoeffer*)扩充为著作时着重考虑了《伦理学》中"基督、实在与善。基督、教会和世界"一章的重要性，它至此还未引起足够重视，但在DBW 6中则被按照写作时间放到了手稿的开始。

随着对朋霍费尔著作中存在明显连续性的看法不断加强，朋霍费尔研究也越来越转向其早期作品。施托姆(Christoph Strohm)1989年出版的《与纳粹斗争中的神学伦理学》(*Theologische Ethik im Kampf gegen den Nationalsozialismus*)中这种倾向清晰可见。在贝特格的传记之后，这部专著第一次在朋霍费尔解释中加入了对教会斗争、抵抗运动和神学史等领域的研究，而且它们都以当代历史研究的方法水准为基础。对《伦理学》手稿写作时代的研究方法还有待进一步探讨。

德意志联邦共和国国际朋霍费尔协会组织了一系列学术研讨会，自70年代中期起讨论了朋霍费尔研究论题；重要论文收入《国际朋霍费尔论坛》系列。关于朋瞿费尔伦理学构想发展的论述主要收集在1982年出版的IBF3《紧要关头中的伦理学》(*Ethik im Ernstfall*)和IBF5《和平——必要的冒险》(*Frieden-das unumgängliche Wagiss*)。在原东德教会和东德时期的教会中，朋霍费尔作为神学家和个人都有着重要的意义。一部关于朋霍费尔《伦理学》的专著是魏伯凌(Joachim Wiebering)1985 年发表的《两个空间——两个帝国?》(*Zwei Räumezwei Reiche?*)。

1981 年,德国代表性的辞典《神学百科全书》中登载克劳泽(Gerhard Krause)撰写的朋霍费尔一条。他说,《伦理学》手稿中缺乏“统领的伦理学概念”,许多早已流行的伦理学思想被“情绪化冠以新意”并以证道讲章——随笔形式在“与知情者的矛盾中”表白自我。* 对此人们不须再发表意见。令人不解的是,这样的文章竟会被收入神学辞典。1987 年霍耐克(Martin Honeker) 发表的《基督论与伦理学》一文提出了对朋霍费尔基督教学构想的质疑。

1989 年洪特曼(Georg Huntemann)写给福音派(Evangelikalen)的专著《朋霍费尔别释》(*Der andere Bonhoeffer*)开篇便如此定音:对于福音派来说朋霍费尔堪称“未来的教父——或者福音派不再有未来”。** 洪特曼在朋霍费尔处发现了圣经中的伦理,它没有抛弃自然性并反对一切干涉。朋霍费尔《伦理学》被片面用来为反现代主义的秩序伦理学服务,试图让人们忘却它对一切秩序保守主义的批判。

日本的朋霍费尔研究另辟蹊径。我们在这里只选出了朋霍费尔《伦理学》接受史中部分观点加以粗略介绍。日本、荷兰、英国、法国、意大利、西班牙、北欧、韩国、南非和拉丁美洲都对《伦理学》进行过卓有成效的研究,在此我们不一一列举。也许对手稿广泛

* G. Kraus,Art, Bonhoeffer“朋霍费尔条目”,见 TRE Ⅶ ,61。

** G. Huntemann,*Der andere Bonhoeffer*《另一个朋霍费尔》,11。

国际性和科学性研究的时代正在来临。

六

本版本中手稿按推测的写作顺序排列，后来的添加未算在写作顺序之内。朋霍费尔并未遵从一个事先设计好的提纲，他在写作过程中多次更易原计划著作的提纲设想。因此会出现写好的段落中为以后段落留有空间的情况。人们需把写作和形成顺序与若干朋霍费尔不同时间设计的不同成文顺序区分开。如编者前言所述，本版按写作顺序排列手稿。在本后记中我们将试着把朋霍费尔于写作后期计划成文顺序的过程展示一下。重新复原此过程只能依靠证据推断，因为朋霍费尔自己并未在《伦理学》手稿后期阶段写作中记下任何提纲。

第一段主要介绍朋霍费尔《伦理学》草稿上的笔记，它们包含了部分提纲草案。然后是指示一些格式上的标记，尤其是朋霍费尔自己对手稿不同的编页方式。最后是依据对引入证据的推断复原朋霍费尔著作的成文顺序，大致按朋霍费尔 1942/1943 年自己已完成并准备付审的手稿安排的顺序。

1.《伦理学》草稿 21 号上大概是最早的提纲草案。其标题为“自然生命”。从许多笔记中可认出以下一系列论题：

“基督与自然之生命

基督与善

基督与恶

基督与历史”

这一系列很可能起草于朋霍费尔作“伦理学”手稿之前。格式上的标记如纸张大小和天蓝色墨水表明写作时间为1940年夏。以后最早写下手稿中的两个标题也与这里每行开始的“基督与……”相仿:“基督、实在与善。基督、教会和世界”。

朋霍费尔1940年秋就未按此提纲写作。但1940/1941年冬在埃塔教区时却又重新参照它。在“终极者和仅次于终极者”手稿中他写到,“仅次于终极者包涵三项”,即“人,善,恶之实在”,* 这显而易见又回到了21号草稿上的主题。这里的“人之实在”相当于21号草稿中“自然生命”。紧接着在埃塔教区写下的“自然生命”一章中表明,自然之人生乃仅次于终极者范畴中论述的第一主题。他改变了自己论述人性—自然性、善、恶主题的初衷,在手稿中将“恶之实在”划去,把“三项”改为“两项”。在“自然生命”一章后本该跟随“论‘善’的章节”。** 这是1940/1941年冬的计划。朋霍费尔1940年秋去埃塔之前就为论述“善”和“恶”的主题准备了一系列草稿。

大概在1940年9月朋霍费尔写作“作为塑造的伦理学”手稿时,曾在38号草稿“基础”标题下给出了以下题目:

“作为塑造的伦理学”

“遗产和衰败”

“罪、称义”

“教会和世界(形态)”

“终极者和仅次于终极者”

* 参阅页151。

** 参阅页176注41。

“新人”

这一系列题目贯穿了内容—要点。对“遗产和衰败”一章的内容提示尤其丰富，但在1940年秋的写作中却并未出现38号草稿上为本章手稿列出的观点，而是在1941年继续写作“遗产和衰败”时才重又提到。*

1号草稿与38号草稿联系紧密，此处出现了可作为书名的标题：

“未来世界的基础与建设”，后改为：

“与上帝和好之（统一西方）世界的基础与建设。

试论基督教偷理学。”

以下为：

“基础……

建设：”

草稿中除去“……”以外在“基础”之下并无任何说明；38号草稿中的笔记可能不言而喻就是“基础”的内容。“建设”之下列出了五点提纲：

“1）个人生活建设”

“2）各阶层，机关建设？职业建设？”

“3）团体建设”

“4）教会建设”

“5）世界基督教生活建设”

前三项提纲后都有详尽的内容提要。按照1号草稿1940年

* 参阅页119注108。

的《伦理学》应有“基础”和“建设”两大部分。冬季在埃塔朋霍费尔又斟酌了“‘开路与进驻’(Wegbereitung und Einzug)——与著作两部分划分结构(仅次于终极者和终极者)”* 相应的提法。

1940 年 10 月 3 日,星期三,朋霍费尔从克兰—克罗辛(Klein-Krössin)用方格稿纸写信给贝特格,讲到他正在编写“整部著作的大纲”,而且“大概整个星期都要搭在上面”。** 这里指的不可能是 38 号和 1 号草稿。它们写于横行稿纸。朋霍费尔很可能在 9 月写完“作为塑造的伦理学”一章前三分之一后就换成了方格稿纸。*** 尤其是这两份草稿不可能用去他四天甚至更长时间。10 月 9 号信中提到的“整部著作大纲”大概用了十页方格信纸那样的稿纸。明显的内容要点上和用词的一致性进一步证实了这种推测。《伦理学》50 号草稿用纸与信纸相同,上写有来自皮珀的说法“舍己的自爱”(selbstlose Selbstliebe),**** 两次都用了引号。50 号葶稿的标题为:“自然生命”。写在方格纸上的 62 号草稿酝酿为探讨“修养”问题,此题目属于朋霍费尔对灵性生活之自然法的论述。大多数方格纸草稿,即 63－67 号草稿讲“善”的问题,68 号讲“善”与“恶”,69 号主要讲“恶”。1940 年夏 21 号草稿上写明的主题“自然生命”,“善”和“恶”明显体现在 1940 年 10 月的人纲中。写于方格纸的 61 号草稿在“仅次于终极者”的标题下撰写了 11 月写于埃塔“终极者和仅次于终极者”一章的雏形,其中如上文所述

* 27.11. 1940 DBW 16, 79;参阅页 153(Wegbereitung“铺路”)。

** 9. 10. 1940 DBW 16, 66。

*** 换纸:页 72 3/4。

**** J. Pieper, *Zucht und Maß*《纪律与恰当》,17。

含有把“两项[先是‘三项’,后划去]作为仅次于终极者”的计划,即人和善的实在(和恶的实在)。*

21号草稿上简单列出的主题之四“基督与历史”还未列入埃塔的计划。1942年朋霍费尔致力于双重版本的新《伦理学》手稿时,他给出一个书名:“历史和善”。此处的善与63－67号方格草稿标题中的“善”含义不同,彼处指美德意义上的人之善。然而直到1942年底,与品行不端之人相区别的基督和善人都是朋霍费尔《伦理学》一个重要主题。**

从1940年10月9日到1942/1943年冬,朋霍费尔仿佛并未再将其对《伦理学》的构思记在草稿上。但在后来的108号草稿上,——朋霍费尔被捕时它在写字台上——,人们发现了以下用笔圈起来几行字:

“历史中的善

上帝之善

个体的称义

必要行为,不愿善之实在

‘生命’”

朋霍费尔是否想在此在“历史中的善”的中心主题下重新回顾《伦理学》中的系列主题呢?在他1943年4月被捕前的最后日子里“学会共同一生活”成为中心议题。***

2.至此我们考察了草稿内容,主要为从中找出关于《伦理学》

---

* 见页151。

** 参阅页350－353。

*** 参阅页372－373。

著作构想计划的记录。除此之外，格式中的特殊点还暗示，手稿中计划的成文顺序与其成稿的顺序不尽相同。

朋霍费尔为手稿稿纸做编号的方式是一个标记。他并未给每页，而只给每张(2 页)或每相连的两张(4 页)A4 纸做了编号。编号一般在第二张纸上。也就是说新的编号往往从“2”开始。号码写在稿纸上方中部，后面大多有点，有的没有点。稿纸第一页上方中部全部是手稿书名，下画横线。

1942 年第三阶段产生的“历史和善”一章未曾照此格式。两稿都在第一页以编号“15.”开始，且标注在位于中央下画横线的手稿书名左上方。人们在“历史和善”第一稿开篇雏形 31 号草稿上，左边上方处同样发现了一个大写且加横线的编号“15.”从这里人们可以清楚看出作者打算把新写的稿子加在编号“14”的旧稿页数之后。“作为塑造的伦理学”一章的结尾标着编号“14.”。1940 年中以后不久朋霍费尔就开始了“遗产和衰败”一章的写作并在其首页左上角标注了“15.”，因为 31 号草稿和“历史和善”的两稿都丝毫不差重复了如此编号，所以可以推断，朋霍费尔想把 1942 年的手稿紧加在“作为塑造的伦理学”之后，挤掉“遗产和衰败”一章。这样安排十分令人信服，它把对善在历史中产生及对责任的神学思考置于“遗产和衰败”中对基督教—历史哲学的思考之前。

写于 1942 年第四阶段的“上帝的爱和世界的瓦解”是《伦理学》手稿中唯一用罗马数字编号的。由此推测，作者一定准备赋予它特殊位置。开头各段从文学格式和内容上都为作为著作开端作好了准备。基督教伦理学被从根本上与其他一切伦理学对立起来。1932/1933 年朋霍费尔曾以《圣经》文本为依据作出对伦理学

的思考，手稿则与之紧密相连：与出版的讲稿《创造与堕落》中对《创世记》前三节的解释以及《追随基督》中对《新约》的解释相连。朋霍费尔倾向于以《圣经》中的启示为出发点。这些都证明，贝特格在《伦理学》第六版中把这章手稿列在首位的决定是符合事实的。

朋霍费尔在第四阶段紧接"上帝的爱和世界的瓦解"撰写了"教会和世界(一)"，稿纸的编号却未继续下去。这里又是一种特殊情况：稿纸左上边是带有括号和原点的阿拉伯数字，始于1.)。朋霍费尔不同时间写下的各段文字就这样常常按其先后顺序仔细编排在一起。《追随基督》中这种方法十分明显，因为其各段文字标有清晰的日期。朋霍费尔撰写"教会和世界(一)"时很可能编制了一个内容提要框架。因为此部分开始段落中提要性的概念十分醒目，不断出现，它们同样也出现在"遗产和衰败"结尾处，如"联邦合作社"(Bundesgenossenschaft)以及"权力"和"教育"等一系列概念的罗列。* 1940年的38号《伦理学》草稿上紧接"罪与称义"标题写道："教会和世界(形态)之第一功用"。1942年，朋霍费尔看起来特别想把题为"教会和世界"的一部手稿直接置于"遗产和衰败"之后。

"(一)"就意味着还有续篇。"教会和世界(一)"中38号草稿上记下的"首要用途"还没有被注意到。朋霍费尔关于"律法首要用途"与福音宣道关系的论题**却在"关于教会对世界发言的可能

* 参阅页342—344、124。

** 参阅DBW 16,612，在评估信中写到："关于按照路德信仰的法律第一功用之学说及其批判"；"律法首要用途不可能与福音宣道相分离。"

性”中起到了决定性作用：“教会对世界的发言只能为律法和福音”* “关于教会对世界发言的可能性”初稿可认作以后以“教会和世界”为题的章节的前奏。但是 1942 年，朋霍费尔并未论述完整。

朋霍费尔同一阶段中撰写的“章节”或《伦理学》著作的独立部分，如果按当时计划中的顺序排列，那么他稿纸的编号就是连贯的。** 这表现在第一阶段的“作为塑造的伦理学”和“遗产和衰败”章节中以及形成于埃塔的两部分手稿中，第五阶段中的两部分中也显而易见：第二部分从双页稿纸中间开始，编号得以继续。***

3. 所谓的草稿笔记和对手稿的观察都说明，第一、第二和第五阶段手稿的写作顺序与后来的成文顺序相同。第三和第四阶段形成的手稿按 1943 年春的计划则不同于写作顺序。我们以上述标记为证据所作对计划中顺序的复原工作只能是一种假说，尤其要想到朋霍费尔在 1943 年 4 月 5 日被捕入狱后曾以别的方式继续写作他的《伦理学》。

朋霍费尔 1943 年为其《伦理学》手稿所排列的顺序

模拟复原

“上帝的爱和世界的瓦解”

---

* 见页 359。

** 在第一阶段相继产生的手稿，即修改的“基督、实在和善、基督、教会和世界”及“作为塑造的伦理学”，没有按顺序编号，第一部分《伦理学》手稿产生时还没有成书的打算，第一个固定下来的“章节”标题为“作为塑造的伦理学”，见 38 号草稿。

*** 参阅见 392。

“基督、实在与善。基督、教会和世界”

“作为塑造的伦理学”。

“历史和善”

“负责任生命的结构”

“责任所在”

“遗产和衰败”

“教会和世界”(未完成)

“罪、称义、更新”

“终极者和仅次于终极者”

“自然生命”

(两重范围:)

“肉体生命权利”

“灵性生活之自然法”(几乎无本文)

关于“善”的章节(只有草稿,无本文)

“‘伦理的’和‘基督的’作为课题”

“具体的诫命和上帝的委托”

“教会中的上帝诫命”(未完成)

(无本文,1943 年计划:)

“婚姻家庭中上帝之诫命”

“工作中上帝之诫命”*

“统治中上帝之教育”

* 1941 年至 1942 年如此,1944 年再度;1943 年在手稿“具体的诫命和上帝的委托”:“文化”中。

"委托之共同存在性，互为存在性及互相制约性"

"律法"*

"我自己为未完成伦理学而自责"，朋霍费尔在给贝特格的信中写到，当时刚好有位友好的狱卒帮他把信转到朋友手中，"……但是我已向你陈述了最主要的内容，这让我多少感到一丝安慰：尽管也许某天你记不起来，它们还会在无意中出现，况且我那时的思想还不大成熟。"** 这里出版的《伦理学》手稿构成了朋霍费尔著作集第六卷，显示出作者的伦理学思想，尤其在大的脉络上，没有丝毫像作者1943年11月所说的"不成熟"的痕迹。1944年初朋霍费尔曾写过一段关于"我们生命中的残篇和未完成作品"(das Unvollendete, Fragmentarische unseres Lebens)的话，它倒很适合以《追随基督》思想为基础*** 产生的伦理学残稿："虽然身边发生的事以其暴力将我们的生命打碎，如同炸弹炸毁我们的房屋，我们也要尽一切力量让人们看到，这一切的计划和思想是如何产生的，至少人们可以去不断地认识，此处是以何等材料建造的或者应该使用何等材料去建造。"****

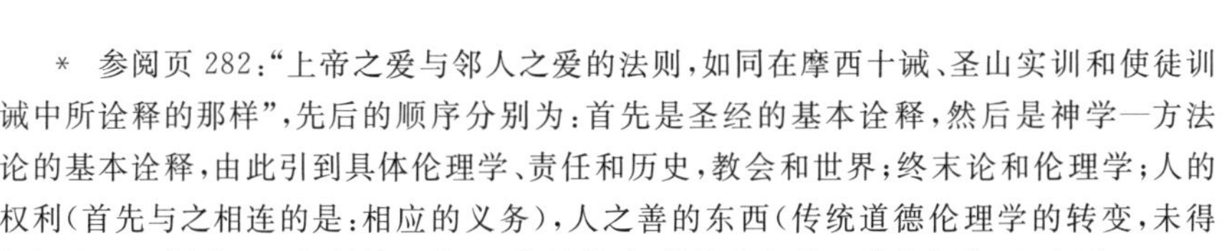

* 参阅页282："上帝之爱与邻人之爱的法则，如同在摩西十诫、圣山实训和使徒训诫中所诠释的那样"，先后的顺序分别为：首先是圣经的基本诠释，然后是神学—方法论的基本诠释，由此引到具体伦理学、责任和历史，教会和世界；终末论和伦理学；人的权利（首先与之相连的是：相应的义务），人之善的东西（传统道德伦理学的转变，未得仔细论证），哲学及基督教伦理学，具体的教谕（传统义务伦理学的深化）和法则。

** 18. 11. 1943 WEN 147。

*** 参阅编者前言，页7—8。

**** 致父母信20. 2. 1944 WEN 242。

《伦理学》写作年表

1940 年

2 月

27 日/星期三	从希格多夫(Sigurdshof)致信父母 DBW 15,293:"爸爸一定听说了解散波莫精神病院的详细情况[‘安乐死’措施]"

3 月

7 日/星期四	从希格多夫致信莱波霍尔茨(Gerhard Leibholz)DBW 15,297 以下:"前几天……我一直在想我们讨论的老问题[自然法],也读了很多东西"。"作为天主教基础的自然法是多类(家庭,经济,等等……)法律形态的前提,它们都有一个共同源泉,即世界之造物主";巴特将"受造世界中的所有秩序严格引向基督"
18 日/星期一	盖世太保关闭了——在纳粹政府眼中非法的——科斯林(Köslin)和希格多夫神学家教育基地 朋霍费尔在柏林

4 月

9 日	德国占领丹麦和挪威

5 月

7 日/星期二	布劳内(Braune)和冯·鲍德施威访朋霍费尔,

	征求反对“安乐死”措施的建议和帮助
9日/星期四	布劳内访冯·多纳伊
10日	进攻荷兰、比利时、卢森堡和法国
6月	
5日/星期三	第一次出访东普鲁士
10日	意大利参战
14日	和平进占巴黎
21日/星期五	从柯尼斯堡致父母明信片 DBW 16，46：“……不断在思索人们所看到的一切，也就是人们如今仍然被缠住且想搞清的那些异常经历，梦中都还在思索”
21日	于康培涅(Compiègne)森林，1918年11月11日的停战处，德方提出法方请求停战的条件
22日	德法停战协议
25日/星期二	回到柏林
7月	
7日/星期天	第二次出访东普鲁士
14日/星期天	朋霍费尔与认信教会成员在布洛斯陶(Bloestau)的避静活动受到监视，特务报告后盖世太保派警方解散了避静活动
17日/星期三	朋霍费尔大概于柯尼斯堡购买哈特曼(Nicolai Hartmann)的《伦理学》的日期(7月6日来自柯尼斯堡的信 DBW 16，页47以下)

26日/星期五	“谈基督徒的谢意”复印件上的日期，文章由波莫认主教会理事会分发(NL A 62，7 参照 DBW 16，490)
29日/星期一	回到柏林
8月	
1日/星期四	未按计划到达克兰—克罗辛(如7月16日信中所写，DBW 16，47)，在柏林，与国防部达成暂时协定(DB 783)
7日/星期三	在克兰—克罗辛(冯·克莱斯特—莱佐夫[Ruth von Kleist-Retzow])处
13日/星期二	回到柏林
17日/星期六	致信扬森(Hans Werner Jensen) DBW16，56:“我刚刚翻阅您[论述婚姻]的书：但不久之后我要为自己的书仔细阅读大作”
18日/星期日	参望德恩(Günther Dehn)在弗里登瑙(Friedenau)主持的主日崇拜
22日/星期四	帝国安全总部以危害民众为名剥夺朋霍费尔言论自由(DB 784)
25日/星期天	第三次出访东普鲁士
26日/星期一	从柯尼斯堡致信贝特格 NL A 59，2 (1)使用淡蓝色钢笔水(DBW 16，60)：“在柏林的逗留总是不断地遏制我的所谓宗教生活气息”
9月	

4 日/星期三	正式居住地施拉瓦(Schlawe)/波莫瑞报户口
15 日/星期天	从柏林致信帝国安全总部 DBW 16,62:“基于对家族精神遗产和内在操守有意识的持守,我不能接受对我‘危害民众’的指责”;使用淡蓝墨水 在副本 NL A 61,2(3)上签字 启程往克兰—克罗辛

—《伦理学》手稿写作的第一阶段—

27 日	德—意—日三国同盟
10 月	
8 日/星期二	从克兰—克罗辛致父母明信片 NL A 59,1(4):“这里工作很安静”,“新近将几箱书[芬肯瓦德图书馆藏书,放于施泰廷—阿尔特达姆(Stettin-Altdamm),浏览后(10 月 9 日信 DBW 16 ,66)]装箱,托运”到柏林
9 日/星期三	致信贝特格 NL A 59,2(2),使用方格稿纸(DBW 16,65 以下):“写作继续;我在为整部著作编写大纲…… 大概要搭上整个星期”:提到“舍己的自爱”
20 日/星期日	又回到柏林
22 日	德国开始从西南部向法国南部居尔(Gurs)流放犹太人(参阅 DB 818)
28 日	意大利进攻希腊失败

30 日/星期三	到达慕尼黑(DBW 16,67),被安排到国防部任文职
11 月	
4 日/星期一	慕尼黑来信(DBW 16,67 页以下),计划返回柏林
13 日/星期三	柏林来信(DBW 16,69)
14 日/星期四	离开柏林至耶拿
15 日/星期五	在耶拿(DB 786),施泰姆勒(Wolfgang Staemmler,Rat der ApU)"告诉我,人们希望我从事学术工作"(11 月 16 日信 DBW 16,72 ;施泰姆勒于 11 月 16 日被捕)
16 日/星期六	离开耶拿至慕尼黑

—《伦理学》手稿写作的第二阶段—

17 日/星期日	客居埃塔本笃会修道院至 1941 年 2 月,使用当地图书馆(DBW 16,72)
27 日/星期三	从埃塔致信贝特格 DBW 16,79 :"今天我为自己的书想起一个可行的书名:'铺路与推进'—与书的两部分相符(仅次于终极者和终极者)"
28 日/星期四	埃塔来信 DBW 16,80 :"工作还在进行":当晚赶赴慕尼黑
29 日/星期五	慕尼黑来信 DBW 16,83 :"[高山的] 不可逾越性有时也会像重负压在写作上";返回埃塔

12 月

9 日/星期一	埃塔来信 DBW 16,92 :“我现在开始了‘论自然的’部分的写作……十分危险的东西,但正因此才如此吸引人”
13 日/星期五	埃塔来信 DBW 16,99:冯·多纳伊,朋霍费尔之侄,在埃塔“患流行感冒”,朋霍费尔需照料他。“我的工作当然要受影响”
21 日/星期六	司法部长格尔特纳(Franz Gürtner)在埃塔与朋霍费尔在一起
26 日/星期四	从埃塔致信扬森 DBW 16,页 101 以下:“我从 10 月以来一直致力学术工作”

1941 年

1 月

15 日/星期三	从埃塔致信贝特格 DBW 16 ,页 106 以下:“我又开始工作”。“你读一读《出埃及记》二十三章 7 节”[鉴于目前“安乐死”措施]
19 日/星期天	慕尼黑来信 DBW 16,110 :“你觉得那本最后的清教徒[桑塔亚纳(George Santayana)的小说]怎么样?施耐德(Reinhold Schneider)[《论权力与恩典》(*Macht und Gnade*)一书]特别好”
20 日/星期一	埃塔来信 DBW 16, 114 :“我现在刚好在写作中遇到了安乐死问题。……我认为天主教伦理学在很多方面都比我们的富有教益,而

	且更为实际。至此为止人们总是把它当作‘决疑论’；而今人们却要感谢其中的许多观点；尤其对我眼前的论题”
25日/星期六	埃塔来信 DBW 16,117 ：“我有时深为奥利弗(Oliver,桑塔亚纳小说中人物)感慨不已”
31日/星期五	慕尼黑来信 DBW 16,页 121 以下：“我在十分兴奋地读施耐德”。“我有时几个星期都很少读《圣经》。……然后我又某天忽然拿起它,所有的东西一下子变得更加醒目……良心感觉有愧……但是过后我又问自己,它是否也带有人性,且通过上帝之言”

2月

10日/星期一	埃塔来信 DBW 16 ,页 138 以下：“现在写到婚姻问题”,配偶选择、绝育、避孕,此处的“天主教伦理法则真的简直无法忍受”
14日/星期五	埃塔来信 DBW 16 ,144 ：“前几天又可以很好地写作”
15日/星期六	埃塔来信 DBW 16 ,147 ：“前几天进展不错。已完成了对绝育、避孕等难题的论述。下面要进行的是对工作、自由、思想权利的论证。有时让我感到惊讶和恐惧的是,肉体也同精神一道强劲地工作”
23日/星期日	在慕尼黑
24日/星期一	第一次瑞士之行

3 月

4 日/星期二　晚间朋霍费尔拜访巴特，3 月 6 日、7 日上午在巴特处

8 日/星期六　朋霍费尔在日内瓦（DBW 16 ，159），在世界教会联合会办公室阅读普世教会出版物（DB 818）

12 日/星期三　埃恩施托姆（Nils Ehrenström）日记中记录了与朋霍费尔在日内瓦的会谈 DBW 16 ，160 ：上午和霍夫特（Willem A. Visser't Hooft），"关于基督教和平目标备忘录的草稿：他[朋霍费尔]对我们在争战中的教会（Ecclesia Militans）一书提纲作出'战争中教会的宣扬福音'的批评[1941 年后的普世教会出版系列]"，下午议题为"德国教会的社会作用以及不断变化的罗马—天主教—新教关系之研究"

13 日/星期日　埃恩施托姆日记记录 DBW 16，160 ："关于'教会和世界'的讨论，兼议霍夫特的备忘录"，即"伦理学的真实及教会的作用"（1939 年 6 月出版，1940 年 6 月修改版，德语 1941 年 4 月出版）

15 日/星期六　埃恩施托姆日记记录 DBW 16，161 ：与朋霍费尔一起参加"神学研讨会，讨论教会的伦理宣告与行动，——教会内部的以及面对世

	界的，——其合法性和形式”。
19 日/星期三	禁止印刷和出版自由 DBW16,171 ：朋霍费尔被帝国写作协会“取消一切写作行为”
24 日/星期一	从瑞士回到慕尼黑
26 日/星期三	到哈勒拜访沃尔夫(Ernst Wolf)：咨询有关禁止出版自由的情况(DB820；贝特格赶到朋霍费尔处)
27 日/星期四	“分别五个月后”回到柏林(DBW 16,3 月 31 日信 DBW 16,174)

—过渡阶段—

4 月	
1 日/星期二	再到埃塔
6 日	德军进攻希腊和南斯拉夫
8 日/星期二	到弗里德里希布隆(Friedrichsbrunn)与父母共渡复活节(DB 821)
13 日/星期天	复活节
22 日/星期二	在弗里德里希布隆起草抗议信，抗议禁止出版自由，致信父母 DBW 16,177 及 176：“前几天有很多时间工作”：两者书信，NLA61 ，4(6)及 59 ，1(14)，均使用横格稿纸[与 NL A 74，43 及 45 “国家与教会”草稿用纸相同]
25 日/星期五	在柏林(信 DBW 16 ,177)
28 日/星期一	到“波莫去几天”，克兰—克罗辛(信 DBW

	16,177)
5月	
14日/星期三	从慕尼黑致信扬森(DBW 16,180页以下)
18日/星期日	在柏林("第一个温暖的春日")
30日/星期五	致信巴特DBW 16,182:"前一段时间,受我出行的鼓励,写所进展很快":得到巴特的《教会教义学》第二卷第一册
6月	
1日/星期日	圣灵降临节
4日/星期三	致信格吕诺夫(Richard Grunow)DBW16,183:"我收到你的'我们问[《圣经》]……'一书竟用了三个多月时间。在我出行期间它被多次搁置,又被送错"
22日	德军突袭苏联
22日/星期日	在波茨坦听贝特格证道。
约29日	从克兰—克罗辛致信父母DBW 16,186:"几天来我又在享受乡间生活的安静。写作很顺利"
7月	
5日/星期六	克兰—克罗辛来信(DBW 16,页186以下)
12日/星期六	前往柏林(信DBW 16,186)
15日/星期二	前往慕尼黑(信DBW 16,186)
8月	
3日/星期日	参加在基科夫(KiecRow)为克莱斯特—雷佐

	夫家族东部阵亡人员举行的葬礼，朋霍费尔为其中一位主持过坚振礼
5 日/星期二	在克兰一克罗辛
15 日/星期五	大概从柏林致芬肯瓦尔德的私人通函(DBW 16，191－195)
24 日/星期日	冯·克莱斯特(Ruth von Kleist)致信贝特格 DBW 16,196:“[通过对阵亡人士的报导]参与所发生的可怕事件的感觉又重新在我心中燃起。……人们怎么也不可能从降临到我们头上的苦难命运和罪责中逃脱出来。这也让我……第一次对您和迪特里希所走的道路感到担忧”
25 日/星期一	前往慕尼黑(埃塔)
28 日/星期四	从慕尼黑致信贝特格 DBW 16，200：“神职同样以效法基督为前提”
29 日/星期五	第二次瑞士之行
31 日/星期日	在巴塞尔与巴特会面
9 月	
1 日	德国发布佩带犹太人黄星标志和引入犹太人名字的规定，9 月 19 日实施
4 日/星期四	埃恩施托姆在日内瓦的日记记录 DBW 16，202：朋霍费尔与霍夫特“讨论神学问题‘教会对世界发言’”；朋霍费尔于九月初的几天为

	帕顿(William Paton)的著作“教会与新秩序”题写备忘录(DB 829)
19 日/星期五	朋霍费尔在巴塞尔与巴特会面;从苏黎世致信莱波霍尔茨一家 DBW16,204:“我希望能有足够的时间完成我的著作,差不多一年以来我都在写作”
22 日/星期一	冯·克尔希鲍姆(Charlotte von Kirschbaum)从巴塞尔致信福格特牧师(Paul Vogt)(DBW 16 ,页 207 以下)说到了“朋霍费尔”把三个议题“描述为当前最现实的问题并给出[修订者建议]”:“历史与最后期望(费舍尔, W[ilhelm] Vischer)”,“巴特的基督教的责任及德克威望牧师(Pf [arrer Alfred] de Quervain)的赦罪)”
25 日/星期四	从苏黎世致信贝尔主教,朋霍费尔读了他的《基督教与世界秩序》一书(DBW16,页 210 以下)
26 日/星期五	离开瑞士,大概前往柏林
十月	
16 日	柏林第一次大规模夜间流放犹太人
18/20 日	两篇致军事统帅关于柏林流放犹太人的报导(大概由朋霍费尔与培勒斯[Perels]共同执笔)DBW16,212-217
十一月	
17 日/星期一	致信贝特格(Christoph Bethge,1920 年生),

	回顾1926年左右的情况(DBW16,页222以下):"各民族之间敌对的偏见使西方各民族偏离了一个正在新兴的希望,即在和平的精神中更好更有成效地共同生活";"这需要的正是"今天二十多岁的年轻人。"对未来不负责任的态度是虚无主义,对现在不负责任的态度是虚幻妄想"
22日/星期六	致芬肯瓦德的通函 DBW 16 ,227 :"这封信搁置了很长时间,我[在柏林]患了几个星期的肺炎"
12月	
7日	日军偷袭珍珠港
8日	美国、英国对日宣战
11日	德国、意大利对美国宣战
12日/星期五	冯·克莱斯特致信身在基科夫的朋霍费尔(DBW 16,234):"我还有500页打字纸和200页公文纸……要不要把它们寄到柏林?"
14日/星期日	基科夫来信(DBW 16,235)
16日	德军进攻莫斯科受阻,希特勒命令顽固抵抗
21日/星期日	回到柏林

—《伦理学》手稿写作的第三阶段—

1942年	
1月	
20日	(柏林)"万湖(Wannsee)会议":协商"犹太人

	问题最后解决”措施
3 月	德国城市开始遭大规模空袭
1 日/星期日	从柏林致信芬肯瓦德(DBW 16 ,240－242)
24 日/星期二	致信沃尔夫,提到为布尔特曼关于非神话论的论文“新约与神话”(Neues Testament und Mythologie)而高兴,又提到布尔特曼的约翰福音注释(DBW 16,248)
31 日/星期二	前往克兰—克罗辛
4 月	
5 日/星期日	复活节在基科夫
8 日/星期三	被冯·多纳伊召回柏林(DB 846)
9 日/星期四	写给贝特格的第一封遗嘱(DBW 16 ,255)
10 日/星期五	与冯·摩尔特克(Helmuth James von Moltke)一同前往斯堪的纳维亚(挪威和斯德哥尔摩)
18 日/星期六	从斯堪的纳维亚返回
5 月	
约 11 日	第三次瑞士之行
13 日/星期三	从苏黎世致信巴特 DBW 16 ,页 266 以下:“带着”《教会教义学》第二卷第二部分的“清样”到日内瓦湖八天,以便“至少能”通读一下“第二部分”
21 日/星期四	从苏黎世致信莱布霍尔茨一家 DBW16,274:“我经常出门旅行,但家中的工作进展顺利”
24 日/星期日	圣灵降临节

25 日/星期一	在巴塞尔与巴特会面。晚上在苏黎世,致信西格蒙特—舒尔茨(Siegmund-Schultze) DBW 16 ,279 :朋霍费尔认为,他“可能不久就会接到征兵令”
26 日/星期二	从瑞士返回,前往柏林
30 日/星期六	飞往斯德哥尔摩
31 日/星期日	在希格图纳(Sigtuna)与贝尔主教谈话。贝尔记录到(DBW 16, 298):“他曾于 1941/1942 年间为一部伦理学著作而工作,并为兄弟联谊会写过一份评估信,晚上参加政治活动”;被征兵服役的危险
6 月	
2 日/星期二	飞回柏林
	在克兰—克罗辛逗留若干天;与 6 月 2 日 - 5 日前往的玛利亚·冯·威德迈尔(Maria von Wedemeyer)会面(冯·威德迈尔七月的日记中提到“结婚”一词)
7 日/星期日	在弗里登瑙听贝特格证道
16 日/星期二	大概同弗莱堡小组会面(里特尔 Gerhard Ritter);参阅 DB 页 871 - 872)
18 日/星期四	从去往慕尼黑的火车上致信 Chr. 贝特格,他的生日是 6 月 18 日(DBW 16, 312):“许多家族前赴后继……为着一个美好的、真正的和虔诚的德国而工作和生活……你便是其中

	的一员,你的存在比你的所作所为更加重要”
20日/星期六	慕尼黑来信(DBW 16, 321)
21日/星期日	在柏林与冯·多纳伊会谈三天
25日/星期四	在前往慕尼黑的火车上致信贝特格 DBW 16, 325 :“前一段时间我参加了大量世俗工作,给了我很多思考。……我认识到自己曾有过更为丰富的‘灵性’生活。但是,我感到自己的内心不断燃起对一切‘宗教’的东西的抗争。……我相信一个绳结马上会在这里断开,所以我顺从它们而不去作抵抗。”提及玛利亚·冯·威德迈尔
26日/星期五	与冯·多纳伊一同飞往威尼斯
七月	
9日/星期四	从罗马致信莱布霍尔茨一家(DBW16, 338-339)
10日/星期五	从意大利返回柏林
20日/星期一	在克兰—克罗辛报到(DBW 16,324),但人仍在柏林
8月	
3日/星期一	朋霍费尔父母致信贝特格:“与迪特里希谈一谈他写作中的问题”
10日/星期一	马格德堡 ApU 宗教会议“律法首要用途”委员会第一次聚会(DB 796)

—《伦理学》手稿写作的第四阶段—

18日/星期二	于克兰—克罗辛逗留一个星期(到25日,然后在柏林)
22日/星期六	玛利亚·冯·威德迈尔的父亲在斯大林格勒阵亡
9月	
约1日	在克兰—克罗辛,与玛利亚·冯·威德迈尔会面
3日/星期四	在柏林
18日/星期五	从柏林来信(DBW 16,358-359)
22日/星期二	在克兰—克罗辛冯·克莱斯特家作客一天半
24日/星期四	从柏林来信(DBW 16, 359-360),信纸与写有"教会和世界(一)"开头草稿的《伦理学》草稿123号一致
10月	
2日/星期五	在柏林医院探望冯·克莱斯特(眼科手术),与玛利亚·冯·威德迈尔会面(玛利亚·冯·威德迈尔在柏林照顾祖母;她日记中写道:"与6月份的见面十分不同")
3日/星期六	前往慕尼黑(DB 878),到10月10日
9日/星期五	大概与沃尔夫和里特尔在弗莱堡
10日/星期六	从慕尼黑来信(DBW 16,363-365)
13日/星期二	祖母冯·克莱斯特手术进行
14日/星期三	取消为国防军出行巴尔干和瑞士(DB878),

	回到柏林
15 日/星期四	与玛利亚·冯·威德迈尔一同应邀到施莱谢尔(Schleicher)家作客,谈论拒服兵役
18 日/星期日	与祖母冯·克莱斯特和玛利亚·冯·威德迈尔一同在医院晨祷,《以弗所书》五章 15－21 节
25 日/星期日	再一次医院晨祷("……未受安慰……")
26 日/星期一	柏林。玛利亚·冯·威德迈尔之兄在东部阵亡
11 月	
5 日/星期四	从慕尼黑来信(DBW 16,366－367)
7 日/星期六	从克兰—克罗辛来信(DBW 16,368)
8 日	联军在北非登陆
13 日/星期五	致信玛利亚·冯·威德迈尔:"[在柏林的]几个星期十分艰难……几乎没有半个小时的安静……我下个星期还在这儿"
15 日/星期日	从柏林来信(DBW 16 ,368－369)
17 日/星期二	一张纸条上记录了与弗莱堡小组的聚会(DBW 16 ,360－362)玛利亚·冯·威德迈尔的母亲来到克兰—克罗辛,与玛利亚·冯·威德迈尔和祖母冯·克莱斯特共度夜晚
19 日/星期四	玛利亚·冯·威德迈尔的母亲打电话给柏林的朋霍费尔,告诉他不要再给玛利亚·冯·威德迈尔写信
23 日	德国第六军团在斯大林格勒被苏军包围

24 日/星期二	在 Pätzig 玛利亚·冯·威德迈尔母亲处(星期二—星期三中午),向玛利亚·冯·威德迈尔求婚并请求等待一年。对方伤心地回答:“一年的时间太长了!”
27 日/星期五	从柏林致信贝特格(DBW 16 , 369 - 371),谈到与玛利亚·冯·威德迈尔之母谈论起女儿玛利亚·冯·威德迈尔之事
29 日/星期日	致芬肯瓦德的通函 DBW 16 ,373 :“自古以来在基督教教会中悲痛欲绝—— 心中忧伤,‘绝望’——就被看作是死罪之一”;夜里 12 时致信贝特格 DBW 16,372 - 373:“我希望明天能重新开始写作”

十二月

12 日/星期六	在哈勒听巴赫的 H 小调弥撒曲
24 日/星期四	圣诞节之际将“十年之后”献给家人和朋友

—《伦理学》手稿写作的第五阶段—

1943 年

1 月

13 日/星期三	玛利亚·冯·威德迈尔写信同意求婚
14 日	卡萨布兰卡会议(至 1 月 25 日)提出无条件投降
17 日/星期日	朋霍费尔收到玛利亚·冯·威德迈尔13 日来信;继续等待一年。致信玛利亚·冯·威德迈

	尔(计划行程,时间未定,历时四个星期)
18 日/星期一	在柏林
21 日/星期四	玛利亚·冯·威德迈尔来信:请求不要去信
23 日/星期六	在未收阅其来信情况下致信玛利亚·冯·威德迈尔:“人们屏住呼吸”面对世界上发生的事情
2 月	
2 日	斯大林格勒战役结束
4 日/星期四	在柏林
8 日/星期一	前往慕尼黑。贝特格致信其夫人(Renate Bethge, DBW 16,383):迪特里希把他刚刚写就的[“著作”中的]一段念给我听
12 日/星期五	取消为国防军的瑞士之行,返回柏林
18 日	戈培尔(Geobbels)在柏林体育馆举行大规模宣传鼓动性讲演,呼吁“战争全面化”(totalen Krieg)
3 月	
9 日/星期二	玛利亚·冯·威德迈尔与迪特里希电话谈话
13 日	暗杀希特勒行动,定时炸弹失灵
15 日/星期一	在马格德堡“律法首要用途”委员会第二次会议上的报告
21 日	“英雄纪念日”。安排的暗杀希特勒行动因其改变计划未能实行
24 日/星期三	朋霍费尔到施太丁(Stettin)医院探望冯·克

	莱斯特
26 日/星期五	玛利亚·冯·威德迈尔在汉诺威("……过几天我真的去照料病人")
28 日/星期日	朋霍费尔与玛利亚·冯·威德迈尔通电话
30 日/星期二	致信玛利亚·冯·威德迈尔:"…… 不只是在外面,里面也很危险…… 我要到罗马去几周"
31 日/星期三	在柏林。朋霍费尔父亲七十五岁生日
4 月	
5 日/星期一	被军事法庭在盖世太保参与下逮捕,押至泰格尔(Tegel)军事监察监狱

1949 年后各编本手稿排序对照表

Bethge 1949 编本	Bethge 1963 编本	全集第六卷(1992)
作为塑造的伦理学	上帝的爱…	基督…善
遗产和衰败		作为塑造的伦理学
罪、称义…	教会和世界	遗产和衰败
基督…善		罪、称义…
	作为塑造的伦理学	
终极…者	遗产和衰败	终极…者
论自然性	罪、称义…	论自然性
	终极…者	历史…[1]
上帝的爱…	论自然性	历史…[2]
教会和世界		
	基督…善	上帝的爱
		教会和世界(一)
历史…[2]	历史…[2]	关于教会对世界发言的可能性
“伦理的”…	“伦理的…”	“伦理的”…
具体教谕	具体教谕	具体教谕
附录	附录	全集第十六卷

律法首要用途	律法首要用途	国有和教会
“个人”伦理和“实在”伦理	“个人”伦理和“实在”伦理	“个人”伦理和“实在”伦理
国家和教会	国家和教会	律法首要用途
关于教会对世界发言的可能性	关于教会对世界发言的可能性	…说真话
…说真话	…说真话	

文献书目

“NL-Bibl.”表示可见于朋霍费尔图书馆的书籍(即朋霍费尔遗物。目录 Archiv-Sammlung-Bibliothek 由 D. Meyer 与 E. Bethge 合编,München ,1987,页 171－239)

a)朋霍费尔所使用的文献

Althaus, *Paul*, Religiöser Sozialismus. Grundfragen der christlichen Sozialethik, Gütersloh 1921 (NL-Bibl. 4. 2)

－,Der Geist der lutherischen Ethik im Augsburgischen Bekenntnis, München 1930 (NL-Bibl. 4. 1)

Barth Karl ,Der Römerbrief, 2. Abdruck der neuen Bearbeitung von 1922, München [3]1923

－, Das Wort Gottes und die Theologie. Gesammelte Vorträge, München 1924 (NL-Bibl. 3 B 11)

－,Rechtfertigung und Recht (Theologische Studien, Heft 1), Zürich 1938 (vgl. Literaturverzeichnis b)

–, Die Kirchliche Dogmatik. Zweiter Band: Die Lehre von Gott. Zweiter Halbband, Zürich 1942 (zitiert: KD Ⅱ/2)

Baumgarten, Otto, Politik und Moral, Tübingen 1916 (NL-Bibl. 4. 4:, Rüdiger s[einem]. l[ieben]. Dietrich 1942 "nicht ganz aufgeschnitten, etliche Bleistiftstriche,"? " und,,!")

Die *Bekenntnisschriften* der evangelisch-lutherischen Kirche, hg. im Gedenkjahr der Augsburgischen Konfession 1930, 2 Bde., Göttingen 1930 (Bd. II: NL-Bibl. 2 C 3, viele Striche und Notizen; Bd. 1 verschollen) (zitiert: BSLK)

Bell, George K. A., Christianity and World Order (Penguin Books), London 1940

Die Bibel oder die ganze Heilige Schrift des Alten und Neuen Testaments nach der deutschen Übersetzung D. Martin Luthers. Durchgesehen im Auftrag der Deutschen Evangelischen Kirchenkonferenz. Mitteloktav-Ausgabe, Stuttgart 1911 (NL-Bibl. 1 A 6) (zitiert: LB)

Bismarck, Otto von, Gedanken und Erinnerungen, Stuttgart (1898) 1920 (NL-Bibl. 10. 5: nur Bd. 2, Bd. 1 ging verloren; Konfirmationsgeschenk für Dietrich Bonhoeffer 1921) [Ungekürzte Ausgabe, Neuauflage, München 1989]

Bonhoeffer, Dietrich. Nachfolge (1937), München ²1940

Brown, William Adams, Church and State in Contemporary America: A study of the problems they present and the prin-

ciples which should determine their relationship, New York 1936

Brunner, Emil, Das Gebot und die Ordnungen. Entwurf einer protestantisch-theologischen Ethik, Tübingen 1932 (NL-Bibl. 4.6: Striche und Zeichen)

–, Die Kirchen, die Gruppenbewegung und die Kirche Jesu Christi, Berlin 1936 (NL-Bibl. 2 C 4. 4: wenige Striche)

Brunstäd, Friedrich, Die Idee der Religion. Prinzipien der Religionsphilosophie, Halle an der Saale 1922

Bultmann, Rudolf, Das Evangelium des Johannes (Kritisch-exegetischer Kommentar über das Neue Testament. Zweite Abteilung), Göttingen [10]1941 [Bultmann verfaßte die 10.

Auflage dieses Kommentars in der von Heinrich August Wilhelm Meyer begründeten Kommentarreihe]

Catechismus ex Decreto Consilii Tridentini ad Parochos Pii Quinti Pont., Lipsiae 1840 (NL-Bibl. 6 B 7) [= Catechismus Romanus; in deutscher Fassung: Katechismus nach dem Beschlusse des Konzils von Trient für die Pfarrer. Auf Befehl der Päpste Pius V. und Klemens XIII. herausgegeben. Übersetzt nach der zu Rom 1955 veröffentlichten Ausgabe mit Sachregister, Kirchen/Sieg 1970]

Cervantes Saavedra, Miguel de, Obras Completas, Madrid [ohne Jahr] (NL-Bibl. 8 C 9)

Claudius, Matthias, ASMUS omnia sua Secum portans oder Sämtliche Werke des Wandsbecker Boten (Pantheon - Ausgabe [im Besitz von Renate Bethge]), Berlin 1941 [Neudruck der Erstausgabe (1775-1812): München 1976]

Dilschneider, Otto, Die evangelische Tat. Grundlagen und Grundzüge der evangelischen Ethik, Gütersloh 1940 (NL-Bibl. 4. 9: wenige Striche und Zeichen)

Dittrich, Ottmar, Geschichte der Ethik. Die Systeme der Moral vom Altertum bis zur Gegenwart (4 Bde.; I und II: 1923, III: 1926), IV: Von der Kirchenreformation bis zum Ausgang des Mittelalters. Erste [einzige] Abteilung: Die Reformatoren und der lutherisch-kirch-liche Protestantismus, Leipzig 1932 (NL-Bibl. 4. 10: etliche Seiten aufgeschnitten, nur wenige Striche)

Dostojewski, Fjodor Michailowitsch, Die Brüder Karamasoff. Roman in zwei Bänden, München 1908 (NL-Bibl. 8C 11)

Drews s. M. Luther, Disputationen

Elert, Werner, Der christliche Glaube. Grundlinien der lutherischen Dogmatik, Berlin 1940 (NL-Bibl.3 B 22)

Evangelisches Gesangbuch für Brandenburg und Pommern, hg. von den Provinzialkirchenräten von Brandenburg und Pommern, Berlin/ Frankfurt an der Oder 1931 (zitiert: EG.BP)

Frank, Franz Hermann Reinhold von, System der christlichen Sittlichkeit, Erste Hälfte, Erlangen 1884 (NL-Bibl. 4.

12: Striche)

Gogarten, Friedrich, Politische Ethik. Versuch einer Grundlegung, Jena 1932 (NL-Bibl. 4. 14: Striche, Zeichen, Anmerkungen)

Guardini, Romano, Religiöse Gestalten in Dostojewskijs Werk, Leipzig [2] 1939 (NL-Bibl. 8 B 2: etliche Bleistiftstriche) [[1] 1933; Der Mensch und der Glaube. Versuche über die religiöse Existenz in Dostojewskijs großen Romanen; [3] 1947]

Harleß, G. C. Adolf, Christliche Ethik, Stuttgart 1842

Harnack, Adolf, Das Wesen des Christentums. Sechzehn Vorlesungen vor Studierenden aller Facultäten im Wintersemester 1899/1900 an der Universität Berlin gehalten von Adolf Harnack, 70. Tausend, Leipzig 1926 (NL-Bibl. 3 B 30: „Herrn stud. theol. Bonhöffer mit bestem Weihnachtsgruß. 24. 12. 25. Berlin, v. Harnack")

–, Die Mission und Ausbreitung des Christentums in den ersten drei Jahrhunderten, Leipzig 1902, [4] 1924 (letztere Auflage: NL-Bibl. 2 C 1, 11 [wirkt kaum benutzt])

Hartmann. Nicolai, Ethik, Berlin/Leipzig [2] 1932 (NL-Bibl. 4. 17: „17. 7. 40 [offenbar in Königsberg gekauft], Striche)

Hegel, Georg Wilhelm Friedrich, Phänomenologie des Geistes. Nach dem Texte der Originalausgabe herausgegeben von Georg Lasson, Sämtliche Werke II, Leipzig [3] 1928 (NL-

Bibl. 7 A 26：etliche Striche，groβenteils nicht aufgeschnitten）'

–，Vorlesungen über die Philosophie der Religion. Nach den vorhandenen Manuskripten vollständig neu herausgegeben von G. Lasson. Erster Teil：Begriff der Religion，Sämtliche Werke XII，Leipzig 1925；Dritter Teil：Die absolute Religion，Sämtliche Werke XIV，Leipzig 1929（NL-Bibl. 7 A 26：viele Striche）（zitiert：Hegel，Religionsphilosophie nach Lasson XII bzw. XIV）

Heidegger，*Martin*，Sein und Zeit，Halle an der Saale 1927

Heim，*Karl*，Glaube und Denken. Philosophische Grundlegung einer christlichen Lebensanschauung，Ber-lin ^{2}1931（Exemplar Eberhard Bethges），^{3}1934（Dietrich Bonhoeffer vom Verfasser überreicht）（NL-Bibl. 3 B 34：Striche）

Helbing，*Lothar*，Der Dritte Humanismus，Berlin 1932（NL-Bibl. 7 A 28：gelegentliche，teils kräftige，teils dünne Bleistiftstriche［ein 1928 zum erstenmal niedergeschriebenes，für humanistische Erziehung plädierendes，im Frühjahr 1932 veröffentlichtes Buch，im Dritten Reich 3. veränderte Auflage 1935］）

Hello，*Ernest*，Welt ohne Gott（Original：Philosophie et athéisme，［postum］Paris 1888；^{4}1923），Leipzig 1938

Herrmann，*Wilhelm*，Ethik，Leipzig/Tübingen 1901（letzter Hand：Tübingen ^{5}1913）

Heuß, Theodor, Friedrich Naumann. Der Mann, das Werk, die Zeit, Stuttgart/Berlin 1937 (NL-Bibl. 10. 46)

Holbein, Hans (der Jüngere), Bilder zum Alten Testament-Historiarum Veteris, München 1923 (NL-Bibl. 9. 16)

Holl, Karl, Gesammelte Aufsätze zur Kirchengeschichte, Bd. I: Luther (darin 155-287: Der Neubau der Sittlichkeit), Tübingen [2+3]1923 (zitiert: Luther)

Huxley, Aldous, Point Counter Point, London und New York [mehrere Verlage] 1928 [dt.: Kontrapunkt des Lebens, Leipzig 1930]

Ibsen, Henrik, Brand. Ein dramatisches Gedicht, Leipzig [ohne Jahr] (NL-Bibl. 8C 25: Striche)

Jaspers, Karl, Die geistige Situation der Zeit (Sammlung Göschen 1000), Berlin [4]1932 (NL-Bibl. 7 A 32: Etikett, Ernst Muschket Buchhandlung Bunzlau, manche Seiten am Falz noch verklebt, wahrscheinlich Eberhard Bethges Exemplar), [5]1932 [Abdrucke der im Sommer 1932 bearbeiteten 5. Auflage nach Ende des Dritten Reiches: Sammlung Göschen 3000; 8. Abdruck 1979] (zitiert wird nach der Paginierung als Göschen-Bändchen 3000)

–, Nietzsche. Einführung in das Verständnis seines Philosophierens, Berlin/Leipzig 1936 (NL-Bibl. 7 A 34: Striche)

Jensen, Hans-Werner, Christliche und nichtchristliche Eheauffassung dargestellt am Konfuzianismus. Eine mission-

swissenschaftliche Untersuchung (Allgemeine Missions-Studien, Heft 24), Gütersloh 1940 (NL-Bibl. 7 B 10:, Vom Verfasser überreicht z. Zt. im Felde; wenige Striche)

Kamlah, Wilhelm, Christentum und Selbstbehauptung. Historischphilosphische Untersuchung [zu Augustin], Frankfurt am Main 1940 (NL-Bibl 2 C 1. 13: ganz wenige Striche)

Katholischer Katechismus für das Bistum Berlin, Berlin 1934 (NL-Bibl. 6 B 22)

Kierkegaard, Søren, Der Begriff der Angst, Jena 1923 (NL-Bibl. 7 A 39: Striche und Anmerkungen)

–, Der Einzelne und die Kirche. Über Luther und den Protestantismus. Übersetzung und Vorwort von Wilhelm Kütemeyer, Berlin 1934 (NL-Bibl. 7 A 40: Striche) *Künkel, Fritz*, Krisenbriefe. Die Beziehungen zwischen Wirtschaftskrise und Charakterkrise, Schwerin in Mecklenburg 1932 (NL-Bibl. 7 C 9)

–, Die Arbeit am Charakter. Die neuere Psychotherapie in ihrer Anwendung auf Erziehung, Selbsterziehung und seelische Hilfestellung, Schwerin in Mecklenburg[21] 1935 (NL-Bibl. 7 C 8)

Loyola, Ignatius von, Geistliche Übungen. Nach dem spanischen Urtext übertragen von A. Feder S. J., Regensburg [5]1932 (NL-Bibl. 6 B 26)

Lütgert, Wilhelm, Die Religion des deutschen Idealismus

und ihr Ende, Bd. III: Höhe und Niedergang des Idealismus (Beiträge zur Förderung christlicher Theologie, Reihe 2 Bd. 10), Gütersloh 1925

–, Ethik der Liebe (Beiträge zur Förderung christlicher Theologie, Reihe 2 Bd. 39), Gütersloh 1938 (NL-Bibl. 4. 24: recht zahlreiche Bleistiftstriche, auch,,! "und, besonders dicht im Kapitel über den Staat 213-231)

Luthardt, Christoph Ernst, Kompendium der theologischen Ethik, Leipzig 1896

Luther, Martin, Werke. Kritische Gesamtausgabe (Weimarer Ausgabe), Weimar 1883ff (zitiert: WA)

–, Disputationen Dr. Martin Luthers in den Jahren 1535–1545 an der Universität Wittenberg gehalten, hg. von

Paul Drews, Göttingen 1895 (NL-Bibl. 2 C 3. 19)

Machiavellis Buch vom Fürsten. Nach A. W. Rehbergs Übersetzung mit Einleitung und Erläuterung neu herausgegeben von Dr. Max Oberbreyer, Leipzig [ohne Jahr] (NL-Bibl. 4. 26)

Maritain, Jacques, Die Zukunft der Christenheit, Köln 1938 (NL-Bibl. 6 B 27: hin und wieder Striche)

Martin, Alfred von, Nietzsche und Burckhardt, München 1941 [[2]1942; das Buch wurde von der nationalsozialistischen Presse als gegen, die nationalsozialistische Weltanschauung gerichtet charakterisiert; Basel[3]1945 mit Untertitel: Zwei geis-

tige Welten im Dialog; München [4]1947]

– ,Die Religion in Jacob Burckhardts Leben und Denken. Eine Studie zum Thema Humanismus und Christentum, München 1942 [das Buch wurde von der Gestapo im März 1043 beschlagnahmt; [2]1947]

Meinecke, *Friedrich*, Die Idee der Staatsräson in der neueren Geschichte (1924), 3. durchgesehene Auflage München/Berlin/Oldenburg 1929 (NL-Bibl. 2 A 15: Striche) [Neuausgabe: Friedrich Meinecke Werke, Bd. 1, München (1957) [2]1960]

Müller, *Alfred Dedo*, Ethik. Der evangelische Weg der Verwirklichung des Guten, Berlin 1937 (NL-Bibl. 4. 32: wenige Striche)

Naumann. Friedrich, Briefe über Religion: Mit Nachwort, Nach 13 Jahren, Berlin [7]1917 (NL-Bibl. 7 B 14: Markierungen wohl nicht von Bonhoeffer)

Niebuhr, *Reinhold*, Moral Man and Immoral Society: A Study in Ethics and Polititcs, New York/London 1932 (NL-Bibl. 4. 33, erhalten von Paul Lehmann am 4.4. 1993)

Nietzsche, *Friedrich*, Werke [in 16 Bänden] Erste Abtheilung, I-VIII [diese ersten acht Bände enthalten die von Friedrich Nietzsche selbst zum Druck gebrachten Werke], Leipzig 1899 (NL-Bibl. 7 A 61) (zitiert: Werke) [vgl. Literaturverzeichnis b: Sämtliche Werke. Kritische Gesamtausgabe

(zitiert: KGW)]

Nohl, Herman, Die sittlichen Grunderfahrungen. Eine Einführung in die Ethik, Frankfurt am Main 1939 (NL-Bibl. 4. 34: Bleistiftstriche, auch,! "und,?) [2 1947]

Novum Testamentum Graece et Germanice. Das Neue Testament griechisch und [luther-] deutsch, hg. von Eberhard Nestle und neu bearbeitet von Erwin Nestle, Stuttgart 13 1929 (NL-Bibl. 1 A 4)(zitiert:, Nestle)

Oertzen, Friedrich Wilhelm von, Junker. Preußischer Adel im Jahrhundert des Liberalismus, Oldenburg in Oldenburg/Berlin 1939

Oettingen, Alexander von, Die Moralstatistik und die christliche Sittenlehre. Versuch einer Socialethik, Erlangen 1868-1873

Paton, William, The Church and the New Order, London [Juli] 1941

Pieper, Josef, Die Wirklichkeit und das Gute, Leipzig 1935

(NL-Bibl. 4. 36: Bleistiftstriche, ,,! " und ,,? ")

– ,Uber die Hoffnung, Leipzig 2 1938 (NL-Bibl. 3 B 55: *Bleistiftstriche, auch ,,! "; zu Seite 43 [Stichwort, Jugendlichkeit"] Notiz"Ps103" [Vers 5 b]*)

– , Zucht und Maß. Über die vierte Kardinaltugend, München 1939 (NL-Bibl. 4. 37:, Bonhoeffer 1940, Kopier-

stift-und Bleistiftstriche, auch,!)

–[Neuausgabe (einmalige Sonderausgabe): Das Viergespann. Klugheit, Gerechtigkeit, Tapferkeit, Maß, München 1964]

Piper, Otto,Die Grundlagen der evangelischen Ethik, Bd. I, Gütersloh 1928

Ritter, Gerhard, Machtstaat und Utopie. Vom Streit um die Dämonie der Macht seit Machiavelli und Morus, Berlin/München 1940 [erste Anzeige im Börsenblatt (Börsenverein des deutschen Buchhandels) Montag, 14. 10. 1940 (Seite 477 I); Deutsche Bücherei Leipzig Eingangsstempel: 19. 10. 1940; allgemeine Auslieferung normalerweise drei Wochen später] [5., umgearbeitete Neuauflage: Die Dämonie der Macht. Betrachtungen über Geschichte und Wesen des Machtproblems im politischen Denken der Neuzeit, Stuttgart 1947]

Rothe, Richard, Theologische Ethik, 5 Bde., Wittenberg [2]1867-1871 völlig neu ausgearbeitet (NL-Bibl. 4. 41; in Bd. I etliche Striche)

Rüdiger, Horst, Wesen und Wandlung des Humanismus (Europa-Bibliothek), Hamburg 1937 (NL-Bibl. 7 A 65:, Bonhoeffer, München 1941,Bleistiftstriche)

Ruland, Ludwig, Handbuch der praktischen Seelsorge, 5 Bde., Münster 1930-1940.

Scheler,Max, Der Formalismus in der Ethik und die mate-

riale Wertethik. Neuer Versuch der Grundlegung eines ethischen Personalismus (1913-1916), Halle [2]1921 (NL-Bibl. 4. 42: Unterstreichungen und Anmerkungen) [Neuausgabe: Gesammelte Werke, hg. von Maria Scheler, Bd. 2, Bern 1954(zitiert: GW II)]

Schilling, *Otto*, Lehrbuch der Moraltheologie (2 Bde.), Bd. II: Spezielle Moraltheologie, München 1928 (NL-Bibl. 6, 41:, Bonhoeffer 1940", Markierungen)

Schlatter, *Adolf*, Die christliche Ethik, Stuttgart [2]1924 mit Nachtrag (NL-Bibl. 4. 45: etliche Striche)

Schmidt, *Kurt Dietrich* (Hg.), Die Bekenntnisse und grundsätzlichen Äußerungen zur Kirchenfrage, Bd. II: Das Jahr 1934, Göttingen 1935 (NL-Bibl. 2 C 4. 2 b) (zitiert: Bekenntnisse 1934)

Schneider, *Reinhold*, Macht und Gnade. Gestalten, Bilder und Werte in der Geschichte, Leipzig 1940 [11. – 15. Tausend Wiesbaden 1946]

Schütz, *Paul*, Zwischen Nil und Kaukasus. Ein Reisebericht zur religionspolitischen Lage im Orient, München 1930 (NL-Bibl. 9. 31)

– ,Säkulare Religion (Beiträge zur systematischen Theologie 2), Tübingen 1932

Solowjeff (*Solowjow*), *Wladimir Sergejewitsch*, Drei Gespräche über Krieg, Fortschritt und das Ende der Weltgeschichte mit Einschluß einer kurzen Erzählung vom Antichrist (1899/1900), in :Ausgewählte Werke, 5 Bde., Stuttgart 1914ff [Neuausgabe: Deutsche Gesamtausgabe der Werke von Wladimir Solowjew in 8 Bden., hg. von W. Szylkarski/L. Müller/ W. Lettenbauer, Bd. VIII, München 1980]

Spengler, Oswald, Der Untergang des Abendlandes. Umrisse einer Morphologie der Weltgeschichte [Neubearbeitung], 2 Bde., München 1923 (NL-Bibl. 7 A 83: ein Strich)

–,Der Mensch und die Technik. Beitrag zu einer Philosophie des Lebens, München 1931 (NL-Bibl. 7 A 82: Strich)

–,Jahre der Entscheidung. Erster Teil: Deutschland und die weltgeschichtliche Entwicklung, München 1933 (NL-Bibl. 2 A 22: etliche Striche)

Spranger, Eduard, Lebensformen. Geisteswissenschaftliche Psychologie und Ethik der Persönlichkeit, Halle [7]1930 (NL-Bibl. 7 A 84)

Stahl, Friedrich Julius, Rechts-und Staatslehre auf der Grundlage christlicher Weltanschauung, Heidelberg 1846 (NL Bibl. 7 C16)

Troeltsch, Ernst, Die Soziallehren der christlichen Kirchen und Gruppen (Gesammelte Schriften, Bd. I/1), Tübingen 1912 [Nachdruck: Aalen 1965 = 2. Nachdruck der Ausgabe Tübingen 1922]

–,Grundprobleme der Ethik. Erörtert aus Anlaß von Her-

rmanns Ethik (1902), in: Ders., Zur religiösen Lage, Religionsphilosophie und Ethik (Gesammelte Schriften, Bd. II), Tübingen 1913, 551 – 572 (Gesammelte Schriften Bd. II – IV: NL-Bibl. 7 A 87; in Bd. II wenige Striche)

Vilmar, August Friedrich Christian, Dogmatik. Akademische Vorlesungen, Bd. (I und) II, Gütersloh 1874 (NL-Bibl. 3 B 71: handschriftlicher Namenszug, Striche im Teil über die Kirche)

Vischer, Friedrich Theodor, Auch Einer. Eine Reisebekanntschaft (1879), Stuttgart/Leipzig ²1879 [Zweite, durchgesehene Auflage im Jahr der Erstauflage] [Neuausgabe: Frankfurt am Main 1987]

Weber, Max, Gesammelte Aufsätze zur Religionssoziologie, Bd. 1, Tübingen 1920(darin 17 – 206: Die protestantische Ethik und der Geist des Kapitalismus) [Bde. II und III: NL-Bibl. 7 C(9)]

b)编者所使用的文献

Abegg, Lily, Yamato. Der Sendungsglaube des japanischen Volkes, Frankfurt am Main 1936

Althaus, Paul, Die letzten Dinge. Entwurf einer Eschatologie, Gütersloh 1926 (NL-Bibl. 3 B 3:, Bonhoeffer 1927)

Baldwin, Stanley, Service of Our Lives. Last Speeches as Prime Minister [Reden 1935-1937], London 1937

Balz, *Horst/Schneider*, *Gerhard*, Exegetisches Wörterbuch

zum Neuen Testament, Bd. II, Stuttgart/Berlin/Köln/Mainz 1981

Barth, *Karl*, Theologische Existenz heute! [Schriftenreihe, Heft 1], München 1933

–, Evangelium und Gesetz (Theologische Existenz heute 32), München 1935 [= (Neue Folge) 50, München 1956]

–, Die Kirchliche Dogmatik, 4 Bde., München/Zürich 1932-1967 (zitiert: KD)

–, Rechtfertigung und Recht (Vortrag, gehalten in verschiedenen Pfarrvereinen im Juni 1938), in: Eine Schweizer Stimme 1938-1945 (zuerst erschienen 1945), Zollikon – Zürich [3]1989, 13 – 57 (vgl. Literaturverzeichnis a)

Beckmann, *Joachim* (Hg.), Kirchliches Jahrbuch für die Evangelische Kirche in Deutschland 1933-1944. 60.-71. Jahrgang, Gütersloh [2]1976

Bernanos, *Georges*, Tagebuch eines Landpfarrers, Wien 1936 (NL-Bibl. 8 C 5)

Bethge, *Eberhard*, Dietrich Bonhoeffer. Theologe-Christ-Zeitgenosse. Eine Biographie (1967), Gütersloh [8]1994 (zitiert: DB)

–, Dietrich Bonhoeffer und die Juden, in: E. Feil/I. Tödt (Hg.), Konsequenzen (IBF 3), München 1980, 171-214

–, Vorwort vom 9. April 1948 (11-13), Vorwort zur neugeordneten 6. Auflage [vom Juli 1962] (14-17), Nachwort (397-399), in: D. Bonhoeffer, Ethik, München 1981 (zitiert nach: E^6)

–, In Zitz gab es keine Juden. Erinnerungen aus meinen ersten vierzig Jahren, München 1989

–, Otto Dibelius. Autobiographisches, in: W. Huber (Hg.), Protestanten in der Demokratie. Positionen und Profile im Nachkriegsdeutschland, München 1990

Biblische Beurteilung (Gutachten über die Ausmerzung lebensunwerten Lebens) s. W. Niesel (Hg.), Um Verkündigung und Ordnung der Kirche

Blasquez, Niceto, Die traditionelle kirchliche Morallehre über den Suizid, in: Concilium 21 (1985), 205-212

Boberach, Heinz (Hg.), Berichte des SD und der Gestapo über Kirchen und Kirchenvolk in Deutschland 1934-1944 (Veröffentlichungen der Kommission für Zeitgeschichte bei der Katholischen Akademie in Bayern, Reihe A: Quellen, Bd. 12), Mainz 1971

Bonhoeffer, Dietrich, Werke, 16 Bde., hg. von E. Bethge u. a., München/Gütersloh 1986ff (zitiert: DBW): 1: Sanctorum Communio. Eine dogmatische Untersuchung zur Soziologie der Kirche (1930), hg, von J. von Soosten, München 1986 (auch zitiert: SC)

2: Akt und Sein. Transzendentalphilosophie und Ontologie in der systematischen Theologie (1931), hg. von H.-R. Reuter, München 1988 (auch zitiert: AS)

3: Schöpfung und Fall. Theologische Auslegung von Genesis 1-3 (1933), hg. von M. Rüter und I. Tödt, München 1989 (auch zitiert: SF)

4: Nachfolge (1937), hg. von M. Kuske und I. Tödt, München 1989, Gütersloh [2]1994 (auch zitiert: N)

5: Gemeinsames Leben (1938). Das Gebetbuch der Bibel (1940), hg. von G. L. Müller und A. Schönherr, München 1987 (auch zitiert: GL bzw. GB)

7: Fragmente aus Tegel (1943/44), hg. von R. Bethge und I. Tödt, Gütersloh 1994 (anch zitiert: FT)

8: Widerstand und Ergebung (1943-1945), hg. von Chr. Gremmels, E. und R. Bethge, Gütersloh 1998

9: Jugend und Studium 1918-1927, hg. von H. Pfeifer, München 1986

10: Barcelona, Berlin, Amerika 1928-1931, hg. von R. Staats und H. Chr. von Hase, München 1991

11: Ökumene, Universität, Pfarramt 1931-1932, hg. von E. Amelung und Chr. Strohm, Gütersloh 1994

12: Berlin 1932-1933, hg. von C. Nicolaisen und E.-A. Scharffenorth, Gütersloh 1997

13: London 1933-1935, hg. von H. Goedeking, M. Heim-

bucher und H,-W. Schleicher, Gütersloh 1994

14: Illegale Theologenausbildung: Finkenwalde 1935-1937, hg. von O. Dudzus und J. Henkys, Gütersloh 1996

15: Illegale Theologenausbildung: Sammelvikariate 1937-1940, hg. von D. Schulz, Gütersloh 1998

16: Konspiration und Haft 1940-1945, hg. von J. Glenthφj, U. Kabitz und W. Krötke, Gütersloh 1996

Zettelnotizen für eine, Ethik (Ergänzungsband zu DBW 6), hg. von I. Tödt, Gütersloh 1993

–, Ethik, zusammengestellt und hg. von E. Bethge (1949, neugeordnet⁶ 1963), München ¹¹1985 (zitiert: E¹ bzw. E⁶) –, Gesammelte Schriften, 6 Bde., hg. von E. Bethge, München 1958-1974 (zitiert: GS)

–, Widerstand und Ergebung. Briefe und Aufzeichnungen aus der Haft, hg. von E. Bethge (1951), Neuausgabe 1970, München ³1985 (zitiert: WEN; vgl. DBW 8)

Bonhoeffer, Karl, Ansprache [als Vorsitzender des deutschen Vereins für Psychiatrie], in: Allgemeine Zeitschrift für Psychiatrie 76(1920/1921), 32

–, Das manisch-depressive Irresein, in: Die psychiatrischen Aufgaben bei der Ausführung des Gesetzes zur Verhütung erbkranken Nachwuchses mit einem Anhang: Die Technik der Unfruchtbarmachung. Klinische Vorträge im erbbiologischen Kurs Berlin März 1934, herausgegeben in Gemeinschaft mit K.

Albrecht, J. Hallervorden, K. Pohlisch, H. Schulte, H. Seelert, R. Thiele, G. A. Wagner von K. Bonhoeffer, Berlin 1934, 54-62

– ,Ein Rückblick auf die Auswirkung und die Handhabung des nationalsozialistischen Sterilisationsgesetzes, in: Der Nervenarzt 20 (1949), 1-5.

Bousset, Wilhelm, Kyrios Christos. Geschichte des Christusglaubens von den Anfängen des Christentums bis Irenaeus (1913), Göttingen [2]1921

Boyens, Armin, Kirchenkampf und Ökumene 1939-1945. Darstellung und Dokumentation unter besonderer Berücksichtigung der Quellen des Ökumenischen Rates der Kirchen, München 1973

Brunner, Emil, Die Bedeutung des Alten Testaments für unseren Glauben, in: Zwischen den Zeiten 8 (1930), 30-48

Bryce, James, The American Commonwealth (1888), Chicago 1891

Bultmann, Rudolf, Neues Testament und Mythologie, in: Ders, Offenbarung und Heilsgeschehen [Beiträge zur Evangelischen Theologie, Bd. 7 (herausgegeben von E. Wolf)], München 1941,27-69

Calvin, Johannes, Unterricht in der christlichen Religion (Institutio Christianae Religionis). Nach der letzten Ausgabe übersetzt und bearbeitet von Otto Weber, Neukirchen 1955 (zitiert: Institutio)

Carter, Dan T., Scottsboro: A Tragedy of the American South, Baton Rouge/Oxford 1971

Denzinger, Heinrich (Hg.), Enchiridion Symbolorum et Definitionum(1854)

Denzinger, Henricus/Schönmetzer, Adolfus (Hg.), Enchiridion Symbolorum definitionum et declarationum de Rebus fidei et morum, Freiburg im Breisgau u. a. [36]1976 *Diekamp, Franz/Jüssen, Klaudius*, Katholische Dogmatik nach den Grundsätzen des heiligen Thomas, Bd. II, Münster [10]1952

Dierks, Margarete, Jakob Wilhelm Hauer 1881-1962. Leben-Werk-Wirkung, Heidelberg 1986

Donkan, Rupert [Anton Zischka], Die Auferstehung Arabiens. Ibn Sauds Weg und Ziel, Leipzig u. a. 1935

Dörner, Klaus, Was unterscheidet die heutigen Überlegungen zur Sterilisation von Menschen mit geistiger Behinderung von den Zwangssterilisationen der NS-Zeit?, in: Th. Strohm/J. Thierfelder (Hg.), Diakonie im, Dritten Reich Neuere Ergebnisse zeitgeschichtlicher Forschung (Veröffentlichungen des Diakoniewissenschaftlichen Instituts an der Universität Heidelberg 3), Heidelberg 1990, 323-337

Duchrow, Ulrich, Christenheit und Weltverantwortung. Traditionsgeschichte und systematische Struktur der Zwei reichelehre (Forschungen und Berichte der Evangelischen Studiengemeinschaft 25; 1970), Stuttgart [2]1983

Durkheim. Émile, Le Suicide. Etude de sociologie (1897), Paris 1960

Ebeling, *Gerhard*, Die, nicht-religiöse Interpretation biblischer Begriffe, in: Zeitschrift für Theologie und Kirche 52 (1955), 296-360; auch in: MW II (1956), 12-73; jetzt in: Ders., Wort und Glaube, Tübingen [2]1962, 90-160 (= engl. Ders., Word and Faith, Philadelphia 1963)

Evangelisches Gesangbuch in den Gliedkirchen der Evangelischen Kirche in Deutschland, seit 1994 (zitiert: EG)

Exegetisches Wörterbuch zum Neuen Testament s. Balz

Feil, *Ernst*, Die Theologie Dietrich Bonhoeffers. Hermeneutik, Christologie, Weltverständnis (Gesellschaft und Theologie. Systematische Beiträge 6), München/Mainz (1971) [4]1991; engl. Philadelphia 1985 (im Sinne eines Gesamtregisters zitiert: ThDB)

Fortlage, *Karl* (Carl), System der Psychologie als empirischer Wissenschaft (2 Bde.), Bd. I, Leipzig 1855

Frey, *Christopher*, Theologische Ethik (Neukirchener Arbeitsbücher), Neukirchen - Vluyn 1990 *Godsey*, *John D.*, Bonhoeffer's Doctrine of Love, in: W. J. Peck, New Studies (s. Literaturverzeichnis c), 189-234

Gogarten, *Friedrich*, Verhängnis und Hoffnung der Neuzeit. Die Säkularisierung als theologisches Problem, Stuttgart 1953

Graf, Friedrich Wilhelm, Kulturprotestantismus. Zur Begriffsgeschichte einer theologiepolitischen Chiffre, in: Archiv für Begriffsgeschichte 28 (1984), 214-268

–, Kulturluthertum und Eigengesetzlichkeit. Bemerkungen zum Verhältnis von Theologiegeschichtsforschung und Kirchlicher Zeitgeschichte, in: Evangelische Arbeitsgemeinschaft für kirchliche Zeitgeschichte, Mitteilungen, Folge 7, 1987, 14-63

Green, Clifford J., The Text of Bonhoeffer's *Ethics*, in: W. J. Peck, New Studies (s. Literaturverzeichnis c), 3-66

Gremmels, Christian, Mündigkeit-Geschichte und Entfaltung eines Begriffs, in: Die Mitarbeit. Zeitschrift zur Gesellschafts-und Kulturpolitik 18 (1969), 360-372

Greschat, Martin (Hg.), Die Schuld der Kirche. Dokumente und Reflexionen zur Stuttgarter Schulderklärung vom 187./19. Oktober 1945, München 1982

Gütt, Arthur/Rüdin, Ernst/Ruttke, Falk (Hg.), Zur Verhütung erbkranken Nachwuchses. Gesetz und Erläuterungen, München 1934

Harnack, Adolf, Lehrbuch der Dogmengeschichte, Bd. I: Die Entstehung des kirchlichen Dogmas, Freiburg im Breisgau 1886

Hegel, Georg Wilhelm Friedrich, Grundlinien der Philosophie des Rechts oder Naturrecht und Staatswissenschaft im Grundrisse (Bd. VII der Jubiläumsausgabe in zwanzig Bänden, hg. von H. Glockner), Stuttgart-Bad Cannstatt [4]1964

Heidelmeyer, Wolfgang (Hg.), Die Menschenrechte. Erklärungen, Verfassungsartikel, Internationale Abkommen, Paderborn 1972

Herrmann, Wilhelm, Die sittlichen Weisungen Jesu (1904), Göttingen [2]1907 [jetzt in: Ders., Schriften zur Grundlegung der Theologie, Bd. I, hg. von P. Fischer-Appelt (Theologische Bücherei 36/I), München 1966, 200-241]

Hirsch, Emanuel, Nietzsche und Luther, in: Ders., Lutherstudien, Bd. II, Gütersloh 1954, 168-206 [aus: Luther-Jahrbuch 2/3 (1920/21), 61-106]

Holl, Karl, Die Geschichte des Worts Beruf, in: Ders., Gesammelte Aufsätze zur Kirchengeschichte, Bd. III: Der Westen, Tübingen 1928, 189-219

Howe, Günter, Gott und die Technik. Die Verantwortung der Christenheit für die wissenschaftlich-technische Welt. Eine Vorlesung für Hörer aus allen Fachbereichen.-Hg. von Hermann Timm. Mit einer Einführung von Heinz Eduard Tödt, Hamburg/Zürich 1971

Huber, Wolfgang, Eigengesetzlichkeit "und, Lehre von den zwei Reichen" in: Ders., Folgen christlicher Freiheit. Ethik und Theorie der Kirche im Horizont der Barmer Theologischen Erklärung (Neukirchener Beiträge zur Systematischen Theologie, Bd. 4), Neukirchen-Vluyn 1983, 53-70

Huber, Wolfgang/Reuter, Hans-Richard, Friedensethik, Stuttgart/ Berlin/Köln 1990

Huntemann, Georg, Der andere Bonhoeffer. Die Herausforderung des Modernismus, Wuppertal 1989

Immer, Karl (Hg.), Bekenntnissynode der Deutschen Evangelischen Kirche Barmen 1934. Vorträge und Entschließungen. Im Auftrage des Bruderrates der Bekenntnissynode herausgegeben, Wuppertal-Barmen 1934

Internationales Bonhoeffer Forum 3, hg. von E. Feil/I. Tödt: Konsequenzen. Dietrich Bonhoeffers Kirchenverständnis heute, München 1980 (zitiert: IBF 3)

Internationales Bonhoeffer Forum 4, hg. von W, Huber/I. Tödt: Ethik im Ernstfall. Dietrich Bonhoeffers Stellung zu den Juden und ihre Aktualität, München 1982 (zitiert: IBF 4)

Internationales Bonhoeffer Forum 5, hg. von H. Pfeifer: Frieden-das unumgängliche Wagnis. Die Gegenwartsbedeutung der Friedensethik Dietrich Bonhoeffers, München 1982 (zitiert: IBF 5)

Internationales Bonhoeffer Forum 8, hg. von I. Tödt: Dietrich Bonhoeffers Hegel-Seminar 1933. Nach den Aufzeichnungen von Ferenc Lehel, München 1988 (zitiert: IBF 8)

Jone, Heribert, Katholische Moraltheologie. Unter besonderer Berücksichtigung des Codex Iuris Canonici sowie des deutschen, österreichischen und schweizerischen Rechtes, Pader-

born (1930) [18]1961

Kant, *Immanuel*, Werke in sechs Bänden, hg. von W. Weischedel, Wiesbaden bzw. Darmstadt 1956-1964 (zitiert: Werke) [= 10 Bde., Darmstadt 1968; =12 Bde., Frankfurt am Main 1968]

Klemperer, *Victor*, LTI. Notizbuch eines Philologen (1947), Leipzig [4]1987

Koch, *Anton*, Lehrbuch der Moraltheologie, Freiburg 1910

Koellreutter, *Otto*, Der verfassungsrechtliche Aufbau des gegenwärtigen Japan, in: Reichsverwaltungsblatt, Berlin 1940, Heft 6, 54f

Köster, *Peter*, Nietzsche als verborgener Antipode in Bonhoeffers, Ethik, in: Nietzsche-Studien. Internationales Jahrbuch für die Nietzsche-Forschung 19 (1990), 367–418

Krause, *Gerhard*, Art. Bonhoeffer, Dietrich (1906-1945), in: Theologische Realenzyklopädie, Bd. VII, 55-66 (zitiert: TRE VII)

Kroner, *Richard*, Von Kant zu Hegel (2 Bde.), Tübingen 1921/1924

Kuske, *Martin*, Das Alte Testament als Buch von Christus. Dietrich Bonhoeffers Wertung und Auslegung des Alten Testaments, Berlin 1970 und Göttingen 1971; engl. Philadelphia 1976

Lamettrie, *Julien Offray de*, L'homme machine, Leiden

1748 (dt. Leipzig 1909)

Lovin, Robin, Biographical Context, in: W. J. Peck, New Studies (s. Literaturverzeichnis c), 67 – 101

Luther, Martin, Ennaratio capitis noni Esaiae, collecta per M. Joh. Frederum. 1546. 17. Dezember 1543 bis Mitte Januar 1544, in: D. Martini Lutheri exegetica opera latina, Bd. 23, Erlangen 1861, 303-438

Maron, Gottfried, Niemand soll sein eigener Richter sein. Eine Bemerkung zu Luthers Haltung im Bauernkrieg, in: Luther. Zeitschrift der Luther-Gesellschaft 46 (1975), 60-75

Maurer, Wilhelm, Luthers Lehre von den drei Hierarchien und ihr mittelalterlicher Hintergrund (Bayerische Akademie der Wissenschaften. Philosophisch-historische Klasse. Sitzungsberichte Jahrgang 1970, Heft 4), München 1970

Mausbach, Joseph, Die Ethik des Heiligen Augustinus, Bd. II, Freiburg im Breisgau 1909

–, Katholische Moraltheologie (3 Bde.), Bd. III: Spezielle Moral. Der irdische Pflichtenkreis (1918), Münster 1938

Mayer, Rainer, Christuswirklichkeit. Grundlagen, Entwicklung und Konsequenzen der Theologie Dietrich Bonhoeffers (Arbeiten zur Theologie, Reihe II, Bd. 15)(1969), Stuttgart ²1980

Mejcher, Helmut, Saudi-Arabiens Beziehungen zu Deutschland in der Regierungszeit von König 'Abd al-'Aziz Ibn

Sa'ud, in: L. Schatkowski Schilcher/C. Scharf (Hg.), Der Nahe Osten in der Zwischenkriegszeit 1919-1939. Die Interdependenz von Politik, Wirtschaft und Ideologie, Stuttgart 1989, 109-127

Migne, Jacques Paul (Hg.), Patrologia Graeca, Paris 1857-1860

–, Patrologia Latina, Paris 1878-1890

Mikusch, Dagobert von' König Ibn Sa'ud. Das Werden eines Staates, Leipzig 1942

Miyata, Mitsuo, [in japanischer Sprache] Die Friedenstaube

und der Leviathan, Tokyo 1988

–, Bonhoeffer und Japan. Der kaiserliche Faschismus als politische Religion [deutsche Fassung eines Textes aus:

Ders., Die Friedenstaube], in: Ökumenische Rundschau 39 (1990), 162-181)

–, Bonhoeffer und die politische Religion in Deutschland und in Japan, in: Communio Viatorum 32 (1989), 111-132

Möser, Peter, Gewissenspraxis und Gewissenstheorie bei Dietrich Bonhoeffer, masch. Dissertation Heidelberg 1985

Die Mündige Welt (5 Bde.), München 1955-1969 (I:1955; II:1956; III:1960; IV: 1963; V: 1969) (zitiert: MW)

Nachlaß Dietrich Bonhoeffer. Ein Verzeichnis. Archiv-Sammlung-Bibliothek, erstellt von D. Meyer in Zusammenar-

beit mit E. Bethge, München 1987 (zitiert: NL)

Niehuhr, H. Ricbard, Der Gedanke des Gottesreichs im amerikanischen Christentum (Original: The Kingdom of God in America, 1937), dt. Ausgabe von R. M. Honig, New York 1948

Niesel, Wilhelm (Hg.), Um Verkündigung und Ordnung der Kirche. Die Bekenntnissynoden der Evangelischen Kirche der altpreußischen Union 1934-1943, Bielefeld 1949; darin 117-121: Biblische Beurteilung (Gutachten über die Ausmerzung lebensunwerten Lebens, in Auftrag gegeben von der neunten Bekenntnissynode der ApU in Leipzig 12./13. 10. 1940) (zitiert:, Biblische Beurteilung)

Nietzsche, Friedrich, Sämtliche Werke. Kritische Gesamtausgabe, hg. von Giorgio Colli und Mazzino Montinari, Berlin/New York 1967-1977 (zitiert: KGW)

Ortega y Gasset, José, Der Aufstand der Massen (spanisches Original Madrid 1930), Stuttgart 1931 (u. ö.)

Pangritz, Andreas, Karl Barth in der Theologie Dietrich Bonhoeffers-eine notwendige Klarstellung (Dahlemer Heft Nr. 9), Berlin 1989

Peck, William Jay, The Euthanasia Text-Segment, in: W. J. Peck (Hg.), New Studies (s. Literaturverzeichnis c), 141-165

Pelikan, Herbert Rainer, Die Frömmigkeit Dietrich Bonhoeffers. Dokumentation, Grundlinien, Entwicklung, Wien/Freiburg/Basel 1982

Prolingheuer, Hans, Der Fall Karl Barth 1934-1935. Chronographie einer Vertreibung, Neukirchen-Vluyn 1977

Rasmussen, Larry L., A Question of Method, in: W. J. Peck, New Studies (s. Literaturverzeichnis c), 103-138 *Rathenau, Walther, Zur Kritik der Zeit, Berlin (1912)* $^{10+11}$*1917*

Rauschning, Hermann, Die Revolution des Nihilismus. Kulisse und Wirklichkeit im Dritten Reich, Zürich 1938

–,Gespräche mit Hitler, Zürich 1940 [Neuausgabe: Wien 1973]

Rosenberg, Alfred, Der Mythus des 20. Jahrhunderts, München 1930

Rothuizen, Gerard Th., Who am I? Bonhoeffer and Suicide, in: W. J. Peck, New Studies (s. Literaturverzeichnis c), 167-185

Scharffenorth, Gerta, Den Glauben ins Leben ziehen... Studien zu Luthers Theologie, München 1982

Schlink, Edmund, Theologie der lutherischen Bekenntnisschriften (Einführung in die evangelische Theologie, Bd. VIII; 1940), München ^{3}1947

Schmitt, Carl, Der Begriff des Politischen, München 1932, Hamburg ^{3}1933 [Neuausgabe, des Textes von 1932: Berlin 1963]

Schwarz, Reinhard, Luthers Lehre von den drei Ständen und die drei Dimensionen der Ethik, in: Lutherjahrbuch 45 (1978), 15-34

Schweitzer, Albert, Kultur und Ethik, München 1923

Seeberg, Reinhold, Christliche Ethik (dritte Auflage von: System der Ethik, 1911, [2]1920; postum hg. von Erich Seeberg), Stuttgart 1936

Strohm, Christoph, Theologische Ethik im Kampf gegen den Nationalsozialismus. Der Weg Dietrich Bonhoeffers mit den Juristen Hans von Dohnanyi und Gerhard Leibholz in den Widerstand (Heidelberger Untersuchungen zu Widerstand, Judenverfolgung und Kirchenkampf 1), München 1989

Tillmann, Fritz, Die katholische Sittenlehre. Die Verwirklichung der Nachfolge Christi. Die Pflichten gegen sich selbst und gegen den Nächsten (Handbuch der katholischen Sittenlehre IV/2), Düsseldorf 1936

Tödt, Heinz Eduard (Hg.), Wie eine Flaschenpost. Ökumenische Briefe und Beiträge für Eberhard Bethge, München 1979

–, Dietrich Bonhoeffers ökumenische Friedensethik, in: IBF 5 (1982), 85-117

Toller, Ernst, Masse Mensch. Ein Stück aus der sozialen Revolution des 20. Jahrhunderts, Potsdam 1920 [Gesammelte Werke, Bd. 2: Dramen und Gedichte aus dem Gefängnis

(1918-1924), München 1978, 63-112]

Vogel, *Traugott*, Christusgemäßes Handeln ist wirklichkeitsgemäßes Handeln. Ein Grundsatz theologischer Ethik ausgelegt von Dietrich Bonhoeffer, in: R. Schröder u. a. (Hg.), Wahrzeichen (Freundesgabe zum 50. Geburtstag von Wolf Krötke), Berlin 1988, 438-461

Walter, *Franz*, Die Euthanasie und die Heiligkeit des Lebens. Die Lebensvernichtung im Dienste der Medizin und Eugenik nach christlicher und monistischer Lehre, München 1935

Weber, *Max*, Politik als Beruf (Vortrag vom Oktober 1919), in: Ders., Gesammelte politische Schriften (Berlin 1921: 396-450), neu hg. von Johannes Winckelmann, Tübingen [2]1958, 493-548

–, Gesamtausgabe, hg, von Horst Baier, M. Rainer Lepsius, Wolfgang J. Mommsen, Wolfgang Schluchter, Johannes Winckelmann (+), Bd. I/19, Tübingen 1989

West, *Charles C.*, Ground under our Feet. A Reflection on the Worldliness of Dietrich Bonhoeffer's Life and Thought, in: W. J. Peck, New Studies (s. Literaturverzeichnis c), 235-273

Winnig, *August*, Heimkehr, Hamburg 1935

Wolf, *Ernst*, Königsherrschaft Christi und lutherische Zwei-Reiche-Lehre (Referat vor der 14. Deutschen Pfarrerkonferenz in London November 1963), in: H. G. Ulrich

(Hg.), Evangelische Ethik. Diskussionsbeiträge zu ihrer Grundlegung und ihren Aufgaben (Theologische Bücherei. Neudrucke und Berichte aus dem 20. Jahrhundert. Studienbücher, Bd. 83), München 1990, 75-97

–,[postum:] Sozialethik. Theologische Grundfragen, hg. von Theodor Strohm, Göttingen 1975

Wolgast, *Eike*, Die Wittenberger Theologie und die Politik der evangelischen Stände. Studien zu Luthers Gutachten in politischen Fragen(Quellen und Forschungen zur Reformationsgeschichte, Bd.XLVII), Gütersloh 1977

c)《伦理学》研究论著选目

Bartl,*Klaus*, Theologie und Säkularität. Die theologischen Ansätze Friedrich Gogartens und Dietrich Bonhoeffers zur Analyse und Reflexion der säkularisierten Welt, Frankfurt am Main/Bern/NewYork/Paris 1990

Bayer, *Oswald*, Christus als Mitte. Bonhoeffers Ethik im Banne der Religionsphilosophie Hegels, in:Berliner

Theologische Zeitschrift 2(1985), 259-276

Beckmann, *Klaus-Martin*, Die Mandatenlehre und die nichtreligiöse Interpretation biblischer Begriffe bei Dietrich Bonhoeffer, in: Evangelische Theologie 28 (1968),202-219

Bethge, *Eberhard*, Bonhoeffer's Pacifism: Some Comments, in: Newsletter, International Bonhoeffer Society, English Language Section, Nr. 12, April 1978, 6f

Burtness, James H., Shaping the Future. The Ethics of Dietrich Bonhoeffer, Philadelphia 1985

Butler, William Warren, A Comparison of the Ethics of Emil Brunner and Dietrich Bonhoeffer with special attention to the Orders of Creation and the Mandates, PhD dissertation Emory University 1970

Carter, Guy Christopher/Eyden, René van/Hoogstraten, Hans Dirk van (Hg.), Bonhoeffer's Ethics: Old Europe and New Frontiers, Kampen, The Netherlands 1991

Coles, Norman, Ethics and politics: a dispute about interpreting Bonhoeffer's, Ethics, in: Friends Quarterly 1970 (Oktober), 608-616

Connor, William Fulton, The Natural Life of Man and its Laws: Conscience and Reason in the Theology of Dietrich Bonhoeffer, PhD dissertation Vanderbilt University 1973

–, The Laws of Life: A Bonhoeffer Theme with Variations, in: Andover Newton Quarterly 1977 (November), 101-110

Feil, Ernst, Dietrich Bonhoeffers ökumenische Ethik. Ein Gesprächsbeitrag angesichts restaurativer und revolutionärer Tendenzen, in: Stimmen der Zeit 207 (1989), 760-770

Forell, George, Realized Faith, the Ethics of Dietrich Bonhoeffer, in: Martin E. Marty (Hg.), The Place of Bon-

hoeffer, New York 1962, 199-224

Friesen, Leroy Gene, A Comparative Analysis of the Ethical Methodologies Employed by Dietrich Bonhoeffer in his Ethics Fragments, PhD dissertation University of Iowa 1972

Funamoto, Hiroki, Penultimate and Ultimate in Dietrich Bonhoeffer's Ethics, in: Alastair Kee/Eugene T. Long (Hg.), Being and Truth, London 1986, 376-392

–, A Survey of the Fundamental Motifs of Dietrich Bonhoeffer's Ethics and their Limitations, with Special Reference to his Importance to the Church in Japan, PhD dissertation St. Andrews 1982

Gruchy, John W. de, Bonhoeffer and South Africa. Theology in Dialogue, Grand Rapids 1984

–, Dietrich Bonhoeffer. Witness to Jesus Christ, London 1988

Gualtieri, Antonio R., Law, Freedom and Casuistry in the Ethics of Dietrich Bonhoeffer, PhD dissertation McGill University Montreal 1963

Gustafson, James, Christ and the Moral Life, New York 1968 (bes. Kapitel 2 des Buches)

Honecker, Martin, Christologie und Ethik. Zu Dietrich Bonhoeffers Ethik, in: Altes Testament und christliche Verkündigung (Festschrift Antonius H. J. Gunneweg), hg. von Manfred Oeming und Axel Graupner, Stuttgart/ Berlin/

Köln/Mainz 1987,148-164

Jonsen, Albert R. S.J., Dietrich Bonhoeffer, in: Ders., Responsibility in Modern Religious Ethics, Washington 1968, 107-132

Koch, Robert, The Theological Responses of Karl Barth and Dietrich Bonhoeffer to Church-State-Relations in Ger-many, PhD dissertation Northwestern University 1988

Kohler, R. F., The Christocentric Ethics of Dietrich Bon-hoeffer, in: Scottish Journal of Theology 23.1 (Februar 1970), 27-40

Krötke, Wolf, Die Barmer Theologische Erklärung und die Theologie Dietrich Bonhoeffers, in: Ders., Die Universalität des offenbaren Gottes. Gesammelte Aufsätze (Beiträge zur evangelischen Theologie 94), München 1985, 95-108

Laney, James Thomas, An Examination of Bonhoeffer's Ethical Contextualism, in: Abram John Klassen (Hg.), A Bon-hoeffer Legacy: Essays in Understanding, Grand Rapids 1981, 294-313

Loyin, Robin W., Christian Faith and Public Choices: The Social Ethics of Barth, Brunner and Bonhoeffer, Philadelphia 1984

McClendon, James William Jr., Dietrich Bonhoeffer, in: Ders., Systematic Theology: Ethics, Nashville 1986, 187-208

(Kapitel 7 des Buches)

Meyers, Leonard Lee, Reactions to Relativism: an investigation into the ethical thought of Reinhold Niebuhr and Dietrich Bonhoeffer, PhD dissertation University of Iowa 1967

Moltmann, Jürgen, Herrschaft Christi und soziale Wirklichkeit nach Dietrich Bonhoeffer (Theologische Existenz heute 71), München 1959

–, Die Wirklichkeit der Welt und Gottes konkretes Gebot nach Dietrich Bonhoeffer, in: MW III (1960), 42-67

Müller, Hanfried, Von der Kirche zur Welt. Ein Beitrag zu der Beziehung des Wortes Gottes auf die societas in Dietrich Bonhoeffers theologischer Entwicklung (1961), Leipzig und Hamburg-Bergstedt [2]1966

Niebuhr, Reinhold, Review of D. Bonhoeffer, „Ethics", in: Union Seminary Quarterly Review 11 (Mai 1956), 57 f

Ott, Heinrich, Wirklichkeit und Glaube. Erster Band: Zum theologischen Erbe Dietrich Bonhoeffers, Zürich 1966

Peck, William Jay (Hg.), New Studies in Bonhoeffer's Ethics (Toronto Studies in Theology, Volume 30, Bonhoeffer Series Number 3), Lewiston, New York/ Queenstown, Ontario 1987

Rasmussen, Larry L., Dietrich Bonhoeffer: His Significance for North Americans, Minneapolis 1989

–, Dietrich Bonhoeffer: Reality and Resistance, Nashville

1972 (ursprünglich: Dietrich Bonhoeffer: Reality and Resistance, Christology and Conspiracy, ThD dissertation Union Theological Seminary New York 1970)

Rhoades, Yolande Jaqueline Muris, Faith and Responsibility in H. Richard Niebuhr and Dietrich Bonhoeffer: a comparison of their concepts of God and their understandings of Christian ethics, PhD dissertation Emory University 1969

Schmidt, Karl Theodore, Rediscovering the Natural in Protestant Theology, Minneapolis 1962 (bes. Kapitel VI: Bonhoeffer: Full-Length Illustration)

Schoelles, Patricia, Discipleship and Social Ethics: A Christian View of Social Ethics in the Light of the Work of Dietrich Bonhoeffer, Juergen Moltmann and Johannes B. Metz, PhD dissertation University of Notre Dame 1982

Sherman. Franklin,The Problem of a ,Trinitarian' social ethics; a study in the theological foundations of Christian social ethics, with special reference to Werner Elert and Dietrich Bonhoeffer, PhD dissertation University of Chicago 1961

Smith, William Oliver, Christ and Ethics in Dietrich Bonhoeffer, ThD dissertation Pacific School of Religion 1968

Tödt, Heinz Eduard, Conscientious Resistance: Ethical Responsibility of the Individual, the Group and the Church, in: J. D. Godsey/G. B. Kelly (Hg.), Ethical Responsibility: Bonhoeffer's Legacy to the Churches, New York/Toronto

1981,17-41

West, *Peggy Joy*, Camus and Bonhoeffer. A Comparison of their Relational Ethic for a Secular World, PhD dissertation University of Arkansas 1974

Wiebering, *Joachim*, Zwei Räume – zwei Reiche? Bonhoeffers „Ethik“ in ihrem Verhältnis zur Tradition der lutherischen Sozialethik, in: BonhoefferStudien. Beiträge zur Theologie und Wirkungsgeschichte Dietrich Bonhoeffers. Im Auftrage des BonhoefferKomitees beim Bund der Evangelischen Kirchen in der Deutschen Demokratischen Republik hg. von Albrecht Schönherr und Wolf Krötke, Berlin und München 1985, 73-85

Wilcken, *John*, The Ecclesiology of *Ethics* and the Prison Writings, in: A. J. Klassen (Hg.), A Bonhoeffer Legacy: Essays in Understanding, Grand Rapids 1981, 195-203

Wilkens, *Klaus*, Die Frage Dietrich Bonhoeffers und unsere Antwort. Einblicke in das Gespräch über die Theologie Bonhoeffers, in: Verkündigung und Forschung. Theologischer Jahresbericht 1958/1959, München 1960-1962, 157-172

Willis, *Robert E.*, Bonhoeffer and Barth on Jewish Suffering: Reflections on the Relationship between Theology and Moral Sensibility, in: Journal of Ecumenical Studies 24 (Herbst 1987), 598-615

wolf, *Ernst*, Das Letzte und das Vorletzte. Zum theologis-

chen Denken von Dietrich Bonhoeffer, in: MW IV (1963), 17-32

索　　引

（所列数码为原书页码，即本书边码）

《圣经》引文

信义宗信条引文出处

主题

人名

图书在版编目(CIP)数据

伦理学/(德)朋霍费尔著;胡其鼎译. —北京:商务印书馆,2017
(汉译世界学术名著丛书:120年纪念版:珍藏本)
ISBN 978-7-100-14857-3

Ⅰ. ①伦… Ⅱ. ①朋… ②胡… Ⅲ. ①伦理学 Ⅳ. ①B82

中国版本图书馆CIP数据核字(2017)第162077号

汉译世界学术名著丛书
(120年纪念版·珍藏本)
伦 理 学
〔德〕朋霍费尔 著
胡其鼎 译
魏育青 徐卫翔 校

商 务 印 书 馆 出 版
(北京王府井大街36号 邮政编码100710)
商 务 印 书 馆 发 行
北 京 冠 中 印 刷 厂 印 刷
ISBN 978-7-100-14857-3

2017年12月第1版 开本710×1000 1/16
2017年12月北京第1次印刷 印张34
定价:170.00元